第三届 丰子恺研究
国际学术会议论文集

杭州师范大学弘一大师·丰子恺研究中心 编

上海三联书店

前　言

由杭州师范大学弘一大师·丰子恺研究中心主办的"第三届丰子恺研究国际学术会议"于 2016 年 5 月 14—15 日在杭州召开。来自中国、日本、韩国、法国等国家的 47 位专家学者参加了本届会议。

本届会议承续前两届会议的宗旨，为海内外的丰子恺研究者提供了一个交流思想、探究学术的平台，展示丰子恺研究的最新成果，弘扬丰子恺的艺术精神与美育思想。专家学者们分别从丰子恺的艺术创作、美育思想、佛学背景、文化理念及生平经历等多个方面，进行了深入的交流和讨论。本论文集中的 30 篇论文及一篇特邀发言稿即为本届会议的学术成果。

英文摘要由浙江工商大学外国语学院孙礼中老师翻译、修订，在此特致谢意。

编　者

2016 年 9 月

目 录

前 言 ··· 001

论丰子恺民俗审美的特征及其当代价值 ················ 黄江平 001
佛学与丰子恺的人生哲学 ···································· 冉祥华 014
丰子恺"故乡"观念初探 ································ [日]木村泰枝 025
丰子恺和市井文化 ·· 朱惜珍 045
朴实无华 默默奉献
  ——浅论丰子恺先生与人为善的济世观 ········ 葛乃文 沃建平 054
"课儿"
  ——外公丰子恺的家庭教育 ··························· 宋菲君 060
启民智 敦教化 厚人伦
  ——简析丰子恺的"三鼎足"文艺审美教育观 ········ 罗 明 074
丰子恺美育思想的宗教特征
  ——兼谈中国现代美育思想发展的两条路径 ········ 陈 剑 086
论丰子恺先生教育思想的当代意义 ······················· 潘文彦 099
"另一种启蒙"
  ——从《一般》杂志看丰子恺的美育主张与美育理想 ········ 王梦雅 113
献给蚂蚁的赞歌
  ——丰子恺的小品《清晨》与小泉八云《蚂蚁》 ········ [日]西槇伟 124
丰子恺《护生画集》的当代意义与特殊功用 ············ 陈 星 137
论丰子恺的诗画关系观 ······································ 潘建伟 152
"想到世间来再找寻几个读者"
  ——丰子恺文学作品走向世界刍议 ············ 乔 津 朱显因 166

丰子恺散文研究述评	朱晓江	177
丰子恺与台湾之因缘	黄仪冠	191
丰子恺童话对古典文学的继承	吴元嘉	210
朱实相辉玉椀红 ——丰子恺的韩偓诗意画	朱显因	229
"印象派"与"诗"：论丰子恺的绘画思想	唐卫萍	240
副文本视角下的丰子恺《西洋名画巡礼》探析	刘晨	257
浅析抗战时期丰子恺的漫画创作思想 ——由"儿童战事画"谈起	吴浩然	266
丰子恺的艺术教育思想对幼儿绘画教育的启示	李甦	278
浅析丰子恺的漫画理论	杨增莉	284
"漫"谈丰子恺漫画	夏琦	292
从中国画的视角看丰子恺漫画的诗情画意	张萌	310
丰子恺漫画三题 ——童心·诗意与生命关怀	徐佳	316
复归与再现 ——丰子恺风景漫画价值形成探析	陈越	326
Sweet Home	[日]大桥茂 大桥志华	337
丰子恺致汪馥泉书信年代考	叶瑜荪	355
丰子恺和黄涵秋的友谊	子仪	359
丰子恺漫画中的"兼容并包"	[法]王佑安	366

Contents

Preface ··· 001

On the Characteristics and Contemporary Value of Feng Zikai's
    Aesthetic Approach to Folkways ················· Huang Jiangping 001
Buddhism and Feng Zikai's Philosphy of Life ············ Ran Xianghua 014
An Exploration of Feng Zikai's Concept of "Hometown"
    ·· [Japan]Kimura Yasuji 025
Feng Zikai and Town Life ··· Zhu Xizhen 045
Simplicity and Unobtrusive Contribution—A Tentative Discussion on
    Feng Zikai's Humane World View ········· Ge Naiwen Wo Jianping 054
"Teaching the Kids"—My Grandfather's Lessons ········· Song Feijun 060
Intellectual Enlightenment, Honest Behavior and Enrichment of Moral
    Relations—A Brief Analysis of Feng Zikai's Artistic-aesthetic Education
    Concept ··· Luo Ming 074
Religious Traits of Feng Zikai's Aesthetic Ideas—On the Two Paths of
    Development of Modern Chinese Aesthetic Thought ······ Chen Jian 086
On Feng Zikai's Thoughts of Education ························ Pan Wenyan 099
"Another Enlightenment"—Feng Zikai's Assertions and Ideals of Aesthetic
    Education ·· Wang Mengya 113
Hymns to Ants—Feng Zikai's Sketch *Early Morning* and
    Koizumi Yakumo's *Ants*. ···················· [Japan] Nishimaki Isamu 124
The Contemporary Value and Special Functions of Feng Zikai's
    Life—protecting Paintings ···································· Chen Xing 137
On Feng Zikai's View of the Relationship between Poetry and

Paintings ……………………………………… Pan Jianwei		152
"I Wanna Find a Few Readers in This World"— Rudimentary Thoughts on How Feng Zikai's Literary Works Appeared on the International Scene ……………………………… Qiao Jin Zhu Xianyin		166
A General Review of Research Work on Feng Zikai's Essays ………………………………………… Zhu Xiaojiang		177
Feng Zikai's Encounter with Taiwan ……………… Huang Yiguan		191
Inheritance from Classical Literature in Zikai Feng' Fairy Tales ……………………………………………… Wu Yuanjia		210
Feng Zikai's Paintings Inspired by Han Wo's Poems …… Zhu Xianyin		229
"Impressionism" and "Poetry"—On Feng Zikai's Ideas about Painting …………………………………………… Tang Weiping		240
An Analysis of Feng Zikai's *A Survey of Western Paintings* from the Perspective of Para-text ……………………… Liu Chen		257
A Tentative Analysis of Feng Zikai's Ideas on Comics Production during the War of Resistance against Japan —Proceeding from His "War-time Paintings for Kids" …………………………… Wu Haoran		266
Revelations of Feng Zikai's Ideas of Art Education for the Teaching of Painting to Children ……………………………… Li Su		278
A Tentative Analysis of Feng Zikai's Theory on Comic Strips ……………………………………………… Yang Zengli		284
On Feng Zikai's Comic Strips ……………………………… Xia Qi		292
Feng Zikai's Poetic Comics Viewed from the Perspective of Chinese Painting ……………………………………………… Zhang Meng		310
Three Themes in Feng Zikai's Comic Strips—Childlike Innocence, Poetical Flavor and Concern for Life …………………… Xu Jia		316
Return and Representation—An Analysis of the Formation of Value of Feng Zikai's Comics of Scenery ………………… Chen Yue		326
Sweet Home ………………… [Japan] Ohashi Shigeru, Ohashi Shika		337
An Investigation into the Dates of Feng Zikai's letters for Wang Fuquan ……………………………………………… Ye Yusun		355
The Friendship between Feng Zikai and Huang Hanqiu ……… Zi Yi		359
The All-inclusion in Feng Zikai's Comics …………… Yohan Radomski		366

论丰子恺民俗审美的特征及其当代价值

黄江平

记得当初读丰子恺先生的散文《米叶艺术颂》时,有一句话给我感触很深,这句话是:"人生短,艺术长。"如今重新读来,仍然感慨万千。米叶,即让·弗朗索瓦·米勒(Jean Francois Millet),19世纪法国杰出的现实主义画家,以描绘农村风光和农民日常生活见长。丰子恺在这篇散文中把米勒与音乐奇才贝多芬相提并论,称贝多芬为"乐圣",米勒为"画圣"。丰子恺之所以如此推崇米勒,是因为米勒的艺术与他自己所倡导的"人生的艺术"与"艺术的人生"有着极其重要的相通之处。他说:"米叶的艺术的伟大,在于这两点:第一,是艺术的'大众化',第二,是艺术的'生活化'。"米勒的绘画是"一种大众化的与人生密切关联的艺术"。因此,"大众化"与"生活化"正是丰子恺艺术精神与米勒艺术精神的相通之处。可以说,丰子恺对米勒的赞颂反映了丰子恺"与人生密切关联"的艺术思想。一个艺术家只有做到使他的艺术成为"大众化的与人生密切关联的艺术"[①],为人民大众所普遍接受,才能真正达到"人生短,艺术长"的艺术境界。而这又何尝不是丰子恺的艺术追求呢?

一、丰子恺民俗审美的特征

"人生短,艺术长",含义深刻。人的生命是短暂的,艺术的生命却能跨越时代,穿越千年而不朽,而且随着时间的推移愈加珍贵。但是,要想获得永恒

---

① 丰子恺:《米叶艺术颂》,见《丰子恺文集》第5卷,浙江文艺出版社、浙江教育出版社1992年版,第403—405页。

的艺术生命,必须同时满足两个条件,即:"广大的客观性,和人生的真味。"这是"一切伟大艺术的必要的两个条件"。何谓"客观性"和"真味"? 丰子恺认为,米勒"描写民间的生活,他的画为一切民众所理解,因此客观性非常广大。他描写自己的贫困的环境,他的画与他的生活密切地相关联,因此富有人生的真味"。而那些取媚一时的"宗教艺术和宫廷绘画"之所以成为"少数人的玩赏品",便是"与时代和人生不相关切的原故"。① 所以,关注和"描写民间的生活",注重艺术与"生活密切地相关联",既是丰子恺一贯的艺术主张,也是丰子恺民俗审美的逻辑起点。

民俗是民众的生活习惯和生活方式,即丰子恺所说的"民间的生活"。它是一个国家和民族整体文化的重要组成部分。钱穆在其《中国学术通义》一书之《序》中把文化分为"上层"与"下层",认为:"上层首当注意其'学术',下层则当注意其'风俗'。学术为文化导先路。苟非有学术领导,则文化将无向往。非停滞不前,则迷惑失途。风俗为文化奠深基。苟非能形成为风俗,则文化理想,仅如空中楼阁,终将烟消而云散。"② 钱穆所说的"学术"文化可以理解为高雅文化,"风俗"文化则可视为民俗文化。民俗文化包括物质文化,也包括非物质文化,但无论是物质文化还是非物质文化,在丰子恺眼里,都充满了人生情味和生活真味。民俗审美就是从审美的角度对民俗进行描写和表现。丰子恺说,"我的画与我的生活相关联","把日常生活的感兴用'漫画'描写出来——换言之,把日常所见的可惊可喜可悲可哂之相,就用写字的毛笔草草地图写出来","仿佛是一种习惯了。"③ 在丰子恺民俗审美中,不仅漫画如此,其文学、音乐、文论等也是如此。

(一) 乡土情结

在丰子恺的一生中,始终对家乡充满了深厚的感情。这种感情无论是在20世纪二三十年代的上海都市生活与乡间生活的对比中,还是在抗战时期避难途中的异乡生活与家乡生活的比较中,抑或是在"文革"期间对早年故乡生

---

① 丰子恺:《米叶艺术颂》,见《丰子恺文集》第5卷,浙江文艺出版社、浙江教育出版社1992年版,第405页。
② 钱穆:《中国学术通义(新校本)》,九州出版社2012年版,第1页。
③ 丰子恺:《谈自己的画》,见《丰子恺文集》第5卷,浙江文艺出版社、浙江教育出版社1992年版,第471、462页。

活的深情回味中,都能让读者深切感受到他那难以割舍的乡土情结。

  1920年代初,正是中国社会处于新旧文化交替的时期,从浙江桐乡石门湾走出来的丰子恺,于浙江省立第一师范毕业来到上海之后,感到了极大的文化反差。在这个大都市中,他不仅发现了许多"不调和相",而且还处处存在着"二重生活"。乡镇社会是以亲缘、地缘、神缘和业缘为纽带的熟人社会,都市社会却是一个松散型社会,在人与人、人与社会的关系上,始终处于陌生的和紧张的状态。丰子恺把这种都市社会关系称之为"不调和相"。他在画集《人间相》的序言中谈到都市题材的漫画时说:"吾画既非装饰,又非赞美,更不可为娱乐;而皆人间之不调和相、不欢喜相与不可爱相。"①相反,他对乡间生活充满美好的想象。他在《谈自己的画》中说:"我们住在乡间,邻人总是熟识的,有的比亲戚更亲切;白天门总是开着的,不断地有人进进出出;有了些事总是大家传说的,风俗习惯总是大家共通的。住在上海完全不然。邻人大都不相识,门镇日严肩着,别家死了人与你全不相干。"②在丰子恺民俗审美中,对都市陋习的批判与对乡间民俗生活的回味形成了鲜明的对比。

  例如,漫画《邻人》是丰子恺1930年住在上海期间的一幅漫画,画面上是一把很大的铁扇骨,装在两户人家交界的阳台边沿上,每根扇骨的头上都很尖锐,显然,"这是预防邻人的逾墙而设的"。这种人与人之间的戒备和冷漠,最为丰子恺所厌恶,认为这是"人类的丑恶的证据,羞耻的象征"。③ 相反,乡间邻里关系却常常引起他的回味。后来他特地画了一幅表现乡邻关系的漫画,大标题也叫《邻人》,副标题是"张家哥哥,李家妹妹"。画面背景是棵大柳树,画面中一老太怀抱一小女孩,一老头牵一小男孩,两小孩现出一副急不可待的亲近状,世俗的温馨跃然纸上。这种民俗文化反差还表现在《楼板》《二重生活》《蝌蚪》等散文中。此外,在《都会之春》《断线鹞》等漫画中,在《山水间的生活》《都会之音》《街市形式》等散文中,也都表现了都市与乡村生活的对比,并充满了对乡间生活"甘美的回味"。如《忆儿时》中的"养蚕"、"钓鱼"

---

① 丰子恺:《人间相·序言》,见《丰子恺文集》第3卷,浙江文艺出版社、浙江教育出版社1990年版,第115页。
② 丰子恺:《谈自己的画》,见《丰子恺文集》第5卷,浙江文艺出版社、浙江教育出版社1992年版,第463页。
③ 丰子恺:《邻人》,见《丰子恺全集》第5卷,浙江文艺出版社、浙江教育出版社1992年版,第242、243页。

等生产习俗;《旧话》《爱子之心》《梦痕》中的"科举"、"升学"、"取名"、"打送"等人生礼俗;《劳者自歌》中的"谢菩萨"等信仰习俗;《新年怀旧》中的"收账"、"放谷花"、"毛草纸揩嘴"、"吃接灶圆子"、"吃过谷花糖茶"、"敲年锣鼓"、"放万花筒"等过年习俗;《胡桃云片》中的"松江云片糕"等民间小吃;《吃瓜子》《忆弟》中的民间俗语,等等,无不反映了丰子恺深沉的乡土情怀。

1937年11月6日,抗日烽火燃烧到石门湾,丰子恺率全家开始了长达十年的漂泊之旅。乡愁成为这一时期丰子恺民俗审美的重要书写。他在写于1940年1月的《辞缘缘堂——逃难五记之一》中说:"走了五省,经过大小百数十个码头,才知道我的故乡石门湾,真是一个好地方。"他用1万多字的篇幅描写了石门湾的地理环境、气候、物产、交通、衣食、街市、老屋,描写了建造缘缘堂、在缘缘堂时的生活以及辞别缘缘堂踏上逃难路的过程。最后写道:"辗转流徙,曾歇足于桐庐、萍乡、长沙、桂林、宜山。为避空袭,最近又从宜山迁居思恩。不知何日方得还乡也。"①流露出浓浓的乡情。

"文革"期间,丰子恺遭到迫害,回忆往事,故乡的一切更是时刻萦绕心头,他便利用深夜时分悄悄写下了33篇随笔,取名为《缘缘堂新笔》。这33篇随笔,大多记述"我小时候"的所见所闻,描写故乡的民俗风情。如《牛女》中的乞巧习俗、《酒令》中的游戏习俗、《中举人》中的科举习俗,甚至《男子》中的重男轻女的陋习等。乡邻和儿时玩伴也常常浮现眼前,如《癞六伯》中自得其乐的癞六伯、《五爹爹》中达观长寿的五爹爹、《阿庆》中擅长拉胡琴的"柴主人"阿庆、《菊林》中西竺庵里六岁小和尚菊林、《王囡囡》《乐生》中的小伙伴王囡囡、乐生等。《过年》《清明》《放焰口》《元帅菩萨》等篇更是详细记载了石门湾一带在过年、清明、中元节中的节日习俗和信仰习俗。对女性也有描写,如《四轩柱》中的莫五娘娘、定四娘娘、盆子三娘娘、何三娘娘等四位个性各异的老年女性。丰子恺在《塘栖》一文中更是沉浸在江南水乡的迤逦风光中,丰子恺详细描写了他每次搭乘客船去杭州情景,描写了塘栖镇的美丽风光、独特物产和街市形制,令人遐想。

挥之不去的乡土情结伴随了丰子恺的一生,这也许是那个时代的知识分子的共同记忆。

---

① 丰子恺:《辞缘缘堂》,见《丰子恺全集》第6卷,浙江文艺出版社、浙江教育出版社1992年版,第119、141页。

（二）人生情味

如果说丰子恺对乡土的眷念与描述是一种民间生活的客观性关照的话，那么丰子恺对人情的留念则是对人生真味的探寻。贫穷与富有、苦难与幸福、辉煌与落魄、酸甜苦辣都是人生滋味，因为无论是那一种人生，都是一种生活方式，一种生活经历。但是人生真味是什么呢？在丰子恺看来，那就是一种人生情味，一种自然的生活状态。米勒的《初步》表现了一家三口真实自然的生活状态，洋溢着生活美和人情美，丰子恺非常欣赏这幅画，认为米勒的《初步》表现的就是一种人生情味，还曾以漫画的形式，画了一幅同样题材的画。

丰子恺在谈到绘画的条件时说：绘画"应以画的本职为主。但同时又须近于人情"，这是绘画"千古不变的两个根本条件"。[1] 丰子恺注意从民俗中发现人情美的因素并且加以表现。他说："我对文学，兴趣特别浓厚。因此我的作画，也不免受了文学影响。我不会又不喜作纯粹的风景画或花卉等静物画；我希望画中含有意义——人生情味或社会问题。"[2]他还说：艺术与现实人生有着深切的关联，"凡是对人生有用的美的制作，都是艺术。若有对人生无用（或反有害）的美的制作，这就不能称为艺术"。[3] 丰子恺善于通过"与他的生活密切地相关联"的日常生活，表现亲情、乡情、友情，表现人性、人情以及对人生的关注，"因此富有人生的真味"。例如，在《端阳忆旧》一文中，丰子恺写道："我乡端午节过得很隆重：我的大姐一月前头就制'老虎头'，预备这一天给自家及亲戚家的儿童佩戴。"这一天，店里的伙计还要采来蒲叶和桃叶"挂在每个人的床上"，母亲则"忙于'打蚊烟'和捉蜘蛛"，还要喷雄黄酒，用雄黄酒在每一扇门上写王字，点一些塞在小孩的肚脐眼里。[4] 在《梦痕》一文里，丰子恺由额头上的一块疤痕谈起，这块在童年时代因小伙伴之间追逐嬉闹不

---

[1] 丰子恺：《劳者自歌》，见《丰子恺文集》第5卷，浙江文艺出版社、浙江教育出版社1992年版，第441页。
[2] 丰子恺：《作画好比写文章》，见《丰子恺文集》第6卷，浙江文艺出版社、浙江教育出版社1992年版，第497页。
[3] 丰子恺：《艺术与人生》，见《丰子恺文集》第4卷，浙江文艺出版社、浙江教育出版社1990年版，第397页。
[4] 丰子恺：《端阳忆旧》，见《丰子恺文集》第6卷，浙江文艺出版社、浙江教育出版社1992年版，第218—219页。

小心摔倒留下的疤痕被作者赋予了一个富有诗意的名字——"梦痕"。丰子恺说:"这是我的儿时欢乐的左证,我的黄金时代的遗迹。"①流露出对亲情和友情的向往和回味。

在丰子恺民俗审美活动中,总能发现那些充满生活情趣的习俗,祖母的养蚕、父亲的吃蟹、自己童年时的垂钓都充满了趣味。丰子恺在回忆祖母养蚕时说:养蚕时每天都要买枇杷和软糕给采茧、做丝、烧火的人吃,大家尽情享用这点心,都不客气地取食,因为"大家认为现在是辛苦而有希望的时候"。回忆钓鱼时说:"钓鱼确是雅的,我的故乡,确是我的游钓之地,确是可怀的故乡。"②坐在去杭州的客船上,他用审美的眼光观察沿途的风土人情,获得许多司空见惯而又常常被人们忽视的创作素材。比如剃头担、打绵线等习俗都被作者收入视线,并客观、真实地加以表现。

人生情味的书写和表达来自于对生活的热爱,来自对生活的细微观察,来自于对艺术真善美的追求。唯有如此,才能拥有长久的艺术生命。

(三)现实情怀

关注现实始终是丰子恺民俗审美中的一根主线,丰子恺生活的时代正是中国思想文化领域大变革的时代,也是知识分子群体思考和寻找中国出路的时代,虽然他们探讨的方法和选择的路径不同,但目标和方向却是一致的。李叔同、夏丏尊、丰子恺等一批秉持人文精神的学者和艺术家,选择教育救国、文化救国,甚至宗教救国等方式,投入到时代潮流之中,他们更多地关注人的精神层面的提升和人的灵魂的救赎。丰子恺对儿童的关注、对农民的关注、对下层人民的关注都表现了他对人生问题和现实问题的思考。而这一切都在他的民俗审美中有所体现。

"新生活运动"是民国时期国民党政府推行的一场国民教育运动,但是由于缺乏良好的社会基础,尽管国民党政府进行了大肆宣传,但在很多人看来,"新生活运动"无疑是一场企图转移社会矛盾和消解社会问题的表演。丰子恺对"新生活运动"的效果显然也是表示怀疑的。随笔《看灯》和《鼓乐》描写

---

① 丰子恺:《梦痕》,见《丰子恺文集》第5卷,浙江文艺出版社、浙江教育出版社1992年版,第276页。
② 丰子恺:《忆儿时》,见《丰子恺文集》第5卷,浙江文艺出版社、浙江教育出版社1992年版,第136、135—140页。

的是他在一次乘船经过一座市镇时观看镇上举行的"新生活运动提灯大会"的场景。这个"新生活运动提灯大会"就是为了配合"新生活运动"而举办的一场宣传活动。这场宣传活动借助于民间灯会形式，吸引了附近村镇的人们前来观看。但是，在丰子恺的描写中，"那些花灯都像灵隐道上的轿子一般匆匆而过"，对面茅厕小便者却络绎不绝，拥挤不堪。他在《看灯》中，出人意料地画了一幅《此处不准小便》的漫画，看似不协调，但此处有深意，含蓄地对"新生活运动"的滑稽和作秀进行了批判；在《鼓乐》中，丰子恺在对民间打击乐器大加赞美时，却笔锋一转，目光被"敲鼓的样子"所吸引：一个小孩背着鼓，而击鼓者在孩子的背后使劲敲击，剧烈地撞击着孩子稚嫩的身体。于是，丰子恺赶紧取出速写本描绘这一场景，这就是同题漫画《鼓乐》。在这场"提倡新生活运动"、"与民同乐"的灯会中，丰子恺看到的是变了味的民俗和极不协调的"凄惨之气"。[①]

丰子恺民俗审美的现实情怀更多地通过对比的手法，寄予了对弱小生命和贫困群体的深切同情。比如，在漫画《劳动节特刊的读者不是劳动者》中，劳动者弯腰背着沉重货物，纨绔子弟则手持鸟笼悠游自在。劳动节作为一个新型节日，其享用者竟然不是劳动者！在《街头惨状》中，一个十几岁小孩拉的黄包车上，居然在两个人的座位上坐着三个成年乘客，孩子吃力地拉着，三个成年人却心安理得地坐着。出行习俗的变迁却使孩子成为了车奴！漫画《高柜台》中的典当衣服的小男孩与高傲的掌柜，以及《卖品》中的待价而沽的小女孩与叼着香烟的人贩子等等，都形成了强烈的对比。丰子恺对城市陋习恶俗的描绘揭露了不平等的社会现实，达到了直指人心的悲剧效果。

漫画和随笔都具有讽刺和批判现实的功能，而这些讽刺和批判必定是建立在作者对现实关怀的基础上的。通过讽刺和批判达到"疗救社会"的目的，体现作者对社会和人生问题的深切思考。因此，作为漫画家的丰子恺，他的漫画和随笔不仅有日常生活的描写、人间亲情的描述，更有对不平等社会现象的揭露和讽刺。所以丰子恺说，"我希望画中含有意义——人生情味或社会问题。"这是值得人们深思的。

[①] 丰子恺：《鼓乐》，见《丰子恺全集》第5卷，浙江文艺出版社、浙江教育出版社1992年版，第379页。

二、丰子恺民俗审美的当代价值

丰子恺的民俗审美是建立在坚实的现实基础之上的,他反对故作艰深的所谓"曲高和寡",主张雅俗共赏的"曲高和众";反对"对人生无用"的艺术,倡导"对人生有用"的艺术;他欣赏托尔斯泰说过的一句话:"凡最伟大的音乐、最有价值的杰作,一定广泛地被民众所理解,普遍地受民众的赞赏。"这也就是丰子恺所推崇的米勒艺术的"大众化"和"生活化"的含义。艺术来自于生活,又能被民众所接受、所欣赏,这是一切伟大艺术的基本原则,也是丰子恺所遵循的创作原则。丰子恺在强调艺术与生活相关联的同时,还十分重视形式和内容相统一。他说:"我有一个脾气:希望一张画在看看之外又可以想想。我往往要求我的画兼有形象美和意义美。"[①]形象美是对形式的要求,意义美则是对内容的重视,而不是形式技巧的片面追求,或随波逐流的附庸之作。"兼有形象美和意义美"就是从生活出发,从艺术本身的规律出发,致力于艺术境界的圆满。唯有如此才能超越时代,散发出持久的艺术魅力。

（一）文化价值:留住乡愁,增强认同

乡土是中国文化之根,乡愁是中国人的精神家园,在城市现代化快速发展的今天,很多人离开乡土,在城市扎根,看似生活稳定,物质安逸,但灵魂始终处在漂泊之中,找不到安放之所,无根之感时时困扰着人们,这也是乡村旅游为何具有吸引力的原因。在乡村旅游中,除了能让人们体验到乡村野趣之外,更多的是能够让人们获得情感归宿和文化认同。在城市现代化过程中,中国传统文化快速消解,文化认同出现危机,这种消解既有精神层面的,也有物质层面的,可以说是全方位的,其中,民俗的变迁显而易见。民俗文化作为处于下层地位的文化,是乡土社会的灵魂,也是维系民族生存和发展的精神纽带,并且影响和决定着上层文化的走向。因此,留住乡愁不仅有利于增强中华文化认同,更有利于文化的发展和繁荣。

丰子恺民俗审美中保留了大量的传统民间习俗,是20世纪中国民间文化

[①] 丰子恺:《随笔漫画》,见《丰子恺文集》第6卷,浙江文艺出版社、浙江教育出版社1992年版,第563页。

的真实记录,例如,在桐乡市丰子恺纪念馆为纪念丰子恺先生诞辰100周年编辑出版的100幅《丰子恺乡土漫画》中,就有旋糖担、卖草席、剃头担、馄饨担、缝补摊、代笔摊、算命摊、甘蔗摊、小茶馆、搬运工、黄包车、卖花、拔牙、行商、卖唱、打米、拉纤、帮佣、酒店等行业民俗;有风筝、社戏、拉洋片、拉二胡、锣鼓、游戏等娱乐民俗;有拉棉线、纳鞋底、搓线、食盒、买粽子、回娘家、讲故事、洗衣聊天等生活民俗;有踏水车、养蚕、帮工、脚夫、耕种、田间送饭等生产民俗,等等。而乡土散文中,这样的民俗描写则更为多见。如今这些传统习俗大都已经消失,因此,丰子恺民俗审美具有极高的文化价值。

丰子恺民俗审美中对风土人情的真实描绘,是值得珍视的精神文化资源。乡愁是什么? 乡愁是远山绿水,是袅袅炊烟,更是亲情和人情的回味。丰子恺在1935年曾写过一篇关于故乡的散文,他列举了十余条古人怀念故乡诗词,对比了生活在工商业社会的现代人与生活于农业社会的古代人对于故乡的不同感受,最后发问:"大家离乡背井,拥挤到都会里去,又岂是合理的生活?"丰子恺描绘的乡村社会情景,是我们今天开展古村落保护和美丽乡村建设的一笔不可多得的精神文化财富。因为,无论是古村落保护,还是美丽乡村建设,最后的落脚点都是要留住乡愁,留住中华民族的历史记忆和文化认同。

(二)教育价值:传承美德,树立新风

丰子恺民俗审美中,有着深厚的传统伦理道德的根基,丰子恺民俗审美以仁爱孝悌、求真务实、谦和礼让、诚实勤奋、赤心爱国等传统美德为核心。2013年,丰子恺的137幅漫画被选为中央文明办等七部委联合开展的"讲文明树新风"公益广告征集活动,传递着中国精神、中国形象和中国文化的"中国表达"。如今,丰子恺先生的漫画作品遍布全国各地大街小巷,彰显了丰子恺的漫画作品在弘扬和传承中华传统美德方面的教育价值和教育功能。如以丰子恺漫画为题材的公益广告《中国少年仁心大》取自弘一法师和丰子恺合作的《护生画集》第一集的一幅漫画《雀巢可俯而窥》,原题词曰:"人不害物,物不惊扰,犹如明月,众星围绕。"表现了人与自然和谐相处的美好瞬间。公益广告《中国少年老人之老》,其漫画选自丰子恺的《田翁烂醉身如舞,两个儿童策上船》,表现了中国传统文化中的尊老敬老的传统美德。

如果说,求真是一种人生态度,而务实却是最高的生活原则,对艺术家而言,首先要有对艺术真实的追求,才能在具体的艺术实践中去反映和表现生活的真情、真味和真意,这也正是丰子恺所说的伟大艺术所必备的两个条件:即"客观性"和"真实性"。丰子恺的一生从来没有中断过对人生真谛的探索,他在《谈自己的画》中说:"欢喜读与人生根本问题有关的书,欢喜谈与人生根本问题有关的话,可说是我的一种习性。"①他对弄虚作假、不务实际、虚报浮夸之风深恶痛绝。比如,他的漫画《城中好高髻》就是针对1950年代中后期出现的浮夸风而画的。画面上是三个奇形怪状的女人,一个发髻高耸,一个宽眉遮额,一个长袖拖地,文字为:"城中好高髻,四方高一尺。城中好广眉,四方且半额。城中好大袖,四方全匹帛。后汉书长安城中谣。注云:改政移风,必有其本。上之所好,下之甚焉。"后来,丰子恺还为此专门写了一篇《元旦小感》的短文,对这幅画做了注释:"近来有些号召提出之后,我似乎看见社会上有许多同这三个女人一样奇形怪状、变本加厉的情况,因此画这幅画。"又说:"我但愿一九五七年以后不再有这种奇形怪状、变本加厉的情况出现。"②漫画《剪冬青联想》画面是一个人拿着一把大剪刀正在剪冬青树,也是针对当时的文艺政策提出的批评。他在1962年5月9日召开的上海市第二次文代会上说:"小花、无名花中,也有很香很美丽的,也都应该放,这才是真正的'百花齐放'。"他又说:"种冬青作篱笆,本来是很好的。但有人用一把大剪刀,把冬青剪齐,仿佛砍头,弄得株株冬青一样高低,千篇一律,有什么好看呢?"丰子恺是一位真诚的艺术家,他的这些话难道不也是对当前文艺界出现的种种乱象的当头棒喝吗?希望那些弄虚作假者、低俗制造者能从中有所领悟,受到教育。

而谦和礼让、诚实勤奋、赤心爱国等传统美德在丰子恺的民俗审美中更是无处不在。例如,漫画《朱颜今日虽欺我,白发他时不让君》表现的是对儿童的礼让教育;散文《我的苦学经验》、漫画《好花时节不闲身》等反映的是勤奋刻苦精神。1937年全面抗战爆发后,他宁愿带着一家老小远走他乡,也不愿做亡国奴,其出版、发表于1938的随笔漫画集《漫文漫画》、1939年的散文《辞缘缘堂》、1941年的《子恺近作散文集》等大量作品反映了丰子恺在抗战时

---

① 丰子恺:《谈自己的画》,见《丰子恺文集》第5卷,浙江文艺出版社、浙江教育出版社1992年版,第468页。
② 丰子恺:《元旦小感》,见《丰子恺文集》第6卷,浙江文艺出版社、浙江教育出版社1992年版,第426页。

期以笔代枪,积极投身抗日的爱国行为。当他得知缘缘堂被烧毁后,坚定地说:"我虽老弱,但只要不转乎沟壑,还可凭五寸不烂之笔来对抗暴敌,我的前途尚有希望,我决不为房屋被焚而伤心,不但如此,房屋被焚了,在我反觉轻快,此犹破釜沉舟,断绝后路,才能一心向前,勇猛精进。"[1]这是一种何等可贵的爱国情怀!对于当前开展的思想道德教育和爱国主义教育具有重要价值。

其实,中央文明办主办的"讲文明树新风"公益广告已经对丰子恺漫画的教育价值做出了极好的诠释,试举几例:《儿童放学归来早,忙乘东风放纸鸢》重新诠释为"心存高远,脚踏实地";《吟诗推客去》为"春光无限好,正是读书时";《不畏浮云遮望眼 只缘身在最高层》为"华夏五千载,文明品自高";《步调一致》为"二人同心,其利断金";《听诊》为"地球只有一个";《天涯静处无征战,兵气销为日月光》为"中国心和";《家住夕阳江上村》为"大德中国";《豁然开朗》为"有德人天地宽",等等。而在有的公益广告中,又有不同诠释,如漫画《好花时节不闲身》诠释为"敬业";《新阿大旧阿二破阿三补阿四》为"勤俭",等等。彰显出了丰子恺漫画传承美德、传递真善美的当代价值。不仅对青少年,对全体国民都具有极大的教育意义。

(三) 社会价值:追求和谐,呼唤正义

中国民俗文化中有着丰厚的和谐文化资源,比如在建筑习俗中,不仅讲究建筑物本身的协调,还非常强调建筑与自然环境的协调,甚至把建筑看作是人的身体的一部分。徽州建筑的马头墙、西藏建筑的斑斓色彩、江南建筑的白墙黛瓦,无不与环境协调共处。丰子恺在建造缘缘堂时,十分注重与环境相调和,坚持中国建筑特色,他就在《告缘缘堂在天之灵》一文中说:"我给你赋形,非常注意你全体的调和,因为你处在石门湾这个古风的小市镇中,所以我不给你穿洋装,而给你穿最合理的中国装,使你与环境调和。"不仅如此,他还"亲绘图样,请木工特制最合理的中国式家具,使你内外完全调和"。在丰子恺亲自主持下,缘缘堂打造成了一座"灵肉完全调和的一件艺术品"![2]

反观当下,违背中国传统和谐建筑理念的"政绩工程"、"形象工程"比比

---

[1] 丰子恺:《还我缘缘堂》,见《丰子恺文集》第6卷,浙江文艺出版社、浙江教育出版社1992年版,第54页。
[2] 丰子恺:《告缘缘堂在天之灵》,见《丰子恺文集》第6卷,浙江文艺出版社、浙江教育出版社1992年版,第58页。

皆是，各种"标志性建筑"、"世界之最"、"亚洲之最"建筑一哄而上，破坏历史文脉的旧城改造你追我赶，从而造成了民族特色、区域特色、乡土特色的消亡以及建筑空间意象的简单重复。出现了大量早被丰子恺摒弃的"大洋怪"建筑。近日，针对当前一些城市存在的建筑贪大、媚洋、求怪，特色缺失和文化传承堪忧等现状，中共中央国务院颁布了《关于进一步加强城市规划建设管理工作的若干意见》，提出了"适用、经济、绿色、美观"的建筑八字方针，要求防止片面追求建筑外观形象，强化公共建筑和超限高层建筑设计管理。由此可见，丰子恺的建筑理念对于当下乡村建设和城市规划建设都具有一定的启发意义。比如，公益广告《大德中国》，取材于丰子恺漫画《家住夕阳江山村》，画面是数间民居，一湾流水，桃红柳绿，春燕徘徊，松树挺拔，绿草茵茵。一大人带着一孩童在户外感受春光。画面宁静祥和，意境辽阔淡远，韵味悠长醇厚。画中所表现的，不正是对人与自然、人与社会和谐相处的追求吗？

  实现社会和谐，建设美好家园，始终是人类孜孜以求的一个社会理想。但是，和谐社会不仅要体现在物质文化上，更要体现在精神文化和制度文化上，和谐社会的本质是公平正义。在丰子恺民俗审美中，无不体现了他对公平正义的呼唤。从1930年代起，他就在《孤儿与娇儿》《都市奇观》《赚钱勿吃力，吃力勿赚钱》《冬日街头》等漫画中，采取对比的手法来揭示现实社会中的不平等，呼吁公平正义的法制秩序。如漫画《此人徒有衣冠，只能威吓鸟雀》，描写了一个手拿树枝的稻草人。作者借物喻人，讽刺那些徒有衣冠的无能官吏，揭示了因公平正义的缺失所造成的深刻的社会矛盾。

  建设公平正义的和谐社会需要大家共同努力。漫画《大道将成》，描写了众人齐心奋力修筑马路的情景；随笔《手指》中，作者以五个手指各有分工、各有所长作比喻，强调了民族团结精进，一致抗日的意义。在《中国就像棵大树》中，作者题为："大树被斩伐，生机并不绝。春来怒抽条，气象何蓬勃！"丰子恺认为："中国就好比这一棵树，虽被斩伐了许多枝条，但是新生出来的比原有的更多。将来成为比原来更大的大树。中国将来也能成为比原来更强的强国。"①漫画《劫后重生》与《中国就像棵大树》画面相似，意境相同，公益广告上题为："中华文明生生不息！"表现了丰子恺先生对理想社会的不懈追求，

---

① 丰子恺：《中国就像棵大树》，见《丰子恺文集》第6卷，浙江文艺出版社、浙江教育出版社1992年版，第38页。

这在当今大国崛起和实现中国梦的进程中有着非常重要的意义。

丰子恺民俗审美贴近现实生活,具有广泛的群众基础。无论是绘画、散文,还是理论著作,都非常注意艺术与生活相结合,在日常生活中发现美和表现美。丰子恺提倡"曲高和众",注重生命体验和心灵净化。丰子恺民俗审美就像他的故乡的菊花,缕缕清香,流韵绵长。丰子恺先生不仅是过去,也是当今中国"最像艺术家的艺术家"!

作者:上海社会科学院文学研究所研究员

On the Characteristics and Contemporary Value of Feng Zikai's Aesthetic Approach to Folkways

Huang Jiangping

Feng Zikai described Miller as a saint in the world of painting, thinking that the greatness of the latter's paintings resides in two aspects, namely, popularization and lifelike-ness which are the very core of Feng's conception of art. His aesthetic approach to folkways manifest three characteristics: a nostalgia for country life, life in all its varieties and realistic sentiments; the contemporary value of his aesthetic approach to folkways also display three characteristics: value of identity, that is, to keep this nostalgia for country life and its attendant feature of mutual help; instructive value, that is, to transmit irtues and set up new manners; value of harmony, that is, to appeal to justice and forge ahead. Feng's aesthetic approach to folkways exudes a fragrance, just like the daisies in his hometown.

佛学与丰子恺的人生哲学

冉祥华

从 1927 年皈依佛教至 1937 年抗战爆发,丰子恺由而立之年迈入不惑之年,青春期的彷徨迷茫逐渐消褪,豁达澄彻的人生智慧逐步建立。"人到中年最容易向生命本身发问,最容易沉湎于生与死、有与无等人生根本问题的玄思冥想。"[①]而恰恰在这关键十年,佛学走进了丰子恺的精神生活,并成为他自我对话的主要话外音。正是佛学这一系统而完整的思想体系,滋润了丰子恺的心灵,伴随他走过了这一段人格整合、人生观确立的关键期。难怪他仰天喟然叹曰:"唯宗教中有人生最后之归宿,与世间无上之真理也。"[②]丰子恺用如此确切肯定之口气,表达出来的必定是刻骨铭心之感受。那么,丰子恺究竟从佛学中觅得了哪些人生问题的答案,获得了怎样的人生启示呢?概括起来讲,大致有三点:一是随缘自适的处世方式;二是生死豁达的生命感悟;三是超然入世的人生态度。

一

佛家处世讲随缘,主张以出世的态度处世,在处世中觉悟出世的境界,不执著俗世事务,不受世俗生活的蒙蔽,体验俗中之真,把握生活中的根本大道,随缘不变,不变随缘。1933 年,丰子恺从马一浮处悟得"无常就是常"的义

---

① 谭桂林:《20 世纪中国文学与佛学》,安徽教育出版社 1999 年版,第 92 页。
② 丰子恺:《教师日记》,见《丰子恺文集》第 7 卷,浙江文艺出版社、浙江教育出版社 1992 年版,第 82 页。

理后,佛学对他的影响便由悲观转向了达观,由苦于现实转向了正视现实,从此走上了一条随缘自适、任运自然的人生道路。丰子恺最早的散文集名为《缘缘堂随笔》,之后又有《缘缘堂再笔》《缘缘堂续笔》,所谓"缘缘堂"乃丰子恺寓所之雅名,系在弘一法师的授意下,丰子恺在释迦牟尼像前抓阄,两次抓到的都是"缘"字。于是,寓所就取名"缘缘堂"[①]。后来,马一浮题偈:"能缘所缘本一体,收入鸿蒙入双眦。画师观此悟无生,架屋安名聊寄耳。"以"缘缘堂"作为寓所雅名,看似一种巧合,实则蕴含着深意。因为"缘"是一个重要佛学概念,佛教所有的经论和宗派均以"缘起论"作为理论基石。缘起,是宇宙人生本来的、必然的、普遍的法则,"若佛出世,若未出世,此法常住,法住法界"。当初佛陀在菩提树下,现观缘起而成佛。"缘起"亦称"缘生",谓一切事物均处于普遍的因果联系中,依一定的条件生起变化。《阿含经》云:"诸法因缘生,诸法因缘灭","诸"指一切,"法"指现象,"因"、"缘"则是诸法生、灭的条件。《杂阿含经》有经典四句偈:"此有故彼有,此生故彼生;此无故彼无,此灭故彼灭。"此是彼的缘,彼依此而起。意思是说,大千世界,森罗万象,形形色色,生生化化,皆因缘和合而生的,都不是单一独立的实体,而是与其他事物相依相持的[②]。"相依相持",则说明万物皆无自性,也就是缘起性空,世界上不存在任何湛然常住、永恒不变的事物和现象。因而,从"缘起论"很容易推衍出世界万有变化无常的色空观念。大千世界如此,那么,在六道轮回中仅仅只占一道的渺小的人生,则更是躲不过无常命运的制约和捉弄[③]。正是在"缘起论"的基础上,丰子恺坚信"人的一切生活,都可以说是'宗教的'"[④]。"我仿佛看见一册极大的大账簿,簿中详细记载着宇宙间世界上一切物类事变的过去、现在、未来三世的因因果果。自原子之细以至天体之巨,自微生虫的行动以至混沌的大劫,无不详细记载其来由、经过与结果,没有万一的遗漏。"[⑤]

在抗战逃难途中,丰子恺一次因"晒对联"绝处逢生,知情的朋友誉他的逃难是"艺术的"。他不无感慨地说,我的逃难,与其说是"艺术的",不如说是

[①] 参见丰一吟《潇洒风神——我的父亲丰子恺》,华东师范大学出版社1998年版,第100页。
[②] 参见方立天《佛教哲学》,中国人民大学出版社2012年版,第297页。
[③] 参见谭桂林《论丰子恺与佛教文化的关系》,载《东方论坛》1993年第2期。
[④] 丰子恺:《艺术的逃难》,见《丰子恺文集》第6卷,浙江文艺出版社、浙江教育出版社1992年版,第174页。
[⑤] 丰子恺:《大账簿》,见《丰子恺文集》第5卷,浙江文艺出版社、浙江教育出版社1992年版,第161页。

"宗教的"。在宇宙人生这个大账簿中,"人真是可怜的动物!极微细的一个'缘',例如晒对联,可以左右你的命运,操纵你的生死。而这些'缘'都是天造地设,全非人力所能把握的"①。所以,"我始终相信'缘'的神秘。……人生的事是复杂的,便因为'缘'的神秘之故,速成未必可喜,磨折未必可悲,也是因为有'缘'在当间活动之故"②。"昔年我住在白马湖上,看见人们在湖边种柳,我向他们讨了一小株,种在寓屋的墙角里。因此给这屋取名'小杨柳屋',因此常取见惯的杨柳为画材,因此就有人说我喜欢杨柳,因此我自己似觉与杨柳有缘。假如当时人们在湖边种荆棘,也许我会给屋取名为'小荆棘屋',而专画荆棘,成为与荆棘有缘,亦未可知。天下事往往如此。"③只有知缘,才能随缘,才能不执著、不强求,在生活中"宠辱不惊,闲看庭前花开花落;去留无意,漫随天外云卷云舒",才能在困境中始终保持人生应有的那份淡定和从容。丰子恺从小多愁善感,在进入而立之年后,变得"临事镇静,不颓丧,不失望",甚至在逃难的路途中,"非但不曾发愁,而且每天饮酒取乐,以慰老幼"④,不能不说与"缘起论"的影响有关。"文革"开始之后,丰子恺被定为"反革命黑画家"、"反动学术权威",被一次次拉去批斗,但他却泰然处之,宠辱不惊——戏蹲牛棚为参禅,称浦东游斗是"浦江夜游",蓄了多年的美髯被"造反派"剪去,自嘲"野火烧不尽,春风吹又生"。耄耋之年,他被迫下乡劳动,女儿见了心酸流泪,他却说:"地当床,天当被,还有一河浜的洗脸水,取之无尽,用之不竭,是造物者无尽藏也。"面对时代的惊涛骇浪,以随缘的方式泰然处之,在静观其变中守护生命的根本旨趣,不愧为智者的生存方式!

也许在有一些人眼里,丰子恺随缘不变、不变随缘的生存方式,只能"是一种退而求其次的下策,是一种苟全性命于乱世的消极人生"。我想说的是,作为一种生存方式,"随缘"绝不是不作为,听天由命,逃避问题,模糊立场,丧失原则,放弃追求;而是让人以豁达的心态面对生活,即使在极其困苦、狂热的环境中,亦能择善固守,从善如流,始终保持自身的崇高与追求。"文革"期

---

① 丰子恺:《艺术的逃难》,见《丰子恺文集》第6卷,浙江文艺出版社、浙江教育出版社1992年版,第174页。
② 丰子恺:《致夏宗禹的信》,见《丰子恺文集》第7卷,浙江文艺出版社、浙江教育出版社1992年版,第408页。
③ 丰子恺:《杨柳》,见《丰子恺文集》第5卷,浙江文艺出版社、浙江教育出版社1992年版,第386页。
④ 丰子恺:《致夏宗禹的信》,见《丰子恺文集》第7卷,浙江文艺出版社、浙江教育出版社1992年版,第408页。

间,幼子新枚夫妇新婚时,丰子恺曾赋诗云:"月黑灯弥皎,风狂草自香。"由此足见,在那个群体入魔与盲动的年代,丰子恺始终秉持着人格的修炼。另外,还应看到,佛教从印度传入中国,从小乘发展到大乘,缘起论不断发展、变化、充实,从最原始的"业感缘起论",逐步扩展出"中道缘起论"、"法界缘起论"、"真如缘起论"等观点,其中《大乘起信论》宣扬的"真如缘起论",对丰子恺有重要的影响。《大乘起信论》把先天的"清静心"当作真如,即世界的本体、本原。真如湛然不变,但是又随各种因缘条件而生起一切现象。丁福保《佛学大辞典》释"随缘"曰:"外界之事物来,与自体以感触,谓之缘。应其缘而自体动作,谓之随缘。如水应风之缘而起波。真如之于诸法,佛陀之于教化,皆然。"弘一法师云:"动若不止,止水皆化波涛;静而不扰,波涛悉为止水。水相如此,心境亦然。不变随缘,真如当体成生灭;随缘不变,生灭当体即真如。一迷即梦想颠倒,触处障碍;一悟则究竟涅槃,当下清凉。"[①]可见,对丰子恺而言,随缘还含有"真如随缘不变、不变随缘"之义。所以,他在感叹人生无常、人生如梦的同时,又警醒人们不要只为人生饱暖的愉快、恋爱的甘美、结婚的幸福、爵禄富厚的荣耀而流连忘返,得过且过,提不起穷究人生根本的勇气,而要常常找寻人生的要义与"真我"的所在[②]。

二

佛教把人生的趋向归为两条相反的路径:一是找不到人生苦难的解决办法,"随波逐流,听任环境的安排,陷入轮回之中,称为'流转'。二是对'流转'的生活采取相反的方法,破坏它、变革它,使之逆转,称为'还灭'"[③]。灭,指人生苦难的灭寂,这是人生的最终目的、最高境界和理想归宿。早期佛教借用婆罗门教的涅槃概念,来标明佛教的最高境界。涅槃,鸠摩罗什译为"灭"或"灭度",唐玄奘则译为"圆寂"。所谓灭、灭度,是谓灭烦恼,灭生死因。所谓圆寂,圆者圆满,不可增减;寂者寂静,不可变坏。佛教涅槃说视人生为大苦

[①] 上官紫微编:《弘一法师开释人生》,北京工业大学出版社2010年版,第245页。
[②] 参见丰子恺《晨梦》,见《丰子恺文集》第5卷,浙江文艺出版社、浙江教育出版社1992年版,第150—151。
[③] 方立天:《佛教哲学》,中国人民大学出版社2012年版,第76—77页。

难,以解除人生苦为目的,因而把经过修持,消除烦恼,既灭除生死的因,又灭尽生死的果,即在证得涅槃的一刹那,真性湛然,周遍一切,超越于六道轮回之上,作为人生追求的最高境界。所以,对俗人来说,死是大悲痛,是生命的终结与消亡,而在虔诚的佛子看来,死则是圆寂、灭度,是生命的最高境界和理想归宿。

受佛教死亡观的影响,丰子恺在《秋》一文中说:"假如要我对于世间的生荣死灭费一点词,我觉得生荣不足道,而宁愿欢喜赞叹一切的死灭。……直到现在,仗了秋的慈光的鉴照,死的灵气钟育,才知道生的甘苦悲欢,是天地间反复过亿万次的老调,又何足珍惜?我但求此生的平安的度送与脱出而已。"①据此,罗成琰先生指出:"佛教只看到趋向死亡的一面,而不承认新生的一面,只看到个体的毁灭,而没有看到族类的发展,这当然容易得出人命短促,人生是'苦',人就是一大'苦聚'的悲观主义结论。所以,当我们看到丰子恺讨厌群花斗艳、蜂蝶扰攘的春天,而沉醉于宁静萧瑟的秋风秋雨秋色秋光之中,甚至宣称:'生荣不足道,我宁愿欢喜赞叹一切的死灭'时,我们也就不会感到诧异,因为这正是佛教悲观、虚无的人生观的明显表现。"②其实,这是时贤的一种误解。当然,我们并不排除丰子恺的《秋》含有佛教悲观主义气息,然而这段话真正蕴含的则是丰欣赏佛教的死亡观,将死亡看作生命的最高境界并加以颂扬,文末出现的"度送"与"脱出"二词,更明显带有佛教"涅槃"之意味。如果不相信这一点,那么,再看看丰子恺致班侯的信吧,他说,弘一法师用"'花枝春满,天心月圆'二语,来示所论,以宇宙间最美的境界来象征其圆寂,弟甚赞善"③。丰子恺欣赏佛教的死亡观,将死亡看作是生命的最高境界,但他绝不是为了在实践中证得涅槃——因为在他看来尘世之人会丧失本真的天性,唯有死才能脱离世智的污染。他在为因小产而夭折的孩子写的悼文《阿难》中说:"阿难!一跳是你的一生!你的一生何其草草?你的寿命何其短促?"然而,"你的一生完全不着这世间的尘埃。你是完全的天真,自然,清白,明净的生命。世间的人,本来都有像你那样的天真明净的生命,一

---

① 丰子恺:《秋》,见《丰子恺文集》第 5 卷,浙江文艺出版社、浙江教育出版社 1992 年版,第 164—165 页。
② 罗成琰:《论丰子恺散文的佛教意蕴》,载《湖南师范大学学报》(社科版),1999 年第 6 期。
③ 丰子恺:《致班侯的信》,见《丰子恺文集》第 7 卷,浙江文艺出版社、浙江教育出版社 1992 年版,第 456 页。

入人世,便如入了乱梦,得了狂疾,颠倒迷离,直到困顿疲惫,始仓皇地逃回生命的故乡。这是何等昏昧的痴态!你的一生只有一跳,你在一秒间干净地了结你在人世间的一生,你坠地立刻解脱。正在中风狂走的我,更何敢企望你的天真与明慧呢?"[1]

根据佛教缘起论,宇宙万有变动不居,任何事物都不是湛然不变的,所有的生命体必然走向最后的终结——死亡。可以说,生命从诞生那一刻起,就在死亡神秘力量的召唤下,一步步迈向生命的故乡。对于死亡而言,生命是显得那样的渺小与脆弱。正因为死亡具有必然性,所以人类才去探求生命的意义,才有了对死亡的恐惧。然而,"佛教并不赞同因此而畏惧死亡,而强调死亡对人所昭示的生命的意义和真谛,通过死亡了悟生死,从而不执著于生死。"[2]丰子恺追随弘一法师信仰净土。净土宗讲究念阿弥陀佛号,求生西方极乐。弘一法师指出:"吾人修净土宗者,以往生极乐为第一标的。"然而,"常人谓净土宗惟是送死法门。"岂知净土乃大乘法门,鼓励修行者立下宏愿,如得上品往生,面见阿弥陀佛,了脱生死以至成佛后,重新回到苦难的娑婆世界,普度凡尘众生。所以,弘一法师一再强调"必须早生极乐,见证佛果,回入娑婆","去去就来,回入娑婆,指顾间事耳","时节到来,撒手便去。决不以弘法事业未毕,而生丝毫贪恋顾惜之心"[3]。正是对净土的深信不疑,弘一法师在临终前,表现出异乎常人的平静。但是,与弘一法师的宗教态度不同,丰子恺清楚地知道,佛家所谓的"涅槃"境界、"极乐"世界,是出家人不打诳语的最大诳语,他反对为丧家作迷信,说"盖作迷信事之和尚,非但与佛法无关,抑且鱼目混珠,邪愿乱德,对佛法反多有障碍"[4]。他之所以还要用佛学的义理来阐述死亡的意义,认为死亡是生命的最高境界,根本的原因在于,他欲以此信念在自己的人格方面养成面对死亡时的无所畏惧、无所惊怖、无所懊恼的超拔态度。他在接到弘一法师归西的电报时,没有惊惶、没有恸哭,只是默默地在窗下坐了几十分钟。"如此说来,我岂不太冷淡了吗?但我自以为并不。

---

[1] 丰子恺:《阿难》,见《丰子恺文集》第5卷,浙江文艺出版社、浙江教育出版社1992年版,第146—148页。
[2] 张怀承:《无我与涅槃——佛家伦理道德精粹》,湖南大学出版社1999年版,第147页。
[3] 李叔同:《致李圆净的信》,见《弘一大师全集》第8册,福建人民版社1992年版,第203页。
[4] 丰子恺:《教师日记》,见《丰子恺文集》第7卷,浙江文艺出版社、浙江教育出版社1992年版,第43页。

我敬爱弘一法师,我希望他在这世间久住。但我确信弘一法师必有死的一日。……老实说,我的惊惶与恸哭,在确定他必有死的一日之前早已在心中默默地做过了。"①面对死亡如此镇定,不能不说与佛教死亡观的影响有关。在抗战逃难途中,他多次谈到死亡话题:"抗战正未有艾,吾辈如何死法,不得而知。死实难事,非准备不可。"②"我入中年后,已随时随地预备身死。逃难以来,此心更坚。故在逃难中,只感烦劳,却不觉悲惧。……弟于佛法所得,只此一点而已。"在谈到对弘一大师绝笔"悲欣交集"的看法时,他又说:"与娑婆世界离别是悲,往生西方是欣。……涅槃入寂,往生西方,成就正觉,岂非最可欣之事?"③如此,我们便不难理解,他何以能够戴着"反动学术权威"的帽子在极其复杂的心情下安详地走向死亡。在临终前,他对幼女一吟诵陆游的《示儿》:"死去元知万事空,但悲不见九州同。王师北定中原日,家祭无忘告乃翁。"他死时一定也是"悲欣交集":死,对他来说,是欣,是一种解脱;但死亦有悲,悲的是众生的群体入魔,犹在迷途,何时觉悟!

三

佛教因慨叹人生之苦而悟万物皆空,追求一种无生无死的涅槃境界。这种玄渺的追求,显然是出世的。但不可否认,佛教的立足点仍在世间,它密切关注的还是人的存在问题。慧能《坛经》云:"佛法在世间,不离世间觉。离世觅菩提,恰如求兔角。"大乘不舍世间,致力于众生的解脱;小乘虽自证生死,目的也在于救人脱离生死苦海,因而两者都具有积极入世的一面。中国佛教以大乘为主。大乘,指大的车乘或行程。《阿含经》有云:"佛为海船师,法桥渡河津,大乘道之舆,一切渡天人。"这说明,大乘佛教不但强调"自度",更强调"度人",要求"发菩萨心,饶益众生"。菩萨,指以智上求佛道,以悲下化众生,以拯救他人为目、于未来成就佛果之修行者。菩萨全称为"菩提萨埵",菩

---

① 丰子恺:《为青年说弘一法师》,见《丰子恺文集》第6卷,浙江文艺出版社、浙江教育出版社1992年版,第142—143页。
② 丰子恺:《教师日记》,见《丰子恺文集》第7卷,浙江文艺出版社、浙江教育出版社1992年版,第144页。
③ 丰子恺:《致班侯的信》,见《丰子恺文集》第7卷,浙江文艺出版社、浙江教育出版社1992年版,第455—456页。

提,觉、智、道之意;萨埵,众生、有情之意。菩提萨埵即觉悟众生。菩萨所修之行即菩萨行。谭嗣同、梁启超、章太炎等治佛学,极力倡导的就是这种悲智双运、利生无我的菩萨行观念。丰子恺追随弘一法师信仰净土,"修净土宗者,第一须发大菩提心"。菩提心,利益众生之心,"抱积极之大悲心,发救济众生之宏愿","愿以一肩负担一切众生,代其受苦"①。世人不解,谓净土宗人,率多抛弃世缘。对此,弘一法师反驳说:"若修禅定或止观或密咒等,须谢绝世缘,入山静习。净土法门则异于是。无人不可学,无处不可学,士农工商各安其业,皆可随分修其净土。又于人事善利群众公益一切功德,悉应尽力集积,以为生西资粮,何可云抛弃耶!"②弘一法师对丰子恺的影响是深刻的,菩萨行观念独外乎?抗战时期,丰子恺收到弘一法师从漳州寄来的书法作品六件,其中赐彬然立轴一幅,文为《华严经》"应发能堪耐心,救恶众生"。丰子恺日记写道,此句"最宜于勉今日之人","今世恶众生多如狗毛。非发能堪耐心,不屑救渡。遁世之士,高则高矣,但乏能堪耐心,故非广大慈悲之行"③。在逃难途中,他饱尝了人间的"恐怖、焦灼、狼狈、屈辱",但乃能以慈悲之心包容趁火打劫的茶店老板:"我瞥见他的棉袄非常褴褛。大约他的不仁,是贫困所强迫而成的。人世是一大苦海!我在这里不见诸恶,只见众苦!"④这种既追求个人的"悟而智"又悲悯于众生的"迷而愚"的慈悲情怀,与佛教菩萨行观念有何不同耳?

  弘一法师认为,大菩萨心,实具悲、智二义。悲,指大悲心,发救济一切众生之大愿;智,是不执著我相,故曰空。他认为,大乘佛教并非一味说空,而是说空与不空两个方面。"何谓空及不空。空者是无我,不空者是救世之事业。虽知无我,而能努力作救世之事业,故空而不空。虽努力作救世之事业,而决不执着有我,故不空而空。如是真实了解,乃能以无我之伟大精神,而作种种之事业无有障碍也。……所以真正之佛法,先须向空上立脚,而再向不空上作去。岂是一味说空而消灭人世耶!"⑤弘一法师对空与不空的解读,对白马

---

① 李叔同:《净土法门大意》,见《李叔同说佛》,陕西师范大学出版社 2004 年版,第 131—132 页。
② 李叔同:《净宗问辩》,见《李叔同说佛》,陕西师范大学出版社 2004 年版,第 135 页。
③ 丰子恺:《教师日记》,见《丰子恺文集》第 7 卷,浙江文艺出版社、浙江教育出版社 1992 年版,第 130 页。
④ 丰子恺:《桐庐负暄》,见《丰子恺文集》第 6 卷,浙江文艺出版社、浙江教育出版社 1992 年版,第 15 页。
⑤ 李叔同:《佛法十疑略释》,见《李叔同说佛》,陕西师范大学出版社 2004 年版,第 82—83 页。

湖作家群的人生观起着重要影响。朱光潜赞弘一法师"以出世的精神,做入世的事业"①,可谓精辟之极!丰子恺的早期散文中确有悲观气息,例如《渐》感叹人生的无常,《大账簿》《秋》悲叹世事和人生的变迁,《晨梦》发出"哀哉,人生如梦"的悲歌等都说明了这一点。这既与他的生活经历、个性倾向以及社会背景有关,也与他对佛理的理解有关。这种消极的情绪于30年代初即丰母去世后的一二年达到顶峰。在马一浮和弘一法师的指点下,当他悟得"无常就是常"、"无我就是我"的真谛后,便从自我的执著中解脱出来。1933年,丰子恺从上海迁往石门湾新落成的"缘缘堂",看到乡间平民的穷困生活,开始关注社会现实,提倡人道主义关怀,入世之意味也越来越浓②。所以,尽管他的早期散文集如《缘缘堂随笔》《随笔二十篇》在追求出世的抒怀中,充满着"无常"、"痛苦"、"虚空"、"死亡"、"梦幻"等灰冷色的字眼,但是却不时地涌现出不忘世事的愤慨,刻画了社会的苦难相、悲惨相、丑恶相、残酷相。例如《随感十三则》《吃瓜子》《劳者自歌》《车厢社会》对国民劣根性的剖析,《肉腿》对贫富不均、阶级剥削的批判,尤其是《随感十三则》中的第十三则对"羊奸"该死的诅咒,很容易让人想起鲁迅对"胡羊"的抨击。

抗战是一个重要的转折点,不仅仅是丰子恺,许多中国文学家、艺术家都是如此。前已述及,自1927年皈依佛门至1937年抗战爆发,这十年,丰子恺在佛学思想的滋润下,深刻地咀嚼、体悟人生,然而,咀嚼、体悟人生的目的不是为了逃避人生,而是为了获得直面人生苦难的勇气,以此磨炼出超然入世的人生态度。正如丰子恺说的那样:"人生一切是无常的!能够看透这个'无常',人便可以抛却'我利私欲'的妄念,而安心立命地、心无挂碍地、勇猛精进地做个好人。所以佛法决不是消极的!所以佛法最崇高!"③可见,丰子恺学佛的目的,并不是为了个人生命的安顿和"穷则独善自身",而是源自谭嗣同、梁启超、章太炎等思想家提出的"以心度一切苦恼众生"、"蹈死如饴"以及弘一法师倡导的"以无我之伟大精神,而做种种之利生事业"的宗教献身精神。当日军的炮火燃到石门湾,缘缘堂被毁,丰子恺"国破与家恨一痛,怒火与炮

---

① 朱光潜:《以出世的精神,做入世的事业——纪念弘一法师》,见《朱光潜全集》第10卷,安徽教育出版社1993年版,第525页。
② 蔡琇莹:《论丰子恺的佛教思想》,载《普门学报》2005年1月第25期。
③ 丰子恺:《拜观弘一法师摄影集后记》,见《丰子恺文集》第6卷,浙江文艺出版社、浙江教育出版社1992年版,第418页。

火齐烧"①。诸如《还我缘缘堂》《告缘缘堂在天之灵》《辞缘缘堂》等随笔,同仇敌忾,义愤填膺。"我虽老弱,但只要不转乎沟壑,还可凭五寸不烂之笔来对抗暴敌,……东战场,西战场,北战场,无数同胞因暴敌侵略所受的损失,大家先估计一下,将来我们一起同他算账!"②另外,大量的漫画如《轰炸后》《空袭》等,以及随笔《防空洞见闻》《胜利还乡记》等对日本侵略者滥炸平民罪行的控诉,《贪污的猫》《口中剿匪记》对贪官污吏的声讨,《伍元的话》对通货膨胀、民不聊生之苦难现实的揭露等等,很容易见出其超然入世的人生轨迹。王西彦在《丰子恺散文集》序言中说:"在作者身上,佛教居士的气息毕竟愈来愈淡薄,他显然也是走着一条从隐士到叛徒的道路。"③笔者认为,丰子恺的居士气息并没有淡薄,"愈来愈淡薄"的是佛学对他的消极影响。他从来就不是一个真正的隐士,只是有一颗脱俗的心,其人生轨迹由悲观出世到超然入世的转变,正与他对佛学"无常说"、"无我说"的理解有关。

"文革"时期,丰子恺又不时逸出暂时脱离尘世的遗音。他通过虚与委蛇的变脸,静默地守护生命的旨趣。当别人声嘶力竭地高呼革命口号时,他却一次次被迫"交待罪行",回家之后,浅醉闲眠。在致朋友和幼子新枚的信中,丰子恺屡屡写道:"我数年来一向安好。只是……早出晚归。幸酒量颇好,回家一饮,万虑俱消。"④"我足不出户,每日只是浅醉闲眠。"⑤"我总是一直在家'浅醉闲眠'。"⑥"我早上四时至七时写作,其外浅醉闲眠。"⑦就本质而言,丰子恺的"浅醉闲眠"绝不是消极的颓废,而是对本真生命的固守。他说:"今世有许多人外貌是人,而实际很不像人,倒像一架机器。这架机器里装满着苦痛、愤怒、叫嚣、哭泣等力量,随时可以应用。……他们非但不觉得吃不消,并且

---

① 曹万生:《朱自清与丰子恺——传统余脉的变形与延伸》,载《文学评论》1991年第2期。
② 丰子恺:《还我缘缘堂》,见《丰子恺文集》第6卷,浙江文艺出版社、浙江教育出版社1992年版,第54—55页。
③ 王西彦:《赤裸裸的自我》(序言),丰华瞻、戚志蓉编《丰子恺散文选集》,上海文艺出版社1981年版,第15页。
④ 丰子恺:《致黎丁、琇年的信》,见《丰子恺文集》第7卷,浙江文艺出版社、浙江教育出版社1992年版,第386页。
⑤ 丰子恺:《致黎丁的信》,见《丰子恺文集》第7卷,浙江文艺出版社、浙江教育出版社1992年版,第389页。
⑥ 丰子恺:《致新枚的信》,见《丰子恺文集》第7卷,浙江文艺出版社、浙江教育出版社1992年版,第621页。
⑦ 丰子恺:《致新枚的信》,见《丰子恺文集》第7卷,浙江文艺出版社、浙江教育出版社1992年版,第646页。

认为做人应当如此,不,做机器应当如此。我觉得这种人非常可怜,因为他们毕竟不是机器,而是人。"① 在《缘缘堂续笔》中,他谈酒令、说算命、叙酆都鬼城、忆清明上坟……恬淡静泊,远离尘世。然而,这些貌似出世的闲适之作,不啻是对群体入魔的深广忧愤和无声批判。也许有人认为,"暂时脱离尘世"是对社会问题的一种逃避。事实上,在那个群体入魔的年代,"任何进入社会实践的参预都只能成为巨大漩涡中一触即灭的泡沫,而且极容易在适应趋势时沦为行尸走肉的影子"②。要想通过一个人的努力,使当时疯狂的社会非理性清醒过来,只能是痴人说梦。当一个正直的知识分子陷入囹圄、无力回天时,他唯一能做的就是在自己身上唤回被时代窒息的人性。

作者:商丘师范学院文学院教授

Buddhism and Feng Zikai's Philosphy of Life

Ran Xianghua

The period between his conversion to Buddhism and the outbreak of the War of Resistance against Japan corresponded to the 10 years in Feng Zikai's life from 30 years old to 40. Youthful hesitation and bewilderment had given way to middle-age maturity and wisdom. In these years, Buddhism as a complete and fully developed ideological system nurtured Feng's soul and accompanied him on this critical voyage which shaped his personality and established his worldview. This paper attempts to explore the influence of Feng's philosophy of life from the perspectives of his adaptable lifestyle, his sentiments of life and death and his other-worldly attitude to life.

---

① 丰子恺:《暂时脱离尘世》,见《丰子恺文集》第 6 卷,浙江文艺出版社、浙江教育出版社 1992 年版,第 662 页。
② 黄发有:《月黑灯弥皎,风狂草自香——当代视野中的丰子恺》,载《当代作家评论》2000 年第 3 期。

丰子恺"故乡"观念初探

[日]木村泰枝

一、引　言

丰子恺1922年在他所奉职的浙江上虞春晖中学刊行的《春晖》3号上发表了《青年与自然》,还有1923年6月1日在《春晖》第13期上发表了《山水间的生活》,赞扬浙江上虞白马湖的环境。这些文章是丰子恺首次表扬乡下生活的文章。

丰子恺在白马湖春晖中学的尝试受挫到上海后,他写了《忆儿时》(1927年,后入《缘缘堂随笔》),30年代有《忆弟》(1933年)、《邻人》(1933年,后收入《随笔二十篇》)、《比较》(1934年,后收入《车厢社会》)、《劳者自歌》(1934年,后收入《车厢社会》)、《故乡》(1935年,后收入《车厢社会》)、《都会之音》(1935年,后收入《车厢社会》)、《谈自己的画》(1935年,后收入《车厢社会》)、《新年怀旧》(1935年,后收入《缘缘堂再笔》)等文章,40年代有《端阳忆旧》(1947年),60年代有《私塾生活》,他在"文化大革命"时期悄悄写的最后的随笔《缘缘堂续笔》(1971—1973年)中也有《酒令》《癞六伯》《中举人》《五爹爹》《王囡囡》《老汁锅》《过年》《清明》《放焰口》《歪鲈婆阿三》《四轩柱》《阿庆》《小学的同学生》《S姑娘》《乐生》《元帅菩萨》等。这些文章里丰子恺陈述了自己对城市和乡下文明的看法、生活杂感等。从这些文章里可以看出丰子恺拥有独特的"故乡"观念。因此,本文分析丰子恺的"故乡"观念,探讨其特征。"故乡"的概念含着很多观念,本文参考矶田光一氏提出的"故乡"观念中对"空间"和

"时间"的理解①来对丰子恺的"故乡"观念进行解读。

二、两个"乡下人"——丰子恺和竹久梦二

丰子恺生于浙江省崇德县石门湾(今桐乡市石门镇)。石门湾算是一个小镇,也算是乡下。他在那里成长到十七岁才到杭州读书,后来到上海就职。之后他又到日本的大城市东京,偶然遇到竹久梦二的画集受到了很大的影响,由此也孕育了后来诞生漫画家丰子恺的种子。

竹久梦二生于冈山县邑久郡本庄村(今冈山县濑户内市邑久町本庄),他的故乡也是乡下。1901年梦二跟丰子恺一样,在17岁的时候,离家上京,在东京待了一段时间后,在京都待了很短暂的时间,后又回到东京,此后一直以东京作为他创作的基地。

竹久梦二也算是一个乡下人,是从乡下搬到城市的人。他到了东京后,只有两次回到故乡冈山县。②《梦二画集》系列中有以故乡为题材的画:描画梦二幼小的回忆里的情景;描画憧憬东京的青年;描画从城市回故乡来的人和看他们的乡下人等。那些画里能看得出永远失去童年和对童年的故乡的乡愁(nostalgia);乡下的年轻人对大城市东京拥有的憧憬;文明和文化发达的大城市突显出来的乡下的落后。这些在竹久梦二的画中所表现出的要素能够反映当时日本的社会现象以及生活于其中的人的精神状态。(参照图一至图五)

在日本,"故乡"的概念确立下来是在进入近代的明治时代以后。江户时代的社会阶层身份相对固定,而到了明治时代则变成了靠个人努力能改变社会身份的社会。以前定居在一个地方的大多数人包括老百姓,要追求"立身出世"(追求靠自己的努力爬到社会的高地位),很多年轻人离开自己的故乡到京都、大阪、东京等大城市,为了自己的发展努力奋斗。因此出现了由"定住社会"到"流动社会"的变化。"故乡"概念发生于这种社会背景之下,它是

---

① 矶田光一:《近代芸術における故郷(近代艺术里的故乡,木村译)》,见佐藤泰正编《文学における故郷(文学里的故乡,木村译)》,笠间书院1978年版,第63—84页。
② 《年谱》《生誕百二十五年記念 竹久夢二》井上芳子監修,財団法人NHKサービスセンター,2009年,第150、152页。小笠原洋子《夢二——ギヤマンの舟》,大村书店2002年版,第96页、179页。

因为"大城市"的凸显而被意识到的。特别是对照着"东京"的概念。在进行近代化,也就是欧化的过程中,"大城市"是首先能吸收西方的各种新的文明和文化的地方,被人们认为是"先进的地方"。而"故乡"被认为是有很多老习俗残留着的、物质方面也很落后的地方。但是这个"故乡"就是很多从那里出来在大城市里奋斗生活的人很小的时候生活过的地方,或者现在尚有家人仍在那里居住,也让很多人一想到就会产生乡愁的地方。[1] 因此,在日本"故乡"和"乡愁"很密切地关联在一起的概念。大家说起"家乡"就想起"乡愁"。那么"乡愁"是什么?

《现代汉语辞典》对"乡愁"的解释:深切思念家乡的心情。日本的《广辞苑》解释:①住在他乡的人想念故乡兴起的情感、nostalgia;②想念过去的心情。

《近代芸術における故郷(近代艺术里的故乡,木村译)》里矶田光一说明了乡愁和空间、时间的关系。他在谈到旅行和故乡的关系的部分里说明乡愁发生于离开故乡的行为。这是因为人从"故乡"的空间外出的时候,才意识到原来的地方的美丽。还说,除了空间的认识以外,还有由时间而引发的乡愁。所有的人经过童年时期成长为大人的过程中,渐渐学会世间的自我主义,永远失去童年的天真。因此,人的感情和记忆往往理想化幼年期而产生了乡愁[2]。

上述日本的"乡愁"概念是由空间和时间而引发的两种思念。但是,中国的"乡愁"只有空间的思念。村山吉广在《漢詩とノスタルジー——中国望郷詩の背景(汉诗与乡愁——中国望乡诗的背景)》里说,中国传统定型诗里由很多"望乡"诗,原因是因为国土大,一旦离开故乡回老家很难;古代中国交通不发达,通信也难;偏僻地方的生活跟故乡不一样,很苛刻;中国社会本来把最重要的价值放在和家人、乡党们一起的生活。所以脱离这种状态的时候,诗人就做望乡诗。中国诗人一般都是官僚,他们当中有在坚固的中央集权国家里从中央派到地方的。被派到的地方远近不同,政治抗争也激烈,有时候有人成为了政治斗争的牺牲品被派到偏僻的地方,也就是左迁、流放等。这

---

[1] 成田龍一:《「故郷」の空間》,《都市空間のなかのアイデンティティ》,《「故郷」という物語 都市空間の歴史学》,吉川弘文館1998年版,第2—28页,第144—181页。

[2] 注1参照。

种情况诗人也会写望乡诗。

中国传统定型诗的望乡诗可分为"客旅"、"征戍"等类别。"客旅"咏叹离开故乡的旅人感觉到的孤独、客寓的悲哀。"征戍"咏叹被派到国境线的战士怀抱的悲哀、归思等心情。村山吉广指出中国的"望乡"概念的背后有中国独特的官僚制度,跟欧洲的 nostalgia、日本的"乡愁"概念不一样。[1]

丰子恺也在《故乡》一文中引用很多诗人的一句说:"可以推想故人对故乡是何等地亲爱。"可是,他举例的,比如李白《静夜思》、杜甫《绝句》咏叹离开故乡过流浪地生活地忧愁,诗歌的焦点放在哀叹诗人的辗转不安定的处境。还有看李益《夜上受降城闻笛》那样出征人想念故乡的诗歌。但这些诗歌里描述的"故乡"都不像日本近代发生的"故乡"对着东京那样"大城市"被意识到的"故乡"观念。

下面,我从丰子恺白马湖春晖中学时代、石门湾缘缘堂时代、解放后、最后的随笔这四个部分分析一下丰子恺的"故乡"观念。

三、丰子恺的"故乡"观念——白马湖春晖中学时代

(一) 对"故乡"一般人的看法

明治、大正时代日本不断地推进"近代化"的进程,在这个过程中东京成为最早接受西方观念和生活方式的大城市,也是全国公认的最为先进的城市。东京成为很多年轻人的憧憬。反过来看中国,一般人怎么看大城市和乡村的关系?

丰子恺在《山水间的生活》里说:

> 我从前往往听见人讲到子弟求学或职业等问题,都说:"总要出上海!"听者带着一种对于将来生活的恐慌的自警的态度默应着。把这等话的心理解剖起来,里面含着这样的几个要素:(一)上海确是文明地,冠盖之区,要路津。(二)少年应当策高足,先据这要路津。(三)这就是吾

---

[1] 村山吉广:《漢詩とノスタルジー——中国望郷詩の背景(汉诗与乡愁——中国望乡诗的背景)》,《月刊しにか》,14(2),大修馆书店,第14—16页。

人应走的前途。①

他表示,曾经他也有过为了自己的发展必须到大城市上海的想法,因为上海的文明程度比乡下高,做官的机会比乡下多,地理上也是发展的要地。而且,在《故乡》里他说过很多人也觉得这座大城市的生活比乡下好得多。

> 即使也不乏喜欢对花邀月饮酒得人,但不一定要在故乡的家里。不但如此,他们在故乡的家里对花邀月饮酒反而不畅块,因为乡村大都破产了。他们必须离家到大都会里去,对人为的花,邀人造的月,饮舶来的洋酒,方才得其所哉。②

他说,被人工的东西围着的城市生活比被围着自然而很穷的乡村生活受欢迎。而且,他接着说,到大城市生活的人没有留恋乡村,也没有人怀念故乡。

> 而"乡"之一字恐不久将为人所忘却。即使不被忘却,其意义也得变更:失却了"故乡"的意义,而仅存"乡村破产"的"乡"字的意义。③

丰子恺指出在中国,人们对"故乡"没有跟日本一样觉得乡愁。而且从《山水间的生活》来可以理解本来丰子恺也觉得大城市比乡下好。可后来丰子恺本人跟大多数人的想法相反,在早期文章里赞扬乡下的生活。下面,我们看他在上虞白马湖春晖中学的时候的文章,分析一下他为什么改变自己的想法赞扬乡下。

(二) 在浙江上虞白马湖春晖中学时代写的两篇文章

(1) 发现"自然"

《青年与自然》《山水间的生活》是丰子恺奉职浙江上虞白马湖春晖中学

---

① 丰子恺:《山水间的生活》,见《丰子恺文集》第5卷,浙江文艺出版社、浙江教育出版社1992年版,第13页。
② 丰子恺:《故乡》,见《丰子恺文集》第5卷,浙江文艺出版社、浙江教育出版社1992年版,第334页。
③ 丰子恺:《故乡》,见《丰子恺文集》第5卷,浙江文艺出版社、浙江教育出版社1992年版,第334页。

的时候发表的文章。《青年与自然》中他把自然感化青年的力量写了两段文章《青年与月》《青年与花》。丰子恺引用英国诗人华兹华斯（Wordsworth）的一句"嫩草萌动的春天的田野所告诉我们的教训，比古今圣贤所说的法语指示我们更多的道理"说："这正是赞美自然对人的感化力，又正是艺术教育的简要的解说。"

华兹华斯是被视为在英国进入产业革命时代随着英国变为工业国家"自然"渐渐消失的过程中，重新发现"自然"的诗人。华兹华斯也是个乡下人，上剑桥的大学接受近代教育的时候，才发现了立在"近代"的相反极端的"自然"。进入产业革命时代，人的生活状态从"固定"变为了"流动"。从产业方面来看，是从农业变为工业了。在近代社会里发生自由竞争，自由竞争引起了自我主义。这种变化使诗人体会到丧失感，他咏叹自然，自觉自己是自然的代言人。在他的诗歌中，体现"自然"的农民拥有的传统美德被描述成为很宝贵的、有价值的品德。

丰子恺引用"自然"诗人华兹华斯意味着当时他也跟华兹华斯一样重新发现"自然"，可是跟华兹华斯不一样的是，他的"自然"能够对青年产生感化作用。

（2）对乡下的看法

在中国1910年代发生的新文化运动是基于科学和民主主张批判儒教、人道主义、文字改革、文学改革等。其目的是打破以儒教为代表的旧道德、旧文化，创立人道的、进步的新文化。丰子恺在新文化运动中度过青春时代，肯定受到其影响。他把对这个运动和现实的看法在《山水间的生活》中写出来了：

> 同样，我觉得社会里最感到困难的是"因袭的打破难"。许多恶劣的人类分子，都是"因袭的罪恶"，何尝是人间本身的不良。因袭好比遗传，永不断绝。新文化一次输入因袭旧恶的社会里，仿佛注些花露水在粪里，气味更难当。再输入一次，仿佛在这花露水和粪里终归越弄越坏。在山水间的学校和家庭，不够何等孤僻，何等少见闻，何等寂寥，"因袭的传染的隔远"和"改造的容易入手"是实实在在的事实。①

---

① 丰子恺：《山水间的生活》，见《丰子恺文集》第5卷，浙江文艺出版社、浙江教育出版社1992年版，第13页。

看这个文章,丰子恺已经意识到现实社会接受新文化运动变成新的社会很困难。他指出的原因是因袭,而认为"在山间的学校和家庭"是"因袭的传染的隔远"。这种想法也许太单纯了。可以说他美化乡下了。因为在中国、在日本都有一种事实,各种旧的因袭,包括思想方面的因袭,乡下比城市留下得多。可是丰子恺在写这篇文章时,拥有这种想法,也许反映出他对上虞白马湖的教师生活充满期待的心情。

(3)与艺术相关的思考

丰子恺赴日留学之前写了一篇文章《画家之生命》[①],讲述了画画时,最重要的是"画家的生命"。他说,画画基本上基于观察模仿"自然"(这里的"自然"是存在于外部的客体。木村注)需要加上画画的人的感兴。他把这个感兴叫"画家之生命",提出了十个要素:"意志之自由"、"身体之自由"、"嗜好之不可遏"、"时间之无可有束缚"、"趣味之独立",主张画家的身体、精神、嗜好、时间、趣味上需要绝对的自由。在丰子恺的眼里,"画家"是不受任何拘束的存在。但文章的最后他也说:"画家之生活既如是,就表形而观,恐有指为放荡游情者焉。其实非也。画家修养既富,则制作日趋高雅,而导其心性于高尚之位置。故虽不以道德为目的,而其终点仍归于道德也。敢质之大雅。"最后总括统摄所有的自由的是道德性修养。

《青年与自然》里丰子恺指示青年拥有人生中特殊感受能力后,在第二部分"花给与青年道德的感想"里说"花的形质的清雅不凡,使青年起道德的思想"、"花的形色、表示人生的复杂的象征"、"这等象征,在不知不觉之间给青年道德的暗示"。还有,在第三部分"花给与青年美的感情"有"青年因花而直接陶冶美的感情,又间接影响于道德"这一句。

从《画家之生命》到《青年与自然》,可以看到丰子恺的艺术理论的中心有道德。换而言,他最重视的是画家做人要高雅端正。

《青年与自然》里丰子恺还说出来一个在他的艺术观念里很独特的、很重要的艺术概念"有情化"。他说:

青年对花月——对一切自然——不可不使自身调和于这美和爱,且

---

① 丰子恺:《画家之生命》,见《丰子恺文集》第1卷,浙江文艺出版社、浙江教育出版社1992年版,第1—4页。按,该文曾载1920年4月《美育》杂志第一期。

不可不"有情化"这等自然。"有情化"了这等自然,这等自然就会对青年告说种种的宝贵的教训。不但花月,一切自然,常暗示我们美和爱。①

"有情"是佛教术语,意思是一切有感情、有见闻觉知之生命体。还有拥有感情、感觉的意思。写这个文章的时候,丰子恺还没有对佛教十分倾心。但是这里的"有情"是对无情(没有感情、感觉)的花、月等自然界的东西付出感情,跟人交流一样有与它交流的意思。丰子恺倡导青年应将自然一切视为与人一样有感情的生物,与它交流。《青年与自然》中的"有情化"一句告诉我们,丰子恺早期的思想里已经有过这种类似万物有灵论的想法。

综上所述,白马湖时代的丰子恺保持着从上海专科师范学校时代就拥有的艺术理念:绝对的自由;道德修养;重视写生,认为修养上自然的感化力很有效,抱有与本来无情的自然用"有情化"的作用来交流的话,对修养有利的想法。最重要的是丰子恺把这些艺术想法与白马湖的自然环境联系起来。

(4) 他赞扬自然的原因

从1922年秋到1924年冬离开春晖中学之前,丰子恺一直在白马湖。他给自己的教员宿舍起名"小杨柳屋"。小杨柳屋位于夏丏尊的"平屋"与经亨颐的"长松山房"之间,丰子恺家的右边是刘叔琴家。课余,他跟朋友聚集在一起,享受"吃酒谈天"之乐,还去白马湖畔写生,或与朋友泛舟湖上。朱自清回忆说,丰子恺家的客厅虽然很狭窄,但"这里却充满着友谊的乐趣",而且客厅的两壁上"早已排满了那小眼睛似的漫画稿"②。朱光潜也在《丰子恺的人品与画品》中说过,夏丏尊、朱自清、刘薰宇、朱光潜本人和丰子恺常常在一块聚会,喝酒敞开心怀地聊天儿,大家"在友谊中领取乐趣,在文艺中领取乐趣"。这种跟彼此都知道脾气的友人一起喝酒、谈文艺,有时候去写生、乘船游玩的生活,令丰子恺满怀热情地追求自己的漫画,酝酿了丰子恺独特的漫画世界,是"他的一生中最美好的生活片段之一"。③ 在这样的环境里,1924年丰子恺在《我们的七月》上发表处女作《人散后,一钩新月天如水》。在白马湖的生活里,丰子恺除了画漫画以外,翻译方面的成绩也很多,他的创作状态便

---

① 丰子恺:《青年与自然》,见《丰子恺文集》第5卷,浙江文艺出版社、浙江教育出版社1992年版,第110、111页。
② 盛兴军:《丰子恺年谱》,青岛出版社2005年版,第133页。
③ 盛兴军:《丰子恺年谱》,青岛出版社2005年版,第134页。

像《山水间的生活》里丰子恺描述一样"清静的热闹"。如果,他生涯中没有待在上虞白马湖的时间,很有可能不会出现漫画家丰子恺。这种状况反映他对乡下和自然的看法,赞扬白马湖的环境。

四、石门湾缘缘堂时代

(1) 丰子恺的"城市"体验

1924年冬天从春晖中学辞职后,丰子恺跟其他的老师们又回到上海创立立达学园。其后一直到1933年回到故乡石门湾之前,他又待在上海过起了城市生活。这里先整理一下,他所理解的城市是什么样的。

在《山水间的生活》(1923年)里丰子恺说:

> 我曾经住过上海,觉得上海住家,邻人都是不相往来,而且敌视的。(中略)觉得上海的繁华和文明,能使聪明的明白人得到暗示和觉悟,而使悟力薄弱得人收到很恶的影响。①

这篇文章里的"邻人都不是相往来,而且敌视的"故事在《邻人》(1933年)里被详细讲述了。《谈自己的画》(1935年)里,丰子恺也写了在上海的城市生活。

> 约十年前,我家住在上海。(中略)上海这地方真是十分奇妙:看似那么忙乱的,住在那里却非常安闲,家庭这小天地可与忙乱的环境判然地隔离,而安闲地独立。我们住在乡间,邻人总是熟识的,有的比亲戚更亲切;白天门总是开着的,不断地有人进进出出;有了些事总是大家传说的,风俗习惯总是大家共通的。住在上海完全不然。邻人大都不相识,门镇日严扃着,别家死了人与你全不相干。故住在乡间看似安闲,其实非常忙乱;反之,住在上海看似忙乱,其实非常安闲。关了前门,锁了后门,便成一个自由独立的小天地。在这里面由你选取什么风俗习惯

---

① 丰子恺:《山水间的生活》,见《丰子恺文集》第5卷,浙江文艺出版社、浙江教育出版社1992年版,第12页。

的生活。①

这里丰子恺写了上海的城市生活的个人主义,家里的空间跟家外的空间无关,家内可以保持住民的家乡的生活方式。上海没有邻居关系,每家独立生活,这是城市的生活特征。接着丰子恺写到上海的生活没有季节感,没有时间感。他妻子每天晚上带着孩子在门口那里等丰子恺回家。这算是在单调的上海生活里做出一些节奏性的行为。

有意思的是,每天看到这样等自己的妻子和孩子们的时候的丰子恺的感受:

> 当这时候,我觉得自己立刻化身为二人。其一人做了他们的父亲或丈夫,体验着小别重逢时的家庭团栾之乐;另一个人呢,远远地站了出来,从旁观察这一幕悲欢离合的活剧,看到一种可喜又可悲的世间相。②

丰子恺说的"化身为二人",意味着他的内心有单纯地喜悦一家团聚的自己以外,还有另一个冷酷、客观观察这一家短暂的聚散离合的旁观者。后面的意识可以说让他感觉到"无常"的宗教意识。这些意识很有可能关联到丰子恺最后随笔里描述自己故乡的事情的时候的态度。

(2)"城市"和"故乡"之间,丰子恺自己的定位

城市的先进和乡下的落后,丰子恺如何看待这个问题?"城市"和"故乡"之间,他到底把自己的位置放在哪里?在自己家乡石门湾,他是父亲考上举人的家里出生的,而且在上海待过很多年,是在家乡盖了新式房子从上海回来住的人。在乡亲们的眼里他是一个家乡的名人。"举人老爷的儿子艺术家丰子恺家造房子,本来就是一件轰动全镇的大事"③,他也是一个乡下人,但身份已经不是普通老百姓了。他搬到石门湾后,也常常去上海、杭州。这意味着他虽然定居石门湾乡间,但是他实际上是能自由自在地往来于乡村和城市之间的。

《都会之音》(1935年)里丰子恺叙述把城市很多时髦、先进的东西带到乡

---

① 丰子恺:《谈自己的画》,见《丰子恺文集》第5卷,浙江文艺出版社、浙江教育出版社1992年版,第463、464页。
② 丰子恺:《谈自己的画》,见《丰子恺文集》第5卷,浙江文艺出版社、浙江教育出版社1992年版,第464页。
③ 丰一吟:《爸爸丰子恺》,中国青年出版社2014年版,第26页。

下,可是这些东西不合乡下的价值观念和生活情况。他的意见是:城市的东西给乡下人很强烈的刺激,让他们羡慕城市,憧憬城市,但乡下人不能到城市里生活,所以这些城市的东西对乡下人不太有利。

> 都会常把物质文明所产生的精巧,玲珑,而便利的种种用品输送到乡村去,或显示给乡村看。这好像是都会对乡村的福音,其实却害苦了乡村人!他们在粗陋,简朴,荒凉,寂寞的环境里受了这种进步的物品的诱惑,便热烈地憧憬于繁华地都会生活的幸福,而在相形之下愈觉自己这环境的荒寂与生活的不幸,然而不能插翅飞向都会去。①

在这篇文章里丰子恺承认了城市的文明比乡下的高。他描绘的《都会之音》(图七)里,在山间的一个屋子上有收音机的有线设备,描出乡下人要用科学机器听到城市的消息。从21世纪的观念来说,用这些机器来普及知识和消息,对交通不便的偏僻地方生活的人很有利的。而且这是文明传播的一个过程。可是,画里和文章里丰子恺表示好像拒绝从城市流到的物质和消息。原因在文章最后一句话里可以找到:

> 乡村之音也可用种种方式传达到都会里去。但恐都会对他们好像苏州人拾得了乡下破草鞋,丢进垃圾桶里了。②

丰子恺明明知道城市的文明、时髦、便利方面都比乡村好得多。但是,他同时认同乡村里也有乡村的文化,承认它的价值。还有可能是他看见乡间出现人工的电线,觉得"自然"被"科学"侵袭。可以说在白马湖时代形成的"自然"比"科学"占优势的想法和在乡村的现实之间,他觉得非常矛盾,还没有妥善解决。另外,竹久梦二也画了同样的标题的画,这幅画算是丰子恺用梦二一样的标题来展开自己的画图世界的一个例子。还有,标题和画出来的人物很相似,可是对乡下的看法上有所相差的有《東京の客(东京的客人)》(图五)

---

① 丰子恺:《都会之音》,见《丰子恺文集》第5卷,浙江文艺出版社、浙江教育出版社1992年版,第454页。
② 丰子恺:《都会之音》,见《丰子恺文集》第5卷,浙江文艺出版社、浙江教育出版社1992年版,第460页。

和《半篇莫干山游记》(图六)。

竹久梦二的家乡冈山县离东京远,去一趟东京,很难得回家。梦二在《東京の客(东京的客人)》里画了从大城市东京来到乡下的男女和看守孩子的乡下孩子,通过东京的客人的时髦和背着娃娃的小孩子的对比表现出东京的先进和家乡的落后。丰子恺也有一幅《都会之客》。画面出现的男女和家乡的家和老媪和他孙子容易联想梦二的画里的人物和构图,很有可能丰子恺画这幅画的时候想到了梦二的这幅作品。

《半篇莫干山游记》(1935年)里丰子恺写着跟Z先生坐汽车要到莫干山的时候,在旷野中汽车突然发生故障,不能继续开的故事。修理车子的人过来之前,乘客们向四野走开,看看乡下的风景。丰子恺看到"两个时髦的都会之客走到路边的朴陋的茅屋边,映成强烈的对照"。通过跟老媪聊天儿,丰子恺知道樱桃树上的果子怎么红起来。看到老媪的家里为了生活必要的东西之外没有其他的,丰子恺觉得自己和Z先生的生活太奢侈了。

> 实际,我们的生活在中国总算是啰唆的了。据我在故乡所见,农人、工人之家、除了衣食住的起码设备以外,极少有赘余的东西。我们一乡之中,这样的人家占大多数。我们一国之中,这样的乡镇又占大多数。我们是在大多数简陋生活的人中度着啰唆生活的人;享受了这些啰唆的供给的人,对于世间有什么相当的贡献呢?我们这国家的基础,还是建设在大多数简陋生活的工农上面的。①

一个很"龌龊"的修理人终于过来了。但是没有和汽车匹配的螺旋。大家都慌张的时候,这个修理人想了一个办法,借老媪的厨刀和她供给的木头,造出来螺旋,把汽车修好了。

> 衣服丽都或身带手枪的乘客,在这时候只得求教于这个龌龊的工人;堂皇的杭州汽车厂,在这时候只得乞助于荒村中的老妇人;物质文明极盛的都市里开来的汽车,在这时候也要向这起码设备的茅屋里去借用

---

① 丰子恺:《半篇莫干山游记》,见《丰子恺文集》第5卷,浙江文艺出版社、浙江教育出版社1992年版,第484页。

工具。乘客靠司机,司机靠机器司务,机器司务终于靠老百姓。①

老媪的诚恳的态度、衣服龌龊的修理人的技巧让丰子恺感动。汽车里的乘客算是社会上属于中上级阶层的人士,可这种人士得依靠老百姓的力量,这样的事实让他感动。可是,汽车修好,在开车的时候,"大家得意洋洋地观赏前途的风景,不再想起那龌龊的机器司务和那茅屋里的老妇人了"②。

这个故事里,丰子恺一瞬间把以老媪、机器司务代表的老百姓放在城市里生活的人之上了。当然,颠倒位置是一瞬之间,最后还是回到先进的城市人和落后的乡下人的高低位置关系了。但这样的视线确实是竹久梦二没有的。所以《都会之客》的画里描绘的人物和屋子跟梦二的《東京の客》一样,但画里的内容不一样,还是丰子恺展开了自己独特的价值观念。

在《比较》(1934年)里的一段文章里丰子恺提出他曾经住过的大城市和乡下比较起来,当然是大城市,特别东京这样国外大城市方便。但是住进大城市后满足大城市的方便是一时的事情,时间长了总是又觉得有缺乏的东西。他提出的例子是:山间、小镇、上海、日本东京等。③

《家》(1936年)里,丰子恺写了从南京的朋友家里回到南京的旅馆里,又从南京的旅馆里回到杭州的别寓里,又从杭州的别寓里回到石门湾的缘缘堂本宅里,每次来回所产生的感想。他说从哪里回到下一个落脚地时,刚回来的时候总是舒服,但过了一段时间后还是觉得不安宁,所以要走,要回到自己的"家"。最后回到本宅缘缘堂的时候,他发现缘缘堂也不是"真的归宿之处"。

《比较》《家》的例子表示丰子恺已经把自己的立场放在中立的位置。他本来是个乡下人,但是已经待过大城市的他回到故乡的身份很微妙,他已经不算乡下人了。他非常理解城市的物质先进性,但同时认同从某些角度来看,乡下的、老百姓的生活态度、对创造力也有好处。他虽然对这两个地方都很熟悉,但他觉得自己不属于这其中的任何地方。

---

① 丰子恺:《半篇莫干山游记》,见《丰子恺文集》第5卷,浙江文艺出版社、浙江教育出版社1992年版,第486、487页。
② 丰子恺:《半篇莫干山游记》,见《丰子恺文集》第5卷,浙江文艺出版社、浙江教育出版社1992年版,第487页。
③ 丰子恺:《比较》,见《丰子恺文集》第5卷,浙江文艺出版社、浙江教育出版社1992年版,第422—424页。

《家》的最后部分,丰子恺写了自己是不属于一个地方的:

> 四大的暂时结合而形成我这身体,无始以来种种姻缘相凑合而使我诞生在这地方。(中略)我现在是负着四大暂时结合的躯壳,而在无始以来种种因缘凑合而成的地方暂住,我是无"家"可归的。既然无"家"可归,就不妨到处为"家"。①

这种想法跟他的"城市"和"乡下"的位置观念相同,表示在丰子恺的内心里"城市"和"乡下"已经有同样的平等的价值。他对"城市"和"乡下"的观念里,对这两个地方的价值观念上可能丰子恺是中立的。

五、解放后的"故乡"

抗战结束后,1946年丰子恺从重庆回到石门湾,又转到杭州,1947年待在上海,1948年在杭州、上海、台湾、厦门、泉州等地方巡回,1949年从1月到4月住在厦门后,为了开画展去一趟香港,4月份回到上海先住虹口区西宝兴路汉兴里433弄。1950年从西宝兴路移到福州路671弄7号开明书店章锡琛的旧宅。1954年9月1日从福州路移到陕西南路39弄长乐村93号,取名"日月楼",以它作为定居地,一直住到逝世。

解放后,丰子恺担任各种行政方面的工作。1950年参加华东军政委员会第二次会议。1953年被聘为上海市文史研究馆馆务委员。1954年起任中国美术家协会常务理事、上海美术家协会副主席。1956年12月当选为上海市人民代表。1957年任上海市政协委员、上海市外文学会理事。1959年4月去北京参加全国政协三届一次会议。1960年也去北京参加全国政协三届二次会议。6月起,任上海中国画院院长。7月起,任中国对外文化协会上海分会副会长。1962年3月去北京参加全国政协三届三次会议。5月当选为上海市美术家协会主席、文联副主席。在上海第二次文代大会上发言。1963年11月去北京参加全国政协三届四次会议。

---

① 丰子恺:《比较》,见《丰子恺文集》第5卷,浙江文艺出版社、浙江教育出版社1992年版,第521、522页。

忙乱的生活中,以故乡为题材的文章很少。只有《端阳忆旧》(1947年)、《私塾生活》(1962年)。《端阳忆旧》是解释他写民间生活的漫画中、门上常有一个王字的由来,而谈到童年时代的过端午节的方法,是解释现在已经丢失的过去的民族风俗的。《私塾生活》里丰子恺介绍自己幼年期在家乡上私塾的时候的情况。这篇文章本来1962年9月《儿童时代》发表的。文中,能看到把读者称为"小朋友们",这显示他是给年少的读者介绍自己小时候的上学情况而写这篇文章的。丰子恺介绍:私塾不像学校那样对上学、放学的时间有规定;上课时,老师把学生一个一个地叫过来,一对一教课;有"习字"、"背旧书"、"上新书"、"对课"等科目。这些话对60年代已经都上小学校的孩子们来说很有趣的,而丰子恺写的态度也是一位老爷爷对着小孩子们讲以前的故事样的,文章里没有悲哀、乡愁。解放后,他写的有关故乡的文章都是有介绍自己童年时代的风俗之类的风格。

还有1962年发表《新的喜欢》,其中他写上海变成石门湾一样的可亲、熟悉的地方。而之前丰子恺写以前在上海时他一直感觉到寂寞:

> 我住居上海,前后共有三十多年了。往日常常感到上海生活特点之一,是出门无相识,街上成千成万的都是陌路人。如果遇见一个相识的人,当作一件怪事。这和乡间完全相反:在乡间,例如我在故乡石门湾,出门遇见的个个是熟人。倘有一只陌生面孔,一定被十目所视,大家研究这个外来人是谁。
>
> 我虽然有时爱好上海生活,取其行动很自由,不必同人打招呼,衣冠不整也无妨,正如曼殊所云:"芒鞋破钵无人识,踏过樱花第几桥。"然而常常嫌恶上海生活,觉得太冷酷,有"茫茫人海,藐藐孤舟"之感。①

可是,1951年定居上海后,因为丰子恺被很多人在报纸等媒体上看到,所以知道他的人越来越多。出门后,遇见的陌生人,对方认识丰子恺,渐渐就变成熟人了。所以很多人对他待得很热情、很亲切。所以,最后他写道:

---

① 丰子恺:《新的欢喜》,见《丰子恺文集》第6卷,浙江文艺出版社、浙江教育出版社1992年版,第639页。

总之，近年来上海对我得关系变更了。我住在这七百万人口的大都市里，仿佛住在故乡石门湾的小镇上，不再有"茫茫人海，藐藐孤舟"之感了。①

丰子恺讲这个原因是解放后政府扫除文盲，提倡文化。因此很多人能看到报纸，他的作品就被很多人看到，而且认识他的人也多起来了。这个文章里可能有丰子恺故意表扬新政府的作风的因素。可是，除去这些因素也能感觉到丰子恺已经把上海当作自己的创作基地。实际上，他从1950年定居上海后，再也没有回到石门湾居住。

六、1966年后的随笔中的"故乡"

1966年"文化大革命"开始后，丰子恺被卷入了政治运动之中，受到很多迫害。盛兴军叙述当时很多知识分子受到的迫害的情况：先是大字报，然后是"逼、供、信"，抄家，关"牛棚"，挂牌，游街，克扣工资，备受种种精神上的侮辱和肉体上的摧残。②在这种情况下，1971年他开始写他人生最后的随笔集，1973年脱稿了。写成的33篇中，有关他故乡的回忆有《酒令》《食肉》《癞六伯》《中举人》《五爹爹》《菊林》《王囡囡》《老汁锅》《过年》《清明》《放焰口》《歪鲈婆阿三》《四轩柱》《阿庆》《S姑娘》《乐生》《元帅菩萨》等17篇。这些文章都是在石门湾度过的幼年时期的回忆。当初丰子恺给这些随笔起名《往事琐记》。如名字所示，讲述的是已经过去很久的童年时代的故事。但如果丰子恺不记下来的话，都会云消雾散。年纪大的丰子恺也可能意识到了这一点。写的笔调是《私塾生活》里为后辈讲述自己上私塾时的回忆。在丰子恺的笔下，在他小时候和他一起生活的人物统统又活了过来。可是，最后他提出这些人物都已经下落不明，生死不明，让读者知道这些人物只在丰子恺的记忆里活着。丰子恺叙述童年时代的事情和人物好像描述人间的缘分的奇妙。

---

① 丰子恺：《新的欢喜》，见《丰子恺文集》第6卷，浙江文艺出版社、浙江教育出版社1992年版，第640、641页。
② 盛兴军：《丰子恺年谱》，青岛出版社2005年版，524页。

七、结语

　　丰子恺在白马湖时代发表的《青年与自然》和《山水间的生活》里提出来的自然的感化力和"有情化",是对上海专科师范学校时代的艺术理念的发扬。白马湖时代的丰子恺毫不犹疑地肯定山水间的生活,赞扬自然是反映对春晖中学的教育工作的希望和教师之间的交流的有趣。丰子恺在日本东京遇到竹久梦二的画集,把漫画艺术的种子播种在他的心里,但是要是回国后他没有到白马湖,一直待在上海的话,很有可能就没有漫画家丰子恺的诞生了。白马湖的环境酝酿丰子恺的漫画,让他心里的种子发芽,最后成就了漫画家丰子恺。因此,白马湖时代是他创造历史的出发点,占据很重要的位置。总之,可以说白马湖春晖中学时代的两篇文章反映了他在那里的所有的业绩。

　　后面写的有关"故乡"的文章里,丰子恺表示他很准确地把握了"故乡"和"城市"空间的差距。"城市"的生活形态是个人主义,而"故乡"的生活形态跟它相反,跟周围人有很密切的关系。而且"故乡"="乡下"的物质条件没有"城市"的时髦、丰富。可是,丰子恺并不是否定"乡下"的这种情况。当然,住在城市的人一般没意识到"乡下"的好处。但丰子恺了解"乡下"有"乡下"的生活方式而尊重它。

　　丰子恺解放以后的文章里,渐渐看得出来老爷爷给后辈讲以前的故事的态度。而且他写的文章跟"故乡"有距离。可能原因是他已经定居上海,这些后写的不是"故乡"的现在,而是过去的回忆。特别是他在最后的随笔集里描述童年时候的文章让读者听旧话觉得很新鲜。最后丰子恺告诉人们故事里的人都已经逝世或活着下落不明的时候,故事里的人物活生生的形象和严峻的现实之间相差很大,像做了一场梦一样,体会到人间悲欢离合的"无常"。

　　总括起来,丰子恺的"故乡"观念是有变化的。从白马湖时代的"希望"到定居上海在"文革"时代写的"无常",它随着丰子恺的人生道路变化了。丰子恺故乡观念的内涵,与日本的"故乡"观念包括竹久梦二在作品中所表现的"故乡"是完全不一样的。

【附图】
(1) 描绘自己在家乡的幼年时期

图一 《酒 SAKE》秋の卷　　图二 《赤いモモヒキ》秋の卷

(2) 描绘青年憧憬城市的画儿

图三 《都の友へ》春の卷　　图四 《都会へ》秋の卷

(3) 描绘乡下人与城市人的比较

图五 《東京の客》秋の卷

图六 豊子愷《都会之客》

图七 豊子愷《都会之音》

图八 夢二《都会の音》秋の卷

作者：日本冈山大学讲师

An Exploration of Feng Zikai's Concept of "Hometown"

Kimura Yasuji

This essay proposes to explore Feng Zikai's concept of "hometown".

After publishing *Youth and Nature* in No 3 of *Light of Spring* in 1922, he followed up in the next few years with more articles about his hometown and country life from which his unique concept of hometown emerged. Therefore, this paper focuses on Feng's concept of "hometown" and explores its content and characteristics. As the concept of "hometown" is polysemous, this paper draws on the concept of "hometown" proposed by 矶田光一氏 and analyzes the space of Feng's "hometown" and the "memories" connected with "hometown" from the perspective of "space" and "time".

丰子恺和市井文化

朱惜珍

丰子恺先生对中西方文化有着充分的了解，其文化底蕴深厚，但他的作品中表现出来的却是极其平常，其漫画看上去甚至有些"拙"。这些作品大多取自于丰先生自己人生的一个个片段，取材极为家常，却能表现出一种独特的情趣，有着丰子恺特有的味道。他的散文和漫画里有诗意，有谐趣，更有一种悲天悯人的意味，寻常的市井生活在丰子恺的笔下显得十分鲜活有趣味，充满人间情味，让人感慨寻常的世俗生活居然可以这样有滋有味。

从文本意义上说，"市井"这两个字含有"街市、市场"及"粗俗鄙陋"之意。从市井衍生出来的市井文化则是指产生于街区小巷、带有商业倾向、通俗浅近、充满变幻而杂乱无章的一种市民文化，它反映着市民真实的日常生活和心态。"市井文化"在我国由来已久，在一些古诗中就有关于市井文化的生动描述，比如"夜市买菱藕"、"春船载绮罗"等等句子。市井文化是一种平民化的文化，它通俗浅近，十分贴近市民真实的日常生活和心态，它源自于直接的生活表层，有着浓郁的人间烟火气。丰子恺先生热爱市井生活，从他早年用稿费在故乡石门建造的缘缘堂到居住时间最长的上海日月楼的生活状况都可见出这一点。

其实，人生天地间，离不了市井生活。人本身是群体动物，喜欢热闹但又能保留着内心的宁静和独立，这是一种境界，在丰子恺的作品里，我感受到了这种境界。只是，丰先生出众的人品学识才华，赋予了市井生活一种浓郁的诗意和情致，品起来犹如冬天围炉吃烘山芋般平常而温暖。

一曲市井生活的交响乐

丰子恺认为,漫画好比文学中的绝句,字数少而精,含意深而长。所以,我们在读丰先生的漫画时,总能在他随意挥洒之中悟出深沉的生活哲理和幽默的情趣来。丰子恺取自于市井生活题材的作品,许多是我们大多数人在生活中曾经感受过的,所以会格外感到亲切。

记忆最深的是一组名为《瞻瞻的画》。三岁的小瞻瞻4个晚上各做了1个梦:第一夜:家里的桌子没有了,东西都放在地板上。自鸣钟、爸爸的怀娥铃、妈妈的剪刀……第二夜:妈妈床里的被褥没有了,种满着花、草,有蝴蝶飞着,青蛙儿跳着……第三夜:房子的屋顶没有了,在屋里可以看见天上的鸟、飞艇、月亮和鹞子。第四夜:卖东西的都在门口,一天到晚不去。

假如说,前三个梦,是较纯粹的儿童意趣的话,那么,这第4个梦,可以说是大人和儿童共有的了。

丰先生画得多么传神?那些卖东西的小摊一个比一个可爱。小时候,我就总是梦想自己家门口有无数卖东西的摊位。卖吃的、玩的,不仅是东西可爱,更有趣的是热闹,人多,就像过节一样。所以,一看见丰先生这幅画,我就迷住了。想起了儿时,自家所在的弄堂里也会来一些卖棉花糖的,卖玩具小金鱼的人,他们挑着担,边走边叫卖,假如没人招呼他们,只是来叫卖几声就跑了。我便急急忙忙扯着大人的衣襟出门去,叫住小贩,于是,小手里便有了一块糖或是一条玩具小金鱼,小脸就会笑成一朵花,开心得不得了。心里还在惦记,最好他们天天都来。瞻瞻的梦中,一开门就见到这么多各式各样的小摊,随时随地可以粘着大人买这买那的,那是多么快乐!瞻瞻的梦,也是许多成年人的梦。即便现在,我也常常梦想一开门家门口突然之间会生出许多卖各种各样东西的小摊来,给平淡的生活增添一些佐料,这就是市井生活特有的魅力吧。

同样,在漫画《买粽子》里,我们也看到了活色生香的市井生活:一间沿街房屋的二楼,楼下是挂着匾额的老字号商铺,楼上窗前站着两个人,楼下街头有小贩叫卖粽子,楼上人想买来吃,又懒得下楼,便用一根长绳系住竹篮,篮子里面是买粽子的钱,从窗口把篮子放下去。小贩只需拿了钱,把粽子放进篮子,楼上人就会把绳子拉上去。这幅上海生活断片的写真,是那样传神,令人过目不忘。又如《卖花女》,长长的巷子里,挎着篮子的卖花女正在穿行,篮子里的花鲜艳欲滴,旁边尾随着一条小狗,墙头探出杨柳初绽芽的枝条。让人想起陆游的诗句"小楼一夜听春雨,深巷明朝卖杏花",这就为市井生活赋予了浓浓的诗意。

不但是画,丰先生的散文,也充满了同样的人间况味。在散文《午夜高楼》里,丰子恺写道:"我回想到儿时所亲近的糖担。我们称之为'吹大糖'担。""每闻'铛,铛,铛'之声,就向母亲讨了铜板,出去应酬他,或者追随他,盘问他,看他吹糖。他们的手指技法很熟,羊卵脬、葫芦、老鼠偷油、水烟筒、宝塔,都能当众敏捷地吹成,卖给我们玩,玩腻了还好吃。他们对我,精神上,物质上都有恩惠。'铛,铛,铛'这声音,现在我听了还觉得可亲呢。因为锣声暗示力比前两者尤为丰富。其音乐华丽,热闹,兴奋,而堂皇。所以我幼时一听到'铛,铛,铛'之声,便可联想那担上的红红绿绿的各种花样的糖,围绕那担子的一群孩子的欢笑,以及糖的甜味。"

其实,生活在弄堂里的上海小孩,大多都很寂寞,他们没有像鲁迅笔下的百草园那样可以随意玩乐的地方,也没有乡间的小河、青草、田野可以撒欢,弄堂里逼仄的空间,使他们格外想念外面的世界,所以他们会追随卖糖的小贩。家门口一天到晚不去的小贩带来的不仅是他们卖的东西,更是为孩子们打开了一扇扇窥视世界的窗口,给他们带来了欢乐和遐想。

如前所述,这样的场景不但孩子想,大人也是想的。在散文《午夜高楼》里,丰子恺借馄饨摊和圆子摊表述了对小贩的感情:"黄昏一深,这小市镇里的人都睡静了。我躺在高楼中的凉床上所能听到的只有两种声音,一种是'柝,柝,柝',一种是'的,的,的'。我知道前者是馄饨担,后者是圆子担的号音。""试吟味之:这两种声音,在高低、大小、缓急及音色上,都与这两种食物的性状相暗合。馄饨担上所敲的是一个大毛竹管,其声低,而大,而缓,其音色混浊、肥厚、沉重而模糊。处处与馄饨的性状相似。午夜高楼,灯昏人静,饥肠辘辘转响的时候,听到这悠长的'柝——柝——柝——'自远而近,即使我是不吃肉的人,心目中也会浮出同那声音一样混浊、肥厚、沉重而模糊的一碗馄饨来。""圆子担上所敲的是两根竹片,其声高,而小,而急,其音色纯粹、清楚、圆滑而细致。处处与小圆子的性状相似。吾乡称这种圆子为'救命圆子',言其细小不能吃饱,仅足以救命而已。试想象一碗纯白、浑圆、细小而甘美的救命圆子,然后再听那清脆、繁急、聒耳的'的、的、的'之声,可见二者何等融洽。"丰子恺笔下的这幅市井画图充满人间温暖。

丰子恺的描写市井生活的文章大多有着与之对应的漫画。在1933—1934年及1947—1948年间,丰子恺在《申报》《申报·自由谈》上发表了众多反映都市市井文化下的漫画。如:"市井小景"、"行商"、"卖菊花"、"馄饨担"、"吃茶"、"拍卖"、"夜宵"、"等夜车"、"施粥"、"买办"、"西瓜"、"施茶"、"卖席"、"卖浆"、"卖报"、"缝穷婆"、"挖耳朵"、"剃头担"、"搭搭滚的猪油糕"、"糖糕"、"和菜"、"藕"、"叫卖二重唱"等等,组成了一曲市井生活的交响乐,从中折射出当时的社会生活形态,同时,也蕴涵了丰子恺对劳动人民的尊重和深情的关注。

融入市井情趣的缘缘堂生活

丰子恺热爱市井生活,却悄然独立于市井之上,这是他作品的魅力之源。他以为读书作画、饮酒闲谈是自己的性格要求,在他看来这样的生活才是最幸福的。

缘缘堂脱胎于丰子恺在上海的寓所之名。当年弘一大师指点丰子恺利用抓阄的方法确定了丰子恺在上海的寓所为"缘缘堂"。不过,那不过是一个象征性的名称而已。丰子恺说这是"缘缘堂"的"灵"的存在,这个灵足足伴随他达六七年之久。一直到1933年春,丰子恺才终于给这个"灵"赋了形。

1933年春天,丰子恺用自己辛苦赚来的稿费在家乡石门湾的梅纱弄里,也就是丰家老屋的后面建造了三楹高楼,"缘缘堂终于坠地"。这是丰子恺亲自绘图设计的一所中国式宅院,它完美地达到了丰子恺所追求的高大、宽敞、明亮,具有朴素深沉之美的理想居所的愿望。缘缘堂正面有隔成前后间的三堂,楼上中间设走廊,四周除卧室外,还在西前间隔出一小间做佛堂,缘缘堂的匾额则高高悬于厅堂正中央。

缘缘堂四周围以高高的粉墙,前面是一个水泥浇注的大天井,后有院落,门外种着两株重瓣桃花。喜欢花草的丰子恺在天井南壁砌了个半圆形花坛,西南角还有一个扇形花坛,分别种着芭蕉、樱桃、蔷薇、凤仙花、鸡冠花、牵牛花以及杨柳。院落内有葡萄棚、秋千架、冬青和桂花树。院落的后面还有平屋、阁楼。春天,桃花、蔷薇衬着绿叶竞相盛开,堂前燕子呢喃。夏天,樱桃红、芭蕉绿。那幅意境极佳的"红了樱桃,绿了芭蕉"的漫画想必灵感便出于此。最妙的是画中那扇玻璃格子后面斜斜地露出的几叶芭蕉,大有"满屋绿色关不住"的意境,案头一盆樱桃,上面一只蜻蜓在飞来飞去,旁边一根点燃了的香烟搁在火柴盒上,似乎是主人在一旁笑呵呵地看着。而此时缘缘堂门前,"刚挑过一担"新市水蜜桃",又来了一担"桐乡醉李"。一家子围着担子挑桃拣李,好一幅市井消闲图。挑着西瓜的小贩喊一声:"开西瓜了!"引出缘缘堂里的一众大人小孩。傍晚来了客人,芭蕉树荫下立刻摆起小酌的座位。秋天,葡萄架上挂满了一串串熟透的葡萄,葡萄棚下的梯子上孩子们爬上爬下,院子里欢声笑语不绝。冬日,一家人坐在太阳下吃冬春米饭,廊下晒着芋头,屋角里摆着数坛新酿的米酒,菜厨里有自制的臭豆腐干和霉千张。冬夜,在火炉上烤年糕,煨白果,温暖安逸。这是何等神仙似的欢喜爽快生活?丰子恺说:"倘秦始皇要拿阿房宫来同我交替,石季伦愿把金谷园来和我对调,我决不同意的。"仅此一言便可见艺术家对凡俗生活的一腔钟爱之情。所谓"平平淡淡才是真",他享受着平常生活的乐趣。

缘缘堂是丰子恺的伊甸园,在缘缘堂生活期间,他不但尽享儿女绕膝的天伦之乐,而且也是他创作的丰收期。丰子恺以为读书作画、饮酒闲谈是他的性格要求,在安谧宁静祥和的气氛中,丰子恺写下了大量散文小品、文艺论著,画出了众多脍炙人口的漫画。他的作品,主要出自平凡的市井生活,充满了人间烟火气,他善于从凡庸的市井生活中提炼出独特的美,温暖可触,自然引得了寻常百姓的青睐,人们竞相买他的画,甚至连裁缝铺里、浆粽摊上也张贴着丰先生的漫画。

然而,这样的日子只持续了不到五年。抗战的炮火把丰子恺从缘缘堂里轰了出来,踏上了漫长的逃难之路。在旅途中丰先生写下一首词,其中写道:"千里故乡,六年华屋,匆匆一别俱休。"可见其悲凉之情。年底,缘缘堂终被战火所毁,丰子恺开始居无定所。

展现城乡不同的市井文化

丰子恺漂泊到上海后,一开始颇有些不习惯。在他看来,比起乡村的醇厚朴实，都市显得虚假和缺乏人情味，这些在市井生活中尤甚。丰子恺在散文中写旧上海的市井生活，写电车上卖票人的揩油，写红头阿三，写车上遇扒手又不敢拆穿他，写"剥猪猡"，娓娓道来，行文在淡定中蕴含讽刺，而尤为使他难以释怀的是人情的冷漠。

丰子恺先生曾在上海西门的某一条里弄租住过人家的一间底楼，楼上与楼下分住两户人家。租住不久丰子恺就领教了上海的人情淡漠。在散文《楼板》中他写道："偶然在门间或窗际看见邻家人的时候，我总想招呼他们，同他们结邻人之谊。然而他们的脸上有一种不可侵犯的颜色，和一种拒人的力，常常把我推却在千里之外。尽管我们租住这房子的六个月之间，与隔一重楼板的二房东家及隔一所客堂的对门的人家朝夕相见，声音相闻，而终于不相往来，不相交语，偶然在门口或天井里交臂，大家故意侧目而过，反似结了仇怨。那时候我才回想起母亲的话，'隔重楼板隔重山'，我们与他们实在分居着空气不同的两个世界，而只要一重楼板就可隔断。板的力比山还大！"

天性敏感而又常怀悲天悯人之心的艺术家无奈之中不但把这种感受写了出来，还画了下来，画题就叫《邻人》。同时，他又写了一篇同样题材的散文《邻人》，来阐述对都市人之间隔膜的不安："前年我曾画了这样的一幅画：两间相邻的都市式的住家楼屋，前楼外面是走廊和栏杆。栏杆交界处，装着一把很大的铁条制的扇骨，仿佛一个大车轮，半个埋在两屋交界的墙里，半个露出在檐下。两屋的栏杆内各有一个男子，隔着铁扇骨一坐一立，各不相干。画题叫做'邻人'。这是我从上海回江湾时，在天通庵附近所见的实景。这铁扇骨每根头上尖锐，好像一把枪。这是预防邻人的逾墙而设的。我在画上题了'邻人'两字，联想起了'肯与邻翁相对饮，隔篱呼取尽余杯'的诗句。虽然自己不喝酒，但想象诗句所咏的那种生活，悠然神往，几乎把画中的铁扇骨误认为篱了。"从文中可看出丰子恺是多么怀念以往缘缘堂邻里相亲，把酒话桑麻的毫不设防的田园生活！

在1933年写的《旧地重游》中，丰子恺写茶楼的市井味，细致入微，从大堂雅座的摆设到热手巾，观察之细微用心非同常人："次日上午，朋友领我到了旧时所惯到的茶楼上，坐在旧时所惯坐的藤椅里。便有旧时惯见的茶伙计的红肿似的手臂，拿了旧时所惯用的茶具来，给我们倒茶。""他一面笑，一面把雪白的热手巾分送给我们，并加说明：'这毛巾都是新的，旧的都放在外面用。'啊，他还记忆着我旧时的习惯。我以前不欢喜和别人共用毛巾。""雪白，火热的一团花露水香气扑上我的面孔,颇觉快适。但回味他的说话,心中又起一种不快之感,这些清静的座位,雪白的毛巾,原来是茶店老板特备给当地的绅士先生们享用的。像我,一个过路的旅客,不过穿件长衫,今天也来掠夺他们的特权,而使外面的人们用我所用旧的毛巾,实在不应该;同时我也不愿意。但这茶伙计已经知道我是过路的客人。他只为了过去的旧谊而浪费这种殷勤,我对于他这点纯洁的人情是应该恭敬地领谢的。"

后来,他写上海的大世界,也写到了热手巾,只是味道全变了:"(大世界)里面到处有拴着白围裙的人,手里托着一个大盘子,盘子里盛着许多绞紧的热手巾,逢人送一个,硬要他揩,揩过之后,收他一个铜板。有的人拿了这热手巾,先擤一下鼻涕,然后揩面孔,揩项颈,揩上身,然后挖开裤带来揩腰部,恨不得连屁股也揩到。他尽量地利用了这一个铜板。那人收回揩过的手巾,丢在一只桶里,用热水一冲,再绞起来,盛在盘子里,再去到处分送,换取铜板。这些热手巾里含有众人的鼻涕、眼污、唾沫和汗水,仿佛复合维生素。我努力避免热手巾,然而不行。因为到处都有,走廊里也有,屋顶花园里也有。不得已时,我就送他一个铜板,快步逃开。这热手巾使我不敢再进游戏场去。"

这里,既有乡间的市井文化,又有都市的市井文化。就那一条"热手巾"来说:乡间茶楼中伙计递上的,与游乐场中飞来飞去传递的,就体现了两种不同的市井文化。在配以文字的漫画《都市之音》中,丰子恺更是把这两种不同地域的市井文化不能融合的情况表现得淋漓尽致。

赋予创作灵感的上海日月楼

丰子恺的第二处真正属于自己的居所是上海陕西南路39弄长乐村93号的日月楼。这是漂泊一生的丰子恺居住时间最长以及最后的定居之处。

丰先生是1954年9月1日迁居长乐村的,从此结束了他居无定所的漂泊生涯。日月楼所处地段是上海的闹市中心,毗邻淮海路,这里原是旧上海的法租界。长乐村是法国式花园里弄住宅,原名凡尔登花园。建筑外观小巧玲珑,显示出法国式的优雅。门前有竹篱笆围起来的小院子,院子里花木扶苏,绿树簇拥,适合丰先生喜与自然交融的性情。进门,有拱形门廊通往里屋。沿着右侧有点陡峭的木头扶梯上楼,便是一间类似于过厅的屋子,朝北有一排钢窗。南面四扇乳白色的玻璃门里有一个室内小阳台,朝南一排 8 扇木头窗子面向弄堂,东南、西南亦有窗。从右边望出去,可见陕西南路上的车来人往。阳台中部呈三角梯形凸出,并形成房屋中心的尖顶状,上面还有个固定的天窗,丰子恺的书房就设在这里。书房左边安置一张写字台,上面有文房四宝和台灯,写字台前放着一把藤椅。写字台左侧是一张简陋的木床,床上铺着白布床单,整整齐齐叠起的被子枕头。一盏老式吊灯从天花板上垂下。

在这间书房里白天可坐拥阳光,夜晚可穿牖望月,所以丰先生将自己的书房取名"日月楼",并脱口诵出"日月楼中日月长"之句,次年定居杭州的国学大师马一浮以此句为下联,配上一句上联:"星河界里星河转",书赠给丰子恺。丰子恺把此对联挂在书房中,还自书"日月楼"匾额,朝夕相对。

既爱清静又喜欢观察热闹市井生活的丰子恺经常站在日月楼窗前,看陕西路上万丈红尘中的车水马龙以及人来人往的人间百态,在近处,又可见弄堂里的小孩嬉戏以及弄内邻居的寻常生活。有着一颗平常心的丰先生喜欢这样弥漫着人间烟火气的里弄生活,触目所及的这些弄堂生活小景有许多成了他作品的题材。他曾赋《日月楼秋兴》诗,其中"窗明书解语,几净墨生香","一枕寻新梦,三杯入醉乡",写出了他在日月楼生活的闲适。

丰子恺为人处世非常本色,在他的身上你看不到一点世故气,他也从不会恃才傲物,这是因为他胸中洒落坦荡。在日月楼那一方狭窄的天地中他也还是获得了无限乐趣,就像他喜欢嚼豆腐干花生米喝酒一样,他会从寻常生活中发现美,创造美,这使他的作品流露出一种至性至情,而这恰恰是最容易打动人的。

1961 年的时候丰家有了电视机,这在当年确实是件稀罕物事,只有极少数家庭才拥有。丰子恺先生把电视机放在了楼下客厅,并慷慨地邀请邻居们过来看电视,至此他们家的客厅就像电影院一样,邻居纷纷过来看,小小的客厅里常常是宾朋满座,充满了欢声笑语,而这样欢乐祥和的氛围也正是丰先生喜欢的。休息日的时候,丰子恺还会带着孩子们去附近的襄阳公园玩,他和孩子们一起在草地上嬉戏,放风筝,春日看花,夏日赏荷,秋天踩着梧桐树叶,尽享天伦之乐。丰子恺喜欢热闹,家中有亲友来访,要打纯粹娱乐性质的麻将,楼下厅里亲友邻居在看电视,就在楼上安排。如果人少缺搭子,丰先生就自己凑上一个;人够了,他就退出,在一旁抽烟看别人打。丰子恺喜欢喝酒、抽烟、养猫和旅游,他曾在一首诗里写道:"饮酒看书四十秋,功名富贵不须求,粗茶淡饭岁悠悠。"

1970年6月丰子恺曾写过一首《浣溪沙》词,回忆当年日月楼的生活,词云:"春去秋来岁月忙,白云苍狗总难忘。追思往事惜流光。楼下群儿开电视,楼头亲友打麻将。当时只道是寻常。"这最后一句蕴涵着老画家心中多少甜酸苦辣的滋味?

即便是描绘市井生活,丰子恺的作品,也常使人有超然物外之感,这是因为他的境界与现实始终维持着适当的距离,我没有见过像他这样将贵族气和平常心融合得如此完美的艺术家。大俗大雅在丰子恺的作品中表现得淋漓尽致,让人顿悟:是真名士自风流。

作者:作家、上海大学海派文化研究中心成员
上海丰子恺研究会会员

Feng Zikai and Town Life

Zhu Xizhen

Taking its life from a town, town culture refers to the culture of townspeople which comes into being in streets and lanes with a tendency to commercialization and is popular, easily accessible and subject to perpetual change and disorganization, reflecting the real everyday life and mentality of the townspeople. The greater part of Master Feng's works draw on bits and pieces of life and his lofty character and awesome learning give a poetical charm to town life which takes on a liveliness and human touch under his brush. One cannot help wondering how this otherwise mundane life should have been rendered so extraordinary.

朴实无华　默默奉献
——浅论丰子恺先生与人为善的济世观

葛乃文　沃建平

丰子恺先生一生中最敬仰的恩师莫过于李叔同(弘一大师 1880—1942)和马一浮(1883—1967)两位先贤前辈,而对丰氏一生发挥引领作用的是他的信仰:与佛教结缘,发善心,做好人,服务大众,奉献社会。丰子恺一生孜孜不倦,无怨无悔,形成了他受世人敬重的朴实无华、默默奉献的济世观。

一、立己立人,潜心教化

1898 年 11 月 9 日,丰子恺先生出生于浙江省崇德县石门湾镇的一个书香世家,自幼接受儒家思想的传统教育。他善良、聪慧、立志高远。在浙江省第一师范学校读书时,校长经亨颐(1877—1938)先生以"勤慎诚恕"为校训,主张人格教育。经亨颐的教育理念融合李叔同的人文情怀,突显了"立人"的时代主题,使该校学生丰子恺受到了深刻的"立己立人"的启迪。丰子恺正是在这样的启迪下走上了漫长的人生、艺术道路。丰子恺以他的老师为榜样,用博爱惠众的心灵去观察、对待世间的事物。他的老师姜丹书(1885—1962)回忆那时的情景说:"在我们共同主倡人格教育的主张下,涵濡培养,有如种花壅根,后来所开的美丽之花,固不止他一人,然而他的作品中的画或是文,都反映人格教育的因素,尤其他将弘一的禅味完全写了出来,所以他的造诣,有与众不同之处。"

丰子恺先生"立己立人"的思想情操,于 1924 年冬,"立达中学"在上海成立以后得到了升华。丰子恺先生曾回忆那一段难忘的时刻："1924年严冬,我们几个飘泊者在上海老靶子路租了两幢房子,挂起了立达中学的招牌来。"为了创办立达学园,丰子恺先生卖掉了房屋,匡互生(1891—1933)先生卖掉了田地,"许多教员都在别的学校兼课,不但不受立达的钱,反而倒贴钱给学校。……这种精神极可钦佩。"此后不久又成立了"立达学会"。叶圣陶(1894—1988)、郑振铎(1898—1958)、朱自清(1898—1948)等都来参与活动,一时间校内外文化名流如茅盾(沈雁冰 1896—1981)、胡愈之(1896—1986)、刘大白(1880—1932)汇聚一堂,并创办了《一般》月刊,这在当时的文化教育界影响甚大。艰苦的工作环境没有影响丰子恺对艺术的执着追求,他编写、翻译了许多艺术读物,如《西洋美术史》《音乐与生活》《中国国画的特色——画中有诗》等,丰先生在这些读物的后面特别标注了"识于立达学园"、"于上海江湾立达学园"、"这稿子本来是我在立达学园教音乐时所用的讲义"等等,足见他对"立达学园"的重视,以及"立达"二字在他心目中的地位。

丰子恺先生为"立达学园"设计了两枚校徽,更体现了他主张"立己立人"的理念。其中一枚图案为一群赤裸的小天使围绕一颗红心,红心中部挂着两条绶带,自上而下飘向两边,形成一个醒目的"人"字。另一枚图案则是红心的特写镜头,三名裸体幼童,一人俯伏红心上端,二人立于下端手托红心,当中有篆书"立达"二字。("立达":语出《论语·雍也》:"夫仁者,己欲立而立人,己欲达而达人。")

二、尊师信友,务实求仁

丰子恺先生尊师是一贯的、真诚的,他尊师是敬重老师的人格魅力和高尚情操。丰先生回忆他当时师从李叔同学习弹琴的往事。有"还琴"和"夸赞"两件小事令他印象深刻。"每弹错了一处,李先生回头向我一看。我对于这一看比什么都害怕。……现在回想起来,方知他这一看的颜面表情中历历表出着对于音乐艺术的尊敬,对于教育使命的严重,和对于我疏忽的惩戒,实在比校长先生一番训话更可使我感动。古人有故意误拂琴弦,以求周郎一顾的,我当时怕见李先生的一顾,总是预先练得很熟,然后到他面前去还琴。"关于"夸赞",那是有一次,他去李叔同老师处汇报学习情况,受到老师的夸奖："你的画进步很快！我在南京和杭州两处教课,没有见过像你这样进步快速的人。"丰氏颇为感动,后来他在《旧话》一文中回忆说："李先生是我们最敬佩的先生之一,我听到他这两句话,犹如暮春的柳絮受了一阵强烈的东风,要大变方向而突进了。"又说："窃悟其学之道深邃高远,遂益励之,愿终身学焉。"丰子恺不独钦佩李叔同老师,对于教过他功课的老师皆心怀尊敬,听其教诲。

丰子恺先生对同事、朋友,谦恭和蔼,十分诚信。比如在浙江省立第一师范读书时期的同学杨伯豪,在日本留学时期的画家竹久梦二(1884—1934);白马湖春晖中学时期的同事匡互生、朱自清、朱光潜(1897—1986)、刘延陵(1894—1988);上海立达学园时期的朋友方光焘(1898—1964)、陶元庆(1893—1929)、夏衍(1900—1995)、茅盾、胡愈之、郑振铎;抗战时期的柯灵(1909—2000)、曹聚仁(1900—1972)、梅兰芳(1894—1961)等,甚至他与基督教徒的谢颂羔先生也十分友好。这些都反映了丰子恺先生"四海之内皆友兄也"的宽阔胸怀。朱光潜在回忆录中说："在白马湖春晖中学任教时,同事夏丏尊(1886—1946)、朱佩弦(朱自清)……和我都和子恺是吃酒谈天的朋友,……我最喜欢子恺那一副面红耳热、雍容恬静、一团和气的风度。"丰子恺先生与日本友人内山完造(1885—1959)堪称知己。内山在上海经营的书店,当时成为中日文化交流的重要场所。内山书店在艰苦创业之初,受到丰子恺先生悄无声息的接济,丰氏在支付书款时给予内山许多帮助,每当内山从邮局取回汇款时,禁不住要流泪,内山在《花甲录》中回忆说："像丰子恺先生这样体贴人心,在日本人中是很难看到的,在中国人中也是少见的,因此内心非常感激。"

三、常自惭愧,心怀天下

丰子恺的一生中有几件小事令他惭愧。一件是所谓"闭门造车":上世纪20年代的上海,美术教育落后于西方,当时很多人不了解西洋画为何物,"或以为美女月份牌就是西洋画的代表,或以为香烟牌子就是西洋画的代表,所以世界上看来我虽然是闭门造车,但在中国之内,我这种教法大可读野人头呢"。但后来从西方、从日本留学回来的画家日渐增多,丰子恺先生觉得在感知上有很大的差距,很惭愧,面临教学上的危机,于是决心去日本留学。1921年春,丰子恺终于登上了"山城丸"号客轮,驶向了日本。

第二件小事发生在东京某晚,丰子恺先生回忆说:"我在东京某晚遇见一件很小的事,然而这件事我永远不能忘记,并且常常使我憧憬。"丰氏与几位中国朋友在街上行走,忽然从横路走来一位伛偻老妪,两手提着重物,在他们后面,走的很慢,且有求助的意思,然而他们并没有帮助这位老人。这件小事给丰子恺先生的内心留下了阴影,他说:"我每次回想起这件事,总觉得很有意味……假如真能像这位老太婆所希望,有这样一个世界:天下如一家,人们如家族,互相爱,互相帮助,共乐其生活,那陌路就变成家庭……这是多么可憧憬的世界!"

第三件小事:1931年清明这一天,丰子恺先生第二次去拜访德高望重的马一浮老师。当时丰子恺丧母不久,心情极差,他说:"我那时初失母亲——从我孩提时兼了父职抚育我到成人,而我未曾有涓埃的报答的母亲。……心中充满了对于无常的悲愤和疑惑。""他和我说起我所作而他所序的《护生画集》,勉励我……又为我解说无常……只要望见他的颜色已觉得羞愧的无地自容了。"经过马一浮先生的开导,丰子恺心中的纠集解开了,好像一下子把他从无常的火宅中救了出来。为此,丰子恺先生发表了一篇《无常之恸》,并作"警世漫画"以劝诫世人。这一幅幅警世漫画下面都配上了警句,大多与"惭愧"二字息息相关,如"少壮不如人,老大常惭愧"、"可怜世间人,尽走无明路"、"安得大慈悲,金篦刮群瞽"等。世人本来都具佛性,何以飘堕苦海不能成佛?著名学者、佛学大师南怀瑾(1918—2012)先生把障碍成佛的业障归纳为十种,其中列在第一、二位的就是"无惭"和"无愧"。如果一个人不知道惭愧,也就是儒家所说的"羞耻"。丰子恺先生常怀惭愧之心,自觉自悟,勇猛精进。为什么呢?因为丰子恺心中永远装着人民,永远装着祖国,永远装着儒家的仁义并承载着匹夫之责的担当。

四、显正斥妄,锲而不舍

丰先生一生坚持与人为善、是非分明的原则,对于一切的善,他都同情、提倡、帮助,就是所谓的"显正"。对于恶,他会批评、反对,就是所谓"斥妄"。

他在日本留学期间,深刻感受到日本人的苦学精神。他结识了一家音乐研究会的主人林先生,此人教丰氏音乐很认真、很敬业,与丰子恺结下了友谊。丰子恺对他的印象很深,曾感慨地说:"人间制作音乐艺术,原是为了心灵的陶冶,趣味的增加,生活的装饰。这位先生却摒除了一切世俗的荣乐,而全生涯贡献于这种艺术,一年四季,一天到晚,伏在这条小弄里的小楼中,为这种艺术做苦工,为别人的生活造幸福。若非有特殊的精神生活,安能乐此不倦?"丰子恺很欣赏夏目漱石(1876—1916)的《旅宿》,他在经历了十年浩劫的痛苦生活以后更欣赏夏目漱石的品格,丰子恺在《暂时脱离尘世》的文章中说:"夏目漱石真是一个最像人的人。今世有许多人外貌是人,而实际很不像人。……"丰子恺先生借赞誉夏目漱石来评击似人非人的人,其弦外之音不言而喻。丰子恺在教育学生时,特别注意培养他们儒家提倡的伦理道德观念,帮助他们树立显正、斥妄的美德。

五、结语

1975年9月15日,丰子恺先生走完了七十七年平凡而辉煌的人生。后人由衷赞扬他高尚的道德情操和卓越的艺术才能。他在《我与弘一大师》一文中评价他的老师,提出了著名的"三层楼喻"。他说:"我以为人的生活可以分作三层,一是物质生活,二是精神生活,三是灵魂生活,"弘一大师"早年对母尽孝对妻尽爱,安住在第一层。中年专心研究艺术,发挥多方面的天才,便是迁居在第二层楼了。强大的'人生欲'不能使他满足于二层楼,于是爬上三层楼去,做和尚、修净土、研戒律,这是当然的事,毫不足怪的。""三层楼喻"对弘一大师是最恰当不过的评价。现在我们对于丰子恺先生的一生完全可以借用他的"三层楼喻"来评价他,丰子恺先生没有出家做和尚,也没有专职研究戒律,但是他的艺术上的成就无疑已进入第二层楼了。纵观他学佛、做人,精神境界已近第三层楼,所以我们可以这样说:丰子恺先生是以弘一大师为榜样,终身恪守正道、学佛常住慈悲、对社会尽心尽责的贤达之人。

时光荏苒,岁月如歌。值此第三届丰子恺研究国际学术会议在杭州召开之际,我们缅怀丰子恺先生的一生,心中充满无限敬意和深深的怀念。今天我们研究丰子恺先生,会永远记住他孜孜不倦为人民大众,为全社会真诚奉献的丰功伟绩,也不会忘记他始终如一的朴实无华、默默奉献的济世观。

作者:葛乃文,常熟虞山当代艺术研究院院长;沃建平,常熟日报社副总编

Simplicity and Unobtrusive Contribution
——A Tentative Discussion of Feng Zikai's Humane World View
Ge Naiwen　Wo Jianping

In light of the Confucian admonitions of "respect the teacher", "be loyal to your friend", "improve yourself" and "practice your learning", this paper uses common but noteworthy details from Feng Zikai's life to illustrate his attitude to dichotomies such as honor and dishonor, like and dislike, poverty and prosperity and loss and gain, and highlights his noble ideal of "help other people succeed". It also emphasizes that in the new context of reform-and-open up Feng Zikai's unwavering adherence to the teachings of the Great Masters and his humane worldview of simplicity and unobtrusive contribution which he cultivated with energy and wisdom in the course of his life must be carried forward.

"课儿"
——外公丰子恺的家庭教育

宋菲君

一、引言：关于家庭教育和课外教育的话题

在当今社会，学龄前儿童的教育、课外教育和家庭教育成为吸引全社会关注的热点话题，每个家庭、每双父母都希望让孩子接受最好的教育。我们知道，父母是孩子的第一任老师，家庭是孩子一生成长中最重要的课堂——具有幼儿园、学校教育不可替代的独特作用。

中国社会有家庭教育的传统，称为"家塾"。古代有名的政治家、军事家、诗人词客大都从小接受了传统的家庭教育。近年来，很多年轻人工作压力大，或者自身教育素养有限，无法承担家庭教育的任务，为了不让自己的孩子"输在起跑线上"，目前时髦的做法，是花大价钱送孩子到名目繁多的学前班、课外辅导班，虽然这些课外教育能够在一定程度上补充学校正规教育的知识学习，但却忽视了对孩子的创作力的呵护，缺乏对孩子个体差异的关注，结果将是事倍功半：很多孩子对学习、读书感到厌烦。作者做过统计，重点中学称得上"数学才子"的学生比例约2%。曾经那么多孩子学"奥数"，其实98%的孩子都是"伴读"，他们在为1%—2%的数学才子埋单。

我们的义务教育是一个大一统的教育培养模式，如果家庭教育也缺乏对个性化差异的关注，那么很多孩子的天性和创造性就彻底被埋没了。与西方教育相比，中国学生会做题、会考试，但创新性不够，这不仅与教育体制有关，也在一定程度上受到程式化课外教育的影响。

本文作者将以亲身经历，讲述外公丰子恺的家庭教育——"课儿"。

在我国现代文学史上,与儿童关系最为密切的作家恐怕就是丰子恺了。丰子恺说过:"我的心为四事所占据了:天上的神明与星辰,人间的艺术与儿童。""我的漫画……最初只描写家里的儿童生活相。"外公还说:"我向来憧憬于儿童生活,看见了当时社会里的虚伪骄矜之状,觉得只有儿童天真烂漫,人格完整,这才是真正的人。""于是在随笔中,在漫画中,处处赞扬儿童。"于是,我的舅舅、姨妈等都成了外公笔下的模特儿(参见图一"瞻瞻底脚踏车";图二"阿宝两只脚,凳子四只脚")。

除了把自己的孩子当成模特儿,外公家有家教的传统,有一整套"育儿经"。本文第二节介绍丰子恺先生"课儿"的特色;第三节和第四节介绍丰子恺先生"课儿"的两大"基础课程":中国古典文学和外语;第五节讲述丰子恺先生如何启发孩子的兴趣,观察、发现孩子的特长,回忆外公丰子恺鼓励作者学物理的往事。

图一 瞻瞻底脚踏车 　　　　图二 阿宝两只脚,凳子四只脚

二、"课儿"——丰子恺的家庭教育

丰家有"家学"的传统,形象地称为"课儿"。

所有的孩子在上小学前都要参加"课儿",也都喜欢这个课程。上学后,在课余时间和周末继续学习。在桐乡缘缘堂,嘉兴金明寺弄,在抗战逃难路上,在富春江的船上,在桐庐、武汉、长沙,在桂林泮塘岭,在贵州遵义湄潭浙大宿舍,在重庆沙坪小屋,在杭州里西湖静江路 85 号,在上海陕西南路日月楼……"课儿"始终在进行。

"课儿"由外公亲自教授,孩子们既是兄弟姐妹、舅甥,又是同学。年长的儿女还担任 TA(助教),给年轻的孩子辅导,讲课的内容包括中国古典文学和外语,还有一门必修课:《爱的世界》。我出生在贵州湄潭浙大的家属区,是丰家的长外孙(图三"菲君弥月",外公给我画的满月像),曾长期生活在外公丰子恺身边,直到十八岁考上北大物理系到北京读书。我有幸亲历了外公家的"课儿"。"课儿"的特点是"养成教育",外公的养成教育尤其重视对后辈"综合素质"的培养,正如爱因斯坦曾经说过,"一个人永远都不要把专业知识的学习放于首位,要立足于人的一般能力的提高。"爱因斯坦所说的"一般能力",正体现了综合素质。

图三　菲君弥月

"课儿"既有"基础课"又有"专业课"。在基础课中讲授中国古典文学的精华,学习外语。又根据孩子的特长和兴趣爱好,创造条件让孩子学习音乐、美术、京剧等等,接近于"专业课"。

三、从"行行重行行"到"落霞与孤鹜齐飞"

外公的文学修养非常厚重,他把中国古典文学作为"课儿"的第一必修课。上中学时我每周去外婆家,外公先让我背上周学的古文诗词,再教新课。诗词一般每周教 20 首左右,古文学一篇,由外公亲授,取材很广,包括《诗经》《苏批孟子》《古文观止》《古诗十九首》《古唐诗合解》《白香词谱笺》等,从《古诗十九首》的"行行重行行"学到到王勃《滕王阁序》的"落霞与孤鹜齐飞,秋水共长天一色"。母亲手头有一本外公用复写纸手写的词选,题材广泛,收录了李后主、温庭筠、晏殊、晏几道、范仲淹、柳永、欧阳修、苏东坡、秦观、黄庭坚、姜白石、李清照、辛弃疾、朱彝尊等的名篇,还收录一些不常见到的作者的词,例如佛印禅师、仲殊、花蕊夫人、萨都剌、徐君宝妻的作品。母亲说,在抗战逃难路上买不到书,这是外公给他们写的教材。可惜这本珍贵的手抄诗词教材

"课儿"

找不到了。我至今还保存着当年外公为我讲授诗词的课本《古唐诗合解》和《唐宋名家词选》(图四至图七)。在杜甫《秋兴八首》的页眉上标有"8.17",即外公授课日期为某年(可能是 1956 年)8 月 17 日。

图四 "课儿"的教材——《古唐诗合解》

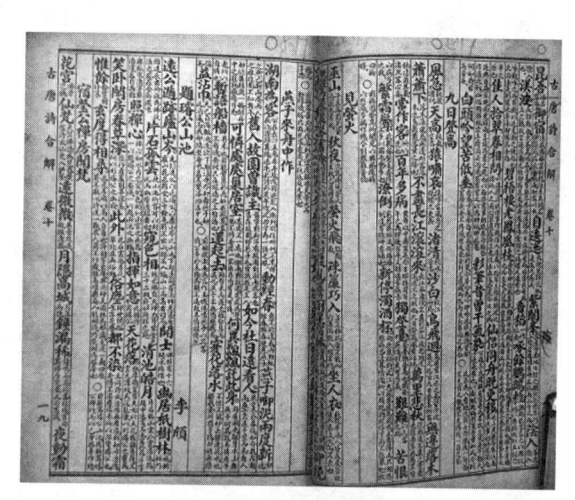

图五 杜甫《秋兴八首》,页眉上还标有"8.17"(8 月 17 日讲授)

图六 "课儿"的教材——《唐宋名家词选》

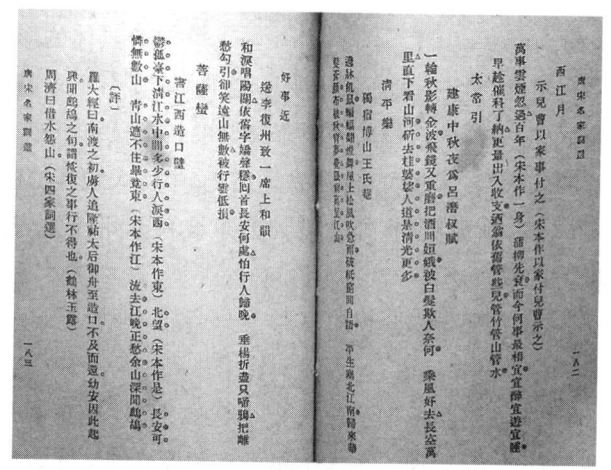

图七 辛弃疾《菩萨蛮》"郁孤台下清江水,中间多少行人泪"

外公的教学很有特点:

第一个特点是边讲解,边画图示意。记得学李商隐的七律"此日六军同驻马",学陈鸿《长恨歌传》"道次马嵬亭,六军徘徊,持戟不进",外公就画一匹

063

马,旁边站着持戟的御林军士兵,由于图文并茂,记忆非常深刻。可惜这些画没有留下来。讲到杜甫的《咏怀古迹》中写王昭君的诗"群山万壑赴荆门,生长明妃尚有村",外公说诗人不用"千山万壑"而用"群山万壑","群山"是"拟人化",于是就画了一些山,当时我怎么看怎么像是人,像是王昭君的家人、朋友在送别她。图八"青山个个伸头看,看我庵中吃苦茶"中表现的正是这样的意境。

图八 "青山个个伸头看,看我庵中吃苦茶"

儿童最先发展起来的是各种感觉器官和对事物具体形象的感知,因而,儿童的思维是一种具体形象思维,更倾向于运用第一信号系统的感官进行思维,所谓第一信号系统包括视觉通道、听觉通道等。因此,在向儿童传达知识经验时,结合具体的形象更有利于他们的理解。

第二个特点就是陶渊明所说的"好读书不求甚解",只讲要点、特点和精彩之处,外公的教材并不限于经典的诗词读本,有些则出自各种词话、词评及《随园诗话》,有些引自《白香词谱笺》中诗人词客的逸闻轶事。

有一次游苏州,外公讲到苏东坡在苏州任太守时,佛印禅师曾拜谒苏东坡。东坡问:

"山僧何事谒公侯?"

佛印随口回答:

"大海终当纳细流。昨夜虎丘山上望,一轮明月照苏州。"这四句正好合成一首七绝,表现了客人不卑不亢和极高的文才。后来二人成了莫逆之交。

外公讲解徐君宝妻的词《满庭芳》:"汉上繁华,江南人物,尚遗宣政风流。"徐君宝妻忠于丈夫,在蒙古侵略者面前大义凛然:"破鉴徐郎何在,空惆怅、相见无由。从今后,断魂千里,夜夜岳阳楼。"作者甚至没有留下姓名,但她以死殉情的悲壮故事,令我终身难忘。

有一次外公教我辛弃疾的《贺新郎》:"易水萧萧西风冷,满座衣冠似雪。"

当时我父亲也在,外公就和我们议论燕太子丹和高渐离易水送别剑客、荆轲刺秦皇的悲壮往事。外公说后人也有别议,他随手在走廊的小黑板上写下"勇死寻常事,轻仇不足论,翻嫌易水上,细碎动离魂"(齐己《剑客》)。这四句粉笔书法犹如行云流水,舒卷自如,令我印象殊深。

图九所示的是无名氏的回文诗,铭刻在清朝某人的砚台上,"从任何一字起或左行或右行皆成一五言绝句。"这些不同朝代、不同作家、不同来源、不同内容、不同风格的诗词拓宽了我们的视野,增加了学习的兴趣。

所有讲过的诗词古文均要求背诵,但并不逐字逐句地讲解,外公说以后长大了自会理解。我读杜牧、李商隐的诗"蜡烛有心还惜别,替人垂泪到天明"、"春蚕到死丝方尽,蜡炬成灰泪始干",小时候只会背,长大了,渐知人事了,恋爱了,就有深刻的理解。年长以后更有不同的感受。

图九　回文诗

第三,学的诗词古文大都是通俗上口、内容精彩的名篇。就这样,我从小背会了许多诗词古文,《长恨歌》《滕王阁序》等现在还差不多还能背诵。紧张工作之余,在出差出国的飞机上,我总是带一本《白香词谱笺》,欣赏李后主、范仲淹、柳永、秦观、李清照、姜白石、朱彝尊的名篇:

"剪不断、理还乱,是离愁,别是一般滋味在心头。"

"酒入愁肠,化作相思泪。"

"对潇潇暮雨洒江天,一番洗清秋。"

"郴江幸自绕春山,为谁流下潇湘去。"

"唯有楼前流水,应念我,终日凝眸。"

"二十四桥仍在,波心荡、冷月无声。"

"多情怕到相思路,盼长堤、草尽红心。"

现在,这些诗词古文已经成了我精神世界、感情世界的一部分,让我欣赏、伤感、陶醉,使我的心融入这文学的境界之中。图十为外公访问扬州,游二十四桥后发表的画作。

第四,寓教于乐,古文诗词渐渐融入家庭生活。有一次全家到城隍庙吃

图十 "二十四桥仍在"丰子恺先生游扬州后的画作

饭,饭前做游戏,让大舅出去,大家拟定一句诗,大舅回来挨个问很随意的问题,答复之中必须顺次把那句诗的各个字包含进去。没问上三个人,大舅就猜出来:"九里山前作战场"(杨慎《二十一史弹词》,见于《水浒传》)。

当年游南京,席间议论古代咏怀古都金陵的诗词,我当时还小,只会得"朱雀桥边野草花,乌衣巷口夕阳斜"(刘禹锡);姨妈们说"石头城上,望天低吴楚、眼空无物","到而今只有蒋山清,秦淮碧"(萨都剌);大舅说写得最好的还是刘禹锡的"王浚楼船下益州,金陵王气黯然收","人世几回伤往事,山形依旧枕寒流。"就这样寓教于乐,是真正的快乐教育。外公的"课儿",为儿孙们留下的,岂止是古文诗词!

四、《我的苦学经验》和 The First Love(《初恋》)

外语是"课儿"的第二门课程。外公年轻时留学日本,在日本又研读高级英语课程,看到屠格涅夫的《初恋》的英日对照版,"对于其文章特别感到兴味,就初试翻译。"在回国的轮船上,就把《初恋》的英译本译成中文。中英对照读物《初恋》1931年由开明书店出版,多次再版(图十一、十二)。外公说,翻译这本书,也是他自己文笔生涯的"初恋"。

在50年代初期,外公以五十三岁的年龄,从认字母开始,苦学俄语,居然在大约两年时间内读完托尔斯泰《战争与和平》。他的译著,屠格涅夫的《猎人笔记》于1953年出版。苦学的模式带来了不可想象的高效率,外公又进入了翻译家的行列。

对于学习英语,外公认为:"把英语研究只当做一种技巧,或一种应酬的

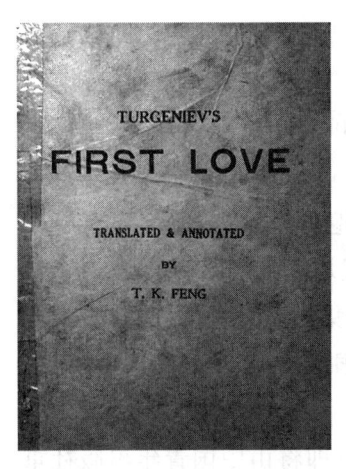

图十一　丰子恺译作英汉对照《初恋》(屠格涅夫作，开明书店1947年第十版)

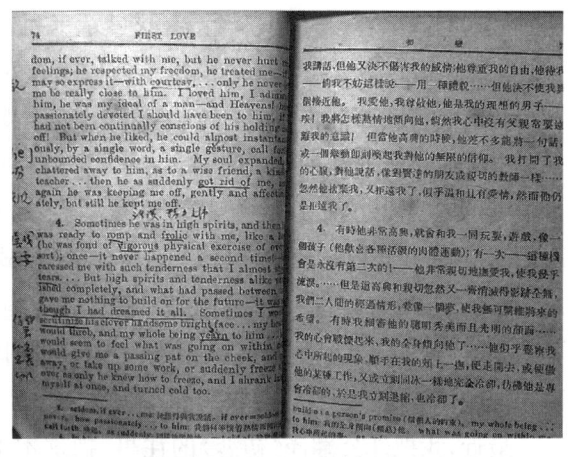

图十二　《初恋》空白处还留有母亲和我的注释

具，或商业的媒介物，而疏忽了文学方面的研究，就永远不能 understand 英语，就永远不会理解英美民族的 democracy（民主）和 liberty（自由）。"外公主张读英文原著，他曾经说过："一民族的思想精华，藏在这民族的文学和诗里。"他引用过一句格言："To understand everything is to pardon everything."意即只有全面深入了解一个民族，才能真正学会如何和他们交流相处，最终和他们成为朋友。

外语怎么学？外公有一番见解，他"相信用机械的方法而下苦功"。他说："我们要获得一种知识，可以先列一个范围，立一个预算，每日学习若干，则若干日可以学毕，然后每日切实地实行，非大故不准间断，如同吃饭一样。"（丰子恺《我的苦学经验》）母亲说，当年他们兄弟姐妹几个都熟读 The First Love，差不多都能背出来。除了《初恋》，外公还要求孩子们背诵林肯的《独立宣言》(The Declaration of Independence)等。

耳濡目染了外公的苦学经验，历经了"课儿"，一家大小外语都好。大舅丰华瞻曾留学美国，回国后任上海复旦大学英语系教授，曾参加编写《英华大辞典》；大姨丰陈宝毕业于中央大学英语系，掌握两门外语，长期在译文出版社工作，曾参加编写《法华字典》；二舅丰元草的古文根基和外语均好，曾长期任音乐出版社高级编辑；二姨丰宁馨毕业于浙大数学系，通晓两门外语，翻译过国外教材；小姨丰一吟的日语很好，解放后又学俄语，与外公合译了《我的同时代人的故事》等多部俄文名著；我母亲丰宛音曾就读于圣约翰学院，后来教语文和英语。小舅丰新枚是外语天才，他精通英、日、德、法、俄、捷克等语言。

我的语言能力并不算强，中学学俄语，大学期间学了一年半英语，只能看专业书。改革开放初期，由小舅指导，我用一年的业余时间，背完了几本英文口语书的全部课文，其中一篇课文我念了 64 遍！就这样学会了 Spoken English(英语口语)。我是外公的"苦学经验"模式培养出来的例子，没有上过一天培训班，没有花过一分钱学费。在担任大恒集团副总裁期间，曾带团或单独到欧、美几十次，洽谈业务，合作研究，和美国人交朋友、合作写书，为董事长做翻译等等。

最近，我把外公翻译《初恋》的往事，把这本书即将由中国青年出版社重新出版的消息，告诉我的美国朋友 Cliff Warren，他听了也非常感慨，就把他自己图书馆中的藏书"*The Vintage TURGENEV*"（英文版《屠格涅夫选集》，1950 年出版）送给我，其中就有"*The First Love*"。

五、外公丰子恺鼓励我学物理

丰家的"课儿"给儿孙们搭建了家庭教育的平台，外公丰子恺从不替代孩子设计人生的道路，但关注孩子们的成长，细心地留意、培养儿孙们的特长和兴趣。

当年我在上海市复兴中学读书的时候（图十三）兴趣很广泛，既喜欢数理，又热爱京剧，曾向梅兰芳先生的琴师倪秋萍先生学过胡琴，还向外公丰子恺先生学古文诗词，学美术速写，曾经为外公画像：《外公》，得到外公的赞赏。我还珍藏了一本外公当年的速写本，其中有著名京剧演员盖

图十三　丰子恺先生为幼子丰新枚(左)和外孙宋菲君讲课(大约 69 年前)

叫天的像,想必当年盖叫天也是政协委员,可能是开会发言时外公的速写(图十四至图十六)。

图十四 外公手稿——"盖叫天"　　图十五 外公手稿——"发言"　　图十六 外公手稿——"吃莲子"

我还是一名天文爱好者。高一的时候,根据物理教科书中非常有限的光学知识,我和同学一起到上海虬江路旧货摊上购买了几块透镜,用纸糊了一个镜筒,制成了一个开普勒天文望远镜。用这具简陋的望远镜,我们居然看到了木星的四颗卫星、土星的光环、内行星金星的盈亏,还能清晰地看到月球表面的环形山。

我们当时都异常兴奋,我就一五一十告诉了外公。他听了也很高兴,根据我描述的情形,当时挥毫作画送给我,并题诗一首:"自制望远镜,天空望火星,仔细看清楚,他年去旅行"(图十七),这幅画后来在上海《新民晚报》发表。

后来学校文理分班,我既喜欢中文、美术,又热爱数学、物理,拿不定主意,就去征求外公的意见。他说,我们家学文学外语的多,你的数理成绩这样好,又喜欢天文,不如去考北大学物理。他对我说:物理不好学,但有志者事竟成。外公曾写过一个条幅送我(图十八):"盛年不重来,一日难再晨。及时当勉励,岁月不待人。"(陶渊明句)

听了外公的话,我上了理科班,又如愿以偿地考上北大物理系。去北大前,我问外公怎么做学问,他回答我做事、做学问有三要素:

"下决心,立计划,持之以恒。"

图十七 "自制望远镜"　　　　图十八 "盛年不重来"

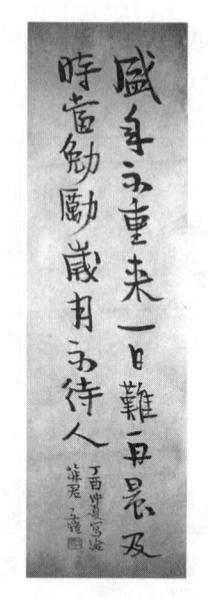

常听人说,少年时代的兴趣爱好不过是一个不重要的初始点。我却一直在有意无意地沿着既定的轨迹往前走。读了北大物理系,进了光学专业,毕业后从事光学研究开发近五十年。

到大恒集团后,还受欧美公司和大学的委托设计生产了多款精密光学系统。近年来,又参加美国的一个研究发展先进天文仪器的科研项目。图十九是 2005 年在圣地亚哥,美国国际光学工程学会(SPIE)主席授予我高级专家会员(Fellow SPIE)证书。

图十九　美国国际光学工程学会主席把高级专家会员
证书(Fellow SPIE)授予宋菲君研究员

我依然热爱艺术，在外公去世后，又下功夫向小姨丰一吟学习"仿丰画"，画上都有一章"仿外祖遗墨"。约有一半仿丰画送给外国朋友，并多次在国内外展出（图二十为新加坡"弘丰传人书画展"上与小姨合影；图二十一为宋菲君研究员将仿丰画《相逢意气为君饮》赠送给澳大利亚 ECU 大学校长），我的字画还被中外博物馆收藏。图二十二是作者赠杭州弘丰中心的仿丰画：《蜀江水碧蜀山青》。

图二十　在新加坡"弘丰传人书画展"上与小姨丰一吟合影

图二十一　宋菲君研究员将仿丰画《相逢意气为君饮》赠送给澳大利亚 ECU 大学校长，并在艺术中心长期展出。

图二十二　宋菲君赠弘丰中心的"仿丰画"

在中学时代,当我的兴趣爱好刚刚萌芽的时候,艺术大师丰子恺却建议外孙弃文从理,是基于他讲的简单而直接的理由,还是"弦外有余音",就不得而知。

对于我,这会是一个永远解不开的谜了。

六、结语

本文首先评述了近年来作为学校教育的补充的学前教育、家庭教育和课外教育。作者以亲身经历回忆了作者的外公丰子恺的家庭教育——"课儿",其特点为"养成教育",旨在提高孩子们的素质和修养。本文详细描述了"课儿"教程的中国古典文学教学以及外语教学的内容与特色,并回忆了外公丰子恺关注孩子们的成长,细心地留意、培养儿孙们的特长和兴趣,鼓励作者学物理的往事。

本文中丰子恺的话均摘自丰陈宝、丰一吟编《丰子恺散文全编》(浙江文艺出版社1992年版)。北京师范大学景明对本文提出了修改建议,并提供了有益的资料，在此深表谢忱。

作者：丰子恺长外孙、中国科学院研究员

"Teaching the Kids"-A Grandfather's Lessons

Song Feijun

A grandson (the author) tells a story, based on his own personal experience, of how his grandfather created a unique home education program known as "teaching the kids," in which the great artist himself taught his kids and his grandkids. The essence of the program was a nurturing education, covering classical Chinese literature as well as foreign languages. Its lofty goal was improving the quality and culture of the children. It was a flexible program and varied with the growth and development of the children. The author also recalls how his grandfather encouraged him to study physics.

启民智 敦教化 厚人伦
——简析丰子恺的"三鼎足"文艺审美教育观

罗 明

丰子恺在浙江省立第一师范学校完成学业后,跨入了内忧外患、动荡纷扰不断的社会。他选择了远离仕途官场以及对功名利禄的追逐,怀抱着教育理想,奋力开辟自我艺术精神世界的提升与超越。社会痼疾,外敌入侵,时时挤压着他不堪重负的心灵,体味着心的疲惫和精神苦闷的无奈。在直面艰难困窘现实的同时,仍以出世无为的佛家精神创建自我入世有为的生活,凭着个人执着的坚毅信念,以苦涩心境的诗意升华,在国家的教育、文化艺术领域坚守、耕耘。上个世纪 30 年代末,在抗日战争最艰苦时期,丰子恺在广西宜山任浙江大学艺术讲师教职时所编《艺术教育》的开篇,予"艺术教育"以如下释义:

> 艺术教育(美的教育,情的教育)与道德教育(善的教育,意的教育),科学教育(真的教育,知的教育)成鼎足之势。鼎缺一足,必不能立。教育缺一方面,亦不能成圆满之人格。盖善者必真且美,真者必美且善,美者必善且真也。①

这段对"艺术教育"的诠释中,丰子恺强调艺术教育、道德教育、科学教育三者,在国民教育中是缺一不可的"鼎足关系"。在当今,"艺术教育"也称"美育"(如丰子恺言:美的教育),我们今天更多地称"审美教育"。在中国审美教

---

① 丰子恺:《艺术教育·第一讲 序讲》,海豚出版社 2015 年版,第 3 页。

育的初创、发展时期,丰子恺已高度重视"美的教育——情的教育","善的教育——意的教育","真的教育——知的教育"三者不可分离、不可或缺的交互关联的紧密关系,即"知"、"心"、"情"三方面的交融。三种教育之功能:"科学教育致知,道德教育励心,艺术教育陶情,完成圆满之人格,三者各有其任务。而艺术教育之特色在于感化。"[①]三个方面的教育,形成三态融合维度,是完成圆满人格教育之必备。丰子恺提出的"三鼎足"艺术教育理念,有其深刻的思想性,它关涉人的"类本质教育"内涵,在于:"真"、"善"、"美",是人在一定的社会关系里所从事的改造世界的实践活动中至高的需求确认,它是人性崇高精神追求的三种秉赋,是人之为人的真正类本质,它也使人成为具体的、历史的人。这一具有系统互补、相依相成关系的"三鼎足"教育理念,是丰子恺在长期的艺术教育实践中,总结、形成的文艺审美教育观。笔者将其誉为"三鼎足"文艺审美教育观。丰子恺作为艺术家与艺术教育家,在其文艺创作与艺术教育实践中秉持的"三鼎足"审美教育观,必然以"美的教育、情的教育"为首,领引兼容"善的教育、意的教育"和"真的教育、知的教育"。因为"审美教育以感知为前提,以情感为中心、为特质。它和各种理性教育不同,它必须首先给予人们以审美感知,没有这种审美感受,审美教育和艺术教育就无从开始,就无从谈起"[②]。

丰子恺的"三鼎足"文艺审美教育观,蕴含深厚的东西方优秀科学文化及人文、艺术精神内涵,它的社会功能作用,正是与他所置身的特定时代"启民智"、"敦教化"、"厚人伦"的国民教育理念及国民性改造实践紧密契合的。

一

20世纪初,中国的社会变迁由近代进入现代,国民经历了从满清王朝过渡至民国共和。由于特定历史文化大背景下的国情和民生状况,也因新文化运动本身是游离于社会经济基础层面的思想文化运动,虽然也将改造国民性置于优先地位,但并不能对中国社会,特别是对国民意识进行有效的现代性改造。现代国民教育尚未普及,有关国民现代社会基本文明意识的教育亟待

[①] 丰子恺:《艺术教育·第一讲 序讲》,海豚出版社2015年版,第3页。
[②] 周来祥:《文艺美学》,人民文学出版社2003年版,第421页。

开启与建立。丰子恺"三鼎足"的文艺审美教育观蕴含"真的教育"和"知的教育"。开启民智,既是国民教育的当务之急,也是艰巨的启蒙重任,它是丰子恺文艺创作中贯穿的重要主题。

丰子恺写于1935年的散文《车厢社会》,形象生动地描绘了作者所置身其中的"车厢成人社会"。车厢中,某些成年人的种种行为所折射出的消极甚至丑恶的负面,使作者"看到这种车厢社会里的状态,觉得可惊,又觉得可笑,可悲。可惊者,大家出同样的钱,购同样的票,明明是一律平等的乘客,为什么会演出这般不平等的状态?可笑者,那些强占坐位的人,不惜装腔、撒谎,以图一己的苟安,而后来终得舍去他的好位置。可悲者,在这乘火车的期间中,苦了那些和平谦虚的乘客……"①。丰子恺三种感叹所指之恶劣德行、德性的"愚迷",正是其时某些国民劣根性于公共社会的暴露。他曾予好友傅彬然立幅,抄《华严经》:"应发能堪耐心,救恶众生。"指出:"今世恶众生多如毛。非发能堪耐心,不屑救渡。遁世之才,高则高矣。但乏能堪耐心,故非广大慈悲之行。彬然忠于利人,得此训当更加策励。吾愿与彬然共勉之。"他认为,此经文"最宜于勉今日之人"②。可见丰子恺作为佛家居士,常发愿以佛家"救恶众生"的艰巨承受耐心,救渡愚迷之国民大众,并与同行好友共勉。

丰子恺是李叔同(弘一大师)最优秀的学生之一,也是一位具有独特文化人格魅力的艺术家、艺术教育家。作为中国现代"人生派美学"的重要美学家之一,丰子恺看到了时代社会迫切需要予国民以"人性涵育"、"人格提升"以至于社会改造等现实要求,努力以文艺审美知识普及大众、启迪大众,以期开启、惠及民智。可以这样说,李叔同"痛感于众生疾苦愚迷,要彻底解决人生根本问题,而'行大丈夫之事的'"③,基于同一因缘,丰子恺则秉持审美教育是"人生的很重大的很广泛的教育",是"教人以这艺术的生活的"④坚实理念,以文艺审美教育开启民智。

上世纪20、30年代,"美学"及"艺术教育"等,开始引入中国,在国民教育中,属新的社会科学、人文艺术学科。但这一时期,相关的美学及艺术教育书

---

① 丰子恺:《车厢社会》,见陈星图文编纂《缘缘堂随笔》,浙江文艺出版社2009年版,第59页。
② 丰子恺:《教师日记》,教育科学出版社2008年版,第161页。
③ 丰子恺:《悼丏师》,见陈星图文编纂《缘缘堂随笔》,浙江文艺出版社2009年版,第93页。
④ 丰子恺:《关于学校中的艺术科——读〈艺术教育论〉》,见《丰子恺文集》第2卷,浙江文艺出版社、浙江教育出版社1990年版,第226页。

启民智　敦教化　厚人伦　◎

籍引入国内,更多地则是从日本的相关书籍翻译介绍进来的。为使国内的读者能学习现代美学、文艺理论、艺术教育理论、音乐普及知识、现代艺术知识等,丰子恺在20年代后期,引进翻译介绍了不少日本的相关书籍。如黑田鹏信的《艺术概论》、上田敏的《现代艺术十二讲》、森口多里的《美术概论》、田边尚雄的《孩子们的音乐》《生活与音乐》、门马直卫的《音乐听法》等。他在这一时期撰写的相关论著则有《艺术教育ABC》《构图法ABC》《西洋美术史》《谷诃生活》《西洋画派十二讲》《我教你描画》等。"在艺术论著中,有两本音乐论著十分引人注目,一是《音乐的常识》,二是《音乐入门》,前者于1925年12月由上海亚东图书馆出版,后者于1926年10月由开明书店出版。尤其是《音乐入门》,此后共重印30次之多。他的这些著述,像给紧闭的房屋打开了一扇小窗,启迪了无数中国人的音乐兴趣,具有启蒙意义。叶圣陶对此评论说:'子恺兄为普及艺术音乐绘画等技术知识写了不少文章,编了好几本书,使一代知识青年,连我这个中年人也包括在内,受到了这方面很好的启蒙教育'。"①

丰子恺审美教育文论的话语表述,"轻松有味,真挚朴素"②,既无文论语言表述常有的术语艰深,也无行文枯燥之嫌。他有深厚的国学基础和对西洋文论准确的理解、阐释基础,加之个人深厚的艺术审美修养秉赋与旨趣,为开启民智,在翻译介绍外来艺术教育书籍的普及工作中,因时因事地创生出极富个性特征的审美教育文论语言:

> 艺术贵乎善巧,而善重于巧,故求丰富之内容,而不求艰深之技巧。故曰平凡。平凡非浅薄,乃深入浅出,凡人之心同然。故取其同然者为内容,而作为艺术的表现,则可使万人共感,因其客观性既广而感动力又大也……③

丰子恺在这段文论中道明:艺术的"善"(内容)与"巧"(形式)是艺术的两个重要内涵,而"善"比"巧"更重要,因而艺术侧重追求丰富的内容,而非艰深

---

① 陈星:《艺术人生——走近大师丰子恺》,西泠印社出版社,2004年版,第58页。
② 何鹏:《艺术漫谈》,见丰华瞻、殷琦编《丰子恺研究资料》宁夏人民出版社1988年版,第272页。
③ 丰子恺:《艺术教育·第十三讲 平凡》,海豚出版社2015年版,第3页。

的技巧。此艺术观称为"平凡"。平凡不是浅薄,而是深入浅出,但凡人之心,必有如此共识。因而择取深入浅出之"善"为内容,作为艺术的表现,从而能够使千千万万的大众产生共鸣,在于这一艺术客观性规律既普遍广泛又有感人至深的力量……! 如此,"平凡"的蕴"真"蕴"知"的"载道之文",能使千百万人明白理解并产生情感上的共鸣。让文艺审美教育走向国民大众,其宗旨正是为开启民智! 摒弃表达技巧的"艰深",内容在平易、畅晓的方式中展开,在平凡之中,方见出不凡!

丰子恺诸多审美文论的"语言文本"与"文化文本"之间,存在着紧密的"映照关系"[①],这种关系的存在,缘于创作主体的写作宗旨、文化秉赋、语言艺术修养底蕴等。比如,论及《艺术教育》第九讲,"有情化(上)"(即当今审美学所称的"移情")的审美范畴时,丰子恺举中国文字为例,说明:"试以此眼谛视中国之文字,则见或作人姿,或如人脸,各有个性,各具神气。故鉴赏书法,可为有情化之练习课,摹碑帖而能得神似者,其秘诀即在于此。字犹如此,物无不然。"此例清晰地说明了汉字在书法审美鉴赏时,其"语言文本符号"表象,于审美移情观照中,潜隐着"人性化"的"人姿"、"人脸";"个性"、"神气"。如此的旁迁他涉,则诸多与汉字紧密关涉的"文化文本内涵"之映照关系也就浮现在即,以民族语言文字特有的形象生动的语言文本符号与文化文本内涵的映照关系的例子,透彻地阐明了审美观照中"有情化"(审美移情)的含义。

再者,丰子恺有关艺术、审美教育的文论中,经常出现"情味"、"真味"、"兴味"、"意味"、"趣味"、"世味"……等。这类词语能指的所指,皆为汉语话语体系中,对人生的各种体验、体悟性感受之描绘,无疑是中国传统文论体验感悟式话语在丰子恺语言文学创作中的投射,是传统文化文本含蕴至深之"隐秀"在现代文化文本中的"伏采潜发"[②]。丰子恺在这类文论撰写中,贴切恰当地沟通中西语言与文化,构成了其文论独特的语言文化符号元素的民族

---

① 笔者注:俄罗斯文化符号学家洛特曼认为,将文本作为语言与文化研究的基本概念和单位,进而探讨语言文本与文化文本之间的映照关系,有利于从宏观上呈现语言文化研究的特色和价值。
② 刘勰:《文心雕龙·隐秀第四十》,贵州人民出版社1992年版,第479页。笔者引注:"……'隐'也者,文外之重旨也;'秀'也者,篇中之独拔者也。'隐'以复意为工,'秀'以卓绝为巧……夫'隐'之为体,义主文外,秘响旁通,伏采潜发……"其大意:所谓"隐",就是隐藏在文章之外的另一层旨意;所谓"秀",就是显露在篇章中的独特突拔的语句。隐语以言外含有另一层意思为工妙,秀句以独特超出一般为精巧。"隐"的主要特点在于文外之义,像神秘的音响从旁隐隐通流,像潜伏的文采在暗中悄悄发光。

性、平易性特征,增强了文论话语的大众理解接受度。这是向大众普及文艺审美知识,开启民智的前提和基础。

二

丰子恺在引进介绍国外艺术理论、文艺思想的同时,强调要树立民族优秀传统文化的自信。其"三鼎足"的文艺审美教育观,揉和"温柔敦厚"、"文质彬彬"等民族审美教育精神,以及西方多种人性的"善"与"美"之审美教育理念于他的审美教育中。他倡导人性美的涵育养成,艺术化的生活,美育化的人生为一体的审美理想追求。应用艺术于日常生活中的涵育教化,正是以文艺审美敦教化,促进审美教育美化人的生活之功能。他指出:"自来应用艺术于教化,而告成功者,莫如古希腊。希腊,乃古来最艺术的国家,纪元前四世纪,大政治家 Periklea(伯里克利)以美治国,大著成效,造成空前绝后之'黄金时代'。"[①]另一方面,他更强调中国古代社会亦存在类似于艺术教育相关机构的事实:"中国虽无艺术教育之名而富有艺术教育之实。'礼仪三千,威仪三百',艺术教育之表现也。'温柔敦厚'艺术教育之主旨也……故我之讲义,不从德国,而自定教材。吾侪皆富人,何必装作乞丐,向贫人讨饭吃?"[②]中国古代自西周起,就已将国民教育列入国家的掌握中,并设官分职负责实施。西周"建邦之六典",其中"教典"就为地官司徒所掌。因此自西周,就有类似于后来西方"艺术教育"的人伦、礼仪、诗书、典则等文化艺术形态的分类,以及传承的教习等等。丰子恺明确指出:中国古代就曾有类似现代西方的"艺术教育",并有悠久的历史,中国古代艺术教育的主旨是"温柔敦厚"。再以自编艺术教育课的讲义为例,特别强调:国人应树立民族优秀传统文化的自信心!在丰子恺1939年6月的日记中,有以下记叙:

> 今上午结束艺术教育课。选读《乐记》三节。并为结论曰:"半年来授课共十六讲。要之,不外三语:
> '艺术心'——广大同情心(万物一体)

---

① 丰子恺:《艺术教育·第二讲 美的教化》,海豚出版社 2015 年版,第 5 页。
② 丰子恺:《教师日记》,教育科学出版社 2008 年版,第 200 页。

'艺术'——心为主,技为从(善巧兼备)

艺术教育——艺术精神的应用(温柔敦厚)(文质彬彬)。

今日以《乐记》结束者,亦是表明此要旨之意。……"①

日记总结出半年艺术教育课讲授的三个中心要义:艺术心(人性宽广之同情心,涵盖天地万物于一体)——艺术(心为主,先器识、善为先;技为从,巧为后、再文艺)——艺术教育(艺术教育是艺术精神的具体实践运用,以中国古代儒家"温柔敦厚"诗教传统及"文质彬彬"理念为主)。

孔子有言:"入其国,其教可知也。其为人也,温柔敦厚,诗教也……温柔敦厚而不愚,则深于诗者也。"②较长时期来,学界有如下观点占据主导地位:"温柔敦厚"作为"乐而不淫,哀而不伤"③的诗教传统,就道德伦理原则层面而言,它的积极意义是有局限的,但作为艺术审美原则,其积极意义则要多些。笔者认为,就古代文艺审美教育观而言,它反对艺术中的极端偏至、炫耀轻狂;以审美或审美教育论,要求激烈的内容应出之以平和,在平淡中见出深永之致的喜悦和悲哀,实为民族审美传统之精髓!因为"艺术教育就是和平的教育,爱的教育"④。中国传统审美教育"执两端而叩其中"的"中和常庸"之道,是东方文艺审美教育禀有的可贵价值理念。

丰子恺的艺术创作正蕴涵了这一"中和常庸"的审美教育精神。他的漫画创作,对"成人社会"的描绘表现,经历了"从正面描写现状"到也描绘"残酷、悲惨、丑恶的黑暗的"反复的平衡调整过程。他曾扪心自问:"我为何专写光明方面的美景,而不写黑暗方面的丑恶呢?于是我就当面细看社会上的苦痛相、悲惨相、丑恶相、残酷相,而为它们写照。"⑤其创作的揭露批判精神,秉持古代文学批评的社会功能,如"美、刺"观,佛家的"'显正'、'斥妄'两途"⑥。其"显正"与"斥妄"之题旨,无疑是审美教化功能作用于涵育人性、扶正社会不可或缺的两端。

---

① 丰子恺:《教师日记》,教育科学出版社 2008 年版,第 202 页。
② 《礼记·经解第二十六》,上海古籍出版社 1987 年版,第 273 页。
③ 《论语·八佾》,见《诸子百家》上卷,巴蜀书社 1999 年版,第 400 页。
④ 丰子恺:《艺术的生活》,见张文心编《向善的艺术》,上海人民美术出版社 2013 年版,第 6 页。
⑤ 丰子恺:《我的漫画》,见陈星图文编纂《缘缘堂随笔》,浙江文艺出版社 2009 年版,第 103 页。
⑥ 丰子恺:《我的漫画》,见陈星图文编纂《缘缘堂随笔》,浙江文艺出版社 2009 年版,第 103 页。

丰子恺特别强调："艺术教育是人生的很重大很广泛的教育。"①他致力于多种人性美的涵育,生活艺术化的开凿,侧重于人性的"真率"、"童心"、"同情"等文艺审美教育范畴,努力开拓人性的美。有关人性的美与同情,他倡导一种"大艺术家"的胸怀境界,认为:"普通人同情只能及于同类的人,或至多及于动物;但艺术家的同情非常深广,能普及于有情非情的一切物类……故大艺术家必是大人格者。"②这一审美教育观,蕴涵了中西美学思想。庄子认为:作为审美客体的"大美",存在于"天地"或"道"中;作为审美主体的人,禀有率性而行,天然放任的"天放"人性美。再者,丰子恺指称的"大艺术"、"大人格者"具备宽阔的视野和博大的胸怀,其审美观照之审美大爱"的"仁心"所及,囊括天地,涵盖有生命或无生命之万物。这一审美教育观蕴涵西方美学史上费肖尔父子与力普斯的"移情说"美学思想。

在对法国19世纪画家让·米勒(丰子恺文中译为"米叶")(Jean Francois Millet)的分析中,丰子恺结合人性"善"的"同情美"予深切的理解、阐释。他指出:西洋画家中,其作品最富于人生教育意义的画家是米勒,其作品"自有绘画以来,未尝有如此现实的表现也",特别地引用米勒对人性"怜悯"的理解:"……'艺术的使命是爱,非憎。故表现苦恼相,乃由怜悯'。怜悯不出于为社会政治运动之手段而已,其力实比刺激煽动更大。米叶艺术的教育的意义,即在于此。"③丰子恺在肯定米勒绘画艺术教育意义的同时,特别指出此"怜悯"非彼"怜悯",即:此"怜悯",并不是源自作为社会政治运动的手段加以运用的怜悯,进而强调,艺术作品所表现出的"怜悯",其感人的教化力量则大大超过政治运动的刺激煽动作用。因为"艺术教育之特色在于感化。感化者,使人心悦而诚服也"。④ 名画《晚钟》,倾注了米勒博大的爱、深切的同情与怜悯。作品描绘了傍晚田野的萧瑟氛围笼罩着一对可亲可怜的劳动夫妇的形象,作品刻画了这对夫妇的虔诚和质朴,寄托了画家对农民生活境遇的无限同情。米勒说过:艺术的使命是一种爱的使命。因此,米勒无疑有着民胞物与的胸怀和深广的怜悯心、同情心。"美与同情"的文艺审美教育精神在这幅作品中,得到了至高的表现,它蕴藏着艺术审美教化的巨大张力。

---

① 丰子恺:《艺术的生活》,见张文心编《向善的艺术》,上海人民美术出版社2013年版,第4页。
② 丰子恺:《艺术的生活》,见张文心编《向善的艺术》,上海人民美术出版社2013年版,第18页。
③ 丰子恺:《艺术教育·第十九讲 教育者米叶》,海豚出版社2015年版,第102页。
④ 丰子恺:《艺术教育·第一讲 序讲》,海豚出版社2015年版,第3页。

三

丰子恺的"三鼎足"文艺审美教育观,蕴涵儒家传统人伦思想。人伦,是中国古代儒家伦理学说基本概念之一。在中国古代社会,作为规范人与人之间关系的人伦,比较侧重于规范人与人之间的道德关系,"道德教育励心"。"孟子曰:'仁者无敌。'……艺术以仁为本,艺术家必为仁者"[①]。"艺术家必须以艺术为生活,换言之,必须把艺术活用于生活中,用处理艺术的态度来处理人生"[②]。丰子恺认为,"仁",是艺术赖以存在的基石或根本,艺术家必须是"仁者"。孟子将古代社会的"五伦"规范为:父子之间有骨肉之亲,君臣间有礼义之道,夫妻间有内外之别,老少间有尊卑之序,朋友间有诚信之德。[③] 它成为中国传统社会规范人与人之间五种人伦道德关系的五种对应体。自"五四"运动以后,特别是20世纪后半期,社会生活中的"五伦"常道日趋淡化或消解。人的存在决定人的意识,现代中国的社会语境中,文艺与社会生活的关系、艺术家的社会存在关系等等,并不比古代社会简单!我们在丰子恺创作的漫画、散文随笔等文艺作品中,非常清晰地解读出,作为艺术家和艺术教育家的丰子恺,作为父亲、丈夫等不同社会角色的丰子恺,历经动荡纷扰的社会、承受精神上的苦闷困窘、外敌入侵造成举家逃难之颠沛流离,却仍能以"艺术仁心"认真勇敢地直面现实,妥当地应对、处置身处社会的人伦关系(包括自己家庭的人伦关系),他的文艺创作之所以独树一帜,也在于以自我的家庭生活,特别是以他的儿女们作为文艺创作素材、对象,审美教育实践观照对象。在这一类的大量作品中,以其"三鼎足"文艺审美教育观,再现、表现了含蕴至深的"仁、义"人伦旨趣。

儒家的道德伦理思想核心,是"仁"学。一般认为,"仁"学在某种意义上

---

① 丰子恺:《换一种态度——怎样学艺术》,见张文心编《向善的艺术》,上海人民美术出版社2013年版,第15页—16页。
② 丰子恺:《换一种态度——怎样学艺术》,见张文心编《向善的艺术》,上海人民美术出版社2013年版,第16页。
③ 《孟子·滕文公上》云:"后稷教民稼穑,树艺五谷;五谷熟而民人育。人之有道也,饱食、暖衣、逸居而无教,则近于禽兽。圣人有忧之,使契为司徒,教以人伦:父子有亲,君臣有义,夫妇有别,长幼有序,朋友有信……"见《孟子》,岳麓书社2007年版,第90页。

启民智　敦教化　厚人伦　◎

看,就是人本主义的人学,《孟子·离娄下》有言"仁者爱人",《礼记·中庸》也有"仁者,人也",并以"爱人"、"爱众"为指归。孔子认为,推行礼制有两方面的条件,其一是政治上必须推进仁政而非暴政为前提,其二是和道德伦理上以血缘宗法关系为核心的"爱人"。"尽管孔子的爱人、推己及人,是最终不能跨越他的礼制门坎的,但这一在一定程度上重视人及其生命价值的思想,无疑是人类跨入文明社会后的一大历史进步。"[①]丰子恺文艺审美教育观有关"艺术以仁为本,艺术家必为仁者"的诸多论述,对儒家传统伦理道德和人伦思想的可取成分予以汲取和应用。他特别强调,艺术家必存"护生的仁心"。"仁者的护生,不是惺惺爱惜,如同某种乡里吃素老太太然。仁者的护生,不是护物的本身,是护人自己的心。"[②]有此仁心"艺术家的博爱心特别广大。艺术家必为仁者,所以艺术家必须惜物护生。倘非必不得已,决不无端有意地毁坏美景,伤害生物"[③]。笔者认为,丰子恺"三鼎足"文艺审美教育思想中的人伦教化理念,关涉人的类本质教育、类本质教化问题,它既有重要的审美教育人伦价值观意义,特别于今天的审美教育实践,有着重要的现实价值意义。

艺术家如何于生活中践行护生的仁心?丰子恺指出:"是艺术的活用。"即"拿描写风景静物的眼光来看人世,普遍同情于一切有情无情。申言之,艺术家的目的,不仅是得一幅画,一首诗,一曲歌,而是借描画吟诗奏乐来表现自己的心,陶冶他人的心,而美化人类的生活"[④],应由此及彼而及天下。艺术家作为审美主体的"护生仁心",有一定的高度,其胸襟、境界和层次皆应达至博爱的人伦关怀,与吃斋念佛的一般老百姓有区别;艺术家把握的审美观照对象,不论是有感情的人类、某些有感情动物或无感情的天地万物,应一概予人性化的护生关爱,以同情对待,这一博大的人伦精神推及天地万物。他认为,文艺审美创作的目的,不能仅仅满足局限于创作出的艺术作品本身,而是要借艺术审美创作表现艺术家的自我心灵——护生仁心,并能陶冶他人的心,甚或作品的审美功能可美化人类的生活。千百年来,人类各民族积淀下

---

① 敏泽:《中国美学思想史》第1卷,齐鲁书社1987年版,第135页。
② 丰子恺:《换一种态度——怎样学艺术》,见张文心编《向善的艺术》,上海人民美术出版社2013年版,第16页。
③ 丰子恺:《换一种态度——怎样学艺术》,见张文心编《向善的艺术》,上海人民美术出版社2013年版,第16页。
④ 丰子恺:《换一种态度——怎样学艺术》,见张文心编《向善的艺术》,上海人民美术出版社2013年版,第16页。

来的文艺作品中,禀有这类高远人伦精神的经典作品,亦成为人类的优秀精神遗产。

丰子恺取材于自我家庭生活的漫画,往往透出浓浓的家庭人伦温情与温馨,如:《爸爸还不来》《软软新娘子,瞻瞻新官人,宝姐姐做媒人》《花生米不满足》《阿宝两只脚,凳子四只脚》《爸爸不在的时候》《穿了爸爸的衣服》……其画面如"一片片的落英都含蓄着人间的情味"①;再看其散文随笔,如:《作父亲》《华瞻的日记》《给我的孩子们》《儿女》《湖畔夜饮》《吃酒》……皆洋溢着率真人性,是真性情的文字,让读者在充溢着人性美的审美鉴赏中,具体可感地体味到:作者有一个幸福的家庭,也有诸多和他一样"都有一股清气"②的朋友……这正是作为艺术家的丰子恺的人格魅力中,永远闪烁着饱含人性中的人伦光辉的重要原因。

结语

丰子恺的"三鼎足"文艺审美教育观有丰富的内涵和现实价值意义,多年来,对他的艺术教育思想、文艺审美教育思想的研究,已有了大量的研究成果。本文仅从一个侧面进行了简要的分析探讨。自上个世纪初,伴随新文化运动的兴起,艺术教育、文艺审美教育在中国诞生,已经走过了整整一个世纪。无疑,今天中国的文艺审美教育已发展至相当的规模,是丰子恺先生那一代人艰辛耕耘"艺术教育"时,没法比拟的。但即使这样,开创者们在初创时期奠定了中国艺术教育的基本思想理念,他们对艺术教育在国民教育中的功能作用的重视强调等,即便在今天,有着重要的特殊价值意义。其一,丰子恺先生强调艺术教育"三鼎足"的理念,关涉人的"类本质教育",因此,丰子恺先生特别强调其必须保持三方面不可剥离的整体教育理念,于当下反思我们的文艺审美教育存在的诸多问题,有着重要而深刻的反思借鉴价值。在这方面,还可作更深入的思考研究;审美教育对人性的涵育教化与提升,审美教育对从艺者"护生仁心"养成教育的重要性等,在当下确有认真借鉴传承的现实价值意义。其二,近年来,学界持续探讨中国当代文论话语的发展、重建问

---

① 平伯:《子恺漫画跋》,见丰华瞻、殷琦编《丰子恺研究资料》,宁夏人民出版社1988年版,第253页。
② 朱光潜:《丰子恺的人品与画品》,北京大学出版社2005年版,第150页。

题。中国文论发展至今,在文学观、文化语境、诗性传统消退的影响下,文论的传统思想渊源、语言表述方式、文论文体如何延续等都面临着变革中的重建探讨。学者们接受西方文论话语的同时,也试图将中国古代文论融入现代文论话语体系。笔者认为,丰子恺先生在文艺审美教育及其他艺术理论开创的话语实践中,如何融中西话语资源于一体,形成自我文论话语的写作范例,也值得成为我们今天文论话语重建的借鉴与参考。

作者：成都市社会科学院研究员

Intellectual Enlightenment, Honest Behavior and Enrichment of Moral Relations
—A Brief Analysis of Feng Zikai's Artistic-aesthetic Education Concept

Luo Ming

Feng Zikai's artistic-aesthetic education concept abides by intellectual enlightenment based on the popularization of the aesthetic knowledge and incorporates the spirit of aesthetic education and the beauty of human nature into the practice of art education. His inimitable artistic-aesthetic education concept contains a deep purport of moral relations featuring "benevolence" and "righteousness".

丰子恺美育思想的宗教特征
——兼谈中国现代美育思想发展的两条路径

陈 剑

美育与宗教的关系是中国现代美育思潮中的一个原初性问题,中国现代美育思想的发生就是在对美育与信仰重构关系的探讨中进行的,也正是在这一问题的启发之下,审美与启蒙、审美与革命等中国现代美育思潮所探讨的宏大理论问题才得以生发和呈现。可以说,美育与宗教的关系问题是中国现代美育思想发展的原动力,它与其他宏大的美育时代命题一起构成了中国现代美育思潮内部丰富的张力场,共同展现着中国现代美育思潮多元化的理论指向,激发着中国现代美育思潮恒久的理论生命力。在当今的时代条件下,深入地挖掘梳理中国现代美育思想在探讨这一问题时所取得的理论成果,展示其在现代思想进程中的理论脉络和历史命运,对于我们更加深刻地理解美育的本质、功能和手段等有着重要的启示,有助于我们当代美育理论建构的完善。

在对美育与宗教关系的探讨中,最著名的莫过于蔡元培的"以美育代宗教"命题,这一命题着眼于美育在国民性重塑和社会变革中所蕴含的巨大功利价值,将美育思想的探索与中国现代历史主题的转换紧密地衔接起来,对中国现代美育思想的主流发展方向产生了深远的影响。但是,这一命题也因其对宗教保守化、片面化、简单化的否定和对美育社会功利性的过分渲染而招致很多诟病。纵观中国现代美育思想发展史,对于美育与宗教关系的论述并非只有蔡元培一家,除蔡元培之外很多著名的现代学者都曾涉足过这一问题,而丰子恺对此的看法尤其耐人寻味,他所提出的"人生三层楼"比喻在美育与宗教的关系问题上给出了与蔡元培截然不同的回答,为中国现代美育开辟了一条美育与宗教、信仰相交融的路径,对于人们重新认识中国现代美育思潮的理论格局和历史价值有着极大的启发,同时也能对当代信仰危机之下的美育理论建构提供有价值的启示。

从目前学界的研究状况来看,丰子恺这一极具特色的理论命题长期以来一直处于被埋没的状态,其自身所具有的丰富内涵及思想价值并未得到应有的重视,以至于有的学者发出了中国现代美育思想的发展从未涉及过人们的信仰构建这样的感叹,这不能不说是一个很大缺憾。因此,本文拟对丰子恺的美育思想进行深入开掘,展现丰子恺将美育与宗教相融合的特色理论,并进而探索中国现代美育思想的不同发展路径,从而更全面地呈现中国现代美育思潮的理论格局及其历史意义。

一、"苦闷"——美育与宗教共同的现实起点

作为中国现代艺术教育的践行者,丰子恺在其长期的美育实践中总结出了丰富的美育观念,提出了很多富有开创性的理论创见,其美育思想的三个基点是"苦闷"、"绝缘"与"同情",这其中"苦闷说"是美育实施的现实起点,"绝缘说"为美育实施的现实方法,而"同情说"则展示了其美育实施的最终指向。

丰子恺的美育思想与当时的主流美育思想有着很大的不同,它着眼于现实的、带有恒常性的人生状态,中国现代宏大的时代主题如启蒙、国家富强、民族振兴等观念在丰子恺美育思想中或多或少地存在一些(如丰子恺在抗战时期曾发表过三篇关于艺术的讲话,在其中也倡导过"艺术救国"),但这既不是丰子恺美育思想的主导观念,与同时代人的思想相比也没有多少特色,影响力并不大,在某种程度上可以看做是丰子恺在强大时代潮流面前的应景之作。通观丰子恺的美育思想,其最有价值的地方,在于他对普通个体生存状态的关注,时代、历史等主题在丰子恺的视野之外,他只是关注恒久不变的人生常态,并以此为切入点进入到了他对美育的思考和实践之中,这也使其与以蔡元培、鲁迅为代表的启蒙美育学家有了本质性的区别。

人生的苦闷,是丰子恺美育思想的现实起点,也是其美育实践所要着力解决的核心问题。在丰子恺看来,人在儿童时代其内心在是自由而广博的,

其中涌动着自由奔放的感情,对世间万物充满了无尽的爱和渴慕,但是随着年龄的增长和人生阅历的增多,人受到的束缚也越来越多,人的内心逐渐变得狭窄,原有的自由奔放的情感受到狭隘的物质功利欲望的压抑,得不到舒展,由此产生"人生的苦闷"。后来,作为佛教徒的丰子恺又用佛教术语"无常之恸"来形容这种人生的苦闷,在《陋巷》《渐》《伯豪之死》等随笔文章中将人生在世的劳苦、衰老、死亡、世事变迁等人生遭际都纳入到人生的苦闷中,将其作为现实人生的本原的状态。面对这种挥之不去的人生苦闷,人们应该怎么做呢?丰子恺指出,摆脱人生苦闷最直接的方法就是艺术,在艺术的天地中寻求苦闷的宣泄:"我们谁都怀着这苦闷,我们总想发泄这苦闷,以求一次人生的畅快,即'生的欢喜'。艺术的境地,就是我们大人所开辟以泄这生的苦闷的乐园,就是我们大人在无可奈何之中想出来的慰藉、享乐的方法。所以,苟非尽失其心灵的奴隶根性的人,一定谁都怀着这生的苦闷,谁都希望发泄,即谁都需要艺术。"[①]由此可以看出,摆脱人生的苦闷的现实需要是丰子恺倡导艺术审美教育的现实动因,人生苦闷的存在是美育存在的必要条件,正是由于有了这种挥之不去的人生苦闷,审美和艺术才具有了自身存在的必要性,美育的存在和实施才成为一个不可或缺的手段。丰子恺这种关于美育产生的看法与其对宗教产生的看法是同一的,人生的苦闷不仅仅是美育产生的前提,也是宗教的出发点,丰子恺曾说:"无常之恸,大概是宗教启信的出发点吧。一切慷慨的,忍苦的,慈悲的,舍身的,宗教的行为,皆建筑在这一点心上。故佛教的要旨,被包括在这个十六字偈内:'诸行无常,是生灭法。生灭灭已,寂灭为乐。'这里下二句是佛教所特有的人生观和宇宙观,不足为一般人道;上两句却是可使谁都承认的一般公理,就是宗教启信的出发点的'无常之恸'。这种感情特别强起来,会把人拉进宗教信仰中。"[②]丰子恺这种对宗教缘起的看法可以说是宗教学研究中的共识,很多的宗教研究学者都将苦难(苦闷)作为宗教产生的一个重要根由加以强调,如马克思:"宗教是被压迫圣灵的叹息,是无情世界的感情。"德国伦理学家包尔生也曾说:"痛苦是上帝使我们的心灵从尘世暂时的事物转向永恒、转向他本人的伟大的教

---

① 丰子恺:《关于学校中的艺术科——读〈教育艺术论〉》,见《丰子恺文集》第 2 卷,浙江文艺出版社、浙江教育出版社 1990 年版,第 226 页。
② 丰子恺:《无常之恸》,见《丰子恺文集》第 5 卷,浙江文艺出版社、浙江教育出版社 1990 年版,第 614 页。

育手段"。① 美国宗教学家英格也指出:"宗教的性质,包括两个方面:首先,相信邪恶、痛苦、妖术和不义的存在是基本的事实;其次,一整套实践和相对神圣化的信仰,表达了人类最终可以从那些不幸之中获得拯救的深切信念。"②因此,人生的苦闷对于宗教来说也是其产生的一个现实起点,正是由于有了人生的苦难和不完美,宗教才有了自身存在的理由和价值。在这个前提下,我们可以说,在丰子恺的理论视野之中,美育与宗教是在苦闷人生的土壤中开出的两朵艳丽的精神之花,虽然它们有着各自不同的逻辑理路和理论指向,但是在根源上是同一的,它们是在同一个现实基础、同一个问题视域中生发出来的,二者天生就有着密切的交融性。正是由于这种对于美育和宗教同源的看法,丰子恺的美育观念与宗教结下了不解之缘。

二、"绝缘"——美育中蕴含着出世的精神

"绝缘"是丰子恺美育思想的一个核心概念,也是其所提出的实施美育的一个重要方法。人生的苦闷的解除,就是靠了以"绝缘"为特征的艺术,美育的主要功能就是让人学会"绝缘"。丰子恺说:"涉世艰辛的我们,在现实的世界、理智的世界、密布因果的世界里,几乎要气闷得窒息了。我们在那里一定要找求一种慰安的东西,就是艺术。在艺术中,我们可以暂时放下我们的一切压迫和担负,解除我们平日处世的苦心,而作真的自己的生活,认识自己的奔放的生命。而进入于这艺术的世界,即美的世界里去的门,就是绝缘。"③那么,什么是绝缘呢? 丰子恺对绝缘的解释是:"对一种事物的时候,解除事物在世间的一切关系、因果,而孤零地观看,看见事物孤独的、纯粹的事物的本体的'相'。"④具体来说,在丰子恺的理论框架中,"绝缘"首先是一种艺术鉴赏的态度,与具体的审美欣赏相关联:"用艺术鉴赏的态度来看画,先要解除画中事物对于世间的一切关系,而认识其物的本身的姿态。换言之,即暂勿想

---

① [德]包尔生:《伦理学体系》,中国社会科学出版社1985年版,第136页。
② [美]J. M. 英格:《宗教的科学研究》,中国社会科学出版社2009年版,第9页。
③ 丰子恺:《童心的培养》,见《中国现代美学名家文丛(丰子恺卷)》,浙江大学出版社2009年版,第28页。
④ 丰子恺:《关于儿童教育》,见《丰子恺文集》第2卷,浙江文艺出版社、浙江教育出版社1990年版,第250页。

起画中事物在世间的效用、价值等关系,而仅欣赏其瞬间的形状色彩。"①但与此同时,"绝缘"却不仅仅止于艺术鉴赏这一层面,它还是一种广义上的人生态度,是我们摆脱人生苦闷,进入审美之境的一种方法:"把创作艺术、鉴赏艺术的态度来应用在人生中,即教人在日常生活中看出艺术的情味来。对于一朵花,不专念其为果实的原因;对于一个月亮,不专念其为离地数千万里的星;对于一片风景,不专念其为某县某村的郊地;对于一只苹果,不要专念其为几个铜板一只的水果。这样,我们眼前的世界就广大而美丽了。"②通过"绝缘",人们从枯燥单调的日常事物中看到了美,整个人生世界变成了一个散发着美的光辉的艺术品,人生的价值和意义由此凸显。

丰子恺的"绝缘"概念,从直接的理论根源上讲,来自于心理学家闵斯特伯格,并且有着西方现代"审美无利害关系"的影子,但从其精神内核来看,其中则透露着浓郁的宗教出世色彩,与宗教超越有着极大的契合之处。丰子恺曾明确指出,艺术的"绝缘",不仅能使人从平凡的事物中看出美来,而且能使人暂时脱离尘世,获得更高的精神享受。"绝缘"如同一把剪刀,可以剪破束缚压抑人的世间尘网,使人从"尘劳"的压抑之下解脱出来,使人"暂时地脱离尘世"。丰子恺曾引用日本作家夏目漱石的话说:"苦痛、愤怒、叫嚣、哭泣,是附着在人世间的。我也在三十年间经历过来,此种况味尝得够腻了。腻了还要在戏剧、小说中反复体验同样的刺激,真吃不消。我所喜爱的诗,不是鼓吹世俗人情的东西,是放弃俗念,使心地暂时脱离尘世的诗。"③在同一篇文章中,丰子恺又指出:"陶渊明的《桃花源记》,大家知道是虚幻的,是乌托邦,但是大家喜欢一读,就为了他能使人暂时脱离尘世。《山海经》是荒唐的,然而颇有人爱读。陶渊明读后还咏了许多诗。这仿佛白日做梦,也可暂时脱离尘世。"④艺术和审美的作用是将人与现实的苦闷隔断,暂时地斩断人与尘世之间的所有关联,使人们进入一个澄明清净的审美世界,这是人的一种根本诉求,是人人都喜欢追逐的:"但其能如是观看人生,其能解脱烦恼,其能如是出

---

① 丰子恺:《艺术鉴赏的态度》,见《中国现代美学名家文丛(丰子恺卷)》,浙江大学出版社 2009 年版,第 20 页。
② 丰子恺:《关于学校中的艺术科——读〈教育艺术论〉》,见《中国现代美学名家文丛(丰子恺卷)》,浙江大学出版社 2009 年版,第 44 页。
③ 丰子恺:《暂时脱离尘世》,见《中国现代美学名家文丛(丰子恺卷)》,浙江大学出版社 2009 年版,第 88 页。
④ 同上注。

入于清净界,以及其能见此不同不二之乾坤,其能扫荡我利欲之羁绊。"①因此我们可以说,丰子恺的"绝缘"是对现实苦闷人生的背弃和否定,通过与现实苦闷人生的"绝缘",将人们带入一个带有超越性质的清凉世界,这个清凉世界并不存在于我们这个世界之外,它就是对我们这个现实世界的另外一种观审,它是在涤除掉了纷扰复杂的人生苦难之后的美的世界,在这个世界中,现实的纷扰繁杂一概不存在,万事万物都如其所是地呈现出自身的美感和意义,这是一个超越的世界。也正是从这个意义上,我们说"绝缘"这一概念作为丰子恺美育思想的核心概念,其本身有着浓郁出世精神,而这一特点也使其美育观念与宗教取得了一定的相通性。

通过断绝自身与现实世界的关系,进入一个与现实世界完全不同的新的超越性世界,这在现今所有的宗教中都存在,也就是说,这种"出世"精神是宗教的一个重要特征,无论何种宗教,都把"出世"作为摆脱人生苦难的一个重要方法加以强调,离开"出世"这一要素,宗教也就不成其为宗教了。虽然"出世"这一观念在人类的其他文化形式(如哲学、艺术等)中也或多或少得存在着,但真正将其作为自身不可缺少的一种构成要素加以强化的,只有宗教,可以说,"出世"是宗教的特色。当然,"出世"在不同的宗教中有着不同的内涵和表现形式,如道教追求自然清静,得道成仙,引导修道者对尘世无所眷恋,或离群索居于山林,或处于万丈红尘中而不乱心,以保全自己的本真与纯朴,表现了"出世"的生活取向。佛教的"出世"跟自身的一整套思想体系相关联。佛教的"四谛"(即苦、集、灭、道)之说中包含了对人生的根本看法及其基本的"出世"观念与方式。在佛教看来,人生的本质是"苦",这"苦"很多种,有五苦、八苦、十二苦之说,人处在这样的无边的苦海之中受尽无穷的折磨,并且这苦难如影随形、生生世世挥之不去。面对这种情况,人们应该用"出世"的方式加以超越,即所谓灭谛,也就是我们常说的涅槃,只有这样,才能摆脱轮回,永升极乐,获得彻底的解脱。后来大乘佛教又提出了破除"我执"、"法执"等与涅槃相近的"出世"思想。因此可以说,"出世"这一观念是佛教的一个根本性观念,缺少了"出世"这一环节,佛教根本的教义和效果就无法实行。同样,基督教对于"出世"也有着自己的强调。"原罪"说是基督宗教的根基,生来就带有各种缺陷的人类仅靠自己是无法实现自身的完善

---

① 丰子恺:《新艺术》,见《中国现代美学名家文丛(丰子恺卷)》,浙江大学出版社2009年版,第12页。

的,人类只有在上帝的救赎和引领之下才能获得永久的幸福。因此,人应该越出自身狭隘的圈子,将自己交给上帝,在上帝的恩典与慈爱中成圣,获得永生。没有人对上帝认同和皈依的"出世"环节,基督宗教教义的实现同样是不可能的。

但是,我们也应该明确的是,丰子恺"绝缘"概念中所透露出的出世精神与宗教的出世精神有着一个根本的区别,就是宗教所谓的"出世"有着浓烈的彼岸色彩,比如基督教的"天国"、佛教的"极乐世界"、道教的"仙界"等,而丰子恺的"出世"则不具有这种彼岸性,它只是对现实复杂关系的一种剥离,将令人苦闷的"关系"从世界中剥离开来,然后纯粹的欣赏这种脱离了关系桎梏的庄严世界。而就从这个复杂苦闷的现实世界中抽离出来这一个具体行为上来说,丰子恺的美学的"出世"与宗教的"出世"是同一的,只是他们抽离出来之后朝着不同的方向迈进,一个迈向了彼岸,一个继续留存于现实。

三、"同情"——美育中的悲悯情怀

"同情"是对万事万物的爱,是以绝缘的眼光看待这个世界之后所生发出的慈悲之心,是出世之后的入世。在丰子恺的美育思想逻辑中,"同情"是美育所要达到的最终目的,也是美育实现其自身功能的一个重要手段,正是在艺术和审美所造就的"同情"的世界里,美育的最博大最深沉的功用才得以最完善地彰显,而它与宗教的契合也只有在"同情"中才得到最终的贯通与完成。

在某种程度上说,"同情"和"绝缘"是一体两面的东西,从现实关系之网中超拔出来的"绝缘"之境,必然地包含着淋漓尽致的"同情"之心。按照丰子恺的思维逻辑,通过艺术和审美的"绝缘",人们暂时地脱离尘世,进入了一个纯净、光辉的美的世界。在这样的审美世界里,事物由于斩断了与其关联的各种"关系"而显示出自身本来的面目,万事万物如其所是地按照自身的方式运行,山川河流、鸟兽虫鱼、花草树木都具有了生命,所有的事物都染上了一层人格化的情感色彩,人与万事万物在本质上是息息相通的,事物也像人一样具有了喜怒哀乐的情感色彩,与人休戚与共,共泣共笑,融为一体。这种情况,丰子恺用德国美学理论中的"移情说"来解释,同时也用中国传统宋明理学家特别推崇的"万物一体"之说来概括,他说:"所谓拟人化,所谓感情移入,便是把世间一切现象看做与人同类平等的生物。便是把同情心的范围扩大，推心置腹，及于一切被造物。这不但是'恩及禽兽'而已，正是'万物一体'的大思想——最伟大的世界观……'万物一体'是中国文化思想的大特色，也是世界上任何一国所不及的最高的精神文明……故中国是最艺术的国家，'万物一体'是最高的艺术论。"①由于人与万物之间有着一体性与相通性，因而人能够对对事物的发展变化有着感同身受的切肤之痛，能够切实地体谅万物的感受，即有所谓的"众生心"："何为具有'众生心'？就是说一个人不只有自己的一颗心，而兼有万众之心，就是不仅知道自己的心，又能体谅同类的心。"②有了这种体谅万物的"众生心"，人也就会对他人和万物产生出同情之感，并进而产生出对他人和其他事物的关爱之情，这在某种程度上很类似于儒家所说的"以己度人"、"己所不欲，勿施于人"等观念，也正是在这个意义上，丰子恺强调人们要重视与其他事物的"同类"意识，要"以己度人"，不要随意毁坏动植物，残杀动植物，因为他们同人类一样怕痛、怕被摧残，同人类一样渴望被呵护、被关爱，因而人应该将这种关爱万物的"同情"之心发扬光大，应用到所有事物上："用处理艺术的态度来处理人生，用写生画的看法来观看世间。因此，艺术的同情心特别丰富，艺术家的博爱心特别广大，即艺术家必为仁者，故艺术家必惜物护生。"③从这里，我们可以看到"同情"观念中渗透着中国传统儒家"亲亲而仁民，仁民而爱物"的"仁"的影子，也正是由于这个原因，有的学者说，丰子恺的"同情"观念是最具儒家色彩的，丰子恺思想中占主导地位的思想根源是儒家思想而非佛教思想。

但是，丰子恺的"同情"观念并不仅仅止于从"万物一体"中生发出"以己度人"的"同类"意识。通观丰子恺的美育观念，他的"同情"观念还蕴藏着对万事万物在宇宙沧桑巨变中倏尔即灭的悲悯意识。丰子恺从"万物一体"的观念中体悟到了人与人之间、人与万物之间的相通性，而对宇宙万物在时间的流动中都要归于寂灭这一事实也有着深刻的切肤之痛。"同情"之中包含

---

① 丰子恺：《桂林艺术讲话之一》，见《中国现代美学名家文丛（丰子恺卷）》，浙江大学出版社2009年版，第34页。
② 丰子恺：《文艺的不朽性》，见《中国现代美学名家文丛（丰子恺卷）》，浙江大学出版社2009年版，第65页。
③ 丰子恺：《桂林艺术讲话之一》，见《中国现代美学名家文丛（丰子恺卷）》，浙江大学出版社2009年版，第34页。

的深刻的悲悯情怀,是对人作为一个类群无法逃脱的宿命的深刻体查。这一人类及万事万物永远无法逃脱的永恒宿命是丰子恺"同情"的深层缘由:"无穷大的宇宙间的七尺之躯,与无穷久的浩劫中的数十年,而能上穷星界的秘密,下探大地的宝藏,建设诗歌的美丽国土,开拓哲学的神秘的境地。然而一到这脆弱的躯壳损坏而朽腐的时候,这伟大的心灵就一去无迹,永远没有这回事了。这个'我'的儿时的欢笑,青年的憧憬,中年的哀乐,名誉,财产,恋爱……在当时何等认真,何等郑重,然而到了那一天,全没有'我'的一回事了!哀哉,'人生如梦'!"[1]在《阿难》一文中,丰子恺对自己的由于小产而刚出生就死去的儿子阿难发出了感叹:"数千万光年中的七尺之躯,与无穷的浩劫中的数十年,叫做'人生'。自有生以来,这'人生'已被反复了数千万遍,都像昙花泡影地倏现倏灭,现在轮到我在反复了。所以,我即使活了百岁,在浩劫中,与你的一跳没有什么差异。"[2]丰子恺对人在茫茫宇宙中的生死寂灭有着深刻的体悟,这种体悟由"万物一体"这一观念而自然地拓展到所有的事物身上,由此而产生出了对于事物的悲悯之情,这是丰子恺"同情"观念的深层含蕴,也是最能打动人、最具特色的地方。

丰子恺"同情"中所透露出这种深层的悲悯情怀,有着浓重的宗教情结,从而使其美育观念与宗教的联结更为圆融。"悲悯"是宗教中的一个重要主题,一切伟大的宗教,都充满了对人生有限性的感叹,充满了对宇宙终极关怀的向往与留恋,都以伟大而深刻的悲悯情怀作为支撑。在宗教的逻辑构架之中,具有宗教形而上学冲动的人,都承认有一个宇宙终极实在的存在,并渴望与宇宙终极实在合而为一,但同时也认识到就人本身来说,是一个有限性的存在物,无论人如何努力,与宇宙大全终极实在相融合归于永恒的理想都不可能实现,因而人生的永恒矛盾与人生在世的悲苦本质就显露出来了。人们将这种对人生的认识应用到每一个人身上,却发现这种永远无法调和的矛盾和悲苦产生于世上每一个人、每一个事物,世上的任何一个人、一件事物都无法逃脱这一悲苦的命运,因而就产生了对整个人类的深深的怜悯与同情,这就是宗教的悲剧意识。这是宗教对人生在世的悲剧性命运的深刻体察,基督教的"爱",佛教的慈悲,都是渗透着这种浓郁的"悲悯"意识。这种悲悯超越

---

[1] 丰子恺:《晨梦》,见《丰子恺文集》第5卷,浙江文艺出版社、浙江教育出版社1990年版,第150页。
[2] 丰子恺:《阿难》,见《丰子恺文集》第5卷,浙江文艺出版社、浙江教育出版社1990年版,第146页。

了个人的恩怨好恶,是一种最广泛的同情心,它应用于世上的每一个人每一件事物身上,是一种最具普世性的爱。也正是由于有了这种悲悯意识,宗教才超越了种族、时代,具有永恒的文化价值和魅力。在某种程度上说,丰子恺的"同情"观念中的所包含的悲悯意识,与宗教的悲悯意识有着很大的相似之处,它也是超越个人局限得失而关怀整个宇宙人间的大爱,包含着对整个人类心灵的救赎与安慰。

四、"人生三层楼"——美育与宗教相沟通的发展路径

"人生三层楼"是丰子恺所提出关于美育(艺术)与宗教关系的命题,这一命题明确地表述了他对于美育与宗教关系的独到看法,几乎可以与蔡元培的"以美育代宗教"相提并论,但是这一命题的影响力远远不及蔡元培的"以美育代宗教",以至于长期以来处于被埋没的状态。丰子恺对美育与宗教关系的重新定位,愈加强化了其美育思想的宗教性特点。

1948年,丰子恺应厦门佛学会的邀请,做了《我与弘一法师》的演讲,在演讲中他提出了"人生三层楼"之说:"我以为人的生活,可以分作三层:一是物质生活,二是精神生活,三是灵魂生活。物质生活就是衣食。精神生活就是学术文艺。灵魂生活就是宗教。'人生'就是这样的一个三层楼。懒得(或无力)走楼梯的,就住在第一层,即把物质生活弄得很好,锦衣玉食,尊荣富贵,孝子慈孙,这样就满足了。这也是一种人生观。抱这样的人生观的人,在世间占大多数。其次,高兴(或有力)走楼梯的,就爬上二层楼去玩玩,或者久居在里头。这就是专心学术文艺的人。他们把全力贡献于学问的研究,把全心寄托于文艺的创作和欣赏。这样的人,在世间也很多,即所谓'知识分子','学者','艺术家'。还有一种人,'人生欲'很强,脚力很大,对二层楼还不满足,就再走楼梯,爬上三层楼去。这就是宗教徒了。"[①]在此,丰子恺将宗教置于人生的最高点,认为宗教是人的精神追求的最高层次,是艺术和审美的顶点,人们可以通过艺术和审美进入宗教之境:"艺术的最高点与宗教相接近。二层楼的扶梯的最后顶点就是三层楼,所以弘一法师由艺术升华到宗教,是

---

① 丰子恺:《我与弘一法师》,见《中国现代美学名家文丛(丰子恺卷)》,浙江大学出版社2009年版,第24页。

必然的事。"①不仅如此,宗教还是艺术的引导者,要想在艺术上有大的成就,必须尽力体味宗教境界:"学宗教的人,不须多花精神去学艺术的技巧,因为宗教已经包括艺术了。而学艺术的人,必须进而体会宗教的精神,其艺术方有进步。"②由此可以看出,丰子恺关于美育(审美和艺术)与宗教关系的看法与蔡元培截然不同,他是站在肯定宗教的立场上来倡导美育,强调的是美育与宗教的相通性,并且将宗教置于美育(审美)之上,认为二者在本质上是相同的,并不存在矛盾,美育在某种程度上说就是一种次一级的宗教。如果在"苦闷"、"绝缘"、"同情"等美育观念中只是隐性地表达了丰子恺美育观念的宗教特点的话,那么"人生三层楼"之说则是明确地提出了美育与宗教在本质上的同一性,这也愈加充分地证明了丰子恺美育观念的宗教特征。与此同时,丰子恺的"人生三层楼"命题不仅强化了美育与宗教的关联,展现了其自身美育思想的宗教色彩,而且对中国现代美育思想也是一种拓展,开创了一条将美育与宗教、信仰相关联的路径,通过美育来使人体味宗教境界,通过美育来完善现代人的信仰,这在现代美育思想中是极其耐人寻味的。

中国现代美育思潮在蔡元培的"以美育代宗教"这一命题的引领之下开创了一条主流的发展路径,即将美育和人格的完善与民族的复兴和国家的富强联系在一起的启蒙潮流,将美育纳入启蒙的轨道之中,作为启蒙的辅助来倡导美育的巨大功用。这一命题的回应者在当时甚少,但当时的美育理论家们都自觉或不自觉地在这一命题所框定的路径之下开展自身的理论思考,可以说,这一命题代表了中国现代美育思潮发展的主导路径。与此同时,这一路径着眼于美育在国民性重塑和社会变革中所蕴含的巨大功利价值,将美育思想的探索与现代社会时代主题的转换紧密地衔接起来,对中国现代美育思想的主流发展方向产生了深远的影响,从而造就了中国现代美育思潮中最具代表性的启蒙路径,即通过美育的情感慰藉功能,造就完善的人格和新的国民,将美育与民族振兴、国家兴亡关联在一起,将美育引入到中国现代激荡的历史洪流之中,从而使美育在中国现代社会历史进程中扮演了重要的角色,其巨大的价值和意义至今仍为许多学者所称道。

---

① 丰子恺:《我与弘一法师》,见《中国现代美学名家文丛(丰子恺卷)》,浙江大学出版社2009年版,第25页。
② 丰子恺:《我与弘一法师》,见《中国现代美学名家文丛(丰子恺卷)》,浙江大学出版社2009年版,第25页。

但我们同时也应该看到,蔡元培的"以美育代宗教"这一命题以及中国现代美育思潮的启蒙思路自身所存在的缺陷也是非常明显的,这主要是因其对宗教保守化、片面化、简单化的彻底否定和对美育社会功利性的过分渲染。学者潘知常就曾指出:蔡元培的"以美育代宗教"这一命题中所谓的宗教,是将宗教作为一种封建时代的迷信,而并未强调其本身的终极关怀和信仰维度,这对宗教本身的认识是不准确的。"以美育代宗教"的思路是将美育、美学视为一种工具,即启蒙的工具、革命的工具,而美学自身的本体论建构却被忽略了,于是美学或美育,研究的不是自身的问题,承担了太多自身不应该承担的东西,这成为整个20世纪中国美学、美育的理路,对终极关怀问题始终无所用心,所以20世纪中国美学留下的只有遗憾。并且,潘知常还指出,西方近代以来的大发展,民主与科学这两棵大树,它所产生的土壤是宗教,缺乏了宗教,民主与科学也就无从谈起。因此,我们必须重视西方文化中的宗教之维,关注信仰、灵魂、神性等问题。中国文化要走向世界,必须对宗教文化有所回应,中国美学要走向世界,同样也必须对宗教文化有所回应,将终极关怀、宗教精神、信仰及神性问题纳入到美学的核心层面。[1]

在此,本文不打算去追问中国现代美育思潮的启蒙路径的得与失的问题,本文在此所要澄清的是,中国现代美育思潮的发展,绝不仅仅只存在"以美育代宗教"这一条路径。丰子恺的"人生三层楼"强调的正是被蔡元培所忽略的的信仰和终极关怀的维度,他将信仰问题引入美育,将美育与信仰问题关联起来,在某种程度上来说,弥补了"以美育代宗教"所忽略的人的终极关怀的维度,从而开创了一条与主流美育理论发展完全不同的路径,从而使得中国现代美育思潮的发展愈加完善。丰子恺的"人生三层楼"命题所代表的美育方向,是将美育的着眼点始终放在人的生存状态,关注人的个体生存,将美育作为通往宗教的桥梁,通过美育与宗教的相通性进而强调美育在树立人生信仰方面的关键作用,这在中国现代美育发展中是独树一帜的,可惜这条路径一直没有被发掘出来,以至于潘知常发出了整个20世纪中国美学"对终极关怀问题始终无所用心,所以20世纪中国美学留下的只有遗憾"之类的感叹。由此出发,我们有理由认为,中国现代美育思潮的发展路径并非是单一化的,在中国现代美育思潮的启蒙路径之外,还存在着一条将美育与宗教相

---

[1] 潘知常:《以美育代宗教:美学中国的百年迷途》,载《学术月刊》2006年第1期。

结合、关注人的个体化生存的宗教化路径,而在当今的时代环境之下,这一美育发展路径对于弥补由于商品经济的冲击所造成的现代人的信仰危机与心灵荒芜有着非凡的意义,对于这一路径的深入探讨,理应成为下一步中国现代美育研究的一个重要的着力点。

作者:山东师范大学音乐学院讲师

Religious Traits of Feng Zikai's Aesthetic Ideas
—On the Two Paths of Development of Modern Chinese Aesthetic Thought

Chen Jian

In the logical development of Feng Zikai's ideas of aesthetics, aesthetic education and religion share a realistic point of departure—"depression". His concept of "isolation" is highly suggestive of this withdrawal from a worldly life, his notion of "sympathy" indicates a manifest compassion and his idea of "an edifice of life consisting of three floors" emphasizes the essential unity between aesthetic education and religion, all of which accounts for the religious characteristics of Feng's ideas of aesthetic education. These unique ideas blazed a trail which combined aesthetic education with religion and placed emphasis on individual existence. In the present age, this path of development for aesthetic education is of great significance in counteracting the crisis of belief and psychological desolation brought on by the commodity economy. Therefore, further exploration of this path ought to a main concern in the study of modern Chinese ideas of aesthetic education.

论丰子恺先生教育思想的当代意义

潘文彦

一、丰子恺教育思想的基础

教育是古今中外的根本性大事。中华文化有文字记载的历史已有三千年,论历史,我们应该是堂堂文明古国。如果说,要纪念我们的先人,除了共同的人文初祖黄帝轩辕氏,就是被尊为万世师表的孔老夫子了,因为他是教育家,由此可见,教育是何等重要!现在全世界各地设立了很多孔子学院,这是弘扬中华文化的基地。孔孟之道的核心是"仁"。《论语》中讲"仁"有109次,一部《论语》对"仁"的解释很多,总的意思是"爱人",孔子对曾参说"吾道一以贯之"。"吾道"就是孔子自己的整个思想体系,而贯穿这个思想体系的,必然是它的核心内涵。曾参告诉同学:"夫子之道,忠恕而已矣。"分别讲就是"忠恕",概括讲就是"仁"。孔子自己给"恕"下了定义:"己所不欲,勿施于人。"这是"仁"的消极的低标准,其积极的高标准是:"己欲立而立人,己欲达而达人。"孟子说"恻隐之心,仁之端也",而"仁"虽不是孔子所认为的最高境界,但无疑是整个儒家学说的核心。由此可见,"仁"的确切意思无疑地应该是"爱人",韩愈说:"博爱之谓仁",应该是没有异议的。即热爱他人,这是生活之爱的最高表述。

据历史文献看,先秦的诸子百家的思想,已经进入很高的文明阶段了。它主要记述的是农业文明,及其相应的人生哲学、世界观、文艺活动,政治思想和战争。除了墨子在《墨经》中,有几处论及力学和光学的内容外,其余的,无论孔子、孟子、荀子、老子、庄子,几乎没有涉及自然科学的内容。《荀子·大略》中说:"《诗》曰'饮之食之,教之诲之。'王事具矣。"可见古人对教育是十分重视的。人类社会总是从野蛮走向文明。教育的根本任务是要实现这一目标：培养社会公民的文明素养。故孟子在《滕文公上》曰："饱食煖衣，逸居而无教，则近于禽兽。"没有人天生就能获得人类的文明，每个个体进入文明的途径就是教育。没有教养的人就是野蛮人。因此，每个个体成长的第一个阶段就是接受教育。教育也因此称为"启蒙"、"开蒙"。这些教育的成果，对于每个个体会产生终生的影响。因此，在社会生活的长河中，教育好比是上游。如果上游被污染了，下游是无论如何清洁不了的。

从汉代董仲舒"罢黜百家，独尊儒术"起，直到"五四"运动，二千多年的专制统治，推行的都是儒家文化。中间魏晋南北朝隋唐约七百年时间，受到来自印度的佛教文化的影响，思想比较活跃，这段时期的指导思想主要是佛教哲学，而佛学的基本精神是慈悲。当然，佛教要在中国落地、生根、开花、结果，必须容纳儒家的某些观点和长时期形成的民族文化。佛教经过初传期、发展期、鼎盛期，五代以后，进入世俗化的衰落期，沦为诵经拜忏超度等民间活动，尽管佛教的深邃的思想体系也有逐渐淹没的趋势，但是它的慈悲济世精神已经广泛地深入于民间，影响久远。所以说，儒术仍然是受到统治者青睐的主心骨，四书五经，孔孟之道，还是科举的必考科目。

在专制的王权时代，不管采用哪一家的思想学说，其核心都是为专制政治服务的，正如《诗经·小雅》说的："溥天之下，莫非王土；率土之滨，莫非王臣。"所有的学子和全体百姓一样，都是皇帝的子民。闭关锁国，固步自封，统治者逍遥于自己的王道乐土，这就是中华二千年的历史。1840年鸦片战争，外强用大炮打开了国门。五口通商，洋商和传教士带进来的不单是洋货，还有西洋科学文化，更主要的是思想。当时出国考察学习的有识之士，也传回来西方的政治制度和思想。内外差别惊人，这就是"势"，落差越大，势能越强。虽然戊戌变法失败了，六君子被砍了头，但是清政府也认识到，改革势在必行。1905年正式宣布"自丙申科为始，所有乡、会试一律停止，各省岁、科考试，亦即停止"。废科举，表面看来只是一种人才选拔体制的改革，但背后，其实是整个教育体制和知识结构的换血。此后，传统的儒学，再也无法回到绝对权威的中心地位，制度的儒家从此宣告结束。科举遴选的原来是社会精英，但近代以来，战争失败，割地赔款，丧权辱国，历次剧变，彻底倾覆了原有的文化基础，政治模式，社会结构和知识范畴，也改变了人们对"人才"的要求和理解。

从严复的"开启民智"到梁启超的新民说，再到"五四"一代人为德先生、赛先生的呐喊,都是企图呼唤民众从皇权专制、愚民政策造成的蒙昧状态中走出来,摆脱奴性与愚昧。中国读书人将传统文化优秀的部分与从西方引进的人格独立、思想自由以及社会良知相结合,并相互加强,这就是当代有识之士的教育思想,也即是丰子恺先生教育思想的基础。

说起"五四"运动,应该分两方面来看,一是学生爱国运动,其起因是巴黎和会传来消息,中国作为战胜国之一,反而要把山东的胶州湾和青岛,从德国人手中交给日本人。北京十几所大学,三千多名爱国学生到天安门前举行游行示威,口号是"外争国权,内惩国贼","废除二十一条","誓死力争,还我青岛"。结果,在群情激愤之下,火烧了赵家楼胡同内的曹汝霖住宅,痛打了驻日大使章宗祥。而后,因为北洋政府逮捕了学生,激起全国各地罢课、罢工、罢市,最后徐世昌政府在压力下撤了曹汝霖、章宗祥、陆宗舆三个人的职务。致使出席巴黎和会的中国代表,拒绝在损害我国利益的和约上签字。应该说,运动取得了胜利。二是"五四"新文化运动,高高举起两面旗帜,德先生即民主,赛先生即科学。这个运动直接影响中国的思想文化,政治发展方向,社会经济潮流和教育。它的文化思潮是对国民思想的启蒙,影响深远,至关重要。

丰子恺先生毕业于浙江省立第一师范学校时,正值1919年的暑期,他的国文老师夏丏尊,正就是杭州浙江第一师范学校里"五四"运动的四大金刚之一。丰子恺由于受李叔同老师(弘一大师)的影响,倾心于艺术,在行动上似乎并没有参加学生游行等,但在他的思想上,非常明显地接受了"五四"新文化的思潮,而且奉行一辈子。

浙一师的校长经亨颐非常重视人格教育。他说:教育的目的是培养学生健全的人格,并使之发挥作用。浙一师当时的教育气氛是很清醒的,学校以"勤、慎、诚、恕"为校训,对学生的人格、学养、器识和艺术修养作全面的熏陶。丰子恺在那里受到李叔同、夏丏尊等老师的栽培,树立了自己的健全的人生观,也确立了一生事业的方向。他在毕业以后所作的大量的脚踏实地的工作,实际上是"五四"新文化运动在文艺领域的继续和拓展。

1921年,丰子恺先生去日本考察学习10个月回来后,一直服务于教育界,如白马湖春晖中学、宁波四中,1924年,丰氏又与匡互生(此人就是"五四"时期的北京爱国学生,翻墙进入曹汝霖住宅的纵火者之一)等筹建上海立达学园,取《论语》"己欲立而立人,己欲达而达人"之意,学园设西画科,由丰子恺任主任,丰氏并在上海大学、松江女中等校兼任音乐、绘画等课程,1932年

"一·二八"淞沪会战,地处上海江湾的立达学园毁于战火。立达学园西画科师生,由丰子恺备函介绍,全部加入林风眠为校长的西湖艺术专科学校。丰子恺才辞去教职,专心于艺术理论的著述。

二、丰子恺的教育思想
——树立学生以真善美为理想的正确的人生观

1930年,丰子恺先生在《关于学校中艺术科》一文中,开宗明义,提出"现在所谓'艺术科'——图画、音乐——处于与二十年前的'修身科'同样的情形之下。善与美,即道德与艺术,是人生的全般的修养,是教育的全般的工作,不是局部的知识或技能。故分立一修身科,似乎其他的教育与道德无关,……循流忘源,终于大悖教育之本旨与设科之初意。……先生(指教师)都应该负训育的责任,善的教育可以融入一切各科中,这是合理的教育法。"接着,他全面阐述了他的教育观点:"教育,简言之,就是教儿童以对于人生世界的理解,即教以对于人生世界的看法,换言之,即教以人生观、世界观。人生非常崇高;世界非常广大。然看者倘然没有伟大的心眼,所见就局限于一面,必始终不能领略这崇高的人生与广大的世界,而沉睡在黑暗苦恼之中,相与造成黑暗苦恼的社会与世界了。这崇高、广大的人生与世界,须通过真善美的理想而窥见。教育是教人以真善美的理想使窥见崇高广大的人世的。再从人的心理上说,真、善、美就是知、意、情。知意情,三面一齐发育,造成崇高的人格,就是教育的完全的奏效。倘有一面偏废,就不是健全的教育。"[①]

科学是求知的,目标是真;道德是修身的,目标是善;艺术是表情的,目标是美。此即崇高人格的三个条件,犹如宝鼎之三足,缺一不可。这是人生的很重大而又很广泛的一种教育,不是局部的小知识、小技能的传授。

显然,丰子恺先生的教育思想,就是培养学生建立崇高而健全的人格,树立起正确的人生观、世界观。

就教学方法而言,他强调启发学生的兴趣。在同一篇文章中说:"尤其是小学的教师,应该时时处处留意指导儿童的美的感情的发达,与时时处处留

[①]《丰子恺文集》第2卷,浙江文艺出版社、浙江教育出版社1990年版,第224、225页。

意其品德性的向上是同样的。仔细想来,人生之有赖于美的慰藉,艺术的滋润,是很多的。人生中无论何事,第一必须有'趣味',然后才能欢喜地从事。这'趣味'就是艺术的。试想,世间很难找到全无'趣味'的机械似的人。"

兴趣是学习最大的动力,所以教师的教学应该是启发学生的兴趣,然后引导他们思考,而不是用题海战术,填鸭式地没头没脑地灌输。在教学的进行中,时时处处利用学科固有的"趣味",以启发学生的兴趣,则教育进行的道路必可以顺畅得多。每一门课程,语文、英语、历史、地理,自不必说,就是物理、化学、数学,也并不是冷冰冰的知识,生发开来,也都是内含丰富,妙趣横生的。用艺术的眼光看来,都有丰富的温暖的人生的艺术的情味,都可用艺术教育的手段的经验。笔者不是师范生,没有受过系统的《教育学》指导,就我执教一辈子物理学的经验来说,在教学方法上,只有两条:你不要听,讲到你要听;你不懂,讲到你懂。这中间,首先是从物理学学科自身极其丰富的趣味启发学生的兴趣。

他在《关于儿童教育》中又说:"科学与艺术,同是要阐明宇宙的真相的,其途各异,其终点同归于哲学。但两者的态度,科学是理智的、钻研的、奋斗的,艺术是直观的、慰安的、享乐的,这是明显的事实。我的旨意,就是说现在的世间既逃不出理智、因果的网,我们的主观的态度应该能创造出一个享乐的世界来,在那里可得到神清气爽,以恢复我们的元气,认识我们的生命。"[①]

分析起来,我们在世间,倘只用理智的因果的头脑,所见的只是万人在争斗倾轧的修罗场,何等悲惨的世界!可见,只着眼于"物质"的生活,将为"物质"的困难所压迫,现在不是有很多房奴、车奴吗?久而久之,世界就变为苦恼的世界,人世间将永无和平的幸福和"爱"的足迹了。此后的生活,便是挣扎到死。何等可悲哀啊!对人生来说,死是不可避免的,但谋生前的和平与爱的欢喜,是可能的。

"文革"时期,丰子恺先生受到平生最大的冲击,但他的精神没有垮,甚至可以说非常平静。我经常去陪他聊天,也是对他予以安慰。那时,也常常会带些问题向他请教。有一次丰先生和我谈人生观的问题,我曾经问他:"您认为最值得珍惜的是什么?"他不假思索地回答:"独立的人格和自由的思想。"可以明显地感知到他心中不变的是"五四"精神。

我问丰先生:"古人有明确的关于'独立人格'的提法吗?"

[①]《丰子恺文集》第2卷,浙江文艺出版社、浙江教育出版社1990年版,第253页。

他脱口而出:"孟子说,'富贵不能淫,贫贱不能移,威武不能屈。此之谓大丈夫也'。又如'士可杀,不可辱。'这就是古人认为的骨气,就是独立人格。"他接着说:"文彦,无论在什么时候,无论在什么情况下,绝不能放弃独立思考的权利。对于传统文化,不能一概抹煞,优秀的应该可以继承,可以和现代文化相结合。有些封建糟粕和陈规陋习,譬如:'君要臣死,臣不得不死'等愚忠,又譬如三跪九叩,男女不平等,女子要缠小脚等等,这些当然要废除。"

他又说:"人对世界、对人生应该有广大的根本性的认识,不能为饭碗而活着。譬如你是学自动化工程的,现在又担任物理学教师,如果你只懂得自动化,其他什么都不会,又怎么能改行当物理教师呢?人的工作不要分工太死板,即使非为饭碗而为事业,亦断乎不可。就个人而言,如果没有广大的心,思想就会越来越狭窄。如果就整个社会而言,这倾向严重起来,即考虑物质生活的人势必日渐增多,而具备独立的精神生活的人势必日渐减少,即工作的人似日渐增多,但思想的人却日渐减少。这时候,整个国家虽然物质文明都进步了,然而缺乏思想者,缺乏精神生活的指导者,缺乏群众思想的代言者。那成吗?那是很危险的!而且一旦有一个野心的暴徒出来逗他的支配欲,这一切物质生产就都供他利用,为物质生产而努力的人都自觉不自觉地成了被他利用的帮凶。物质文明愈盛,经济实力愈强,助纣为虐愈多,暴徒的野心愈得恣情发挥,而群众受其欺骗陷害愈甚。我在 1940 年在贵州遵义时,就写过一篇文章,题目是《文艺与工商》。其中说到:'这好比一只船,一人把舵,十人鼓桨。鼓桨的人都背着前进方向而坐的,看不见前途。船的方向全靠把舵者一人决定。如果一人把舵把得不正,十人便把自身划到迷津;一人冒险触礁,十人努力就等于自杀。这时,鼓桨越是出力,自杀越是快速!'"①

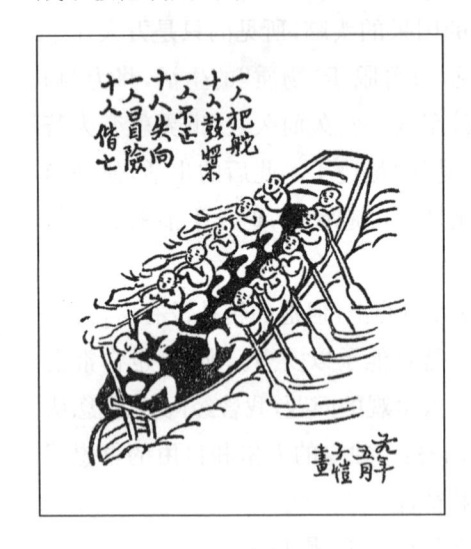

我立即回答说:"我有这本书,是

---

① 丰子恺先生所提到《文艺与工商》一文中的内容,可见《丰子恺文集》第 4 卷,浙江文艺出版社、浙江教育出版社 1990 年版,第 63 页。

一本薄薄的用劣质土纸印的,好像不是正规出版社出的书,封面没有什么设计,就书写一行书名。这篇文章我读过,文章的题目忘了,只记得还有一幅一人把舵,十人划桨的插画。"

"文彦,你记得很准确。我主要是说,人不能没有思想,决不能成为一件器物,孔子说'君子不器',人决不能放弃思想而做一台机器,更不能只做机器中的一个零部件。没有思想了,就不是人了,不是人,又谈什么人格?"

我当时就意识到,官方正在号召要人们埋头苦干,只知工作,不问方向,"做螺丝钉"的口号喊得很响。如果做人没有思想,没有人生观,无所谓精神生活,如此一代一代下去,精神修养一代不如一代,势必演成上述的状态而贻害社会国家,祸害真的大了。我虽然领悟了丰子恺先生的所指,迫于当时的形势,不能说也不敢说。

三、丰子恺教育思想的当代意义

1. 我国的教育现状之一

人的思想被钳制住了,当然也就没有创造发明。大家都知道的钱学森之问,他曾问温家宝,"中国的大学为什么培养不出得诺贝尔奖的人?"其实,钱学森是明知故问,这就成了大家都知道的"钱学森之问"。反思一个特殊的现象会让我们不寒而栗:新中国成立后在中国大陆受教育的中国人数以亿计,到钱学森发问为止却没有出现一个诺贝尔奖、菲尔茨奖获得者。同样的情况也出现在人文社会科学领域。在哲学社会科学的绝大多数领域,占居最高学术地位的仍然是"五四"一代学者。中国人有能力成为世界一流科学家,自己却培养不出世界一流科学家。结论自然指向一个总根源:教育!正如弗里德曼所说,唯有思想是不能用钱买的。思想也不能国有化,思想只能是个人的。学者资中筠这样说:"中国教育不改变,人种都会退化。"

我是学自动化工程的,被分配到江西地质局,没地方可去了,就被派往江西地质学院当教师,教了一辈子物理,"文革"期间,有很长一段时间,在普通中学教物理。文革后期,复课了,物理课改为工基,三机一泵(拖拉机、电动机、打稻机和水泵),依照丰子恺先生的教育理论,任何一门课,在传授知识的同时,必须十分重视精神修养的指导。譬如物理学,应该对物理理论作深入的分析,并归纳总结,使学生的思路缜密,对整个物理世界有清晰的认识,作为教育者的目的,不是把世界上所有的知识都教给学生,而是应该教给他们怎样在需要的时候去获取知识,教给他们如何准确地评估知识的价值,教给他们要爱真理胜于爱这世上的一切,这才是主要的目的。眼前的,解几道物理题,是短暂而浅显的。但是,回顾我的教师生涯,几乎是单纯传授知识为主,也就是说,人格宝鼎之三足,我只注重一足而已。究其原因,在培养学生的人格是教育者的总目的这一点上,我自己没有清醒的认识,同时,也是当时教育环境使然。

自然科学中,物理学是最具哲理性的学科。我注意到学科内在的规律性和思想性:如牛顿力学是保守体系,到了拉格朗日方程的提出,力学才进入第二高峰;又如热力学第二定律和熵增加原理,揭示了宇宙变化的单向性,应该认识到它对人生、对社会的发展方向有启示和指导意义;又如从能量守恒、物质不灭到爱因斯坦的质能互换公式,是认识上的一次飞跃;光的波粒两象性,揭示微粒世界的共性规律;量子力学中的测不准原理和泡利不相容原理都说明,纯客观观念是错误的,等等等等,但是,我不能说。特别是当时的情势,真理只是权力的儿子,是不允许我们芸芸众生探索的。尽管我对物理学的内在规律所具有的哲理意义,有一定的认识,为求自保,也只能以传授给学生以技法为职业,讲一些肤浅的定律。讲工基课的"文革"年代,常常到附近的公社,帮助生产队修理水泵,或者把拖拉机里的内燃机,拆解了,借此讲解机器的结构,然后再装配复原,对于学工科的我,小事一桩。农民表示"感谢",学生看作"新奇",学校的头儿称道"有能耐"。如果,依丰子恺先生对教育者的标准来衡量,也就是教育者必须以培养学生的高尚人格为总目标来看,那就应被定为最坏的先生(教师)。当老师的不应局限于告诉学生一些最基本的事实和理论,最好是尽可能地指出方法、路径,让学生掌握后能够自我扩展取得成果。

韩愈说:"师者,所以传道、授业、解惑也。"现在的教师,只是传授知识而已。词书上明确解释为:"教师是向学生传授知识,执行教学任务的人员。"何为教学?翻阅《现代汉语词典》(1995版)572页,它是这样定义的:教学,"指教师把知识、技能传授给学生的过程。"而同书566页说得还要干脆:教学,指"教书"。这样的定义取消了教师的能动性,赤裸裸地把教师表述为一种工具。这位辞书作者也真有眼光。

这样一种教师也就根本没有传"道"的任务。这个"道",就是健全的人格和正确的世界观。

陶行知先生说："学高为师，身正为范。"在当今的制度下，那些"优秀"的教师并不需要身正（尽管办补习班就行，尽管多收费就行），也不需要学高，而只要你教的班级考分高。至于你是用暴力手段逼出来的，还是用题海战术得手的，这，没人来管。即使来管，也是过过场。你还是一个优秀的教师。中小学教师则已完全蜕变成了一种教学工具，失去了主动性与能动性，除了传送教参知识这一价值以外，再无别的价值。这样的教师，再也不是道德的楷模了，再也负不起传播人文精神的重任了，因为这个社会已经势利到这个地步，彻彻底底地物化了。

2. 我国的教育现状之二

很长一段时间里，流行着这样一句话："学好数理化，走遍天下都不怕。"在这种思想指导下，学校普遍重理轻文，至于用艺术教育以达到精神的熏陶和高尚人格的培养，更是找不到应有的位置了。所谓学校，只是制造工具的工厂。教师奉命制造工具，最高的标准是制造驯服工具。学校把学生作为器物在进行加工，叫他做什么就做什么，叫他向东决不许向西，明明说的是假话，也一定要信，而且也要学会说言不由衷的假话，去符合标准答案。孔子说"君子不器"，而当时的教育，恰恰就是千方百计地把人教育成器具。总之，个人绝不能有自己的思想，否则，就要"斗私批修"。特别是文革期间，将很大一部分教师关进"牛棚"，批斗凌辱，学校搞得斯文扫地，还哪里谈得上什么人格教育，更无庸说"弦歌之地"了。

人与物的根本区别在于人有思想，有生命的动物和植物都谈不上思想，更何况没有生命的器物，而思想正是世间一切事物中最活跃的因素。自然物是自然界的原始存在，器物是在人的思想指导下，进行加工的产物，但无论怎么精巧，也是人造的。现代科技已经能够制造出宇宙飞船，驶向火星；能够制造出每秒钟运算130亿次的电脑；然而电脑再快捷精巧，也是人脑造出来的。我们都知道，生命是造不出来的，哪怕是单细胞的生命。在这里，我不想作有神论和无神论的纠缠，这会陷入无休止的泥沼，我只想说，这就是人与物的根本区别。

因为人有思想，也就有人格，自然就会有培养高尚人格的精神追求，这不是单纯的科学所能替代的。前已论述，高尚的人格宝鼎须有三足，科学只是一足而已，只持一足，必定是不平衡的，也是不稳定的。譬如，科学家中也会有品格低劣的罪恶之徒,最近,媒体不断揭露的,在日本侵华战争中,制造细菌战的日本头目石井四郎,就是最明显的例证,一个生物细菌学专家,一旦沦为军国主义的工具,就会干出丧尽天良、罪大恶极的勾当来,而且比普通的侵略军士兵危害性大至上千倍,或是上万倍。人一旦没有了思想,沦为工具,会失去人性,而只剩下兽性,是非常可怕的。再说,科学只是在求知中,不断认识"真"的过程,一度风行所谓科学主义,无论什么事,只要加上"科学"一词为定语,就摆出我是最"正确"的态势来,用以吓唬人。其实不然,科学只是求真的过程,正确与否,是属于价值判断,与科学不科学是两个范畴。教育本身是一门艺术而不是科学,它需要一定技巧和技术的帮助,但却从来不是让技艺和技术占主导地位,它最敏感最幸运的是直觉。

最近,电视台一直播放一则社会主义道德核心价值观的公益广告:"国是家,善作魂,勤为本,俭养德,诚立身,孝当先,和为贵。"这是中国的传统美德。由此可见,善良是灵魂,是人类道德中最重要的核心。

丰子恺先生认为,美育是"人生的很重大而又很广泛的一种教育。每位教育者都应该是美育的实施者,学校中的每一事物都可以成为实施美育的元素。美育教育应浸润于学校生活的方方面面,时时处处。也就是说,美育'要普遍地融入于教育的全部中'"。这当然是要求每位教育者都要有一定水平的艺术修养。要知道,教师不仅仅是一种职业,因为教育更是一门艺术,它要用自身的影响力去说服跟随你的学生,要让你的学生感受到学习的魅力,使其对学习着迷。

在我所经历的教学生涯中,几乎很少看到普通教师的艺术修养,我自己除了有很浅薄的一点古文化知识,音乐美术方面,也只是读了丰子恺先生的文艺理论和有关著作,如是而已,谈不上什么修养。论其原因,作为现今的教师本身,也是被"加工厂"制造出来的工具,只知技法的传授,而不知精神修养,可以想见,这样培养出来的人,当然不可能有独立思考的能力,也不会有慎思明辨的本领。"师道之不复,可知矣。"

3. 我们的教育现状之三

现在青少年受教育的比例,普遍有所提高,大学生比比皆是,所谓高级知识分子,已经多到难以数计。可是,我们的社会风气,文明程度却没有提高,反而常常听到道德大滑坡的事。几年以前,媒体报道北京一所名牌大学的学生刘海洋,带着硫酸去动物园,泼到熊的眼睛上,此事,在当时,令我很吃惊,很久也想不通，这是一个受过高等教育的知识分子，他不是糊里糊涂不知所以的盲从者，怎么会干出这样的蠢事？这个人究竟在想些什么？我的头脑里的问题还没有完全解决，不久，又发生西安音乐学院学生药家鑫，车子撞倒了一名农村妇女，下车察看，发现受伤了，怕遭来赔偿等事，就拔刀捅死了事。不久，又看到云南一名才华出众的大学生马家爵杀死了三名室友，逃窜至海南被抓回的报道，审讯中他的回答，只是打牌玩，感觉别人看不起他。后来，又发生轰动世界的"朱令铊中毒案"，北京大学1994级化学系两名学生因同学投毒发生铊中毒。2007年6月，中国矿业大学发生3名大学生铊中毒。前年，上海复旦大学医学院的研究生黄洋，被同寝室的另一名研究生林森浩，用化学毒物置于饮水机出水口，也就是说，用了高科技手段，致使同室的即将毕业的另一名高才生，中毒死亡，这案件拖了很久才终于判处死刑了事。这件事，对于罪犯和被害人以及双方家庭都是悲剧，对于国家带来很大的损失，可见危害严重。孤立地看这些似乎都是偶然事件，没有普遍性。但是，从现在频发的难以统计的校园他杀案件来看，应该不能简单认为这些都是偶然事件。2015年12月1日，笔者在电视报道中收看到江西发生9名初中女学生围殴一名同班同学，情节极其恶劣。最近，又在电视新闻里收看到中国留美学生群殴同学事件，并有人冷漠旁观对待，已在美国被判重刑，残酷折磨他人者，判终身监禁。据报道，见而不施援手，亦须问罪。

这件事情，在我的脑海里久久不能离去，我们号称文明古国，现在到底怎么啦？校园生活应该是人生最美好的生活，师生、同学之情是最珍贵的情感之一，有什么仇恨要相互残杀？有什么理由要对同学进行攻击、残酷折磨，乃至谋杀？我们也很难描绘具体的情景。仅从上面描述的情况来看，有一点是可以肯定的，今日中国校园发生的血案绝不能看成是偶然。校园血案展示了在校学生心理和人格扭曲的极致，反映了当下学校人格教育的深层失败。当然，古今中外也有校园血案，美国校园枪击案也令人震惊。但是我们绝不能将此与中国校园血案混为一谈。如果今日中国的学生像美国学生那样手里有枪，校园情景我们能够想象吗？

大中学生屡屡地犯案，不少是无端命案。照此看来，是我们的教育出了大问题。没有丰子恺先生所主张的健全的人格教育，没有以善为核心的道德规范，怎么会不出大问题？有人说，这是"文革"的遗毒，也有人说，"文革"结束已经40年了，这些孩子还没有出生呢。我认为，我们应该清醒地看到两点，

一、"文革"虽然过去了，留下的遗毒，没有很好的、花大力气进行消毒，至今还遮遮掩掩；二、是文革前17年，运动从未间断，每次运动必定斗人、折磨人乃至打人、施酷刑，口号是"与人斗，其乐无穷"，以"阶级斗争为纲"的思想要年年讲、月月讲、天天讲，这是根深蒂固的，这是主线。应该说，这是造成今日社会不安定的主要因素。也就是说，改革开放前的二十七年，主导思想不是教人爱，而是教人恨；不是教人行善，而是教人斗人。

4. 我们的教育缺失什么？应该认识到道德教育的重要性。

教育是文化，中国古代最初提出"文化"这一概念，是相对于穷兵黩武的教训，周公提出"以文化之"，即以文明去化导野蛮，启蒙愚昧，这是文化的最初义、本来义。恩斯特·卡西尔（Ernst Cassirer , 1874 – 1945）说："人是文化的动物。"确实，人类创造了文化，文化也创造了人。人怎么能够毁弃文化？教人斗人，进而教人打人、陷害人、折磨人、施酷刑，乃至尽情杀戮，这是彻彻底底的武化。二十七年武化的后果，是不折不扣地革了文化的命。世界著名的英国人类学家、民族学家艾德华·泰勒在1861年他所著的《原始文化》一书中提出关于文化的定义："文化——是包括全部的知识、信仰、艺术、道德、法律、习俗以及作为社会成员的人所掌握和接触任何其他的能力和习惯的复合体。"笔者粗略估摸一过，泰勒所说的文化，全部都在被革之列，无一遗漏，正可谓斩尽杀绝。杜绝了人类优秀的传统文化的继承，武化了整整二十七年，虽然"文革"结束已经四十年了，死灰尚有余烬，谬种流传，真是遗害无穷！

丰子恺先生所主张的健全的教育，应该是培养学生崇高的人格，现在不是了，现在只要求你听话，成为没有思想的螺丝钉；教育的目的应该是教导学生建立正确的人生观，现在不是了，现在不需要你持有任何的观点，你的人生方向是由别人把握着的；教育应该是启迪人的思考，现在不是了，而是不让你去思考，而是规定"你必须这么想"；教育应该是培养学生的分析问题的能力，现在不是了，而是规定"必须依照标准答案回答，否则就是错"；现在教育的对象不是人，而是机器、零部件、螺丝钉，这明显的是人的奴化。奴化了，还有什么人格可言？如果长期不许人思考，久而久之，不再思考就不会思考了，一旦脑袋失去了思考能力，人不就回到动物界了吗？

钱理群先生说："我们的一些大学，包括北京大学，正在培养一些'精致的利己主义者'，他们高智商，世俗，老到，善于表演，懂得配合，更善于利用体制达到自己的目的。这种人一旦掌握权力，比一般的贪官污吏危害更大。"凡此种种，无一不反证出国人的信仰危机，人格教育缺失，道德沦丧无底线。显而易见，这是教育出了大问题，以致道德滑坡、心态失衡、人性扭曲，没有法治观念，没有道德底线，为数不少的人没有了基本的敬畏之心。独生子女政策强化了"望子成龙"的观念，导致家庭教育观念极度扭曲。中国几千年优良的家教传统，例如教育孩子节俭、勤劳、忍让等，今日已经所剩无几，或可谓荡然无存。一些学习成绩不好的学生，无论如何也不能获得社会和家长的赞赏。他们在学校、社会和家庭重重压力之下，悲观消沉，于是利用上网等各种形式叛逆家庭，造成了很多家庭和社会悲剧。有各种中、小学生残害自己父母或其他亲属的报道，就是佐证。

5. 丰子恺教育思想的当代意义

回顾百年前，只要受过小学教育的，即使居住在穷乡僻壤的朴实的老农，若论人格品质，比起上述这些人来，要高尚得多。当下中国，社会道德的整体下滑已经是不争的事实，社会对于每个人的约束分为刚性与柔性、外在与内在。法律、法规、上司、家长、老师等等的约束是刚性的、外在的。道德、信仰等约束是柔性的、内在的。道德下降到底端就是法规、法律，道德上升，就是崇高的信仰。任何一个社会如果只有刚性的、外在的约束，失去柔性的、内在的约束，就一定会崩溃。如果说，连受教育者甚至受高等教育者都没有道德自律，社会的道德底线则绝无保障。由此可见，丰子恺先生强调的健全的人格教育，也就是以善为核心的道德教育，是何等重要，眼下已经是到了刻不容缓的时候。

但是眼前见到的很多人，只着眼于金钱、权力和地位的追逐，流行的口号已经变为"只要有个好爸爸，走遍天下都不怕"。根本无需顾及作为人格核心的善良是做人的灵魂。现在，再重读丰子恺先生有关教育的文章，显得何等重要。百年大计，教育第一。

再看现在在教育岗位上的教师，自身也都是从"工具制造厂"制造出来的，具有艺术修养和精神追求的教师恐怕也不是很多吧，又有多少人清醒地认识到教育者应负的责任？学校领导对办学方针，教育总目标里，美育早就没了影子，这样情况，如果不作应有的深刻的反省，没有清醒而明确的认识，还是以片面追求升学率为目标，而不顾及对道德的必要的关注，那么，也还是继续办制造螺丝钉的工厂，前程堪忧。

教育应该是所有人类职责中最人道和人性化的。怎么可以物化？人是目的,人永远不能成为手段,人的尊严、人的幸福、人的发展才是教育的终极性价值目标。

丰子恺先生逝世四十多年了,我觉得丰先生胸襟光明而博大,见地深邃而久远,真值得我们敬仰。丰子恺先生的教育观念和思想,今天看来,还是具有非常重要的现实教育意义。

2016年2月24日作,3月20日改定

作者:丰子恺学生、退休教授

On Feng Zikai's Thoughts on Education

Pan Wenyan

Mr. Feng Zikai's thoughts on education are derived from the excellent part of traditional Chinese culture, and combined with three concepts from the West, that is, independent personality, freedom of thought and social conscience. Mr. Feng believes that education is to guide students through the edifice of a sound and honorable personality and a correct outlook on life which embodies the trinity of morality, science and art. It is to encourage students to think and develop an ability to analyze problems. However, today's education ignores moral education, uses cramming and spoon-feeding methods and only cares about the enrollment rate. Serious consequences arise. Therefore, Feng Zikai's thought on education is a dose of sobriety.

"另一种启蒙"
——从《一般》杂志看丰子恺的美育主张与美育理想

王梦雅

一、《一般》杂志的诞生及其使命

论及《一般》杂志,立达学会是无法绕过的存在。1925年春,来自白马湖同人于上海江湾创办立达学园。"立达"二字取《论语·雍也》"己欲立而立人,己欲达而达人"之意,彰显了对思想及人性改造的关注,其本质上"是继续他们在白马湖的事业"[①]。立达学园成立不久,立达学会即告成立。立达学会以"修养人格,研究学术,发展教育,改造社会"为宗旨,认为人格教育与思想改造是建设现代社会的基础,并希望以学校教育及出版物发行对此进行尝试。因此,1926年9月由立达学会编辑,开明书店发行的《一般》杂志在上海出版。作为同人色彩浓郁的立达学会会刊,《一般》杂志无疑成为展示立达学会理念的"文化公共空间",承载着立达学会同人的社会理想、文化理念(包括对文学,艺术教育等方面)以及政治想象。

就刊物的"命名"而言,《一般》的名称已经明示了杂志所针对的潜在读者群体。而通过对杂志所刊登的三篇涉及"自我界定"的文章的解读,无疑更有利于我们感知该杂志审美取向与精神指向。首先是《一般》的发刊词,不同于多数杂志严肃激昂的发刊词,《一般》的发刊词《〈一般〉的诞生》是以轻松有趣的对话体写就。预设甲乙二人,以"双簧戏"的模式将杂志办刊理念和盘托出。在该文中,杂志预设的潜在读者无疑是"虽然也入过学校,但并无专业知

[①] 陈星:《丰子恺评传》,山东画报出版社2011年版,第114页。

识"的一般人,而杂志"想并不拘于那一门类,只做成一种一般的东西","给一般人作指导,救济思想界混沌的现状",这造就了杂志的"综合化"形态。与此同时,杂志并不会因为意图"普及"而忽略"提高",但是该刊对学术的介绍,要"以一般人的实生活为出发点,介绍学术,努力于学术的生活化",对所刊登的文章也将"注意趣味","一切都用清新的文体,力避平板的陈套"①。由此可见,《一般》杂志坚持"一般人"本位,提倡平等交流,希望将同人的理念灌注于具有普遍影响力的艺术形式之中,从而完成对民众的思想启蒙。在《一般与特殊》中,同人的这种理念得到了更为深入的阐发,作者认为"文化运动中最要的运动就在乎拼命去提高大多数人底知识标准"。而如何完成这一困难的目标,作者开出的药方是"要使特殊的一般化,同时也要使一般的特殊化"②。他认为所谓的"一般的特殊化"就是从普通人身边的琐事出发,提炼其规律,探究其背景,最终形成理论,类似于"世事洞明皆学问"。而"特殊的一般化"则是将高深的学问请下神坛,以通俗的方式传递给普通民众。文章所述的"特殊的一般化,一般的特殊化"的观点,正是同人办刊思路的凝练表达。以上两篇文章都属于"正面直陈"同人理念,而《对美育杂志李主干的回声的叱咤》一文,则是通过驳斥《美育》杂志主编李金发的艺术观念,完成对自身理念的有力"反写"。在文章中,作者对李金发的"艺术属于贵族,无法平民化和实用化"的观点进行了驳斥,认为一味地将艺术"贵族化",以昂贵价格呈现其价值,是造成民众"只知注重赏鉴的艺术,不知注重实用的艺术"的根本原因。仅仅将艺术作为贵人的玩物,而不将其应用于平民日常生活,是艺术发展"畸形的表现"。作者认为"全民众生活艺术化","每个人能够'不分轩轾'地享受艺术底幸福"③,才是艺术发展的正确方向。

综合以上三篇文字,足以窥见立达学会同人的艺术观念与办刊理念。从知识的传播来说,他们强调不避世俗繁琐,从个体所面临的实际生活出发,采用通俗易懂的方式,以期实现对大众的启蒙。具体到艺术层面,他们反对艺术的贵族化倾向,力倡艺术的平民化与实用化,凸显的是他们的"大艺术"思维。他们希望以艺术为路径,在贴近现实的"全民众生活艺术化"过程中,完成对个体

---

① 刊物同人:《一般的诞生》(对话),载《一般》(创刊号)1926 年第 1 期。
② 叔琴:《一般与特殊》,载《一般》(创刊号)1926 年第 1 期。
③ 豫堂.《对美育杂志李主干的回声的叱咤》,载《一般》1929 年第 8 卷第 3 号。

国民的思想改造与人格重塑。总而言之,是以艺术等易于接受的手段,从心性着手,完成"新国民"的启蒙任务,最终以现代国民实现国家的整体现代化。

二、从《一般》杂志看丰子恺的美育主张

要实现立达学会的既定目标,不仅需要宏观层面的理论支持,更需要对多元化实践手段的探索。仅就艺术层面而言,在《一般》杂志中"担任装帧工作","发表了不少文章和漫画"[①]的丰子恺无疑是最值得注意的一个。他不仅贡献了众多的插图漫画,极大地提升了杂志的观赏性,还撰写了多达27篇的深入浅出的美育文字(含译文),以宽广的比较视野和敏锐的艺术感悟力对西方多种艺术形式进行介绍与解析。与此同时,也对其时中国的艺术生态发表自己的意见和建议。作为一位兼具理论能力与创作经验的作者,丰子恺的美育文字融操作性与创新性于一炉,这些文字即使放在今天也具有相当的参考价值。

在这27篇文章之中,以对现代西方音乐及美术知识的介绍为两大主干。在涉及音乐的部分文章中,丰子恺向读者介绍了李斯特、肖邦、贝多芬、莫扎特、柴可夫斯基等著名音乐家,讲述了他们的生活经验与创作历程,推介并解析了他们的著名曲目。其目的在于使读者可以以此为蓝本,进行较为深入的音乐欣赏。而在涉及美术的部分,丰子恺对现代西方绘画艺术进行了详细的介绍,不仅有《现代西洋画诸流派》《现代西洋绘画的主潮》这样着眼于整体的作品,也有《印象派的画风与画家》《立体派、未来派、抽象派》《现代四大画家》等深入解读具体的艺术流派和艺术家的文章。统而观之,这些论旨浅近,语言清新又兼具趣味性的文字,很可以作为艺术初探者的向导,为艺术入门提供相当的方便。

较之这些富于说明文气质的普及文字,有几篇视角独特,更具倾向性,灌注了作者深入思索的作品显然是值得我们注意的。它们正是作者的艺术理念在不同向度上的展现。先看《一般人的音乐》。在这篇文章中,作者从本应最易动人的音乐为何不能普及入手,展开分析。作者认为,其原因首在乐理难解,不易把握,次在乐器昂贵且难以上手。因此,解决之道在于"要设法改

---

① 丰一吟:《我的父亲丰子恺》,团结出版社2007年版,第25页。

革乐器,发明容易入手的乐器","费极简的设备与极短的时间来学成。使他们对于一乐器发生兴味且能使用如意之后,就可以自己演奏种种小曲,渐领略音乐的趣味,音乐在一般社会就有普及的希望了。"①行文至此,作者对他心目中的理想乐器——口琴进行了推荐,并且以自身经验,历数口琴具有价格低廉、方便携带,简谱易学,易于成调的好处。从这篇文章中,我们很能发现丰子恺"曲高和众"的音乐理念及民众美育的思想倾向,他认为每个人都有享受艺术的权利,因此致力于推广适用于普通民众的乐器。他相信,乐器的简化必然能带动社会整体音乐水准的提升,而这种提升将在其后对促进民众的思想改造与人格重塑有所助益。再看《西洋画的看法》,在这篇文章中,作者从五个向度对主题进行了阐释。在第一部分作者列举了日常欣赏绘画的三种通病——求与物似,追问含义,胡乱品评。紧接着,作者指出了何为正确的艺术鉴赏的态度:"艺术不是技巧的事业,而是心灵的事业;不是世间事业的一部分,而是超然于世界之表一种最高等人类的活动。看画不是用眼看的,是用心灵看的。即请勿想起画中物在世间的效用价值等关系,而仅鉴赏其瞬间的形状色彩。"随后,作者又就西洋画的特质与画面美进行了论述,在文章的最后,作者对为何艺术专门学校需要裸体模特进行了解答,他指出:"一、森罗万象中人体最美,所以画家要描画人体;二、人体最美同时描写亦最难。所以美术学校里的学生要以人体模特为基本练习。"②统观全文,除了以"五四"精神否定礼教因袭对个人肉体与精神的束缚,更重要的是作者在如何鉴赏艺术中所流露的那种去功利的"绝缘"态度。这种态度强调在艺术感悟的过程中要放下利害思想,恰与康德的"审美无利害"说相似。丰子恺的"绝缘"说,实际上是希望以"绝缘"的训练培养"艺术心",以这种"艺术心"克服社会和自身加诸内心的世俗、功利因素。

众所周知,"艺术之心"不能仅靠绘画鉴赏来培养,更何况并非人人都具备经常性欣赏艺术品的条件,因此丰子恺从日常生活入手写作了《工艺实用品与美感》《对于全国美术展览会的希望》两篇文章。在《工艺实用品与美感》这篇由丰子恺亲自设计插图,图文并茂的文章中,丰子恺显然对当时市场中的工艺实用品并不满意,他认为这些物品"都没有'趣味',没有'美感';他们

---

① 丰子恺:《一般人的音乐》,载《一般》1928 年第 5 卷第 1 号。
② 丰子恺:《西洋画的看法》,载《一般》1927 年第 3 卷第 4 号。

的效用至多是适于'实用',与我们的精神不发生交涉。"以至于"大好的材料,为了形状与式样而损失其价值。"他指出:"物品的得用与否,不仅是质的问题,而更是形的问题。"因此,真正的"美器"应该兼具"实用"与"趣味"。行文至此,他还批评了商人以"爱国"为噱头售卖粗劣商品的行为,并且在文章中手绘12个茶杯,以求更直观地告诉读者何为有美感的工艺实用品。作者之所以始终纠缠于工艺实用品的美感问题,实际上是认为这与国民的美育程度息息相关,寄希望于"从工艺品促进改良上促进国民的美育"。[①] 而在《对于全国美术展览会的希望》一文中,作者从"主智主义"的德国切入,论述利希德华尔克所主张的培养"艺术爱好者"的美育模式。这种美育模式的主旨是:"一国艺术的盛衰必以民众为基础,提倡艺术不仅在乎养成专门家,又须从民众入手。"而作者认为提升民众的美术基础,需要缩短专业人士与民众之间的距离:"美术家与民众可以直接交通。美术家可直接向民众宣传,为民众说教。美术展览会便是其最好的机会。"[②]在这两篇文章中,丰子恺再次展现了民众美育理念,同时也为如何完成民众美育提供了方法。其一便是专业人士走近民众,以浅显语言传播艺术,这正是立达学会所从事的事业。其二便是以"艺术的生活化,实用化"反向提升民众的审美水准。由此可见,提升大众的艺术修养,寻找更为有效的美育方式,始终是丰子恺思考问题的目标所在。

作为这五篇文章的最后一篇,《美的世界》是丰子恺的一篇译文,是龙村斐男的《通俗美学讲话》的序章。通读这篇译文,不难发现丰子恺是"借他人酒杯浇自己块垒",他借作者之口指出:"对于美的要求,是人类的根本的性质,随处可以窥见其发动",并以历史资料证明,审美需求自"野蛮时代"即已开始,对美的追求始终潜藏在人类的文化基因之中。而文中"我们愈倾向于实际的态度,愈难进于美的态度;离开实际的态度,少挟一点利害的念头,就易得一点美的态度"则再次印证了他所强调的"绝缘"的审美态度。值得注意的还有文末强调的艺术所具有的情感宣泄作用可以使人"暂时脱离这苦的生活","悠悠于光风霁月的自由境"[③],艺术的这一功效对于陷于现代性焦虑的个体而言,无疑是维持心性平衡的一剂良药。

---

① 丰子恺:《工艺实用品与美感》,载《一般》1926年第1卷第4号。
② 丰子恺:《对于全国美术展览会的希望》,载《一般》1929年第7卷第3号。
③ 丰子恺译:《美的世界》,载《一般》1927年第3卷第2号。

综上所述，在《一般》杂志中，就艺术传播层面来说，丰子恺强调了"曲高和众"的音乐教育理念，推重"绝缘"的去功利化审美态度，希望培养民众的"艺术心"。在日常生活层面，他坚持"艺术的生活化，实用化"，借助器具的美化，潜移默化地提升民众的审美品位。深入到人类心理层面，他相信对美的追求是人类先天存在的文化基因，而艺术则是深陷现代性焦虑的个体生命自我疗救的重要途径。可以说，丰子恺在《一般》中的美育主张，其内里是有一个相对完整的思想体系作为支撑的。他所推重的是一种植根于"感性启蒙"之上的广义美育理念。这种理念强调对美的追求是人类的"根性"，因此艺术最易于易性化情。以艺术改良人性，培育新国民，则此类国民必可建立和谐之现代国家。这种"先内在，后外在"的启蒙理路显然与"五四"主流的以"德先生"和"赛先生"为口号，强调政治制度改革与科学精神培养，通过环境改造人性的启蒙理路具有相当的差别。丰子恺的美育理想，明显是对蔡元培的"以美育代宗教"理念的接续。丰子恺在《一般》杂志的美育主张中所展现出的美育理想是如何生成并逐步演进的？这无疑需要将其放置于思想史的场域之中进行探究。

三、思想史视域中的丰子恺美育理想

美国著名人类学家罗伯特·瑞德菲尔德在其经典著作《农民社会与文化：人类学对文明的一种诠释》一书中，提出了"大传统"（great tradition）与"小传统"（little tradition）概念[1]。这一概念认为，不能将研究个体视为孤立存在，除强调其所在的小群体对他的影响之外，也要将其置于整个社会文化背景之中予以考察。在本文中，作者也将采用这种方式，分别从"大传统"，"小传统"两个向度对丰子恺美育理想的形成进行考察。

先说"小传统"，对于个体而言，所谓的"小传统"主要是对其具有深刻影响的前辈，与其共事的师友，培育其成长的家庭。丰子恺出身文化气息浓郁的书香世家，幼年开蒙，"早在7岁的时候就已萌发自己作画的念头"[2]，良好

---

[1] 罗伯特·瑞德菲尔德：《农民社会与文化：人类学对文明的一种诠释》，王莹译，中国社会科学出版社2013年版，第3页。
[2] 丰一吟：《我的父亲丰子恺》，团结出版社2007年版，第81页。

的文化功底和对艺术的天然兴味无疑对他其后对艺术的钟爱打下基础。然而后天因素对他的艺术观念和美育理想的形成无疑更为重要。对丰子恺产生深刻影响的前辈,首推蔡元培。丰子恺在《一般》的美育实践所展现出的美育理念,几乎都有蔡元培的影子。蔡元培作为现代中国艺术教育的先驱,其《以美育代宗教说》可称现代艺术教育的理念源头。蔡元培的"美育代宗教"理念的提出,有其自身的特殊历史背景。众所周知,"20 世纪 20 年代是中国现代思想史的一个重要时期,这一时期思想领域的重要任务是启蒙"[1]。在轰轰烈烈的启蒙思潮中,主流是贯彻科学精神的理性启蒙,感性启蒙始终处于附属地位。这种启蒙结构的偏颇,最终"为 20 世纪中国思想界留下了负面的遗产"[2]。而蔡元培的"以美育代宗教"理念正是感于这种结构的失调和"一战"造成的"现代性"的噩梦而提出的。针对"五四"中思想界泛滥的激进主义,他的药方是:"感激刺感情之弊,而专尚陶养感情之术,则莫若舍宗教而易以纯粹之美育。"他认为:"纯粹之美育,所以陶养吾人之感情,使有高尚纯洁之习惯,而使人我之见,利己损人之思念,以渐消沮也。"[3]蔡元培之所以相信感性启蒙是时下正途,艺术教育为创造美好人格最佳途径,是因为他认为"人道主义之最大阻力为专己性,美感之超脱而普遍,则专己性之良药也"[4]。以此观点出发,蔡元培对当时的美育现状进行了批评,他尤其强调了"环境之美"对个体艺术教育的重要性,他指出:"建筑雕刻没人研究,在喧杂的剧院中,演那简单的音乐,卑鄙的戏剧。在市场上散步止见尘土飞扬,横冲直撞的车马,商铺门上贴着无聊的春联,地摊出售那恶俗的花纸,在这种环境中讨生活,怎能引起活泼高尚的感情呢?"[5]据此情况,他提出了从家庭、学校、社会三管齐下的艺术教育理念。并在这三个向度细化为:胎儿的美育;幼儿在幼稚园和小学校的美育;美术馆,美术展览会,音乐会,剧院等美育场所的建设,以及对地方的道路建筑的美化,公园,名胜,古迹整修等一系列措施。可以说,蔡元培的意义就在于他敏锐地感受到历史的动态,认识到当时中国的"危局"主要在于"现代性"带来的剧烈动荡造成的价值体系的真空,并选择了艺术这

---

[1] 张晓林:《"美育代宗教"的启蒙意义》,载《华东师范大学学报》2008 年第 4 期。
[2] 许纪霖:《另一种启蒙》,花城出版社 1999 年版,第 326 页。
[3] 蔡元培:《以美育代宗教说》,见《蔡元培美学文选》,北京大学出版社 1983 年版,第 70 页。
[4] 蔡元培:《美学观念》,见《蔡元培美学文选》,北京大学出版社 1983 年版,第 66 页。
[5] 蔡元培:《文化运动不要忘了美育》,载《晨报副刊》1919 年 12 月 1 日。

一最恰当的形式作为疗救之法。将前文所述丰子恺在《一般》中的美育主张与蔡元培的美育理念相比较,可以明显看到他对前辈理念的传承,两人"美学基础上有共同之处","在美育的长远目标上保持一致"①。两人的不同在于,蔡元培多作高屋建瓴之宏论,他是将美育作为变革社会的工具,其最终目标仍然指向政治。相比之下,丰子恺则倾向于从普通人的生活出发,具有鲜明的个体本位色彩,更加接近"教育"的本质。值得指出的是,丰子恺以其一线的实践经验,将蔡元培的纲领性意见具象化为可操作性措施,并强调艺术对情绪的宣泄作用。两人的美育理念的本质并无显著差异,这些细微的不同,在这一时期主要是由于二人的社会地位和人生经验造成的视角区别。在"小传统"范围内,对丰子恺产生影响的还有恩师李叔同及立达学会同人,李叔同常读圣贤嘉言懿行的《人谱》,并以"士先器识而后文艺"教导丰子恺,这种格外看重内在修养的学习模式,无疑指引了丰子恺培养"艺术之心"改造民众思想与人格的艺术理念。而立达同人"修养人格,研究学术,发展教育,改造社会"的宗旨及其实践,则进一步促成了丰子恺美育理想的形成。

再看"大传统",所谓的"大传统"在这里即是时代背景与思想动向的结合体。解读丰子恺在《一般》时期的艺术观念与美育理想,则不能不以这一时段为基点,关注知识界思潮的流向,考察作者自身倾向的动态。自"五四"运动以降,启蒙是思想界第一要务,而启蒙之中"德先生"与"赛先生"又是绝对主力。中国的羸弱使得感时忧国的现代知识分子急于找到一种可以走向富强的思想,而科学所造就的东西方的巨大差距使得他们对科学的态度由好奇转向崇拜。正如研究者所指出的那样:"科学精神取代了儒学精神,科学被认为提供了一种新的生活哲学。知识分子号召接受科学的世界观,抛弃传统的生活哲学,是从 20 世纪头 20 年开始的。"②在 20 世纪 20 年代,"唯科学主义"声势惊人,胡适就曾这样描绘它的影响力:"有一个名词在国内几乎做到了无上尊严的地位;无论懂与不懂的人,无论守旧和维新的人,都不敢公然对他表示轻视或戏侮的态度。那个名词就是'科学'。"③但是,即使"唯科学主义"在中

---

① 邱春林:《丰子恺早年的"艺术教育思想"与蔡元培美育观之比较》,载《南京艺术学院学报》2002 年第 3 期。
② 郭颖颐:《中国现代思想中的唯科学主义(1900—1950)》,雷颐译,江苏人民出版社 2010 年版,第 9 页。
③ 胡适:《科学与人生观序》,见《科学与人生观》,上海亚东图书馆 1923 年版,第 2—3 页。

国思想界具有如此地位,但它并非没有反对者存在。目睹"一战"惨剧的梁启超即在《欧游心影录》中对这种"科学万能"的迷梦就进行了批评,他认为在这种意识形态中,"把心理和精神看成一物","硬说人类精神,也不过一种物质一样受'必然法则'所支配","于是人类的自由意志,也不得不否认了。意志既不能自由,还有什么善恶责任?"①他相信,这种对科学的盲目崇拜和对道德的消解,不仅让人"异化",同时也在取消责任意识之后,推动了个体作恶。在他的意识中,这种思维无疑是导致世界大战的原因,因此他在目睹国内泛滥的"唯科学主义"后,不得不做出警告。感到威胁的不止梁启超一人,陈独秀和蔡元培也是这一浪潮中的清醒者,蔡元培提出"以美育代宗教"的理念,陈独秀则反思了新文化运动以来的反宗教思潮,他承认宗教对个体和社会的作用,指出:"现在主张新文化运动的人,既不注意美术、音乐,又要反对宗教,不知道要把人类生活弄成一种什么机械的状况,这是完全不曾了解我们生活活动的本源,这是一桩大错,我就是首先认错的一个人。"②随着时间的发展,对"唯科学主义"的反思与支持的对抗愈发激烈,最终导致1923年2月的"科玄论战"爆发。

在这样的赞美与质疑交织的思想背景中,丰子恺是站在反思者一边的。在"科玄论战"前的1922年,丰子恺即在《美育》上发表《艺术教育的原理》一文,展现自己的主张。作者开门见山,表达了对"唯科学主义"泛滥的不满:"在我看来中国一大部分的人,是科学所养成的机械的人;他们以为世间只有科学是阐明宇宙的真相的,艺术没有多大的用途,不过为科学的辅助罢了,这一点是大误解。"他反对将一切"科学化"的观点,指出"科学和艺术是根本各异的对待的两样东西"。与此同时,他还对"科学反映真相"这一论调进行了驳斥,认为"科学是有关系的,艺术是绝缘的",从哲学意义而言"科学者非但不示物的真相,而且遮蔽物的真相"。反而是艺术"是比社会大问题的真和科学知识的真更加完全的真"③。在他的意识中,艺术具有认知真相,安慰人生,开阔胸襟的诸多作用,没有艺术的人生是残缺不全的。在这篇言辞激烈的文章中,丰子恺清晰地表达了他的态度,他认为"艺术心"对于个体的人格养成

---

① 梁启超:《欧游中之一般观察及一般感想》,见《梁启超全集》第10册,北京出版社1999年版,第2973页。
② 陈独秀:《新文化运动是什么》,见《陈独秀全集》第2卷,人民出版社2013版,第3页。
③ 丰子恺:《艺术教育的原理》,载《美育》1922年第7期。

与日常生活都具有重要作用,"他把美作为一种人生价值。认为没有审美活动的生活就不是完全的生活"。①他通过对当时社会将艺术教育附属化和个体人生观机械化的倾向反思"唯科学主义"的恶果。实际上也以对情感和内在体验的重视,完成了对个体与"现代性"关系的反思。在"唯科学主义"的视域中,作为生命的个体是需要被改造的作为客体的"物",而在丰子恺这里,他们是需要培养的,具有主体性的"人"。这种转向类似于于胡塞尔所说的"主体间性",是以对等方式处理彼此关系,而不是以"进步主义"为唯一标准,对不符合要求的存在进行强制改造,体现出更丰厚人文关怀和人道精神。然而,从《艺术教育的原理》时期,到《一般》时期,丰子恺的美育理想并未到达其最终形态。随着"大传统"和"小传统"在历史演进过程中的变化,寄身于其中的个体的思想也会有新的发展。就笔者观之,丰子恺在1938年6月因抗战烽火转移至桂林师范学校时期迎来了这一发展。在他所发表的《艺术必能建国》一文中,我们能感受到这种"新变"。丰子恺在这篇文章中首先强调了艺术不是消闲品,它具有严肃的性质,大家对它的误解全在于"艺术这件东西,内容很严肃,而外貌很和爱。不像道德,法律等似地内外性状一致"。随后作者就直接道出核心观点:"艺术给人一种美的精神,这精神支配人的全部生活。故直说一句,艺术就是道德,感情的道德。这一点借辜鸿铭先生的话来说明,最为得当。辜鸿铭先生英译论语中:'礼之用和为贵'一节,把'礼'字译作 arts。可知他的见解,艺术就是礼。"②以"艺术"为现代社会的"礼教",凭借艺术的种种便利重构现代国民的信仰,最终实现"抗战建国"的大业。在历史形势的推动下,丰子恺最终抵达了蔡元培"以美育代宗教"的最终目标——以艺术为手段,从根本上完成对个体的价值重塑和人格改造,并在信仰真空,道德失位的中国现代性语境中建立起一套富于人道主义精神又融汇古今精粹的价值体系。

四、余论

在生产力日益发达,消费主义日渐高涨的当下,人类享受着时代进步带

---

① 杜卫:《试论丰子恺的美育思想》,载《浙江师范学院学报》1984年第3期。
② 丰子恺:《艺术必能建国》,载《宇宙风·乙刊》1939年第2期。

来的种种便利,同时也越来越陷入"现代性"的泥淖。精神高度紧张,普遍的安全感缺乏,日复一日的焦虑都日渐侵蚀着个体的心灵健康。强大的"进步主义"和"消费主义"的合流,愈发使得作为个体的人处于被异化的窘境,成为被取消主体性的"空洞的能指"。在这样的语境下返观丰子恺在《一般》杂志中的美育主张与他的美育理想,我们仍然能感到有所刺痛,领悟到虽然时间已逾九十载,我们仍处于一种"未完成"的状态之中。先贤的构想依约在耳,美育之路途任重道远。在当下的美育研究中,对现代艺术发展史中的诸位先贤美育实践与美育理念的深入探讨,必能推动当代美育事业的持续发展。

作者:杭州师范大学弘一大师·丰子恺研究中心2014级硕士研究生

"Another Enlightenment"
—Feng Zikai's Assertions and Ideals of Aesthetic Education

Wang Mengya

As the journal of the LIDA Society, *Common Reader* was not only influential in the ideological and cultural circles of the day, but it has also become an important object of research because of Feng Zikai's multifaceted contributions to it. Through an analysis of the pieces he wrote for the journal, efforts were made to show the prevailing ideas of art education of that time and the forms of aesthetic education he envisaged, and from there to retrace the effect-to-cause relationship, exploring how he broke free of the fetters of "scientism" in the field of modern ideological history, inherited and furthered Cai Yuanpei's aesthetic concept of "replacing religion with aesthetic education" and eventually set up his own aesthetic ideal of reshaping the belief system of the citizenship by means of art education and a "Sensual Enlightenment."

献给蚂蚁的赞歌
——丰子恺的小品《清晨》与小泉八云《蚂蚁》

[日] 西槇伟

丰子恺曾发表过一篇关于小泉八云(1850—1904)的短文,题为《小泉八云在地下》。文中丰子恺说如果已故的小泉八云得知日本法西斯如此猖獗,一定后悔归化日本,文章旨意在于反对日本对华战争。在丰子恺笔下,小泉八云是《海的文学》和《虫的文学》的作者,赞美日本生活的艺术趣味。[①] 丰子恺提到的两本书均是1921年东京一家出版社出版,又是丰子恺爱读的英日对译文学读物,所以丰子恺很有可能购得这两本书。

之所以对小泉八云感兴趣,很可能因为丰子恺本人也是爱好日本生活中的艺术趣味的,丰曾在1926年发表的《工艺实用品与美感》一文中谈到他从日本回国后去虹口购买日用品,而且曾爱用日式火盆。小泉八云还是民国时期对英文学感兴趣的年轻人颇喜欢的作家,丰本人也是英文学的爱好者,所以丰子恺有可能从多方面对小泉八云产生兴趣。

笔者曾就丰子恺的《教师日记》和小泉八云的《英语教师的日记和书信》做过比较分析,小泉八云是解读丰子恺小品散文的一个有效的视角。[②] 在此,笔者试图从比较文学的角度,对丰子恺的《清晨》与小泉八云的"Ants"(《蚂蚁》)作一探讨性的阅读。[③]

[①] 丰子恺:《小泉八云在地下》,见丰子恺编著《漫文漫画》,成都集成书局1943年版。初载《文丛》杂志1939年第2卷,题为《老者自歌之一》。
[②] 参看西槇伟《比较文学视野中的丰子恺散文》,见陈星编《丰子恺艺术与艺术教育研究》,中国社会科学出版社出版社2012年版。
[③] 此文为笔者日语论文《アリへの赞歌——「清晨」と「蟻」》收录于《響きあうテキスト——豊子と漱石、ハーン》,研文出版2011年的中文版。

一、蚂蚁的故事

《清晨》(初载《新少年》第 1 卷 7 期,1936 年 4 月 10 日)是以第一人称叙事的小品文,描述"我"(可以看作是作者本人)早餐后,在院子里观察蚂蚁的生态——克服种种困难把粮食运进洞穴的经过。

小泉八云的《蚂蚁》(初见于《怪谈》,1904)收录于《虫的文学》,篇幅比《清晨》稍长,全篇分七章,第一章以清晨风和日丽的情景作为开端,引用一段关于蚂蚁的中国古典(据《灵应录》)。之后,根据各种学术著作,论述蚂蚁的社会、生态、道德、性生活,是一篇学术随笔。《蚂蚁》与《清晨》取材以及叙述方法不尽相同,但两篇文章的主题以及一些细节的描写有类似之处。

这里先看一下作品的开端:

> 昨晚的台风已无影踪,晴明的天空蓝得耀眼,空气,沁人肺腑的空气中充满被台风吹断的散乱满地的松枝所发出的树脂香气。附近竹林里传来黄莺赞美妙法莲华经的笛声似的鸣啭。可能是因为南风吹来,大地特别安静。夏季,迟来的夏季终于来临!具有日本色彩的蝴蝶在飞舞,蝉在鸣叫,蜜蜂嗡嗡地来去,蚊虫在日光下舞蹈,蚂蚁在匆忙修理它们的洞穴,我想起一首日本的小诗来:
> 连绵梅雨后
> 蚂蚁们的家园啊
> 无影亦无踪
> (略)今天蚂蚁们勤奋劳动的情景,让我写下这篇关于蚂蚁的随笔。[①]

吃过早粥,走出堂前,在阶沿石上立了一会。阳光从东墙头上斜斜地射进来,照明了西墙头的一角。这一角傍着一大丛暗绿的芭蕉,显得异常光明。它的反光照耀全庭,使花坛里的千年红、鸡冠花和最后的蔷薇,都带了柔和的黄光。光滑的水门汀受了这反光,好像一片混浊的泥

[①] Lafcadio Hearn, "Ants," *Insect Literature*, 东京北星堂 1921 年版,第 56—58 页。

水。我立在阶沿石上,就仿佛立在河岸上了。①

小泉八云用色彩(蓝色的天空、日本风格的彩蝶)、气味(新鲜的空气、松枝散发出的香气)、声音(蝉声、蜂语、莺啼)来描绘台风过后的早上的情景,他耳闻昆虫的鸣叫,目睹昆虫们飞舞之后,看到它们在修理被大雨冲坏的洞穴,想起一首表达对蚂蚁同情的俳句,然而他又看到小蚂蚁们并没有被大自然压倒,它们以巧妙的智慧,在努力劳动。这情景使小泉八云很感动,于是他就下笔写下了这篇随笔,文章开端以听觉、视觉、嗅觉为特色,颇具写实性,与下面学术性文字稍有差异。

丰子恺所描绘的也是早上叙述者(可以看作是作者本人)家附近的情景,他以画家的眼光捕捉光线和色彩。暗绿的芭蕉把照射过来的阳光又反射到院子里,略带绿色的光线与院里的千年红、鸡冠花、蔷薇的红色交融,产生黄色的色调。地面可能是灰色,在反色光之下,掺了些黄色,看起来像混浊的泥水。末尾一句所吐露错觉中的河流,是由身边小世界通往另外一个世界的通道。

两篇作品的开端同样描写的是作者感受的清晨日丽风和的情景,而且他们的主题又都是叙述蚂蚁理想的社会形态,所以开端的相似不可忽视,它是通向蚂蚁理想国度的入口。

二、献给蚂蚁的赞歌

两作者的下文笔调各异,丰子恺并不像小泉八云那样根据学术著作来论述蚂蚁的社会,他记录的主要是院子里蚂蚁运粮的情景。尽管如此,两作者同样赞美蚂蚁的理想社会、美好的伦理道德,而且同样地论及人类社会的伦理道德。

小泉八云把蚂蚁社会看作理想国度,他的论点来自当时自然科学的研究成果,根据 *Cambrige Natural History*(Vol. Ⅵ. 1899)他引用夏普(David Sharp)论文的如下一段:

---

① 丰子恺:《清晨》,见《丰子恺文集》第 5 卷,浙江文艺出版社、浙江教育出版社 1992 年版,第 634 页。

献给蚂蚁的赞歌 ◎

据观察,这些昆虫的生活中发现引人注目的现象。它们在多方面比我们人类还通晓集体生活的方法。为了使社会的集体生活顺利进行,它们在生产以及艺术等方面比我们学习得还要早,我们不得不下这样的结论。①

小泉八云还根据斯宾塞(Herbert Spencer)的学说,论述蚂蚁社会群体的高尚伦理道德。小泉八云在第二章如此概述之后,下面展开论述,读起来是一种学术随笔。丰子恺的《清晨》与此截然不同,然而他笔下蚂蚁们的故事的主题思想却与小泉八云的《蚂蚁》很接近。文中,"我"有如下一句话:

这也是一种生物,它们也要活。人类的生活实在不及……②

短短的一句话,而且没有说完,但是这里要表达的无疑是把蚂蚁的社会看作乌托邦,加以赞扬,虽然文体不同,对蚂蚁的赞美是两作品的基础思想。

下面,我们进一步比较一下这两篇作品,先看它们的共同点。

小泉八云在第二章,征引斯宾塞,论述"蚂蚁在经济与伦理道德方面比人类还要进步,它们的生活中绝无自私的目的",还把蚂蚁群体称为"由非自私的行为而产生的喜悦是唯一快乐的国度",赞美蚂蚁社会。③ 小泉八云叙述蚂蚁个体为集体服务,尊重礼节、道德,这种看法在《清晨》中也可以看到,比如下一段是"我"与"宝官"所注视蚂蚁搬运粮食的情况。

这块镶焦很大,作椭圆形,看来是由三四粒饭合成的。它们扛了一会,停下来,好像休息一下,然后扛了再走。扛手也时有变换。我看见一个蚂蚁从众扛手中脱身而出,径向前去。我怪他卸责,目送它走。看见另一个蚂蚁从对方走来。它们二人在交臂时急急的亲了一个吻,然后各自前去。后者跑到菊花旁边,就挤进去,参加扛抬的工作,好像是前者请来的替工。我又看见一个蚂蚁贴身在一个扛手的背后,好像在咬它。过了一会,那被咬者便挤进去代它扛抬了。我看了这些小动物的生活,不

---

① Lafcadio Hearn,"Ants,"*Insect Literature*,东京北星堂1921年版,第64页。
② 丰子恺:《清晨》,见《丰子恺文集》第5卷,浙江文艺出版社、浙江教育出版社1992年版,第637页。
③ Lafcadio Hearn,"Ants,"*Insect Literature*,东京北星堂1921年版,第66—68页。

禁摇头太息,心中起了浓烈的感兴。①

这里的"我"摇头而叹气是因为对蚂蚁们互相帮助的情景非常感动的缘故,他没有看到自私自利的蚂蚁,蚂蚁们互相尊重,轮班工作有条有序。它们在相互擦身而过的瞬间轻轻接吻,说明蚂蚁具有慈爱之心。这段描写有理想化的色彩,与其说是写实性的观察记录,不如说是作者虚构的创作,作者有意赞美蚂蚁。

小泉八云《蚂蚁》的第三章,开端叙述蚂蚁擅长农业和园艺、可以穿石打洞,下面作者一转笔锋,强调他最重视的是蚂蚁们的懂礼、有道德意识,它们面对困难绝不气馁,具有独立思考能力、临机应变的能力,在蚂蚁社会不存在由自私自利而引起的各种罪恶。小泉八云在第三章前半部还谈到从事劳动的是雌性个体,她们除了养育幼蚁之外,任何工作都做而且具有卫生观念。在《清晨》中有几段文字与这部分内容比较接近。

丰子恺多次为运粮的蚂蚁设下艰难的关卡,让它们奋力跨越。比如放在院子里的晒衣竹竿,在蚂蚁们看来是一座畸形大山,它们登上爬下,这段描写精彩生动。下山后,河水挡住它们的去路,它们只能绕过去,但它们没有迷失方向,终于爬到洞穴之下。可后面还有险情,它们差一点被来客的脚给踩上,"我"抱住了来客的腿,救护了蚂蚁们。下面我们看一下蚂蚁们过最后一关。

……我又替它们担起心来。因为它们的门洞开在两块阶沿石缝的上端,离平地约有半尺之高。从水门汀上扛抬到门口,全是断崖削壁!以前的先锋,现在大部分集中在门口,等候粮食丛削壁上搬运上来。其一部分参加搬运之役。挤不进去的,附在别人后面,好像是在拉别人的身体,间接拉上粮食来。大块而沉重的粮食时时摇动,似欲翻落。我们为它们捏两把汗。将近门口,忽然一个失手,竟带了许多扛抬者,砰然下坠。我们同情之余,几欲伸手代为拾起;甚至欲到灶间里去抓一把饭粒来塞进洞门里。但是我们没有实行。因为教它们依赖,出于姑息;当它们赉物,近于侮辱。蚂蚁知道了,定要拒绝我们。你看,它们重整旗鼓,再告奋勇。不久,居然把这件重大的粮食扛上削壁,搬进洞门里了。②

---

① 丰子恺:《清晨》,见《丰子恺文集》第5卷,浙江文艺出版社、浙江教育出版社1992年版,第635页。
② 丰子恺:《清晨》,见《丰子恺文集》第5卷,浙江文艺出版社、浙江教育出版社1992年版,第638页。

蚂蚁们的故事到此结束，它们齐心协力，克服了一系列意想不到的困难，把粮食运回洞穴。观察完蚂蚁们奋斗的经过，"我"走向书斋要开始自己的工作。这篇小品结构紧凑。丰子恺笔下蚂蚁的故事，所表达的与小泉八云《蚂蚁》第三章基本一致。《清晨》中可以看出蚂蚁适应环境的能力和互相帮助的精神。

小泉八云在其随笔第四、五章提到蚂蚁的性，《清晨》并没有相关内容，后面我们再探讨两文的不同点，这里进一步讨论一下它们的类似之处。小泉八云论述过蚂蚁的生态之后，言及人类的未来和现状，在最后一章，指出人类道德观念的取向而作为结论，这篇文字是通过蚂蚁来讨论人类的未来和道德观念的随笔。

斯宾塞曾预言人类将会以帮助他人为乐趣，小泉八云对斯宾塞的论据略表怀疑，但他指出为实现如此理想的伦理道德状态，人类还要不断努力。以人的智慧，人口的压迫会迟缓，如果禁止性生活，经济问题可以解决。那么，人类社会就会变成像蚂蚁社会那样理想。如果能够超越性生殖，人类或许会更长寿。小泉八云想得很远，他还指出昆虫生物学对人类进化的启示。

> 很明显，无论在哪个时代，以人的道德观念看来，不可容忍的生物不会进化。很明显，最高尚的能力是克己无私的力量。残忍和贪欲不会被赋予至高无比的力量。(略)我们虽然无法证明星球的轨道具有"戏剧性的倾向"，但宇宙的运行在我看来不会否定人类为克服自私而建立的伦理道德观念。[1]

小泉八云在此强调"unselfishness（非自私性）"的重要意义，肯定了为克服利己而建立的伦理道德、宗教价值体系。非自私的同情心这一概念，在丰子恺的《清晨》中也可以看到，而且也是作品的主题。染匠司务走进院子时，差一点踩在蚂蚁群上，他被抱住了大腿而避免了一场无意义的杀生，大家为此真心地庆幸，"我"有如下一段话：

> 这染匠司务不是戒杀者，他喜欢吃肉，而且会杀鸡。但我看他对于

---

[1] Lafcadio Hearn, "Ants," *Insect Literature*, 东京北星堂版, 1921年, 第106页。

这大群蚂蚁的"险险乎",真心地着急;对于它们的"还好还好"真心地庆幸。这是人性中最可贵的"同情"的发现。人要杀蚂蚁,既不犯法,又不费力,更无人来替它们报仇。然而看了它们的求生的天性,奋斗团结的精神,和努力,挣扎的苦心,谁能不起同情之心,而对于眼前的小动物加以爱护呢?我们并不要禁杀蚂蚁,我们并不想繁殖蚂蚁的种族。但是,倘有看了上述的状态,而能无端地故意地歼灭它们的人,其人定是丧心病狂之流,失却了人性的东西。我们所惜的并非蚂蚁的生命,而是人类的同情心。①

蚂蚁们爬过了晒衣竹竿后,绕过水泊,正赶上染匠司务走进院来,他正要下脚踩下群蚁的时候,"我"抱住了他的腿,避免了一场灾难。这是蚂蚁运粮故事的高峰,"我"的一席话正是作品的主题思想。这段文字下面,宝官举出其他事例,再次突出这一主题。

小泉八云以 unselfishness 为最高尚,而丰子恺的《清晨》中的"我"认为人性中最宝贵的是同情心,两作家的主题思想非常接近。

三、散文、绘画与诗的结合

我们来看一看两篇散文的不同点。

小泉八云的《蚂蚁》开端描写作者书房四周的情景,然后引用一段中国古典故事,下面展开论述。与小泉八云相比,丰子恺仅仅对早饭后院子里搬运饭粒的蚂蚁群作了一番细腻的描写。两文的结构不同,给读者的印象也不一样。然而如上文所述,文章开端具有类似的写作题材和表达技巧。所以,丰子恺有可能借鉴了小泉八云的《蚂蚁》,但他没有像小泉八云那样把视线转向书籍,而是继续观察院子里的蚂蚁,使作品题材统一而结构完整。

其次,小泉八云在《蚂蚁》第四、五两章,详加叙述蚂蚁的性生活,对此《清晨》只字不提,丰子恺有可能精选主题,使他的作品连贯统一。

除此之外,与小泉八云的论述文字不同,《清晨》还有其他特色。故事开

---

① 丰子恺:《清晨》,见《丰子恺文集》第 5 卷,浙江文艺出版社、浙江教育出版社 1992 年版,第 637—638 页。

端安排了一条狗,后来又有染匠司务闯将进来,这两角色给蚂蚁的故事带来了故事发生的机缘和故事发展的高峰。一条饿狗走进院来,家人拿出剩饭喂它,掉在地上的饭粒成为蚂蚁们搬运的食粮。再说染匠司务要踩蚂蚁的情景,让读者想起丰子恺的绘画。《护生画集》第一集(1929)中有一幅题为《!!!》(图一)的作品,画的是穿着皮鞋的一只脚,正要踩下一只爬行的蚂蚁。这幅画早于小品文《清晨》,所以小品文所描写的这个题材有可能来自作者的绘画。作者把绘画的题材文学化,细心的读者会看得出来。

小品文《清晨》不但使用绘画题材,后来还给绘画提供了题材,我们来看《护生画集》中有关蚂蚁的作品。《运粮》(图二)收录于《护生画集》第二集(1940),是《清晨》之后的画作。群蚁爬过砖石,攀上砖壁,向砖缝间的洞穴搬运食粮。这个意象与上文所引蚂蚁们爬墙运粮的一段文字相仿,而且群蚁与小粮块呈菊花形状,这在《清晨》中,也有"好像一朵会走的黑瓣白心的菊花"等文字表述。后来丰子恺再次使用菊花与蚂蚁这一意象,《护生画集》第五集(1965)所收《运粮》画一插有菊花的花瓶堵住了蚂蚁们的洞穴,弄得蚂蚁们不知所措,丰子恺之所以多次画菊花与蚂蚁,当然是因为菊花是四君子之一,象征高尚的品德。

《护生画集》第二集中还有《蚂蚁搬家》(图三)一幅作品,画儿童搬凳保护群蚁、以防被踩。这幅画让读者想起《清晨》中染匠司务闯入院子的情景,男孩子搬凳、女孩子让大人注意脚下的蚂蚁,他们表现了对蚂蚁的同情。这里我们还要留意绘画与诗配合这一艺术形式。这幅与文学密切相关的绘画,再次与诗结合,形成"诗画一致"。为了深入理解这幅诗画,我们再看一看丰子恺的诗:

> 墙根有群蚁乔迁向南冈
> 元首为向导民众扛粮粮
> 浩荡复迤逦横断路中央
> 我为取小凳临时筑长廊
> 大队廊下过不怕飞来殃[①]

[①] 丰子恺:《蚂蚁搬家》,见《护生画集》第2集,(台北)纯文学出版社1981年版,第49页。

如果仅看绘画，难以判断蚂蚁们搬家是往哪个方向。诗句告诉我们它们丛墙根搬向南冈，它们由元首带领，群蚁扛粮跟从。从画面上看得出来孩子们对蚂蚁的爱护，但诗句给我们提供一个故事，让绘画成为故事的插图。

蚂蚁们为什么要奔南冈而去呢？它们的洞穴本来在有钱人家的墙根，屋前有茂盛的树木，环境应该很好。诗句中的"元首"、"民众"都是与"国家"有关的词汇，而作品的创作与发表正处在中日战争时期，中国各地都有民众在逃难，所以这些蚂蚁也就是逃难者们的形象。所以这幅画不仅仅是在《！！！》和《清晨》基础上创作的类似作品，而是与诗结合，带来新的解读的作品。

丰子恺的散文，使读者参照其绘画；他的一些绘画题材又来自他的散文。文学与绘画互相参照，这是丰子恺的特色之一。

四、向蚂蚁敬礼

1956年，丰子恺又一次发表了一篇以蚂蚁为题材的小品散文。这篇题为《敬礼》的散文主要叙述的是一只蚂蚁救护另外一只受伤蚂蚁的情景，这篇也是早上的一段故事。

> 像吃药一般喝了一大碗早已吃厌的牛奶，又吞了一把围棋子似的、洋钮扣似的肺病特效药。早上的麻烦已经对付过去。儿女都出门办公或上课了，太太上街去了，劳动大姐在不知什么地方，屋子里很静。我独自关进书房里，坐在书桌前。这是一天精神最好的时光。这是正好潜心工作的时光。①

距《清晨》的创作(1935)时隔20多年，丰子恺的文学创作变化不大。取材于作者的日常生活，以第一人称叙述这些写作手法没有改变，这种写法不拒绝读者把作品当作作者的传记去读。作者一人早上在书房里清闲独处，但是

---

① 丰子恺：《敬礼》，见《丰子恺文集》第6卷，浙江文艺出版社、浙江教育出版社1992年版，第501页。按，该文初载《文汇报》1956年12月26日。

看不到当年多彩的光线。坐落于江南水乡运河边的缘缘堂在中日战争中被毁,写作时作者已经迁居上海。虽说渐进老年,早上精神还好。

这一天,他正翻译夏目漱石的小说《草枕》,因为精神集中,不小心压伤了桌上爬行的蚂蚁,发现蚂蚁受伤后,作者经历了一番内心纠葛,最后还是置之不顾,埋头工作。等工作告一段落,再看那受伤的蚂蚁——

> 啊哟,不看则已,看了大吃一惊!原来是两个蚂蚁,一个就是那受伤者,另一个是救伤者,正在衔住了受伤者的身体而用力把他(排字同志注意,以后不用它字了)拖向墙壁方面去。然而这救伤者的身体不比受伤者大,他衔着和自己同样大小的一个受伤者而跑路,显然很吃力,所以常常停下来休息。有时衔住了他的肩部而走路,走了几步停下来回过身去衔住了他的一只脚而走路;走了几步又停下来,衔住了另一只脚而继续前进。停下来的时候,两人碰一碰头,仿佛谈几句话。(略)这个救伤者以前我没有看到。想来是埋头于翻译的期间,他跑出来找寻同伴,发现这个同伴受了伤躺在桌子上,就不惜劳力,不辞艰苦,不顾冒险,拼命地扶他回家去疗养。这样藐小的动物,而有这样深挚的友爱之情、这样慷慨的牺牲精神、这样伟大的互助精神,真使我大吃一惊!同时想起了我刚才看不起他,想捻死他,不理睬他,又觉得非常抱歉,非常惭愧![1]

这是《敬礼》中蚂蚁故事的高峰,它没有《清晨》那样曲折,篇幅也比较简短;《敬礼》着墨更多的是"我"的心理,刻画了一个从事翻译工作的作家的形象。"我"看到蚂蚁救护伤蚁,感觉蚂蚁品德高尚,不由得举手敬礼,故事到此结束,作者没有交代两只蚂蚁的去向。

救护伤者这一题材,是《清晨》中蚂蚁们互相帮助主题的一部分,比起《清晨》,《敬礼》没有赞美蚂蚁的理想社会,仅突出了蚂蚁帮助伙伴的精神。取代《清晨》中"同情心"的是"牺牲精神"和"互助精神"这些时代话语。所以,作者很有可能意识到当时文艺界的时代主潮,而选择了这个与时代文艺路线接轨的主题。1955年发生胡风事件,丰子恺对作品的选题应该十分慎重,这篇《敬

---

[1] 丰子恺:《敬礼》,见《丰子恺文集》第6卷,浙江文艺出版社、浙江教育出版社1992年版,第503页。

礼》基本合乎时代精神。

　　围绕这篇作品,还可以发现绘画与文学的相互参照。在《护生画集》第三集(1950),丰子恺曾描绘蚂蚁互相帮助的情景,第五集(1965)再次采用同一题材。第三集中的一幅《蚂蚁救护——放大镜中所见》有诗句配合,丰子恺的诗告诉读者救护的地点在"阶下",蚂蚁受伤的原因不在作者,作者不过是一个关心伤蚁的旁观者,但一只蚂蚁救护另外一只这个题材与《敬礼》完全一致,小品散文的写作是在绘画的基础上的。

　　关于这篇《敬礼》,我们还可以参考一下竹久梦二的《蚁》(图四),《梦二画集》(春之卷,1909)。竹久梦二的这本画册给丰子恺的影响深远,这幅画丰子恺一定看到过。画面中看书的学生与蚂蚁之间发生了什么事情呢?从人物的表情难以看出,再看桌子上的蚂蚁,身体两侧的蚂蚁腿根数好像不同,姿态也不太自然,像是受了伤。这幅画没有诗文相配,但它还是文学的绘画,让读者想象学生和蚂蚁之间可能发生的事。丰子恺的《敬礼》正是书桌上蚂蚁的小故事,它和这幅小画题材相同。我们虽然没有充分的理由说《敬礼》受到《蚁》的影响,但丰子恺有可能从这幅画得到启发。

　　正如小泉八云所引用,蚂蚁的故事在中国古典中比较常见,南柯梦是其中比较有名的。在古典中,蚂蚁的世界常常被看作乌托邦,丰子恺的小品散文《清晨》也有这种色彩。《清晨》在早上美好的时刻把读者带到蚂蚁的理想国度;《敬礼》中出现夏目漱石的《草枕》也决非偶然,它不仅是丰子恺喜欢的作品,而且具有强烈的乌托邦色彩。

　　虽说蚂蚁这个文学题材古已有之,丰子恺创作的并不是神话传奇,而是颇像观察记录文字的小品随笔。作者在推陈出新之际,有可能把小泉八云的《蚂蚁》当作参考资料。

　　《蚂蚁》与《清晨》之间多有不同,我们再看一下标题给读者的印象。丰子恺以"清晨"为题,其起首一段给读者的印象比较深。他以写实的手法使故事显得更具现实性,让读者意识到在短暂的清晨,观察蚂蚁们的活动像是一场梦。再看小泉八云的《蚂蚁》,它是收录在《怪谈》一书《昆虫研究》一章里的一篇。除《蚂蚁》之外,还有《蝶》《蚊》两篇,《蝶》叙述了有关蝴蝶的俳句和故事,所以作者有可能采用类似手法,对俳句和古典故事比较看重,开头一段不十分重要。

　　综上所述,丰子恺与小泉八云关于蚂蚁的小品随笔具有多方面的共同点。小泉八云对于东方的佛教和日本的神道曾经神往，他的很多作品都流露出对佛教以及多神教的丰富感受能力。在《蚂蚁》一文的末尾，他对否定自私自利倾向的宗教精神表示肯定，赞扬同情心，这种精神与佛教有一脉相通之处。丰子恺也倾心于佛教，他的《清晨》与小泉八云的《蚂蚁》主题思想接近，有可能是因为丰子恺受到了小泉八云的影响，但我们有必要进一步探讨两作家的宗教观，从而加深对作品的解读。

【附图】

图一　丰子恺《！！！》，1929年

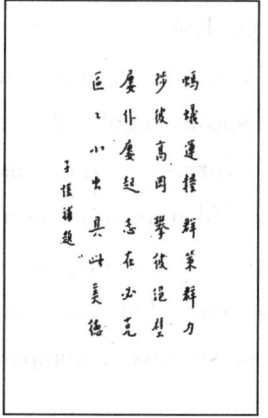

图二　丰子恺《运粮》，1940年

图三 丰子恺《蚂蚁搬家》，1940年   图四 竹久梦二《蚁》，1909年

作者：日本熊本大学文学部教授

Hymns to Ants—Feng Zikai's Sketch *Early Morning* and Koizumi Yakumo's *Ants*.

〔Japan〕Nishimaki Isamu

Feng Zikai and Koizumi Yakumo's sketches about ants have many things in common. Koizumi was enamored of Buddhism and Japan's Shinto and many of his works betray a sensitivity to these two religions. At the end of his *Ants*, he speaks highly of the religious sentiment which denounces selfishness and affirms the propensity for sympathy which is akin to Buddhism. Feng Zikai is also fascinated by Buddhism and his "*Early Morning*", which shares a subject matter with *Ants*, may well have been influenced by Koizumi. This paper attempts an exploratory reading of both works from the perspective of comparative literature.

丰子恺《护生画集》的当代意义与特殊功用

陈 星

一、引言

丰子恺作为现代中国的重要艺术家,学界有必要全面认识其创作经历和文化寓旨。比之于其他方面的丰氏研究成果,对《护生画集》当代意义和特殊功用的理论研究实可谓过于"孤寂"和片面,甚至出现行动在前、理论滞后的现象。此说明理论界对于《护生画集》的认识还十分不足。编绘时间持续近半个世纪的六册《护生画集》可谓现代中国佛教文化艺术的重要组成部分,其以艺术为方便,以人道主义为宗趣,既体现出一代大师的精神世界、文化行持和对人的生命意义的探寻,也体现出对普通民众和社会发展的关注。在当今这个日益技术化,甚至功利主义盛行的时代,这种直接关注人心,执著于培养良心善念的,致力于普惠基层民众的做法对现今中国的佛教艺术文化建设具有借鉴价值。丰子恺漫画作品众多,风格鲜明,内容丰富,每种漫画,虽有特定的时代背景和描绘对象,但在今天读来均有启发意义。他的《护生画集》也一样,无论是为了"护生",还是为了"警世",还是提倡"和谐"、"孝道",这在当今的时代也有着极其重要的现实意义。

二、培养着眼于可持续发展的意识

随着时代的发展,人们越来越意识到,倘若人与动物之间,人与植物之间,人与环境之间和人与地球之间等各方面的关系能做到和谐"相处",就可以极大地促进人类的可持续和谐发展。六册《护生画集》的出版,历时半个世纪,影响深远。这种将艺术作品的终极目标定位在"人"、"护心",从而培养人类的良心善念,对于今天的中国佛教艺术文化建设,对于全人类和谐文化建设都具有重要意义。有学者认为:"《护生画集》即是以慈悲为体,以书、画、诗、词述说护生故事所表达的慈悲心行为相,以所发挥的护生戒杀、长养慈悲心的功能为用,而感动许多人。"[1]"护生画"既以绘画的形式开启了现代中国的伦理思潮,也从人道主义的高度,接会了中国佛教思想和传统文化,使其成为当代生态文明可资借鉴利用的道德资源,并以契机契理的创作理路彰显了中国未来生态伦理建设的可能走向。[2]

丰子恺的"护生画"很能让读者体会并且关注人类的生态问题,帮助人们建立全面的生态观。这样的作品很多,如《续护生画集》里的《黄蜂何处知消息,便解寻香隔舍来》《晨鸡》《重生》,《护生画三集》里的《叫落满天星》《幸福的鸡》《春江水暖鸭先知》《大丹一粒掷溪水,禽鱼草木皆长生》等。丰子恺不仅用画面体现出了重视生态的观念,他在散文里也时常有细致而体贴的叙述。比如他有一篇《蝌蚪》,写孩子们捕得自然界里的蝌蚪而养在脸盆里玩,他感到:

> 我见这洋磁面盆仿佛是蝌蚪的沙漠。它们不绝地游来游去,是为了找寻食物。它们的久不变成青蛙,是为了不得其生活之所。这几天晚上,附近田里蛙鼓的合奏之声,早已传达到我的床里了。这些蝌蚪倘有耳,一定也会听见它们的同类的歌声。听到了一定悲伤,每晚在这洋磁面盆里哭泣,亦未可知! 它们身上有着泥土水草一般的保护色,它们只合在有滋润的泥土、丰肥的青苔的水田里生活滋长。在那里有它们的营养物,有它们的安息所,有它们的游乐处,还有它们的大群的伴侣。现在被这些孩子们捉了来,关在这洋面盆里,四周围着坚硬的洋铁,全身浸着淡薄的白水,所接触的不是同运命的受难者,便是冷酷的珐琅

---

[1] 林少雯:《丰子恺〈护生画集〉体、相、用之探讨》,(台北)文史哲出版社2011年版,第22页。
[2] 参见王振钰《〈护生画集〉的创作理路及其现代启示》一文中的相关论述,载《五台山研究》2008年第1期。

质……①

《护生画集》中具有戒杀警示主题的画十分之多。如:《今朝与明朝》《乞命》《"我的腿"!》和《喜庆的代价》等。这类画作,丰子恺在构思和题材的选择上都有所侧重,所体现出来的创作思想十分明显,起到的宣传效果也很大。比如,在众多的"护生画"中,有一类是直接甚至直白地描绘人类宰杀动物的情形的,或是动物在遭受杀戮后的悲惨状况。丰子恺创作这样画作,其目的就要是通过表现人们虐待动物,来警示人类,通过联想和反省,起到劝善的作用。比如《今朝与明朝》。漫画讲究对比手法的运用,这幅作品可谓范例。今天你在"日暖春风和"的时节所看到的可能是"双鸭泛清波,群鱼戏碧川",然而,一旦它们"明朝落网罟",难免"系颈陈市廛"。昨日,你"策杖游郊园"时它们还曾给你带来愉悦,今天,它们已落得如此悲惨的结局。设身处地,读者自有感想。提倡节俭的今日,少了往日铺张的排场。不过《喜庆的代价》一画所要表达的意思,就不仅仅是节俭。人类需要喜庆,但画中表现的喜庆代价却是大量牺牲各种曾经有生命的动物。"唯欲家人欢,哪管畜生哭。"推而言之,节日是需要庆祝的,但在生态环境日益恶化的今天,还一定要用鸣放鞭炮来释放情感吗?

戒杀护生既是佛教基本教义,同时也是人道主义的深度体现。佛教的基本戒律是守五戒,而"不杀生"则为首戒。如果说《护生画集》中的戒杀警示主题和善爱生灵主题是丰子恺在创作时从正反两方面所作的表现,意在鼓励人们长养慈悲心,那么,呼唤、歌颂"和谐家园"则是他所追求的终极目的。有论者对"护生画"评价甚高,曰:"佛家的'戒律',第一是'戒杀生'。'戒杀'只是自我制约的消极行为。'护生——保护生命安全、不被杀戮',才是更积极的生命关怀。人类文明进化到二十世纪末端,'护生——保护动物运动',才在世界每一个国家兴起。而且'保护动物组织',也在许多国家纷纷成立。可是,我们要知道,在中国文明史上,以保护动物、保护生命平等价值的艺术作品,到一九二八年,才由佛教高僧、弘一法师策划下,完成中国有史以来第一

---

① 丰子恺:《蝌蚪》,载 1934 年 5 月 20 日《人间世》第 4 期,初收《随笔二十篇》,(上海)天马书店 1934 年版。

本《护生画集》。"①夏丏尊在《续护生画集》的序言中明确写道："至其内容旨趣，前后更大有不同。初集取境，多有令人触目惊心不忍卒睹者。续集则一扫凄惨罪过之场面。所表现者，皆万物自得之趣与彼我之感应同情，开卷诗趣盎然。"②早在"护生画"初集的编绘之时，弘一法师对未来作画和题材的选择已经有了很具体的设想。他在致李圆净、丰子恺的信中说："将来编二集时，拟多用优美柔和之作，及合于护生正面之意者。至残酷之作，依此次之删遗者，酌选三四幅已足，无须再多画也。"③这一意见，实可谓弘一法师人文情怀的体现，同时也蕴涵着他对和谐世界的终极追求。《雀巢可俯而窥》一画表现的是"人不害物，物不惊扰"，和谐相处，世间美好！雀巢可俯而窥，童心最能代表真与善，也能象征美。天上的群星与明月，有时只有儿童才能见到其最真实美好的一面。生活美学的繁琐诠释，可能还不如这一幅图画来得明了。再如《好鸟枝头亦朋友》，如果说"劝君莫打枝头鸟，子在巢中望母归"这句诗体现的是人对鸟的同情与怜悯的话，那么"好鸟枝头亦朋友"则是将人的情感更进了一步，非但不必考虑什么怜悯与同情，实则已将鸟儿当成了自己的好友。这无疑已是一种境界的升华。人若有了这种境界，快乐当能永驻心田。又如《客来不入门，坐爱千年树》，虽有茅屋两三间，不如坐爱千年之树。有客来访，却不必入门，天然老树是最佳的促膝之处。画中表现的是人与自然的亲密关系，更含蓄着人对大自然的感恩之情。还砍树吗？多种树吧！

"护生画"固然是佛教绘画艺术，其宣传的平等、和谐的思想也是首先基于佛教理念，但是，不可否认，"护生画"实际上早已超出佛教的范围而成为具有普遍意义和能够带来有益启发的一种艺术品。建设和谐家园，促进生态的可持续性现已成为当今世界发展的主题，但一个基本事实是，在世界的发展过程中，出现了诸多生态环境方面的严重问题。今天人类所面临的一个大问题已经不是"护生画"中主要表现的是人对于自然的施恩，而恰恰已经面临自然对于人类的报复的严峻事实。具体说，自二战以来，世界性的危机依然存在，如人口、能源、环境、生态甚至核战争等等，人类均面临着巨大的挑战，诸

---

① 陈慧剑：《弘一大师的生命终结哲学》，收《弘一大师论》，（台北）东大图书公司1996年版，第194页。
② 夏丏尊《〈续护生画集〉序》，开明书店1940年版。
③ 弘一法师致李圆净、丰子恺信，收《弘一大师全集》第6册，福建人民出版社2010年第2版，第378—380页。

多世界性的难题有待于人们去解决。诚然,现代护生文化不可能承载如此凝重的担当,然而,它的当代意义却也表现在有助于人类培养着眼于全球的可持续发展意识,有助于长养体恤于人类的慈悲意识,有助于建立众生和睦相处的平等意识和有助于社会的和谐进步。它是一种人文构建,一种当今世界可持续发展的的人文构建。

三、长养体恤于人类的仁爱意识

中国传统文化中充满着儒释道的哲学思维,并常以诗文、书画等艺术形式得以体现。"护生画"即是其中的杰出代表,它以仁民爱物、民胞物与和天人合一人文关怀彰显作者的慈悲仁爱心境。丰子恺在一篇艺术讲话中说:"'万物一体'是中国文化思想的大特色,也是世界上任何一国所不及的最高的精神文明。古圣人说:'各正性命'。又曰'亲亲而仁民,仁民而爱物',可见中国人的胸襟特别广大,中国人的仁德特别丰厚。所以中国人特别爱好自然。"[①]

丰子恺这种慈悲仁爱情怀,可通过很多事例得以说明。他善于反省自己,1927年他在《小说月报》第18卷第6号上发表了一篇题为《忆儿时》的随笔,写自己对儿时不能忘怀的三件事。但每件事均引起了他的关于生命的反省。第一件事是养蚕,写自己儿时喜欢蚕落地铺,因为蚕落地铺之时,桑葚紫而甜,比杨梅好吃得多,同时还能分得给工人食用的枇杷与软糕,以为乐事。然而成人以后写此文时的他,却以为不自在了,因为"养蚕做丝",在生计上原是幸福的,然其本身是对数万的生灵的杀虐!第二件事是写自己儿时跟着父亲吃蟹。从丰子恺的细致描写中可知他也确实喜欢吃蟹:"八仙桌上一盏洋油灯,一把紫砂酒壶,一只盛热豆腐干的碎磁盖碗,一把水烟筒,一本书,桌子角上一只端坐的老猫,我脑中这印象非常深刻,到现在还可以清楚地浮现出来。我在旁边看,有时他给我一只蟹脚或半块豆腐干。然我喜欢蟹脚。蟹的味道真好,我们五个姊妹兄弟,都喜欢吃,也是为了父亲喜欢吃的原故。""我们都学父亲,剥得很精细,剥出来的肉不是立刻吃的,都积受在蟹斗里,剥完之后,放一点姜醋,拌一拌,就作为下饭的菜,此外没有别的菜了。……唉!

[①] 丰子恺:《桂林艺术讲话之一》,收《丰子恺文集》第4卷,浙江文艺出版社、浙江教育出版社1990年版,第13—17页。

儿时欢乐,何等使我神往!"但是,丰子恺在"神往"之后,忽然笔锋一转:"然而这一剧的题材,仍是生灵的杀虐!因此这回忆一面使我永远神往,一面又使我永远忏悔。"第三件事是钓鱼。他回忆自己儿时与隔壁豆腐店里的王囝囝交游的重要原因就是钓鱼:"他教给我看,先捉起一个米虫来,把钓钩由虫尾穿进,直穿到头部。然后放下水去。他又说:'浮珠一动,你要即刻拉,那么钩子钩住鱼的颚,鱼就逃不脱。'我照他所教的试验,果然第一天钓了十几头白条,然而都是他帮我拉钓竿的。"第二天,王囝囝居然还拿了半罐头扑杀来的苍蝇去钓鱼,以为苍蝇比米虫更适合钓鱼。成人后,丰子恺也读到过许多关于垂钓的诗文,文雅之余,他又想到:"不幸而这题材也是生灵的杀虐!"最后他总结:"我黄金时代很短,可怀念的又只有这三件事。不幸而都是杀生取乐,都使我永远忏悔。"

其实,值得丰子恺怀念的儿时之事会有很多,他写《忆儿时》,回忆这样的三件事,显然是有意为之,为的正是警醒读者,在要求自己养成慈悲之心的同时,也希望提升读者的慈悲意识。这样的三件事,其实在丰子恺的"护生画"里都有描绘。《护生画集》(初集)里《蚕的刑具》一图描绘一个蚕农在抽茧取丝,以致蚕蛹死亡。弘一法师的配诗曰:"残杀百千命,完成一袭衣。唯知求适体,启毋伤仁慈。"关于吃蟹,丰子恺画的是一个男子喝酒时就着醉蟹,题目取《醉人与醉蟹》,意思很明白,将吃醉蟹的人比作醉人,甚或就是"罪人"。弘一法师的配诗直指戒杀本意:"肉食者鄙,不为仁人。况复饮酒,能令智昏。誓于今日,改过自新。长养悲心,成就慧身。"《诱杀》一图画的是一男子持着穿有诱饵的钓钩在钓鱼,钓钩上穿的,无论是蚯蚓,还是《忆儿时》一文中所说的"米虫",目的都是引诱鱼儿上钩,从而一举将其钓起。题目取《诱杀》,可谓一语中地。人类会为"诱杀"这种行为找出种种"合理"的理由:健身、娱乐……甚至最时髦的"休闲"。殊不知,这其实是拿游鱼的生命当儿戏。想想自身吧,刺钩穿唇是何种感觉?用"合理"的说词去做最不合理之事,于心何忍!画外其实还有对今人的忠告:勿轻易上当受骗,尤其是当今社会中的各种诈骗短信!尽管这不是丰子恺作画的原意。丰子恺这种仁慈的体恤,基于其艺术的同情心。他说过:"艺术家的同情心,不但及于同类的人物而已,又普遍地及于一切生物无生物,犬马花草,在美的世界中均是有灵魂而能泣能笑的活物了。诗人常常听见子规的啼血,秋虫的捉织,看见桃花的笑东风,蝴蝶的送春归,用实用的头脑看来,这些都是诗人的疯话。其实我们倘能身入美的世界中,而推广其同情心,及于万物,就能切实地感到这些情景了。"①故此,《护生画集》是佛教的,也是艺术的。

再以下述作品为例试作解读。《遇赦》:守法的公民体会不到被囚禁的滋味。然而,同样是守法的公民,在他们中间却有不少人乐意拥有被囚禁的鸟儿。理由会很多,其中一条便是为家中增添一份乐趣。逗逗鸟儿,消除寂寞。你乐了,它呢? 渐失本能、没了生趣,面对外界大好春光,身处狭小樊笼之中徒唤悲歌。《惠而不费》:如今公益广告多了,给人一个微笑,让人觉着人间的温暖;给人一个礼让,使人感到社会的和谐……这幅画何尝不是!"勿谓善小,不乐为之。惠而不费,亦曰仁慈。"从我做起,从小事做起,呼唤千万遍,不如自己实行一次。《幸福的同情》:只有拥有一颗善良的心,才能自然而然地对世间采取一种善良的态度;也只有对世间采取一种善良的态度,才能拥有幸福的同情。只要有一颗善良的心,即便未尝拥有显赫的身份,但其人必有芬芳悱恻之怀,光明磊落之心,而为可敬可爱之人。若反之,具有显赫的身份而没有一颗善良的心,则其人不啻一架无情的机械。《蚂蚁搬家》:"墙根有群蚁,乔迁向南冈。元首为向导,民众扛糇粮。浩荡复迤逦,横断路中央。"许多人在小时候都见过这样的情景。相信大多数人都不会在蚂蚁搬家的时候去故意伤害它们。但是,你有过这样的举动吗?"我为取小凳,临时筑长廊。大队廊下过,不怕飞来殃。"纯洁的童心,天成的爱心。《农夫与乳母》:吃的是草,挤的是奶。牛对人类而言可谓尽是奉献。如今的事情就变得"滑稽"了:牛奶质量滑坡、奶粉信任危机。

护生即护心,这是马一浮在《护生画集》序言说的,可以看成是马一浮对读者的特别提醒,提示人们在读护生画时须明了护生即护心的道理,亦即护生是手段,护心才是目的。有了一颗善良慈悲之心,便能自觉做到善爱生灵。而作为艺术家,丰子恺却也把惜物护生视为使命,他强调说:"艺术家必须以艺术为生活。换言之,必须把艺术活用于生活中。这就是用处理艺术的态度来处理人生,用写生画的看法来观看世间。因此艺术的同情心特别丰富,艺术家的博爱特别广大,即艺术家必为仁者,故艺术家必惜物护生。"②读者通过

---

① 丰子恺:《美与同情》,载1930年1月《中学生》第1号。
② 丰子恺:《桂林艺术讲话之一》,收《丰子恺文集》第4卷,浙江文艺出版社、浙江教育出版社1990年版,第13—17页。

《护生画集》中的画面,仿佛获得了冬阳般的温暖;通过画面传达出的慈悲情怀来引动自身的恻隐之心。广洽法师在《护生画集》第六集的序言中说得好:"盖所谓护生者,即护心也;亦即维护人生之趋向于和平安宁之大道,纠正其偏向于恶性之发展及暴力恣意之纵横也。是故护生画集以艺术而作提倡人道之方便,在今日时代,益觉其需要与迫切。虽曰爝火微光,然亦足以照千年之暗室,呼声棉邈,冀可唤回人类苏醒之觉性。"[1]不可否认,《护生画集》中的佛家慈悲观与儒家中"仁"的思想是基本相通的,尽管佛家的不杀生思想即作用于人也有保护一切生灵的观念,但在对于人的教化层面,则首先是作用于人的。就此而言,"护生画"首先也是为了长养人的慈悲之心,进而期盼具备爱护一切众生的意识。

四、建立众生和睦相处的平等意识

当代世界,戒杀的意义远远超出一般的杀生问题,无论是战争,还是生态破坏,已不仅是有死难者,且会毁灭整个世界。因此,建立众生和睦相处的平等意识对于每一个现代人都十分重要。"故艺术就所见的世界,可说是一视同仁的世界,平等的世界。艺术家的心,对于世间一切事物都给以热诚的同情。"[2]佛教认为众生皆有佛性,本性平等,是故应以慈悲心和同情心对待众生,不可杀生。有学者曾对动物与人的相似性作过归纳,首先,动物犹人,血肉俱备,其二,动物有喜怒哀乐,其三,动物乐生畏死。[3] 处理好人与动物的关系是长期以来有识之士思考的问题,同时也有诸多践行。而佛教的护生思想也一直推动着这种努力。

表现众生和睦相处,体现平等意识的画在《护生画集》里很多。作者以慈悲大爱之情怀看待众生,复以大喜大舍的态度表现众生,以使众生皆大欢喜。佛法的平等,不是表面的,乃是深入内心的。比如丰子恺在《护生画集》(初集)里有一幅《平等》,画一人双手托腮面对一只端坐的狗,配上宋黄庭坚的

---

[1] 释广洽:《护生画第六集序言》,收《护生画集》第六集,(香港)时代图书有限公司1979年版。
[2] 丰子恺:《美与同情》,载193年1月《中学生》第1号。
[3] 参见莽萍等著《物我相融的世界——中国人的信仰、生活与动物观》,中国政法大学出版社2009年版,第32—37页。

诗:"我肉众生肉,名殊体不殊。原同一种性,只是别形躯。"形象的画作,寄托着文明与理性。《续护生画集》里有《牛的星期日》,《护生画四集》里有《哺乳类》,《护生画六集》里有《犬能改过》《鹅听讲经》等。佛教的慈悲情怀并不是抽象的教条,为了有效彰显佛教这一思想,丰子恺用一幅幅鲜活的作品从一个个侧面来提示人类善待动物。

在《护生画集》里还有大量人与动物和睦相处和动物对于人类的帮助的画面。仅以《续护生画集》为例:《中秋同乐会》,画孩子与兔子共浴中秋圆月之下的美好图景。《蝴蝶来仪》画两个孩子在读护生诗,感动了蝴蝶也来聆听。《余粮及鸡犬》,画人施食与动物。《群鱼》画人对鱼的态度。《归市》一画居然猛虎见人安坐。《游山》则画人骑雄狮逍遥游山等。动物对于人类的帮助,仅以《护生画四集》为例:《酬谢》描绘人骑大象入深山,象为之捂土。《送终》,画弄猴翁死后,猴为之送终。《缉获凶手》,画一犬机智缉拿凶手。《救命》,画一小孩落水,义犬呼叫救命。《报告火警》,画家中失火,义犬咬衣唤醒沉睡的主人等。丰子恺希望通过这些画面提醒人们要善待动物。就今日社会人群乃至国家之间的角度言之,人们其实也可以演绎出这样的道理:人与人、民族与民族,国家与国家,都应建立起一种平等和睦的秩序。这也正像我国政府在建立健康和谐的国际关系时经常讲的,尊重对方社会制度的选择,照顾各自的核心利益,在平等的基础上建立国与国之间的正常关系。其基础就是平等。

以上笔者分别论述了丰子恺佛教题材绘画作品警世意义中彰显的三种为人为事而需要建立的观念意识。这其实也是护生文化在当今社会中的三个基本意义。人们如果能从一件件具体的小事做起,便可以形成社会公众的行为规范。反之,倘若人们不在意细微品行的培养和基本规范的持守,那么这样的人类社会也就危险了。以上这些观念意识,用今天经常用的词汇说就是追求一种普世价值观。而与某些人不同的是,丰子恺心目中的普世价值观则主要是建立在中国传统价值观基础之上的,其终极关怀则是促进人类社会的和谐进步。这里"和谐"二字是关键,也是丰子恺良苦用心之所在。

五、《护生画集》在当今社会中的特殊功用

就当下而言,《护生画集》仍有积极意义。人类社会的和谐进步应该表现

在各个方面。在丰子恺的这些作品中,除了在护生与护心、人与动植物的和谐相处等方面能给人以莫大的启示之外,也能够体味出对于当今社会在生命教育和感恩教育等方面的启示意义。人类社会发展到今天,文明的标尺越来越高。生命教育虽然不是当代才提出的,但今人则越来越重视生命教育在当代的实践,并将其实践的理论依据与人生美学相联系。事实上,随着当代社会的快速转型,人类的精神生活受到了前所未有的各种挑战,其中,生命意识(包括珍惜生命、生存状态、精神疾苦、生命意义、临终关怀、万物共生等)自然成为了人们重点关心的问题。这里面有两个层面尤其值得关注,一是现世的人生观和人格道德,二是如何看待有限的生命与永恒的精神。在这些方面,《护生画集》给了人们莫大的启发。感恩本是人之所以为人的基本品质。然而由于种种原因,感恩教育在当下却显得十分迫切和必要。"护生画"中感恩知恩的画例十分之多,如《续护生画集》里的《孝鹅》(弘一法师以《人谱》中语题写曰:"唐天宝末,沈氏畜一母鹅,将死。其雏悲鸣不溯,以喙取荐覆之,又衔刍草列前若祭状,向天长号而死。沈氏义之,为作孝鹅冢。"),《护生画四集》里的《葬母》(选《虞初新志》题句:"淮安城中民家,有母犬,烹而食之。其三子犬各衔母骨,抱土埋之。伏地悲鸣不绝。里人见而异之。共传为孝犬。"《护生画六集》里也有题材相同之画《犬埋母骨》)。尤其是"慈乌反哺"这一题材,丰子恺画过多幅,如《护生画集》第五集里有《反哺》(选《学校唱歌集》歌词"乌鸦乌鸦对我叫,乌鸦真真孝。乌鸦老了不能飞,对着小鸦啼。小鸦朝朝打食归,打食归来先喂母。母亲从前喂过我。"),《护生画集》第六集里有《慈乌反哺》(题句同《反哺》)。《反哺》和《慈乌反哺》二画尤其值得今人重视。沈心工《学校唱歌集》与李叔同《国学唱歌集》、曾志忞《教育唱歌集》同被誉为中国近代学堂乐歌的开创之篇,此二画选《学校唱歌集》里的同一儿歌,又是分别收于新中国成立以后创作的《护生画集》第五集和《护生画集》第六集,说明丰子恺当时仍十分看重传统孝道。这颇能令今人反思对当今儿童的感恩教育。如果从佛教的角度而言,世间之恩大凡有四种:父母恩、众生恩、国王恩和三宝恩。在日常生活中,我们可以据此概括知恩感恩的品质和美德至少体现在对父母的感恩、对师长的感恩、对国家的感恩、对众生的感恩等。只要有了这些感恩,才会知道报恩。此就像《大智度论》中所说的意思:知恩者生大悲之根本,开善业之初门,人所爱敬,名誉远闻,死得生天,终成佛道。不知恩者甚于畜生也。知恩感恩和报恩,其最高的境界是报恩。因为懂得报恩,必是知恩和感恩者。这方面可说的道理和足以援引的事例很多,无论古今中外皆然。丰子恺用艺术形象来说话,却能使人们由衷感动。"护生画"中"慈乌反哺"题材就是一个可资利用的画例。而丰子恺在艰难中用了近半个世纪时间来完成六集"护生画",这本身也一种尊师品格的绝好体现。诚如广洽法师的评价:"丰居士一生得力于良师之指导,而终生服膺,临难不渝,为常人所莫及。而其尊师重道之精诚,更为近世所罕见。"(此指丰子恺遵照老师弘一法师的嘱咐,坚持画完六册护生画)[1]当代社会,鉴于诸多原因(有的是历史灾难造成的,有的是现实技术时代精神扭曲造成的),人们的报恩美德在一定程度上有所削弱。很多人不会感恩,甚至不知恩,演绎出了许多不堪入目、不堪入耳,更不堪入心的"故事",其"警世"的钟声令人震撼。其实,知恩感恩和报恩,这只是为人为事中最起码的品质要求(更高的境界是"无功利"地舍身救人与救世——其实这样的行为和意识已经包含对世间的一种大爱和感恩),如果连这样的品德也丢弃了,那么世界的末日可能也就真的要来了。还好,社会主流仍是好的,社会生活和日常生活中真实的知恩感恩和报恩品质仍是大众竭力弘扬和践行的美德。《护生画集》再一次警醒了部分"昏睡"的人们,也使"清醒"着的人为之感到欣慰。

在道德层面,当今人类依然面临着十分严峻的考验,在物质与技术面前,程度不同的、表现形式不一的道德沦丧很现实地存在着,所谓"人心不古"以一种新的形态表现出来。虽然对于普世价值的彰扬和追求在不同的价值观作用下,在不同的时代有着不同的解读。但是,人类在道德层面上却有着共同接受的普世价值观念,而作为丰子恺这样一位具有儒家思想基础和佛学理念的艺术家而言,他所竭力弘扬的是既具有仁爱、教养、忠厚等儒家思想在中国这样的具有悠久传统文化根基的国度里,并不会应时代的变迁而消逝,而是会以新的宣传形式和更为积极的态度而得以延续。从这个意义上说,丰子恺《护生画集》中传递出来的观念,如今依然适用,并具有十分超前的思想意识和普世价值。就像有学者所说的那样:《护生画集》"这实在是一部值得介绍给全世界热爱生命、热爱自然的人士的好书。这部图画书所展示的中国传统文化丰富的仁民爱物传统,将极大地丰富今天正方兴未艾的绿色思想和绿

---

[1] 释广洽:《护生画第六集序言》,(香港)时代图书有限公司1979年版。

色运动。"①也有研究者认为:"《护生画集》与其说是一本弘扬佛法、戒杀护生的佛教书,不如说是一本艺术教育普及读物。"②此言有一定的道理,至少可以说《护生画集》既是一本弘扬佛法、戒杀护生的佛教书,也是一本艺术教育普及读物。

  随着社会的进步,当今中国人在保护动物、善待动物等方面已经有了一定的自觉。据莽萍等著《物我相融的世界——中国人的信仰、生活与动物观》一书中记载,至少在20世纪90年代以后,这种自觉越来越得以显现:1992年9月,中国第一个合法的爱护动物社团——"中国小动物保护协会"成立。时任全国政协副主席、中国佛教协会会长赵朴初致贺信;1993年,《北京晚报》开设"爱护动物、保护生态"主题征文活动;1997年,"北京人与动物环保科普中心"成立,等等。然而,与此同时,社会上也出现了令人震惊的伤害动物的典型事件。如2002年3月,清华大学有学生两次在北京动物园用硫酸和火碱烧伤五头熊;2005年12月,复旦大学一研究生在数月里连续残酷虐待数十只猫;2006年3月,一时髦女郎在某网络公司的商业策划下故意踩猫致死……等等。③以上两种截然不同的行为其实反映了当今中国社会、中国人在动物观方面的不同态度。

  也就是在这样的社会背景下,中国社会居然自觉地选择了丰子恺的漫画,也越来越重视利用《护生画集》来进行当代社会文明教育。2012年,"有情世界——丰子恺的艺术"特展在香港展出。5月24日,下午18时30分,香港艺术馆举行"有情世界——丰子恺的艺术"画展开幕式。本次展览共分两个主题:"护生护心"(5月25日—7月25日)和"人间情味"(5月25日—10月7日)。"护生护心"由浙江省博物馆精选"护生画"100幅;"人间情味"则是由丰氏后人及香港本地藏家提供的200多幅作品,展品又分为"童心"、"家庭乐"和"古诗新画"等主题。为配合本次展览,香港艺术馆还开设了一系列讲座,其中5月26日于该馆举行《丰子恺的有情世界》讲座,受到香港市民的热烈欢迎。

---

① 莽萍:《〈护生画集〉中的"好生之德"》,收[印度]维韦卡·梅农、[日]坂元正吉编,张卫族、马天杰等译《天、地与我——亚洲自然保护伦理》,中国政法大学出版社2005年版,第11—18页。
② 胡文哲:《李叔同生命教育之研究》,台湾辅仁大学哲学系在职专班硕士论文,2012年。
③ 参见莽萍等著《物我相融的世界——中国人的信仰、生活与动物观》,中国政法大学出版社2009年版,第276—283页。

2013年5月10日至7月10日,《钱江晚报》与浙江省博物馆联合举办浙江省博物馆馆藏《护生画集》真迹展在杭州进行了为期两个月的公开展览。本次展览展出的《护生画集》原稿系丰子恺的好友新加坡广洽法师于1985年亲自赴杭州捐赠给浙江博物馆的真迹。举办本次展览,意在纪念丰子恺诞辰115周年,同时亦期望通过对《护生画集》这一艺术文化经典的展示,在建设美丽中国的过程中,警示人们意识到保护动物,促进生态平衡,实乃21世纪人类祈求和平与和谐发展应有的认识和觉悟。展览的社会反响巨大,《钱江晚报》作了"情语——丰子恺《护生画集》真迹展系列报道"。其中,2013年5月12日的系列报道之十主标题是《观〈慈乌反哺〉之后,今日回家探亲》。文中具体写道:"网友'平安喜乐 i'看到《慈乌反哺》的画面上,一只小鸟衔着食物向着窝里年迈的母亲飞来,想起了妈妈,她在微博分享了自己的感受:'明天是母亲节,今看到大师这幅画,更是念亲恩,明天回湖看望。'"

2013年,中共中央开始在全国范围内制作"讲文明树新风"公益广告,并提议使用丰子恺漫画。至此,此公益广告在国家级主流媒体如《人民日报》《光明日报》上整版刊登,同时作为"通稿",全国各地报刊(至地市级,共约1 000多种)相继登载宣传。以外,该公益广告还在新媒体如三大通讯运营商(电信、移动、联通)及网络发布,复在电视、期刊等传统媒体发表。自2013年6月1日起,由中共中央宣传部、中共中央精神文明办牵头发起在各媒体刊登的公益广告开始陆续刊出。第一批为四幅:《雀巢可俯而窥》(中国少年仁心大)、《田翁烂醉身如舞》(老人之老)、《此造物者之无尽藏也》(中华河山美哉壮哉)和《豁然开朗》(有德人天地宽)。这些作品先在《人民日报》《光明日报》等中央一级的报刊刊出,各地(要求到地级市一千余家报刊)随后也陆续登出。中国文明网也在首页滚动播放丰子恺作品。此后又选择更多的丰子恺作品作为"大德中国"、"中国梦"的公益广告画,从60幅一直增至130幅,成了"中国精神、中国形象和中国文化的生动表达。

2013年5月18日是国际博物馆日,上海丰子恺旧居陈列室制作了一批公益宣传交通卡贴,免费赠送前来丰子恺旧居参观的游客。其中就有一幅"护生画"《好鸟枝头亦朋友》,描绘的是人与自然和谐相处的美好图景。

2013年6月5日,为响应中央关于在全国范围内使用丰子恺漫画作"讲文明树新风"公益广告的提议,中共上海市委宣传部、上海市精神文明建设委员会在上海地铁人民广场站展厅,举办"6·5世界环境日上海市公益广告宣传活动"。会上播放了丰子恺影像,并首发一枚用"讲文明树新风"公益广告作品(爱护生命)地铁卡,选用的是丰子恺"护生画"《蚂蚁搬家》。

浙江省2013年高考作文题为"三句话看青春":丰子恺说,孩子的眼光是直线的,不会转弯的。另两位外国作家分别说,为什么人的年龄在延长,少男少女的心灵却在提前硬化;世界将失去孩提王国,一般失去伟大的王国就是沉沦。要求考生根据这些材料作文。这个作文题一时在网络、街头巷尾引起极大的反响,各种评论都有,但对丰子恺颂扬的保持童真,保持初心,保持曾经的美好则是一致地赞同。

2013年12月14日,"第一届两岸文化遗产节——弘一大师·丰子恺《护生画集》特展"又在台湾高雄市佛光山佛陀纪念馆隆重开幕。此次展览,浙江省博物馆从馆藏的《护生画集》中精选出124件原作在佛光山佛陀纪念馆展出,这些作品以其深邃的思想内涵和精湛的艺术形式使台湾的观众印象深刻。本次展出一直持续至2014年3月。

2014年5月5日至9日,上海虹桥机场到达层艺术长廊展出20幅丰子恺的绘画作品,主题为"礼尚·丰彩"。以幅幅造型简朴的漫画,向到达上海的旅客传递出中华礼仪文化的精神风貌。

当今人类,自然环境遭遇到前所未有的破坏,保护自然已经成为所有国家乃至公民的共同的任务。当然,自从1973年中国召开了第一次环境保护会议,中国人的环保意识确实得到了进一步加强。在经过粗放式经济大发展之后,人们开始关注经济社会发展的可持续性。在制定现实社会的环保政策,端正环保思想的同时,中国人固有的环境观念和环境文化也成为了可资汲取的思想资源。这其中,丰子恺《护生画集》可以说是一种特殊而可有效利用的文化资源。他的这些画,有许多是表现"和谐家园"主题的。作者画这类画,自然是希望人与人、人与家庭、家庭与社会,乃至整个世界都具有一种相互善待的理想。设想,如果这份善待一旦被湮没,那就会出现像相声里说的:动物的品种越来越少,人的品种将越来越多——势利的、自私的、不善待老人的、不关心下一代的、道德滑坡、不讲伦理等等也就不足为奇了。生活中、工作中都有许多现实的事例可以作为"和谐家园"建设的一种启示。关键是是否有这样的观念和素养。

当然,今天宣传护生文化,人们须本着正确的理念,采取科学精神去弘扬护生文化。比如某些人的放生行为原本是"良心善念"的一种体现,但若不顾动物生长环境,一味地"放",有可能带来生态系统的破坏,效果适得其反。更有甚者,一些地方还出现了"放生"产业链,先捉后放,运输、贮存、买卖等过程中造成大量动物死亡。毫无疑问,护生教育应该可以成为社会道德教育的资源,其众生平等的生命观、自律的内省意识和慈悲精神等均对当今社会大众有着普遍的教育意义。在佛教内部,如何提升佛教教育的水平,既符合佛教自身的发展,也能适应社会发展并担当起社会责任;在社会层面,如何充分发掘佛教教育资源,丰富和谐社会建设事业内涵和建设成效等,这些都应成为人们深入思考的问题。

作者:杭州师范大学弘一大师·丰子恺研究中心主任、编审

The Contemporary Value and Special Functions of Feng Zikai's *Life-protecting Paintings*

Chen Xing

Feng Zikai's *Life-protecting Paintings* are precious works in Chinese Buddhist art. To study these paintings involves not only an analysis of the background against which they were created, the Buddhist ideology they propagated and the process in which they were created, but also an explication of their contemporary values and special functions. In this age of increasing technocracy and even pragmatism, the emphasis of *Life-protecting Paintings* on cultivating benevolence and benefiting the great masses is of a realistic relevance and useful value.

论丰子恺的诗画关系观

潘建伟

丰子恺既在画作上卓有成就，又在画论上见解精到。他的《绘画与文学》一书集中讨论过诗画关系，在其余各类文章中也经常有关于此话题的零散议论，将之汇集起来，可以总结出丰子恺对两者关系的系统认识。丰子恺规避了画家重创作不重理论的偏颇，又比纯粹的美学家、批评家有厚实的创作实践，从而将这一议题推向深入，应该在中国现代诗画关系理论史中占有一席之地。

一

丰子恺并无丰富的诗作，也一再自陈"不是诗人"[1]，但是却对诗有着独特的喜好。他说："我觉得世间最好的酒肴，莫如诗句。"[2]又说："文学之中，诗是最精彩的"，"学者了解了诗心，便容易理解文心"[3]。他还引用过石川啄木的话："只有诗人能做真正的教育者。"[4]诗融入了丰子恺的生活，只要出现类似的场景，他总能想起古人相应的句子来。在桂林师范学校任教时，他有一次穿过从车站到学校的松林与荒冢，就想起陶渊明的《拟挽歌辞三首》其三所云："荒草何茫茫，白杨亦萧萧。严霜九月中，送我出远郊。"[5]在宜山浙江大学

---

[1]《丰子恺文集》第6卷，浙江文艺出版社、浙江教育出版社1992年版，第582页。
[2]《丰子恺文集》第6卷，浙江文艺出版社、浙江教育出版社1992年版，第381页。
[3]《丰子恺文集》第4卷，浙江文艺出版社、浙江教育出版社1990年版，第80页。
[4]《丰子恺文集》第6卷，浙江文艺出版社、浙江教育出版社1992年版，第437页。
[5]《丰子恺文集》第7卷，浙江文艺出版社、浙江教育出版社1992年版，第30页。

任教时,他的帆布床合睡卧、写作与会客于一体,于是想起元稹《旅眠》所云:"内外都无隔,帷屏不复张。夜眠兼客坐,同在火炉床。"①柔石讽刺他喜欢"坐在黄包车中低声背诵暗香疏影的词"②,正从反面凸显丰子恺对诗的爱好何其之深。

这种对于诗的独特喜好,使丰子恺特别看重绘画要有"诗趣"。他对竹久梦二青眼有加,就在于其"画中诗趣的丰富"③。丰子恺经常以中国的绝句与竹久梦二的漫画相对照,找寻两者共通的艺术魅力。在《绘画与文学》中,他提到过竹久梦二的漫画《战争与花》,该画绘的是一个士兵背着枪伏在草地上休息,手上拿着一朵小花在欣赏。丰子恺随即举岑参的《九日》为例说:

> 岑参的《九日》诗云:"强欲登高去,无人送酒来。遥怜故园菊,应傍战场开。"战场与菊,已堪触目伤心。但这幅画中的二物,战场上的兵士与花,对比的效果更加强烈。④

岑参的《九日》原题作《行军九日思长安故园》,历来就获得极高的评价,方回甚至将此诗与杜甫的《九日登梓州城》相媲美,认为"有老杜之风"⑤。一边是重阳的菊花盛开,一边是故乡的战火纷飞,两种完全矛盾的事物叠加并置即可产生强烈的对比效果。丰子恺对该诗的艺术特点深有体察⑥,因而在分析竹久梦二的这幅《战争与花》时相当精要:

> 看者倘深于情感,就会在这寥寥数笔中发见人世间一大矛盾相。战争与花!这是丑与美的相会,残惨与和平的对比,死与生的争执,人事与

---

① 《丰子恺文集》第7卷,浙江文艺出版社、浙江教育出版社1992年版,第147页。
② 柔石:《丰子恺君的飘然的态度》,见丰华瞻、殷琦编《丰子恺研究资料》,宁夏人民出版社1988年版,第256页。
③ 《丰子恺文集》第3卷,浙江文艺出版社、浙江教育出版社1990年版,第418页。
④ 《丰子恺文集》第2卷,浙江文艺出版社、浙江教育出版社1990年版,第490页。
⑤ 李庆:《瀛奎律髓汇评》,上海古籍出版社1986年版,第597页。
⑥ 他特地写过一篇散文《九日》,其中谈道:"我学生时代在《唐人万首绝句选》中读到这首诗,便很喜欢它,一直记忆着。……唐代人的这首《九日》诗,还能给现代人以强烈的感动。当此菊花盛开的时候,对于无数的战地丧家者,当更给以切身的感动呢。"见《丰子恺文集》第5卷,浙江文艺出版社、浙江教育出版社1992年版,第302页。

天心的大冲突！①

在《绘画与文学》中，他又提到竹久梦二的另一幅作品《！？》，该画描绘的是茫茫雪地上的一串行人脚印，从大到小，由近渐远，迤逦直至远方深色的海岸，在纯白的雪地里题着"！？"两个符号。接着，丰子恺评论道：

> 看了这两个记号之后，再看雪地上长短大小形状各异的种种脚迹，我心中便起一种无名的悲哀。这些是谁人的脚迹？他们又各为了甚事而走这片雪地？在茫茫的人世间，这是久远不可知的事！讲到这里我又想起一首古人诗："小院无人夜，烟斜月转明。清宵易惆怅，不必有离情。"这画中的雪地上的足迹所引起的慨感，是与这诗中的清宵的"惆怅"同一性质的，都是人生的无名的悲哀。这种景象都能使人想起人生的根本与世间的究竟诸大问题，而兴"空幻"之悲。②

丰子恺所引之诗为晚唐诗人唐彦谦的绝句《小院》。该诗首句言夜之寂寥，定全诗之基调；次句言月明烟斜，启下句之惆怅；末句论惆怅并非皆因离情，而是一种人生莫名的哀愁。看了画中迤逦于空旷雪地的足迹，就联想到诗里弥漫于清宵小院的愁烟，并引发对"人生的根本与世间的究竟诸大问题"的感叹，可证丰子恺很习惯以绝句来呼应竹久梦二的绘画意境。

丰子恺曾称竹久梦二的画是"无声之诗"③，这是从艺术的角度赞赏他的画所具有的诗性品质，但事实上，竹久梦二的漫画大都会有"画题"，有时是寥寥数字，有时是一首短诗。也就是说，他的画并非真的"无声"，而往往用文字来暗示作品所包蕴的意义。这就涉及丰子恺对两种诗画结合艺术的认识与评价了。在《中国画的特色》一文中，丰子恺将体现"诗趣"的绘画分成"画与诗的表面结合"与"画与诗的内面结合"④，前者即用画来表现诗句所体现的意境或主题，他举宋画院用古诗句为题使画家"巧运才思，描出题目的诗意"⑤作

---

① 《丰子恺文集》第4卷，浙江文艺出版社、浙江教育出版社1990年版，第275页。
② 《丰子恺文集》第2卷，浙江文艺出版社、浙江教育出版社1990年版，第490页。
③ 《丰子恺文集》第3卷，浙江文艺出版社、浙江教育出版社1990年版，第418页。
④ 《丰子恺文集》第1卷，浙江文艺出版社、浙江教育出版社1990年版，第39页。
⑤ 《丰子恺文集》第1卷，浙江文艺出版社、浙江教育出版社1990年版，第48页。

为代表;后者即画的设想、构图、形状、色彩的诗化,他以王维的"融诗入画,画不倚诗"[1]当成典型。在这两类诗画结合的艺术中,历来对后一种推崇备至,对前一种贬抑过甚。丰子恺却有不同的认识,在他看来,"用画来表现诗句所体现的意境或主题",在宋代以后越来越"自成一格局"[2]。对比西洋绘画之后,他进一步认为,这类诗画结合的综合艺术,在西洋虽然也有,然而"决不像中国的密切结合而占有画坛上的重要的位置"[3]。丰子恺参考了宋画院的做法,但作了更为灵活的处理:有时是先有绘画的构思,然后再配上相应的诗句;有时则是读了古人诗词的一段一句,以此为主题,"捕捉幻想,描写我的漫画"[4]。但不管是先有画后选诗,还是先有诗后作画,丰子恺的漫画与竹久梦二一样,大都并非单纯的"无声之诗",而是诗画相互补充的综合艺术。值得一提的是,在这类综合艺术中,丰子恺始终将诗放在主导地位。他强调,诗可以不依赖画,而画却不能缺少诗。在《漫画艺术的欣赏》中,他说:

> 漫画的表现力究竟不及诗。它的造型的表现不够用时,常常要借用诗的助力,侵占文字的范围。如漫画的借重画题便是。照艺术的分类上讲,诗是言语的艺术,画是造型的艺术。严格地说,画应该只用形象来表现,不必用画题,同诗只用文字而不必用插画一样。诗可以只用文字而不需插画,但漫画却难以仅用形象而不用画题。[5]

言语艺术的诗比造型艺术的画要更为自由的原因,即在于诗的表情达意最少受外在感性材料之约束。丰子恺的论断,与其实说是作为一位漫画家的谦虚与低调,不如说体现了一名理论家的诚实与客观。

二

丰子恺的理论家品质,从他进一步论述诗之于画的意义上就能显见一

---

[1]《丰子恺文集》第1卷,浙江文艺出版社、浙江教育出版社1990年版,第49页。
[2]《丰子恺文集》第1卷,浙江文艺出版社、浙江教育出版社1990年版,第50页。
[3]《丰子恺文集》第1卷,浙江文艺出版社、浙江教育出版社1990年版,第51页。
[4]《丰子恺文集》第4卷,浙江文艺出版社、浙江教育出版社1990年版,第389页。
[5]《丰子恺文集》第3卷,浙江文艺出版社、浙江教育出版社1990年版,第360页。

斑。他认为中国诗至少有三大特点值得绘画创作参考。

其一,中国诗重感情移入。丰子恺称"移情"为"感情移入",这原是他拿立普斯(Theodor Lipps)的学说来说明绘画创作的心理。为了解释这个问题,他充分地借鉴了中国诗的这一特点。在《文学的写生》中,他列举了从唐至元的王昌龄、王维、李白、杜甫、李商隐、杜牧、温庭筠、韦庄、欧阳修、苏轼、黄庭坚、秦观、元好问等四十余位诗人的诗词,说明"感情移入"现象在中国诗中的普遍存在。在《美与同情》一文中,丰子恺认为中国诗的"感情移入"对于绘画来说特别值得学习:

> 诗人常常听见子规的啼血,秋虫的促织,看见桃花的笑东风,蝴蝶的送春归,用实用的头脑看来,这些都是诗人的疯话。其实,我们倘能自觉感入美的世界中,而推广其同情心,及于万物,就能切实地感到这些情景了。画家与诗人是同样的,不过画家注重其形色姿态的方面而已。①

丰子恺所举的移情现象在中国诗中随手可获。"子规的啼血"如白居易的"其间旦暮闻何物,杜鹃啼血猿哀鸣"(《琵琶行》),"秋虫的促织"如王维的"促织鸣已急,轻衣行向重"(《黎拾遗昕裴迪见过秋夜对雨之作》),"桃花的笑东风"最有名的是崔护的"人面不知何处去,桃花依旧笑春风"(《题都城南庄》),"蝴蝶的送春归"则可举李煜的"樱桃落尽春归去,蝶翻金粉飞"(《临江仙》)。丰子恺认为画家倘能学习诗人"推广其同情心,及于万物",就能很好地表现出创作对象的气韵。自古以来对谢赫所标举的"气韵生动"一直殊乏妙解,在丰子恺看来,将主体的情感意念移入客体使之获得生命,方得此说之精髓。在《绘画概说》中,他批评张彦远认为"台阁树石等无生物都没有气韵,只有鬼神人物有气韵"这样的"二元说法",也否认了郭若虚、董其昌将气韵归结为"高雅的人品"这样的"褊狭"之见,他认为最得谢赫真意的是方薰所说的"气盛则纵横挥洒,机滞无碍,其间韵自生动",并评论道:"此说与西洋美学上的'感情移入'说相通,可说是最完全的说法。所谓'感情移入',就是把一切物象'拟人化',在对象中看出生命。故画以生动为第一。"② "气韵生动"是谢

---

① 《丰子恺文集》第2卷,浙江文艺出版社、浙江教育出版社1990年版,第583页。
② 《丰子恺文集》第3卷,浙江文艺出版社、浙江教育出版社1990年版,第143页。

赫绘画"六法"之第一法,一向被认为"必在生知,固不可以巧密得,复不可以岁月到"①,丰子恺却在参照中国诗"感情移入"之基础上,将原本神妙莫窥的绘画品格诠释得具体而丰满。

其二,中国诗重理想表现。丰子恺以中国画的不合解剖法为例说:"中国画中一切不近事实的畸形的表现,都是由于作画时用诗的看法而来的。诗中的美人,眉如柳,鬓如云,口如樱桃,脸如莲花,画中的美人也这般描写,不管人体解剖学上的事实。"②所谓"作画时用诗的看法"也即中国诗并不完全按照事物的实际状貌,而更要根据诗人的情志理想进行描写。丰子恺所举的这类比喻,在中国诗中俯拾即是。以柳喻眉如杜甫的"渡头翠柳艳明眉,争道朱蹄骄啮膝"(《清明》),以云喻鬓如李贺的"青云教绾头上髻,明月与作耳边珰"(《大堤曲》),以樱桃喻口如白居易的"口动樱桃破,鬟低翡翠垂"(《杨柳枝二十韵》),以莲花喻脸如欧阳修的"灯花弄粉色,酒红生脸莲"(《书怀感事寄梅圣俞》)。他认为中国画中形体描摹的各种不近事实,与中国诗相当一致,他说:

中国画的不肯写实,而把自然加以增删,夸张,改造,就同作诗一样,是合着一种理想的。理想为何?就是要把物质的个性充分表出。③

西方诗学的"摹仿说"以逼真地再现客观事物为宗旨,亚里士多德就认为:"尽管我们在生活中讨厌看到某些实物,比如最讨人嫌的动物形体和尸体,但当我们观看此类物体的极其逼真的艺术再现时,却会产生一种快感。"④中国诗学并不强调再现客体,而是如刘勰《文心雕龙·物色》所讲的,"写气图貌,既随物以宛转;属采附声,亦与心而徘徊"⑤。心既随物而宛转变化,物亦与心而徘徊流连。丰子恺所说的"合着一种理想的"、"把物质的个性充分表出",也强调了心与物的交融,即根据创作者的理想情志充分地将物质的个性表现出来。

---

① 夏文彦:《图绘宝鉴》,(上海)商务印书馆1938年版,第1页。
② 《丰子恺文集》第2卷,浙江文艺出版社、浙江教育出版社1990年版,第511页。
③ 《丰子恺文集》第4卷,浙江文艺出版社、浙江教育出版社1990年版,第341页。
④ 亚里斯多德:《诗学》,陈中梅译,商务印书馆1996版,第47页。
⑤ 詹锳:《文心雕龙义证》下册,上海古籍出版社1989年版,第1733页。

其三,中国诗重言简意繁。这一点他尤其与自身的漫画创作心得联系起来。在《漫画艺术的欣赏》中,他说:

> 古人云:"诗人言简而意繁。"我觉得这句话可以拿来准绳我所喜欢的漫画。我以为漫画好比文学中的绝句,字数少而精,含义深而长。①

在1963年出版的《丰子恺画集》之《代自序》中,他又说:

> 最喜小中能见大,还求弦外有余音。②

所谓的"言简而意繁"、"字数少而精"、"含义深而长"、"小中能见大"、"弦外有余音",用中国诗学的专门术语来说,就是"含蓄"。中国诗学对含蓄这一美学品格有大量的论述,刘勰《文心雕龙·隐秀》云:"夫隐之为体,义生文外,秘响傍通,伏采潜发,譬爻象之变互体,川渎之韫珠玉也。"③隐之为体,即深隐含蓄,义生文外。司空图《诗品》则明确将"含蓄"作为第十一品,点明其首要特征就是:"不著一字,尽得风流。"④欧阳修《六一诗话》引梅尧臣语云:"必能状难写之景,如在目前;含不尽之意,见于言外,然后为至矣。"⑤三家所论之义与丰子恺讲的"言简而意繁"、"含义深而长"大致相当。丰子恺认为,绘画可在如下两个方面参考中国诗的含蓄风格。首先体现在构图上。在《艺术修养基础》中,他说:

> 画面勿用物象填满,宜有空地,则爽朗空灵。……画面的空白地方,都有效用,不是无用的空地。这时候画面每一处地方都含有机性,不可任意增减。构图的妙处,于此可见。古人论诗文,有这样的话:"凡诗文妙处,全在于空,譬如一室之内,人之所游息焉者,皆空处也。若室而塞之,虽金玉满堂,而无安放此身处,又安见富贵之乐耶?"(见《随园诗话》)

---

① 《丰子恺文集》第3卷,浙江文艺出版社、浙江教育出版社1990年版,第358页。
② 《丰子恺文集》第7卷,浙江文艺出版社、浙江教育出版社1992年版,第789页。
③ 詹锳:《文心雕龙义证》下册,上海古籍出版社1989年版,第1487页。
④ 郭绍虞:《诗品集解》,中华书局1963年版,第21页。
⑤ 欧阳修:《六一诗话》,人民文学出版社1962年版,第9页。

不但诗文如此,绘画也以空为妙。这话可为构图的格言之一。①

"凡诗文妙处,全在于空……"是袁枚《随园诗话》引同时代诗人严长明的观点,以批评堆砌诗料、窒塞气韵的做法。丰子恺在1935年写的散文《〈随园诗话〉》与1942年写的《绘画改良论》,都引用过这段诗论,可见他对此颇有体悟。他认为,画面所留之空白并非无用,而是与物象相互补充,正如诗文中的某些地方"不著一字",为的是整体上取得虚实相生的效果。

其次体现在意蕴上。丰子恺曾用中国诗的"兴"来对应绘画的象征法,在《艺术修养基础》中,他说:

《文心雕龙》云"比显而兴隐"。比喻法相当于文学上的比,象征法相当于文学上的兴。象征法的漫画,用意最隐藏,意蕴最丰富,诗趣最多,艺术的价值最高。②

"兴"之功能即通过拟托外物来传达幽微深致的感情,故而刘勰突出一个"隐"字。中国近代以来就有不少学者将"兴"与西方象征理论相互比较,以考察两者的共通之处。③ 丰子恺不但将这一中国诗学术语与西方的象征法相对接,并且运用于漫画理论,认为积极运用类似于诗中"兴"的手法,可以使漫画获得更丰富的意蕴。

中国诗的这三个层面各有交集,但侧重不同,可见出丰子恺对中国诗阅读之广与研习之深。不过,对中国诗的深入认识却并没有让丰子恺去实践国画创作。朱光潜曾对此略有不解地说:"我知道他尝玩味前人诗词,但是我不尝看见他临摹中国旧画。"④究其原因,丰子恺意识到中国画"在空间的艺术中

---

① 《丰子恺文集》第4卷,浙江文艺出版社、浙江教育出版社1990年版,第188页。
② 《丰子恺文集》第4卷,浙江文艺出版社、浙江教育出版社1990年版,第312页。
③ 比如周作人《扬鞭集序》云:"象征是诗的最新的写法,但也是最旧,在中国也'古已有之',我们上观国风,下察民谣,便可以知道中国的诗多用兴体,较赋与比要更普通而成就亦更好。"闻一多《诗经编上·说鱼》云:"后世批评家也称《诗》中的兴为'兴象'。西洋人所谓意象,象征,都是同类东西,而用中国术语说来,实在都是隐。"分别见许志英编《周作人早期散文选》,上海文艺出版社1984年版,第342页;袁謇正整理《闻一多全集》第3卷,湖北人民出版社1993年版,第232页。
④ 朱光潜:《丰子恺先生的人品与画品》,见《朱光潜全集》第9卷,安徽教育出版社1993版,第154页。

加以时间的分子,其空间必缺乏现实性"①,故而他要用漫画体现古典诗歌意境之同时,又要保留其作为空间艺术的特点,用俞平伯的话讲,丰子恺是"借西洋画的笔调写中国诗境"②。饶有趣味的是,丰子恺在介绍这些"西洋画的笔调"时,也常常从中国诗中寻找依据,对于远近法的说明就是一例。在《文学中的远近法》一文里,他举了岑参的"旷野看人小,长空共鸟齐"(《酬崔十三侍御登玉垒山思故园见》)、"槛外低秦岭,窗中小渭川"(《登总持阁》)、孟浩然的"野旷天低树,江清月近人"(《宿建德江》)以及王之涣的"黄河远上白云间,一片孤城万仞山"(《凉州词》)等近三十位古典诗人的句子,分析它们符合远近法的原因。比如"槛外低秦岭,窗中小渭川",他说:"以实物论,渭川比较窗,其大岂止数千倍?但照远近法的规律,窗虽小而距离近,渭川虽大而距离远,渭川便可以纳入窗中而犹见其小。"③再如"野旷天低树,江清月近人",他说:"在实际上,天当然比树高很多。但天愈远位置愈低,最远处竟与地平线(即视线)相接。故在无遮蔽的旷野中,可以看见树叶底下衬着远天。"④这类中国诗的定点透视,与另一类诗讲究容纳万象的全知视角(如杜甫的"乾坤万里眼,时序百年心")差异很大,而丰子恺却巧妙地从这些诗句中找到符合绘画远近法的例子来谈"画家与诗人,对于自然的观察态度,是根本地相同的"⑤,正说明了他即便运用西洋画技法进行创作,也要积极为之寻找中国诗的渊源。

三

丰子恺为何如此看重诗之于画的作用,就理论上而言,很可能受到过莱辛《拉奥孔》的影响。《拉奥孔》是18世纪西方讨论诗画关系的重要理论著作,朱光潜、宗白华、钱锺书都从中获益良多,这已毋庸赘言;但丰子恺受到该书的影响,却鲜有人提及。丰子恺肯定读过《拉奥孔》。早在1920年留学东京时

---

① 《丰子恺文集》第2卷,浙江文艺出版社、浙江教育出版社1990年版,第511页。
② 俞平伯:《〈子恺漫画〉跋》,丰华瞻、殷琦编《丰子恺研究资料》,宁夏人民出版社1988年版,第253页。
③ 《丰子恺文集》第2卷,浙江文艺出版社、浙江教育出版社1990年版,第460页。
④ 《丰子恺文集》第2卷,浙江文艺出版社、浙江教育出版社1990年版,第461页。
⑤ 《丰子恺文集》第2卷,浙江文艺出版社、浙江教育出版社1990年版,第459页。

他就曾想通过丸善书店"买一册 Lessing（莱辛）的名著 Laocoon（拉奥孔）"①。他在《西洋美术史》(1928)中谈到拉奥孔雕像群时又说："德国批评家 Lessing（莱辛）(1729—1781)的名著《Laocoon》就是以此群像为出发，而论述造型美术与无形美术的境界的。"②一般来说，诗人或画家总对自己所擅领域有所偏向，但令人惊讶的是，作为画家的丰子恺在处理诗画关系时却经常偏向诗歌，他的许多论述与《拉奥孔》的表述如出一辙。

《拉奥孔》第13章认为诗中的画往往很难用物质的画来表现。莱辛说："诗的图画的主要优点，还在于诗人让我们历览从头到尾的一序列画面，而画家根据诗人去作画，只能画出其中最后的一个画面。"③《拉奥孔》第14章继续谈："一幅诗的图画并不一定就可以转化为一幅物质的图画。"④这些论述都在说明所谓的"诗中有画"并不意味着诗中所描写如画的情景可以直接转化为有形的绘画。丰子恺也有类似的看法，他以"白头宫女在，闲坐说玄宗"（元稹《行宫》）为例评论道："诗可以简括地用十个字告诉读者，使读者自己在头脑中画出这般情景来。"⑤这是讲该诗能让人产生如画一般的情景，接着他又说："画就没有这样容易，而在简笔的漫画更难。倘使你画一个白头老太婆坐着，怎样表出她是宫女呢。倘使你把她的嘴巴画成张开了说话的样子，画得不好，看者会错认她在打呵欠。况且怎样表明她在说玄宗的旧事呢？"⑥这即是道明了诗中的画难以用物质的画来表现的原因了。类似这种评论很多，比如他曾高度评价过王维的"诗中有画"，说其诗"大都是和平的纤丽的风景画"⑦，但他又说过："王维诗无可画者。"⑧所谓的"无可画者"并非否认王维诗的艺术价值，而是在说王维之诗画笔所不能到。这些评语都是对"诗中之画"与"物质之画"作了明确的区分。

《拉奥孔》第15章提到画只能表现在空间中一刹那的情景，而诗能摹仿持

---

① 丰子恺在1934年写的《比较》一文提到此事。见《丰子恺文集》第5卷，浙江文艺出版社、浙江教育出版社1992年版，第424页。
② 《丰子恺文集》第1卷，浙江文艺出版社、浙江教育出版社1990年版，第154页。
③ 莱辛：《拉奥孔》，朱光潜译，见《朱光潜全集》第17卷，安徽教育出版社1989年版，第85页。
④ 莱辛：《拉奥孔》，朱光潜译，见《朱光潜全集》第17卷，安徽教育出版社1989年版，第89页。
⑤ 《丰子恺文集》第3卷，浙江文艺出版社、浙江教育出版社1990年版，第360页。
⑥ 《丰子恺文集》第3卷，浙江文艺出版社、浙江教育出版社1990年版，第360页。
⑦ 《丰子恺文集》第1卷，浙江文艺出版社、浙江教育出版社1990年版，第46页。
⑧ 《丰子恺文集》第7卷，浙江文艺出版社、浙江教育出版社1992年版，第649页。

续的动作：

> 绘画由于所用的符号或摹仿媒介只能在空间中配合，就必然要完全抛开时间，所以持续的动作，正因为它是持续的，就不能成为绘画的题材。绘画只能满足于在空间中并列的动作或是单纯的物体，这些物体可以用姿态去暗示某一种动作。诗却不然……①

丰子恺在《漫画的描法》中的说法仿佛就是在为莱辛的省略部分作补充："因为诗可说无形的事，可以说过去现在未来三时的事；而画只限于写有形之物，只限于写一时间可见之物。"②不仅如此，他还以"打起黄莺儿，莫教枝上啼。啼时惊妾梦，不得到辽西"（金昌绪《春怨》）为例进一步说明这个道理："寥寥二十个字，只说有一天早上一个思妇欲打走啼莺以便继续她的好梦的一段小事，便可使人由此想见人间离别之苦与战争的不幸。这也是精彩的诗材；但也不能作为画材。因为打黄莺，惊梦，梦到辽西等事，不是一瞬间可见之物，也不宜用画笔表现。可知诗的选材，范围比画为广。画的选材，限于有明确形象的，又限于一瞬间可见的，范围狭小，所以更难。"③

在画摹仿诗这个问题上，丰子恺与莱辛也有相似的见解。《拉奥孔》第11章谈到艺术家摹仿诗人时说：

> 艺术家通过诗人摹仿品的中介去摹仿自然，比起不用这种中介，还能显出更大的优点。一个画家如果根据汤姆逊的描绘作出一幅美的风景画来，他比起直接临摹自然的画家在成就上就还更大。④

莱辛强调画家通过摹仿诗这一"中介"要比直接摹仿自然成效更大，在第22章又以后代画家借鉴荷马诗中的描写为例说道：

---

① 莱辛：《拉奥孔》，朱光潜译，见《朱光潜全集》第17卷，安徽教育出版社1989年版，第92页。按，省略号为该书原有的内容。
② 《丰子恺文集》第4卷，浙江文艺出版社、浙江教育出版社1990年版，第294页。
③ 《丰子恺文集》第4卷，浙江文艺出版社、浙江教育出版社1990年版，第294—295页。
④ 莱辛：《拉奥孔》，朱光潜译，见《朱光潜全集》第17卷，安徽教育出版社1989年版，第74页。

由于荷马的诗歌杰作比任何绘画杰作都更古老,由于在菲狄亚斯和亚帕勒斯之前,荷马就已用画家的眼睛去观察自然,所以难怪艺术家们发现对他们特别有用的各种观察,在他们自己在自然界去探索之前,早已由荷马探索出来了;于是他们就热心地抓住这些观察,以便通过荷马去摹仿自然。①

前文提到过,丰子恺认为中国画由于受中国诗的影响,常常不顾及人体解剖学的事实,用夸张的手法描绘女子的眉、髻、口、脸,此即在中国艺术史中发现的画摹仿诗的例子。从自身的创作实践来说,丰子恺对于通过诗这一"中介"去摹仿自然的优势也有很深的感悟。在《文学的写生》一文中,他曾回忆为写生而跑去西湖边看月夜风景,结果回来作了好几张速写都失败了。后来从晚唐诗人赵嘏的"月光如水水如天"(《江楼感旧》)中才恍然感受到"原来月光与水与天,颜色是很相类似的,古诗人早已看出而说出了"。再回味写生时所见,"觉得一点不错",因而认为:"诗人的眼力可佩,习画应该读诗。"②在《文学的写生》中,他又以去苏堤写垂柳图的经历为例继续说明读诗对于作画的重要意义:

> 觉得自然景物的特点,画笔所不能表达出的,诗词往往能强明地说出。我冒雨跑到苏堤,写了一幅垂柳图归来。偶然翻开诗集,看到白居易的《杨柳枝》词:"可怜雨歇东风定,万枝千条各自垂。"刚才所见的景色的特点,被这十四个字强明地写出了。我辛辛苦苦地跑到苏堤去写这幅画,远不如读这一首诗的快意!③

根据诗的描写比起直接面对自然更能获得绘画的构思,这种观点与莱辛的论述何其相似!两者的诗画关系观如此相近,倘说丰子恺受到过《拉奥孔》的影响,应该并不过分。可贵的是,丰子恺从《拉奥孔》中获得了对诗画关系的深刻认识,却并未被该书的理论框架所束缚。《拉奥孔》的贡献在于确立了

---

① 莱辛:《拉奥孔》,朱光潜译,见《朱光潜全集》第17卷,安徽教育出版社1989年版,第139—140页。
② 《丰子恺文集》第2卷,浙江文艺出版社、浙江教育出版社1990年版,第469页。
③ 《丰子恺文集》第2卷,浙江文艺出版社、浙江教育出版社1990年版,第470页。

艺术形式的分野,但其局限也在于过分将诗与画对立起来了,如朱光潜说的,"没有找出一个共同的特质去统摄一切艺术,没有看出诗与画在同为艺术一层上有一个基本的同点"①。丰子恺却在看到诗与画形式之差异外,又认识到两者在表现深刻隽永的人生滋味上具有着一致性。在他看来,不论是诗,抑或是画,都是生活的反映,都是为人生的艺术。②故而一方面,他对漫画的形式局限有着特别的敏感,因而要借用诗的助力来为绘画服务;另一方面,他对中国画与现实人生拉开了距离有着警惕,所以希望通过运用西方画的技法来诠释古典诗词的意境。他的创作实践正使得"无声诗"与"有声画"、西洋技法与古典诗境紧密结合起来,突破了绘画在媒介上的局限,做到了如程抱一所说的,"通过协调诗与画,成功地创造出一个完整而有机的四维宇宙"③。由此,从表面上来看,丰子恺将诗看得比画还重,似乎会有损于漫画的地位,实际上这才是丰子恺最为智慧之处。他既运用诗的特长弥补绘画在媒介上的局限,又用西方画技法证实了中国诗生命的"千古常新"④,从而确保了其漫画的诗性品格,在二十世纪中国绘画史上取得了独树一帜的地位。

阿莱斯·艾尔雅维茨(Aleš Erjavec)在《图像时代》(*Toward the Image*)中感叹道:"在后现代主义中,文学迅速地游移至后台,而中心舞台则被视觉文化的靓丽辉光所普照。"⑤在后现代主义者那里中,一切坚固的东西都烟消云散了,绘画可以没有诗为底蕴,纯粹成为一种颜色的组合与感觉的游戏。梳理丰子恺的诗画关系观,可以从多方面发现诗之于画的重要意义,为在后现代语境中重新连接起画与诗的联系做好必要的理论准备。

作者:杭州师范大学弘一大师·丰子恺研究中心助理研究员

---

① 朱光潜:《诗论》,见《朱光潜全集》第 3 卷,安徽教育出版社 1987 年版,第 149 页。
② 在《艺术的展望》(1943)一文中,丰子恺说:"我一向抱着一种信念:'艺术是生活的反映。'我确信时代无论如何变化,这道理一定不易。"见《丰子恺文集》第 4 卷,浙江文艺出版社、浙江教育出版社 1990 年版,第 342 页。
③ 程抱一:《中国诗画语言研究》,涂卫群译,江苏人民出版社 2006 年版,第 18 页。
④ 丰子恺《〈画中有诗〉自序》(1943)云:"余读古人诗,常觉其中佳句,似为现代人生写照,或竟为我代言。盖诗言情,人情千古不变;故为诗千古常新。此即所谓不朽之作也。"见《丰子恺文集》第 4 卷,浙江文艺出版社、浙江教育出版社 1990 年版,第 258 页。
⑤ 艾尔雅维茨:《图像时代》,胡菊兰、张云鹏译,吉林人民出版社 2003 年版,第 34 页。

On Feng Zikai's View of the Relationship between Poetry and Paintings

Pan Jianwei

Feng Zikai not only had remarkable achievements in painting but also deeply meditated on the relationship between poetry and painting. His *Literature and Painting* (published in 1934) discussed this relationship and his many articles also contained snippets on this issue. Collected into one volume, these articles show his rounded conception of the poetry-painting relationship with an emphasis on the functions of paintings. A historical review of the poetry-painting relationship and an analysis of the comics themselves reveal the focal place of poetry in Master Feng's system of art theory. Feng's view of the poetry-painting relationship may have been influenced by Lessing's Laocoon but is not limited by the theory of the latter. On the one hand, Feng's sensitivity to the formal limitations of comics led him to turn to poetry for inspiration. On the other hand he was also wary of the way the world is contemplated in poems, which explains why he drew on techniques of western painting to elucidate classical poems. This makes it possible for uni-temporal and spatial art to break out of the confines of the medium and prepare the theoretical stage for a re-connection between painting and poetry in a postmodern context.

"想到世间来再找寻几个读者"[①]
——丰子恺文学作品走向世界刍议

乔 津　朱显因

一、丰子恺的散文

丰子恺没有写过专文评论自己的散文,只写过几首诗谈论自己的漫画。1963 年《丰子恺画集》出版时,他写了五首诗"代自序"。其中一首诗说"泥龙竹马眼前情,琐屑平凡总不论。最喜小中能见大,还求弦外有余音。"这首诗讲的是他的漫画的特点。但是丰子恺的长子丰华瞻"觉得同时也讲了他的散文的特点"。"父亲的散文常常写平凡琐屑的事理,或暗示人类社会中较大的问题。他的作品常有言外之意,可从咀嚼、玩味,常能启发人们的思想。"[②]

赵景深认为:"子恺的随笔好多地方都可以与叶绍钧的《隔膜》作比较观。在描写人间的隔膜和儿童的天真这两点上,这两个作家是一样的可爱。""他只是平易的写去,自然就有一种美,文字的干净流利和漂亮,怕只有朱自清可以和他媲美。"[③]

郁达夫评定丰子恺的散文"清幽玄妙,灵达处反远出在他的画笔之上"[④]。

司马长风称丰子恺是新文学史上一个特异的作家:"丰子恺的散文达到

[①] 丰子恺:《〈近代二大乐圣的生涯与艺术〉序言》,见《丰子恺文集》第 1 卷,浙江文艺出版社、浙江教育出版社 1992 年版,第 295 页。
[②] 丰华瞻、殷琦编:《丰子恺研究资料》,宁夏人民出版社 1988 年版,第 329、331 页。
[③] 赵景深:《丰子恺和他的小品文》,载《人间世》1935 年第 30 期。
[④] 丰华瞻、殷琦编:《丰子恺研究资料》,宁夏人民出版社 1988 年版,第 267 页。

圆熟的高峰,他的散文妙在自然""读他的散文,等于直接读他这个人。""在现代散文园地里,树立了巍巍擎天的丰碑。"①

日本文化勋章获得者、唯美派文学大师谷崎润一郎评论丰子恺的《缘缘堂随笔》是艺术家的著作,尤其是《吃瓜子》一文:"题材是中国式,能把这种细微的题材写得那样有趣,正是随笔的上乘。""著者的境地,决不仅限于这种方面,各篇都有情味与特色。"②

挪威汉学家何莫邪(Christoph Harbsmeier)评述:"丰子恺的大多数文章几乎都是信手拈来、坦率真诚、信守自己的准则。他的文风诚挚热切,绝不矫揉造作,又像他受人称道的书法一样,流畅自如。他的艺术风格是当题材偶然出现在他脑际时,下笔直抒胸臆,但思考缜密,又自然得体。他的散文更是浑然天成,明白易懂。"③

丰子恺的散文虽然在当时的特殊环境中有不合时宜之嫌④,但澳大利亚学者白杰明(Geremie R. Barme)则认为"丰子恺最大的成就,或许是在变幻无常的时代始终保持了一种自由自在的精神"⑤。

丰子恺在半个世纪的岁月里,一个伟大的心灵在文学的创作方面,虽只孕育了数量不算特别多的随笔,可是丰子恺随笔在文学界的形象却如此巨大厚重,广受崇敬。李立明著《现代中国作家评传》评价道:"他的散文也跟他的漫画一祥敲人心弦;有天伦愉悦的乐趣,有静默悠然的诗境,有亲身经历的往迹,有凄清苦涩的味儿。读了他的文章,使人感到恬静中充满着人生的哲理;含蓄中弥漫着希望的火光。"⑥

2015年11月7日丰子恺先生诞生117周年之际,由桐乡市人民政府和《美文》杂志社联合主办的"全球首届丰子恺散文奖"颁奖仪式在桐乡举行。经过一年征稿,受到了海内外作家的广泛关注和热情参与,共收到文稿4 000余篇。参赛者中,不乏在中国文学界享有盛誉的大家,也有来自德国、新加

---

① 丰华赡、殷琦编:《丰子恺研究资料》,宁夏人民出版社1988年版,第295页。
② 谷崎润一:《读〈缘缘堂随笔〉》,夏丏尊译,见《丰子恺文集》第6卷,浙江文艺出版社、浙江教育出版社1992年版,第113页。
③ [挪威]何莫邪:《丰子恺——一个有菩萨心肠的现实主义者》,张斌译,山东画报出版社2005第1版,第12页。
④ 陈艳玲:《丰子恺散文综论》,广西师范大学硕士论文,2001年。
⑤ 白杰明:《艺术的逃难:丰子恺传》,贺宏亮译,浙江人民出版社2015年版,第363页。
⑥ 李立明:《现代中国作家评传》,(香港)波文书局1979年版,第229页。

坡、马来西亚的海外知名作家。

金奖获得者德国的知名汉学家顾彬(Wolfgang Kubin)说:"在丰子恺的漫画和散文里,你找不到'仇恨',只有爱。写作,不仅是要暴露社会问题,但同时也要告诉人们怎么葆有自己的爱。"

丰子恺的"爱"和"真率",迄今人们提及他,仍无不心生许许多多慕仰之情和慨叹。正是其抱诚守真的人格魅力,才使他的漫画、他的文字成为一种永恒。

"我感到,这些几十年前(父亲)写的散文,在今天仍有价值。不但好多文章在今天仍有现实意义,作者观察生活的方法和他的写法,也可供大家借鉴。"丰华瞻如是说。

自民国时期起丰子恺的文章:《从孩子得到的启示》《忆儿时》《美与同情》《为什么大家要学图画》《秋》《给我的孩子们》《白鹅》《手指》《竹影》《山中避雨》《渐》《送考》等均入选中小学教科书。丰先生的文学作品如同他的漫画影响了几代人。正如唐代诗人高适《别董大》诗云:"千里黄云白日曛,北风吹雁雪纷纷。莫愁前路无知己,天下谁人不识君。"

二、丰子恺的翻译

自鸦片战争以来,经一批学贯中西、才气纵横的民国翻译家之手,从西方先进知识开始,各种有别于中国传统文化的西方宗教、哲学、政治制度,乃至于文学著作,陆续进入中国。

民国时期,翻译已从非主流的"杂学"转变为具有较高学术的行为。

丰子恺作为民国时期的翻译大家之一,他一生的著译共有150多种,其中翻译有34种,译自日、英、俄文,涉及范围较广,有文学(小说、民间故事、文学理论)、美术(理论、教学法)、音乐(理论、传记、教学法)、宗教等方面。丰华瞻认为父亲的文笔生涯是从翻译开始的。

丰子恺先生的翻译大致分为三个阶段。

第一阶段:20、30年代。丰子恺共翻译了11部作品,包括两本译自英文的文学书(俄国屠格涅夫著,由Garnett译成英文的《初恋》和英国斯蒂文森的《自杀俱乐部》)以及厨川白村的《苦闷的象征》、田边尚雄的《孩子们的音乐》、门马直卫的《音乐的听法》等9部日文的艺术、音乐理论书。

第二阶段：50年代。届时50多岁的丰子恺在学习了一二年俄语后，就着手翻译《学校图画教育》《唱歌课的教育工作》《唱歌和音乐》等前苏联的音乐及图画教学法书籍约10部。接着翻译了屠格涅夫的散文集《猎人笔记》、柯罗连科的长篇小说《我的同时代人的故事》（与丰一吟合译）以及《夏目漱石选集》（第二卷）、《石川啄木小说集》、德富芦花的《不如归》、中野重治的《肺腑之言》（未出版）等前苏联和日本的文学作品。

第三阶段：60、70年代。1961年8月1日—1965年9月29日丰子恺翻译了世界上最早的一部长篇小说，日本女作家紫式部所作的古典文学巨著《源氏物语》。这部书译完后，他又翻译了三部日本民间文学作品（《落洼物语》《竹取物语》及《伊势物语》）。

在20、30年代的中国，艺术教育还没有合适的教材，西洋的文艺理论在中国还是空白。丰子恺的23部艺术译著与专著，不仅把西洋的艺术理论介绍到中国来，而且还为艺术教育提供了教材；为中国艺术教育的普及做出了很大的贡献。丰子恺的14部文学译著，尤其是《源氏物语》对日本文学翻译做出了重要贡献。[①]

三、丰子恺文学作品的译文

丰子恺的文章最初出版成书是在1931年他34岁的时候，书名叫《缘缘堂随笔》。九年后的1940年，日本汉学家吉川幸次郎将丰子恺的13篇散文译成日文结集成册《缘缘堂随笔》，由日本创元社出版。这本170页的小册子遂成为丰子恺文学作品的最早译文。

这13篇文章并非全取自1931年开明书店出版的《缘缘堂随笔》；而是《缘缘堂随笔》中的《姓》《华瞻日记》《车厢社会》中的《闲》《谈自己的画》《送考》，《随笔二十篇》中的《吃瓜子》《作父亲》，《缘缘堂再笔》中的《新年怀旧》《西湖船》《音乐研究会中所见之一》《音乐研究会中所见之二》《山中避雨》《"带点笑

---

① 陆金英：《论丰子恺在中国翻译文学史上的地位和贡献》，载《上海理工大学学报（社会科学版）》2014年第1期。

容"》。①

吉川幸次郎在《译者的话》中,不仅介绍丰子恺生平,并对中国文学和著作者有精辟的评述:"现代中国文学之中,最可观的是随笔;小说、戏曲,比起随笔来都差。这从中国文学的历史上说来,是很有兴趣的事。在过去的中国文学中,可以认作散文文学的正统而最发达的是随笔。"所以"随笔在中国文化的考察上是重要的材料,过去的随笔如此,现在的随笔也如此。""我觉得,著者丰子恺,是现代中国最像艺术家的艺术家,这并不是因为他多才多艺,会弹钢琴,作漫画,写随笔的缘故,我所喜欢的,乃是他的像艺术家的真率,对于万物的丰富的爱,和他的气品,气骨。如果在现代要想找寻陶渊明、王维那样的人物,那么,就是他了吧。他在庞杂诈伪的海派文人之中,有鹤立鸡群之感。"②

迄今为止世上对丰子恺最得体的赞誉,便是吉川幸次郎的"现代中国最像艺术家的艺术家"。

相隔 64 年,韩国学者洪承直(홍승직)注意到《缘缘堂随笔》日译本"正值 1940 年日本侵略野心疯狂燃烧的最后阶段,日本出版了此书的日本翻译版。想到当时日本和中国的关系,这不能不说是件既有趣又不可思议的事。说明就算在当时那样的政治局面下,他的文字仍抓住了某个日本文人的心"。"与此相比,在韩国现在才出现粗劣的选译,既感慨为时太晚又觉羞愧不已,所幸现在有了一篇尝试之作。"③

2004 年,韩国穷理出版社出版韩国顺天乡大学文学部洪承直的书名为《作父亲》的丰子恺散文选韩译本。书中的 23 篇散文是:《缘缘堂随笔》中的《剪网》《渐》《颜面》《儿女》《忆儿时》《华瞻日记》《大帐簿》《秋》,《随笔二十篇》中的《作父亲》《随感十三则》《儿戏》《给我的孩子们》,《车厢社会》中的《车厢社会》《送考》《学画回忆》《作客者言》《半篇莫干山游记》,《率真集》中的《怀李叔同先生》《悼丏尊》,及《我的母亲》《伯豪之死》《家》《我的苦学经验》等 4 篇。④

---

① 吉川幸次郎译:《缘缘堂随笔》,〔日本〕创元社 1940 年版。
② 谷崎润一郎:《读〈缘缘堂随笔〉》,夏丏尊译,见《丰子恺文集》第 6 卷,浙江文艺出版社、浙江教育出版社 1992 年版,第 112 页。
③ 丰子恺:《作父亲》,洪承直(홍승직)译,(韩国)穷理出版社 2004 年版。
④ 丰子恺:《作父亲》,洪承直(홍승직)译,(韩国)穷理出版社 2004 年版。

洪承直初次接触到丰子恺的文章就被迷住了,于是翻译丰子恺著作成了自己的"宿题"。他觉得"丰子恺是那些把自身放在自己文章里的为数不多的人。并无必要费力寻找介绍他的文章,只要阅读他的文章,就可原封不动地了解他的想法、生活、家人、朋友等一切。他周围一切有形无形的东西,都成为他文章与绘画的素材,化身为他的艺术价值。再次启示世人:写文章不是门技术,而是生活的一种"。"他绘画的名声实在太响,使得文章被这名声所掩盖,没能见到阳光。但实际上,在他的创作生活中,文章与绘画是密不可分的。一言而概之,他的画是'用文字绘的画',他的文章是'用画写的文章'。"[①]这与当年日本著名评论家谷崎润一郎评述丰子恺随笔"是艺术家的著作"如出一辙。

2010年Editions Gallimard（法国）伽利玛出版社出版由里昂第二大学Marie Laureillard（中文名罗蕾雅）译成法文的丰子恺文选20篇。它们是:《缘缘堂随笔》中的《秋》,《随笔二十篇》中的《五月》《给我的孩子们》《梦痕》《吃瓜子》《车厢社会》中的《杨柳》《惜春》《穷孩子的跷跷板》《三娘娘》《野外理发处》《云霓》《车厢社会》,《缘缘堂再笔》中的《山中避雨》《生机》,及《我的母亲》《湖畔夜饮》《劳者自歌》《宜山遇炸记》《佛无灵》《我与弘一法师》等6篇。这20篇散文被分为自然和风景、儿童和回忆、社会现实和佛教信仰等4辑。[②]

译者Marie Laureillard也是一位丰子恺研究学者。她的博士论文（2006年）是《丰子恺:诗与文学,图像与文本》。

2013年9月（北京）五洲传播出版社出版一套中国儿童名著精选译丛（英文）,其中一册由刘浚和Erik Nilsson合作翻译的丰子恺儿童文学选17篇。它们是:《少年美术故事》中的《贺年》《初步》《喂食》《踏青》《二渔夫》《寄寒衣》,《音乐故事》中的《外国姨母》《蛙鼓》,《博士见鬼》中的《油钵》《生死关头》《大人国》《一篑之功》,《随笔二十篇》中的《梦痕》,及《姚晏大医师》《猎熊》《养鸭》《白象》等4篇。

刘浚是《中国日报》的资深记者,Erik Nilsson是美国的一位资深作家、《中国日报》的编辑。

[①] Marie Laureillard, *Feng Zikai Couleur de nuage*, Editions Gallimard, 2010.
[②] 丰子恺:《〈读〈缘缘堂随笔〉〉读后感》,见《丰子恺文集》第6卷,浙江文艺出版社、浙江教育出版社1992年版,第107页。

四、翻译是通向外面世界的一种渠道

1940年,丰子恺的名字,在日本差不多没有人知道。不识中文的日本著名评论家谷崎润一郎也还是接到吉川幸次郎的《缘缘堂随笔》译本时候初听到。夏丏尊将谷崎润郎写的《读〈缘缘堂随笔〉》一文译成中文,发表在《中学生》第六十七期(1944年)。译文中说,谷崎君对中国文艺百余页的评论中,论子恺最详,竟占十页。谷崎先生将译本中的第一篇《吃瓜子》视为随笔的上乘之作,《山中避雨》使他不禁想到盲乐师葛原氏的故事,认为《作父亲》诗趣横溢,《记音乐研究会中所见》对日本人的精神力如此赞美,颇足令人惶恐……各篇都有情味与特色。总而言之,"这本随笔可以说是艺术家的著作"。夏丏尊译此异国人士之评论,也希望得见著作者丰子恺作何感想。1946年,丰子恺果然写下《读〈缘缘堂随笔〉》的读后感"难得这两位异国知己!他们好像神奇的算命先生,从文字里头,把我的习性都推算出来"[1]。可惜这篇读后感没有再译成日文,谷崎先生不知道丰子恺回复他的评述。

韩国学者洪承直说:"丰子恺的散文、漫画以及艺术的奇特成就,在韩国一直没有引人注目,这不是因为韩国学者和读者对他不感兴趣,而是因为从来没有给他们一种机会。""2005年韩译丰子恺散文选《作父亲》出刊,才可算给韩国的学者和读者开了一扇通往丰子恺艺术世界的门。"[2]

北京大学法语系主任,法国语言文学研究中心主任董强,近二十年来,一直致力于中法文化传播。他"在法国重新发现了中国",开始着手把一些中国文学作品介绍给法国。1995年,他在法国协助创办一家以专门介绍中国文学和文化为宗旨的出版社 Bleu de Chine "中国蓝"出版社。2010年 Editions Gallimard(法国)伽利玛出版社出版的丰子恺文选法译本,就是受到"中国蓝"出版社的影响。

2012年2月,由上海丰子恺研究会成员鲁思燕、王绯、余佳等三位完成《丰子恺忆旧散文八篇》英译本(《新年怀旧》《忆儿时》《吃酒》《旧地重游》《爆

---

[1] 丰子恺:《〈读〈缘缘堂随笔〉〉读后感》,见《丰子恺文集》第6卷,浙江文艺出版社、浙江教育出版社 1992年版,第107页。
[2] 丰子恺:《作父亲》,洪承直译,(韩)穷理出版社 2004年版。

炒米花》《午夜高楼》《清明》《端阳忆旧》)。这本册子作为在上海学习汉语的外国留学生的课外读物,使他们既能接触到更多的汉语词汇,对文明古国的物质民俗、艺术民俗、宗教民俗产生浓厚的兴趣,又能领略到现代散文名家丰子恺的朴实平淡、自然无饰的语言风格,及追求多种趣味性,有潇洒流露自己真性情的生活情趣美。欧美留学生尤其对《忆儿时》中的养蚕情节兴趣盎然,想去丰子恺的故乡亲眼看看蒋五伯挑了担到地里去采桑叶、诸姐走在跳板上饲叶、蚕宝宝上山结茧、七娘娘做丝……这些对他们来讲简直都像童话里、戏剧里的事。

  2012年下半年,上海陕西南路长乐村93号丰子恺旧居,曾接待一个国际社区的参观团。带队的是一位中文名叫翠熹的美国人,她是"相伴中国,探访上海—中国茶文化之旅"的组织者。她欣然接受丰子恺的《吃瓜子》一文作为茶文化的重要组成。这些来自欧美的参观者起初觉得吃瓜子没有像文章中说的那么困难;原来瓜子在欧美人的概念中是葵花子。为此,旧居接待员讲了一个关于西瓜子的故事:有一年夏天,他在郑州出差路过瓜田时,想买个西瓜解暑。不料瓜农说吃瓜不用付钱只要把西瓜子留下。从而使外宾明白文章中说的瓜子不是葵花子而是西瓜子。翠熹去食品店买来炒好的葵花子和西瓜子,让他们比较一下吃这两种瓜子的感觉。后来,翠熹带团来,总会发给每位一小袋西瓜子。《吃瓜子》一文不但让国际友人领略了丰先生的文采,又增进了异国之间的文化交流。

五、"想到世间来再找寻几个读者"

  一代艺术大师丰子恺身后的40年中,面世的丰子恺文学作品的译著仅有上述的4本。而真正意义上的丰子恺文选的译著则是前3本。可以说这三位译者是丰子恺文学作品走向世界的有力推手。迄今为止国内竟然未出版过丰子恺文选的外译本。中国当代著名翻译家张培基的《英译中国现代散文选》第二集,共选译了四十五篇现代散文,其中有丰子恺的一篇《渐》。在网上还可以搜索到一些英译的丰子恺散文。这相对于丰先生对中国文学创作、翻译文学作出彪炳史册的贡献真是相形见绌。

  无可置疑,国外的汉学家和丰子恺研究学者是丰子恺文学作品理想的译者。但丰子恺文学作品走向世界，不仅是专业翻译工作者的责任，大凡对笔译有自信的非专业翻译人员都可以加入译作团队。丰子恺的散文每篇的字数不多、内容涉及面广，容易为志愿译者接受。

普天下热爱丰子恺文艺的读者和学者以及社会上热心文化公益的仁人志士，利用业余时间从事丰子恺文学作品的翻译，一不为名二不为利，乐此不疲的义务劳动很大程度上是为了得到一种心灵的慰藉。

2012年3月日本熊本大学文学部西槙伟完成1931年《缘缘堂随笔》初版的日译本。2013年4月上海丰研会会员鲁思燕译出《缘缘堂随笔》英译本。其他会员或会友又陆续英译《吃瓜子》《给我的孩子们》《素食之后》《私塾生活》《胡桃云片》《山中避雨》《野外理发处》《梧桐树》等。

在上海从事中德文化交流的一家杂志社编辑将丰先生的《端阳忆旧》一文译成德文，于2013年3月刊登在自家的杂志上。

一位来自北京的对外经济贸易大学的老师，因为她是从事英语口译的，所以回京后马上联络了几位英文笔译老师帮助我们校阅译文。

近日造访丰子恺旧居的一对来自香港的父女，表示乐意加入丰子恺文选的翻译工作。

国内出版了多种版本的丰子恺散文选集。选集大多收入15至20篇，2010年长江文艺出版社出版的选集多达65篇。文章内容涵盖儿女、忆事、散记、哲理等。除这些选集可以作为译作的选材，著作者的一些自述性文章对国外读者真切了解丰子恺很有帮助。如《我的苦学经验》《谈自己的画》《寄宿舍生活的回忆》《甘美的回味》《学画回忆》《不惑之礼》等。

翻译家杨绛认为搞翻译，既要为原作者服务好，又要为读者服务好。她从唐代史学家刘知几那里借用于文学翻译的"点烦"论，就是点掉多余烦琐的文字，使文章删繁就简；使译文明快流畅、洗练净洁。

张培基翻译的《渐》一文，删译最后一段中的"……而收缩无限的时间并空间于方寸的心中。故佛家能纳须弥于芥子。中国古诗人（白居易）说：'蜗牛角上争何事？石火光中寄此身。'英国诗人（Blake）也说：'一粒沙里见世界，一朵花里见天国；手掌里盛住无限，一刹那便是永劫。'"

上海丰子恺研究会《丰子恺忆旧散文八篇》中的删节：《旧地重游》原文的第一、二自然段，描述作者旧地重游前心绪整理的部分；《吃酒》的最后一个自然段，作者病愈开酒戒赋诗一首的部分；《爆炒米花》中的作者回想起三十年前,初作《缘缘堂随笔》时的一件往事;《午夜高楼》的第一自然段,描述作者对高楼生起一种忧郁感;《清明》文末的作者父亲所作的八首《扫墓竹枝词》。

英译《吃瓜子》一文,自文章的第一段"从前听人说:中国人人人具有三种博士的资格:拿筷子博士、吹煤头纸博士、吃瓜子博士",直接第三段"但我以为这三种技术中最进步最发达的,要算吃瓜子",至全文结束。文章第二段中说到的拿筷子,外国人还能理解;但吹煤头纸,外国人很难理解这东西。丰先生在写《吃瓜子》时(1934年),便说"水烟这种'国烟'竟被冷落,吹煤头纸这种'国技'也很不发达了"。这种连生长在都市里的中国人或许也不曾见过的煤头纸说给外国人听,对他们来讲可能是一头雾水。

网上由adam.L编辑、alexcwlin翻译的《竹影》英译文,点烦了与描写竹影关系不大的著作者对"五卅"的感受:"这是五卅国耻纪念。""说起'五卅'这两个字,一副凶恶的脸孔和一堆鲜红的血立刻出现在我的脑际,不快之念随之而生。""暑气和沉闷伴着了'五卅'来到人间。""弟弟说:'可耻的五卅快过去了!'"将原文对人物华明的繁琐介绍:"同时关照徐妈,华明来了请他到院子里来。""我们搬三只藤椅子,放在院角的竹林里,两只自己坐了,空着一只待华明来坐。"简洁谓之:"来的是弟弟的同学华明"。

只要保留作品的原汁原味,使读者不但领略到作品的文采,同时又感悟到著作者的创作思想。对文章中那些与叙事主体关联不大的人物、琐事、诗词、地方语、相隔久远的风土习俗等作点烦处理是可取的。

《竹影》英译文的编辑撰写了一段童稚活动的场景替代原文的第一段:"几个小伙伴,借着月光画竹影,你一笔,我一画,参参差差,明明暗暗,竟然有几分中国画的意味。也许,艺术和美就蕴含在孩子的童稚活动中。你是否有过类似的体验呢?"编辑撰写的这一段话有否"走失原文的语气"和"忽略原文的风格"值得斟酌。

"每一个译者你都可以骂,没有一个完美的例子。"这是翻译家林文月在2013年回答《南方周末》记者提问中,表示的一个中肯的意思。但只要努力做到"善译",反复阅读原文,掌握它的精神实质,揣摩出它的风格,体会到它的语气,注重原语言和文本,强调细致的文本分析,推崇直译。使读者能从译文中得到与看原文相同的收获,便可称得上好翻译。

尽管纸质图书的出版和销售越来越差强人意,但我们仍期盼今后有丰子恺文学作品的译文出版。如今网络技术的突飞猛进改变了人们的阅读习惯,尤其是年轻读者；因此"想到世间来再找寻几个读者"，选择打造网上文化交流共享平台确是一种最佳的传播方式。

2016. 2. 12

作者：乔津，上海市建平中学西校语文教师

朱显因，（上海）丰子恺研究会副会长

"I Wanna Find a Few Readers in This World"
— Rudimentary Thoughts on How Feng Zikai's Literary Works Appeared on the International Scene

Qiao Jin　　Zhu Xianyin

This paper is a general review of the translations of Feng Zikai's literary works, explaining how translation helps the world know Feng Zikai and discussing translation techniques such as abridgment and fluency. Those who are keen on Feng Zikai take delight in translating him and his literary works appear on the international scene thanks to efforts of a succession of teams of translators.

丰子恺散文研究述评

朱晓江

关于丰子恺,虽然目前人们一提到他的名字,首先想到的应该是他的漫画,但毫无疑问的是,他的散文在评论界与普通的读者群中也引起了广泛的兴趣;而有些论者甚至认为丰子恺散文创作的成就远在漫画之上。郁达夫在《中国新文学大系·散文二集·导言》中即认为:"人家只晓得他的漫画入神,殊不知他的散文,清幽玄妙,灵达处反远出在他的画笔之上。"[1]何鹏在《艺术漫谈》中也说:"以我个人的偏嗜说,觉得他的小品文上的成就,比画更伟大。"[2]香港学者卢玮銮(笔名明川、小思等)在她的《从随笔看丰子恺的儿童相》一文中则认为:"在中国,如果提起丰子恺,人们往往称他是一个著名的漫画家,而把他的随笔作品放在第二位。其实,如果严格说起来,真正能反映他性格的,他的随笔比漫画,来得更具体更真实。"[3]对于这种漫画与散文之间的成绩比较,丰子恺自己的态度并没有明显的偏向。对他来说,"我作漫画,感觉同写随笔一样,不过或用线条,或用文字,表现工具不同而已。"[4]但尽管如此,丰子恺本人对于文学与绘画之间的关系,也有诸多探讨;[5]而且,一个不争的事实是,随着时间的推移,他对文学的认可程度也越来越高。1943年,在《艺术的展望》一文中,丰子恺就说:"一切艺术之中,文学是与社会最亲近的

---

[1] 郁达夫:《中国新文学大系·散文二集·导言》,良友图书印刷有限公司1935年版。
[2] 何鹏:《艺术漫谈》,载1937年5月16日《宇宙风》第41期。
[3] 明川:《从随笔看丰子恺的儿童相》,载1974年12月《波文》1卷5期。
[4] 丰子恺:《漫画创作二十年》,见《丰子恺文集》第4卷,浙江文艺出版社、浙江教育出版社,1990年版,第388页。
[5] 比如,1934年5月,上海开明书店即出版了他的《绘画与文学》一著,收文章5篇,专门讨论文学与绘画之间的"通似性"。

一种,它的表现工具是人人日常通用的'言语',这便是使它成为一种最亲近社会的艺术的原因。故一种艺术思潮的兴起,往往首先在文学上出现,继而绘画,音乐,雕刻,建筑都起来响应。"①1962年,在回答《文汇报》编辑的信中,丰子恺又进一步直言:"综合看来,我对文学,兴趣特别浓厚。因此我的作画,也不免受了文学的影响。"②这样一些言论,其实已经构筑起丰子恺散文研究中很重要的一个面向,即丰子恺散文与漫画之间的关系研究——尤其是,在丰子恺的作品中,还有一些同题的漫画与散文存在;而其漫画创作固然有文学的意味,他散文中的某些段落,也未尝没有漫画的痕迹。因此,对这样一些内容作专题的研究,应当可以加深我们对于丰子恺散文特色的理解。唯到目前为止,这方面的研究即便在数量上,也还并是很多,故在此笔者只能先行提及,略作提示,以下不再具体展开。

丰子恺的散文创作,起步早、数量多、创作持续时间长。早在1914年,16岁的丰子恺就在《少年杂志》第4卷第2期上发表了4篇文言寓言,③这被看作是他最早的文学创作。然而,丰子恺真正的散文创作应该从1922年他到春晖中学任教以后开始算起。在《春晖》半月刊上,丰子恺先后发表了诸如《青年与自然》《山水间的生活》等散文。这以后,直到逝世之前,他的散文创作基本上就没有中断——包括"文革"时期,他也仍然偷偷地利用凌晨时分,悄然写出《缘缘堂续笔》33篇,从而为"文革"时期的"潜在写作",提供了重要的文学样本。④ 从1922到1975年,在这长达53年的创作历程里,丰子恺共出版散文集17本,如果包括那本于1973年由作者本人编排定稿然而没能出版的《缘缘堂续笔》在内,那么,这个数字应该是18本。在这些文字中,剔除重复部分,根据《丰子恺文集》第5、6两卷的字数统计,则其散文创作当有大约100万

---

① 丰子恺:《艺术的展望》,见《丰子恺文集》第4卷,浙江文艺出版社、浙江教育出版社,1990年版,第344页。
② 该信曾以《作画好比写文章》为题,发表于1962年2月11日的《文汇报》,见《丰子恺文集》第6卷,浙江文艺出版社、浙江教育出版社1992年版,第497页。
③ 这4篇文章现已收入《丰子恺文集》第5卷,篇名分别是《猎人》《怀夹》《藤与桂》《捕雀》。
④ "潜在写作"的概念源自复旦大学陈思和教授。按照他的设计,这个概念的提出"是为了说明当代文学创作的复杂性,即有许多被剥夺了正常写作权利的作家在哑声的时代里,依然保持着对文学的挚爱和创作热情,他们写了许多在当时客观环境下不能公开发表的文学作品。这些作品可以分成两种,一种是作家们自觉的创作,如'文革'期间老作家丰子恺写的《缘缘堂续笔》……另一种是作家们在非常时期不自觉的写作,如日记、书信、读书笔记等"。参阅陈思和主编《当代文学史教程》,复旦大学出版社1999年版,第12页。

字的规模,①而这个数字,还不包括他以散文的笔调撰写的讨论艺术问题的文字,如结集出版的《艺术漫谈》《艺术趣味》等等。②

　　和他的文艺创作起步时间大致相等,评论界对丰子恺的关注,始于1925年,但早期的评论大多集中于漫画与音乐著作两个领域。③ 对丰子恺散文的评论始于1930年柔石的《丰子恺君底飘然底态度》一文,④这之后,在各种期刊、报纸上,我们一直都能读到这一方面的批评文字。综观这些论述,笔者以为以1980年代为界,相关研究大致可以分为两期:1980年以前的评论大多是印象式的,论者常以散文的笔调对丰子恺的散文创作作点评式的介绍或批评。但这些点评式的文字对丰子恺散文研究中的几个核心问题——比如,丰子恺散文中的佛家思想及其评价、丰子恺散文的风格研究等等——大多也都已经涉及,并拥有了一些经典性的意见;1980年以后,随着学术规范化程度的加深,相关的研究论文更注重学术学理、规范,因此,这一阶段可以称作是学理式的研究,其成绩所在,除了继续展开第一阶段已经涉及的相关论题外,还在丰子恺散文作品的版本研究、丰子恺散文与中国文化传统之关系、丰子恺与其他中日散文作家的比较研究等方面,取得了成绩。本文限于篇幅,不拟

---

① 《丰子恺文集》5、6两卷的文字,根据版权页上的统计,合计有1 015 000字;考虑到收入其中的《六千元》为小说体文字,《博士见鬼》一集为童话创作,因此,丰子恺纯粹的散文创作,应该在100万字以下,但离这个数字也已相差不远! 另外,何鹏在《艺术漫谈》一文中还透露,根据他的观察,丰子恺的散文,在1930年代,"在写作的量的方面,除知堂老人外,恐怕没有人比他写得更多吧"。这当然完全是个人的阅读感受,没有统计上的数字支持,但也能从一个侧面反映丰子恺1930年代散文写作的"多产"。
② 《艺术趣味》,上海开明书店,1934年初版,收文章22篇,其中《美的教育》系译文,余皆原创;《艺术漫谈》,上海人间书屋,1936年初版,收文章18篇。
③ 对丰子恺研究从整体上作出梳理的,就笔者目前的阅读视野而言,值得注意的有陈星的《丰子恺研究的过去、现在与将来》(收氏著《丰子恺研究学术笔记》,太白文艺出版社,2007年版,第253—284页)、向诤的《近六年来丰子恺研究述评》(载《文教资料》2001年第3期)、吴颖的《孤芳不与众芳同,潇洒丰神影——丰子恺研究述评》(载《文教资料》2007年第7期)三文。其中陈星的研究在时间上涵盖了自1925年迄今的丰子恺研究、在内容上兼顾了漫画、散文、艺术教育等领域的研究,而在研究区域上也涉及到香港、台湾地区、大陆及国外的丰子恺研究情况。陈文史料翔实,线索勾勒清楚,有史有论,是当今丰子恺研究中分量颇重的研究论文之一。向、吴两文分块论述丰子恺研究的状况,其中向文分"丰子恺与中国传统文化之关系的研究"、"丰子恺艺术观及漫画研究"、"丰子恺艺术教育思想研究"三块进行梳理,而吴文则分"丰子恺漫画研究"、"丰子恺的个性心理与精神世界研究"、"丰子恺文化思想观与艺术观研究"三个部分进行研究。这两篇论文都关注到当前丰子恺研究中值得注意的问题与成果,但不约而同地,都忽略了对丰子恺散文研究的述评。这当然也许和她们自己的研究主题有关,但也可从一个侧面反映,在丰子恺研究中,散文研究的成果其实并未能引起学界广泛的注意。
④ 载1930年4月1日《萌芽》1卷4期。

就这两个阶段的具体发展进程作出描述,而是想贯通这两个阶段,就其中牵涉到的一些重要问题,分块作一简要的梳理。

一 关于丰子恺散文中的佛教思想

鉴于弘一大师的影响,学界对于丰子恺本人所持有的佛教思想,以及这种思想在其艺术创作(包括散文在内)中的体现,一直都很感兴趣。许多讨论丰子恺散文的文字,首先都要提到其在浙江第一师范学校时的老师李叔同,即出家以后的弘一大师,并以此作为一个重要的思想背景来分析其散文的思想内涵乃至行文风格。由于弘一大师是佛门高僧,所以作为弟子的丰子恺的散文写作,也充满了佛理。这样的言说思路比比皆是,几成陈说。[①] 当然,从佛教的角度解读丰子恺的部分散文作品,确也可以加深我们对于其作品的理解,尤其是对于《缘缘堂随笔》中的部分作品,如《剪网》《渐》《晨梦》《大账簿》诸篇。

然而在目前,从佛家思想研究丰子恺的散文还存在以下两个方面的问题:一是容易将佛家思想的影响放大到丰子恺的一生,从而不适宜地以佛家思想来观照丰子恺大部分的散文创作。石一宁在《丰子恺散文思想简论》一文中即认为:"纵观丰子恺的一生,佛教信仰贯穿了他的大半生,直至生命的结束。可以说,丰子恺的散文包括他的绘画,大都表露了佛教世界观、人生观和价值观的影响。"[②]王泉根、王蕾:《佛心·童心·诗心——丰子恺现代

[①] 如吴福辉在由他和陈子善所编的一本丰子恺的散文选本的《导言》中认为:"李叔同则影响了丰子恺的作画及投身艺术人生,连同对真正佛教佛理的崇敬。……受此耳濡目染,丰子恺悟到了这种精神的真谛,将宗教与哲学并列,作为自己观察世界、认识世界的出发点(《剪网》)。在他的散文中,崇尚自然,爱护生物的文字比比皆是。"(见吴福辉、陈子善编《手指·车厢社会》,复旦大学出版社2006年版,第3页)杨牧在为他自己编辑的《丰子恺文选》第1卷撰写的序言《丰子恺礼赞》中也说:"郁达夫曾断定弘一法师的佛学思想,不免影响了子恺的绘画和文学作品。后来他茹素护生,终其一生为弘一法师精神上不贰的信徒,见于绘画,当然也见于文学之中。"(见杨牧《丰子恺礼赞》,载杨牧编《丰子恺文选》第1卷,(台北)洪范书店1982年版,第9页。又,该文曾以《丰子恺的散文》为题于1980年1月5日发表于台北《联合报》)除了这两段文字,我们查阅一些丰子恺散文选本的前言,差不多都可以发现这样的说明。如何乃宽编《艺术人生——丰子恺小品》的《编辑者说》(花城出版社,1991年版)、王西彦为丰华瞻等编的《丰子恺散文选集》撰写的"序言"——《赤裸裸的自己》(上海文艺出版社,1981年版)、查振科在为陈玉立选编的《禅悟五人书:丰子恺集》所写的《序》(沈阳出版社,1998年版)等等。

[②] 石一宁:《丰子恺散文思想简论》,《理论与创作》1998年第2期,第31—34页。

散文新论》一文中也认为"我们可将纷呈于丰子恺文章中的佛教思想概括为三个渐次展开的层次,三层渗透交叉,不断扩大其涟漪和波涛,影响了许多人"。这三个层次分别是:"诸行无常观"、"唯识宗的因果论"、"'自觉觉人'、'自利利人',个人利益与社会利益相统一,个人解脱与一切众生的解脱相统一"。① 在这样的层次划分下,丰子恺差不多所有的散文作品都可以在佛家思想的观照下来加以解读。这样的观点是值得商榷的,盖像《贪污的猫》《口中剿匪记》一类的散文,以幽默的笔调抨击时事,并不能以"自觉觉人"、"自利利人"的佛家思想来加以解释;而丰子恺的思想来源也并非只有佛家思想一种,道家、儒家思想在他的散文创作中,也都有相当程度的体现——与这种思想来源的多元化相一致的,是丰子恺的散文创作既有道家闲适的一面,也有儒家入世的一面。因此,单以佛家思想对丰子恺散文作出解读,并在佛家的义理范围内寻求丰子恺散文的意义,并不妥当。② 正是这样,王西彦等人的观点应该是比较中肯的。在《赤裸裸的自己》一文中,作者认为丰子恺的身上具有两重性格:"一个是出世的、超脱物外的、对人间持静观态度的;另一个是入世的、积极的、有强烈爱憎感情的。这两重性格,经常在他的心中剧烈交战。他的散文作品,自然也就是他这种两重人格互相交战的记录。"不但如此,王西彦还认为,抗战以后,"佛教居士的气息毕竟愈来愈淡薄,他显然也是走着一条从隐士到叛徒的道路"。③ 以"两重性格"来概括丰子恺的文化

---

① 王泉根、王蕾:《佛心·童心·诗心——丰子恺现代散文新论》,《中国现代文学研究丛刊》2001年第4期。
② 关于佛家思想对丰子恺文艺思想的影响,学界其实也存在不同的意见。我个人即认为:"丰子恺的艺术思想,以'绝缘说'和'同情说'为核心:大体抗战以前取以道家艺术思想为底蕴的'绝缘说',在科学与艺术的对待关系中展开他对艺术诸问题的讨论;而在1937年抗战爆发以后,则由'绝缘说'转向以儒家艺术思想为支持的'同情说'。然而无论是'绝缘说'或者'同情说',丰子恺都十分强调艺术的独立地位,以及建立在这种独立性之上的艺术对于现实人生的补益、慰藉作用。这与佛家思想并没有多大的关系(当然,这样的观点也并不排斥他居士的身份,以及在他身上所具有的某些佛家思想);而丰子恺的文艺活动,包括其艺术思想的阐发,也就并非如有些学者所认为的,带有佛家消极的色彩。"参见拙著《有情世界:丰子恺艺术思想解读》之《后记》,北岳文艺出版社,2006年8月第1版,第256页。此外,笔者《丰子恺"绝缘说"解读》(收2005丰子恺研究国际学术会议论文集《论丰子恺》,香港天马出版有限公司,2005年12月初版,第218—240页)与《丰子恺"同情说"解读》(载《杭州师范学院学报》2006年第1期)两文,系统讨论了存在于丰子恺身上的道家、儒家艺术思想成分;《丰子恺〈护生画集〉儒家艺术思想辨说》(载《浙江社会科学》2006年第5期)一文则讨论了《护生画集》一、二集之间的思想转折(由佛家转向儒家)与画风转折。
③ 王西彦:《赤裸裸的自己(代序)》,载丰华瞻、戚志蓉编《丰子恺散文选集》,上海文艺出版社,1981年版,第6—7、15页。

个性,恐怕也还有些简单,因丰子恺的文化思想中,儒、释、道三家思想以及西方康德以下的文艺思想,都占有相当的比例;但观察到抗战以后丰子恺"佛教居士的气息毕竟愈来愈淡薄"这一点,则可谓眼光独具。因此,在丰子恺散文研究中,关于佛教思想的影响,具体作品需要甄别对待,不可笼统混而言之。

第二个问题是,受左翼思想的影响,部分论者由佛教思想"消极"的一面而看到丰子恺散文的"消极"性,从而影响到对其散文艺术价值的评判。丰子恺散文研究的肇始之作,柔石的《丰子恺君底飘然底态度》一文,即从丰子恺的《护生画集》出发,批评了"丰君的思想与行为的互骗与矛盾,并他的一切议论的价值"。[①]这样的批评思路,在建国以后得到"共鸣"。林非在《现代六十家散文札记》中评丰子恺的散文说:"他先是神游于儿童的世界,他自称是儿童的崇拜者。但这样做,并不能使他对人生作出圆满的答案,这才'进入了宗教的信仰',才去皈依佛教的空灵境界,使得进取和奋斗的精神在他作品中就很少能看到了。"[②]徐型在《儒学和佛学对丰子恺世界观的影响》一文中认为:"与同时代的另外一些文艺家相比,他从进入青年时代以后,世界观基本上没有什么变化发展,部分作品没有能紧跟时代的步伐,甚至落后于时代。""他一生离政治较远,身上有较浓的士大夫气息,是一个虔诚的佛教信徒。他的漫画和散文在一定程度上揭露了旧社会的丑恶现象,但深度和广度都不够……"[③]李复兴在《丰子恺散文漫议》一文中也认为:"(《渐》等文表现出来的思想情感)这确是作者的真感情,但是在那个黑暗社会里,过分宣扬与世无争也是对现实的一种逃遁。"[④]近些年来,这样的认知方式已在一定程度上得到修正,不再简单地以积极或消极来评判丰子恺散文中的佛教色彩,如温儒敏在《中国现代文学三十年(修订版)》中评 20 年代丰子恺的散文写作时写道:"他(按,指丰子恺)的特殊之处是以某种源自佛理的眼光观察生活,于俗相中发现事理,能将琐细的事物叙说得娓娓动听,落笔平易朴实,有赤子之心,如他的画一般,透露着心地光明、一无沾染的品格风貌。作者在看见人世间的昏暗后,企图逃入儿童的世界,加上佛理的渗入,文章萧疏淡远,带着哲理深味,染有

---

① 柔石的文章载 1930 年 4 月 1 日《萌芽》1 卷 4 期。
② 林非:《现代六十家散文札记》,百花文艺出版社 1980 年版。
③ 徐型:《儒学和佛学对丰子恺世界观的影响》,载《南通师专学报》1997 年第 4 期,第 24 页。
④ 李复兴:《丰子恺散文漫议》,载《潍坊教育学院学报》(综合版)1994 年第 1 期,第 7 页。

清淡的悲悯之色。"①行文中一个"逃"字,其实仍带有若干意识形态上的价值取向,但尽管如此,作者却不再简单地以"消极"一词来评判丰氏散文的价值,堪称是对类似批评思路的一个突破。

关于丰子恺散文中的佛教思想研究,虽然目前的文章不少,但一者陈说较多,二者许多结论并没有太坚实的文本解读,三者许多评论者本身的佛学知识储备也不是很充足,因此总体研究成果其实并不是太高;与此相应的,则是该领域的研究空间,应该还大有可以提升的地方所在。

二 关于丰子恺散文的艺术风格

对丰子恺散文艺术风格的评论早在1930年代就已成热点。赵景深评丰子恺的散文"带着抒情的意味","他不把文字故意写得艰深,以掩饰他那实际内容的空虚。他只是平易地写去,自然就有一种美,文字的干净流利和漂亮,怕只有朱自清可以和他媲美。"②郁达夫评丰子恺的散文有"浙西人的细腻深沉的风致","(其散文)清幽玄妙,灵达处反远出在他的画笔之上。"③何鹏概括丰子恺散文的特点有四条:"第一他有自我的格调,第二是简洁,第三是真挚,第四是朴素。"④在所有类似的评论中,值得注意的还有日本作家吉川幸次郎(《缘缘堂随笔》的日译者)在日译本《缘缘堂随笔》"译者的话"中的评论:"我觉得,著者丰子恺,是现代中国最像艺术家的艺术家……我所喜欢的,乃是他像艺术家的真率,对于万物的丰富的爱,和他的气品,气骨。如果在现代要想找寻陶渊明、王维那样的人物,那么,就是他了吧。他在庞杂诈伪的海派文人之中,有鹤立鸡群之感。"谷崎润一郎在《读〈缘缘堂随笔〉》中则说丰氏散文"所取的题材,原并不是什么有实用或深奥的东西,任何琐屑轻微的事物,一到他的笔端,就有一种风韵,殊不可思议"。⑤类似的言论还有很多,如柯灵评

---

① 见钱理群、温儒敏、吴福辉著《中国现代文学三十年(修订版)》,北京大学出版社1998年版,第154页。
② 赵景深:《丰子恺和他的小品文》,载1935年6月20日《人间世》第30期。
③ 郁达夫:《中国新文学大系·散文二集·导言》,收郁达夫编《中国新文学大系·散文二集》,良友图书印刷有限公司1935年版。
④ 何鹏:《艺术漫谈》,载1937年5月16日《宇宙风》41期。
⑤ 吉川幸次郎、谷崎润一郎的言论均引自《丰子恺文集》第6卷,浙江文艺出版社、浙江教育出版社1992年版,第112—113页。

丰子恺的散文"亲切自然，自成一家。他并不标榜性灵，但明心见性，字字掬自肺腑，行文也质朴无华，不衿不躁，不事藻饰。"[①]铁凝说丰子恺的散文"是一种'豪华落尽见真淳'的气派，一种将繁复化为单纯的细腻深沉的风致，一种学问家至美的朴素。"[②]

从丰子恺散文的某一个侧面说，类似的评论大都有其精到之处，有些结论也常为论者所引用。但由于这些评论大多出自阅读札记、随感一类的文字，所以难免给人以零星或琐碎的感觉；而且从丰子恺散文的全貌来看，无论"清幽玄妙"或者"亲切自然"，毕竟都还不能涵盖丰子恺散文的风格。这是点评式批评容易出现的学术缺陷。

这样的学术缺憾在1980年代以后的论文中得到弥补。基于对"学术论文"概念本身理解的深化，1980年代以来丰子恺散文的研究大多避免了这种随感式的点评。在这一时期，论者对于丰子恺散文选材的平民化、多写凡人琐事，[③]对于其散文亲切、率真、善于以小见大的写作风格与手法，[④]都有较好的议论发表；但同样不可否认的是，在这一时段，大量论文在议论的内容上重复程度较高、议论深度不足，这多少影响到了这些论文的学术价值。不但如此，一些论述还以某一两个名词为关键词，糅合了丰子恺所有的散文作品来讨论其行文风格，在学理上有以偏概全的弊病。比如学者常以"趣味""闲适"

[①] 柯灵：《第三个十年——读〈中国新文学大系〉(1937—1949)散文卷所感》，载1991年3月27日《文汇报》，引自《杨柳》第32期，丰子恺研究会编，内部油印本，1991年6月。

[②] 铁凝《优待的虐待及其他》，收氏著《女人的白夜》，上海文艺出版社1992年版，引自《杨柳》第29期，丰子恺研究会编，内部油印本，1990年9月。

[③] 如吴福辉在由他和陈子善选编的《手指·车厢社会》(复旦大学出版社2006年版)的《导言》中说："他(按，指丰子恺)散文中的平民立场十分显然，如《穷小孩的跷跷板》《野外理发处》《纳凉闲话》《肉腿》等，赞美市民阶层简陋的玩具、理发和消暑方式，对农人抗旱车水的辛劳寄予颂扬，这都是沿袭了这派(按，作者在文中明示'这派'系指'白马湖派'或'立达派'散文)质朴、率真、诚实做人为文的风格下来的。"(引文见第3页)刘家思在《试论丰子恺的散文创作》一文中认为："丰子恺的散文都是以记写凡人琐事与人情世态为主的。这种题材本身是平凡的，意蕴并不高深，往往容易落俗套，造成思想浅薄的缺陷。但丰子恺善于在题材上进行深入的开掘，对日常生活琐事和人情世态进行深层的感触与把握……大大拓深了题材的意蕴。"载《绍兴文理学院学报》，2006年第6期，第82页。

[④] 葛乃福在其选编的《丰子恺散文选集》(百花文艺出版社，1991年版)的《序言》中认为："我认为深刻、含蓄、亲切、幽默这四点大致可以概括丰子恺随笔的特色了。"(第15页)李复兴在《丰子恺散文漫议》一文中则以"亲切和率真"、"小中见大、构思精巧"、行文的"幽默、风趣"三点来概括丰子恺散文的艺术特色。载《潍坊教育学院学报》(综合版)1994年第1期，第10—11页。

"清朴自然"等词来概括丰子恺散文的特色,[①]殊不知,丰子恺不同时期、不同题材的散文创作具有不同的美学风貌,比如《蝌蚪》一类的散文以"洋铁面盘中的蝌蚪"来象征都市中人的生活,行文具有文化上的悲悯感;《贪污的猫》一类散文以讽刺的笔调抨击时政,行文洒脱尖锐;《悼丏师》一类的散文则颇有沉郁朴实的风格特征;而早期像《渐》《剪网》一类充满佛理的散文,则如郁达夫所言,确有"清幽玄妙"的艺术特色。所以,在丰子恺散文的研究中,我们不能因为学术上的某种需要——比如,出于对白马湖作家群散文风格的整体描述,或者为了勾勒丰子恺和"论语派"或以周作人代表的散文创作之间的关系,[②]等等——而对丰子恺的散文风格作划一的描述。

三 关于丰子恺散文的史料整理

对丰子恺散文作史料上的整理、研究,始于1980年代。1984年9月,丰子恺研究会成立;此后,1997年杭州师范大学成立弘一大师·丰子恺研究中心。这两个组织/机构联合推动了丰子恺散文史料的整理、研究工作。在整个丰子恺散文研究领域中,从事这一工作的学者不多,起步时间也晚,但我个人以为,恰恰就是在这一方面,学者作出的成绩最大也最扎实。

史料研究从两个方面展开进行。一是从丰子恺的生平资料(尤其是写作生平)以及丰子恺散文的版本研究出发。在这一方面,值得述说的有殷琦与陈星的研究。殷琦1984年加入丰子恺研究会的时候,即以编写"丰子恺研究资料"作为自己的研究方向,1988年11月,由她和丰华瞻合编的《丰子恺研究资料》作为"中国现代作家作品研究资料丛书"的一种,[③]由宁夏人民出版社出版。根据该书的编选说明,书中的《丰子恺传略》《丰子恺年谱》由丰华瞻执笔,而《丰子恺生平资料》《丰子恺谈自己的创作》《丰子恺创作研究选编》《丰

---

① 如陈艳玲《论丰子恺散文的艺术特质》(《韶关学院学报》2002年第4期)一文径以"闲话语境"和"淡如菊"两点来概括丰子恺散文的艺术特质,虽也在一定程度上触及到丰子恺散文中的重要方面,但仅以此两点来概括丰子恺散文创作的艺术特质,难免有以偏概全的弊病。
② 关于这一点,参阅笔者《"白马湖作家群"研究中若干问题的考辨》一文,载《中国现代文学研究丛刊》2009年第6期。
③ 该丛书是"文革"结束后不久启动的一项中国现代文学作家作品方面研究的重点学术工程。丛书主编为陈荒煤,副主编为许觉民、马良春,丛书编委会成员则有王瑶、唐弢、贾植芳、魏绍昌等19人。

子恺著译系年》《丰子恺著译书目》和《丰子恺研究资料目录索引》由殷琦汇编。就丰子恺散文研究而言，《丰子恺著译系年》《丰子恺著译书目》的编辑出版实属功德无量之举。《丰子恺著译系年》从1918年开始一直编到1972年，每一年下以具体文章的篇名为条目，注明该文发表的刊物、时间、署名、初收文集名等原始出版情况；若系译文，则说明原作者情况；若遇写作、出版年份不一，则以写作年代为准收录该文，同时说明发表信息。可以说，该《系年》以"篇"为单位，对丰子恺的著译情况差不多作了一次地毯式的扫描；①此后丰子恺散文佚文虽仍有发现，但数量也已不是很多。《丰子恺著译书目》则分文学、绘画、书法、音乐、艺术、翻译、日记书信、编选、被译成外文著作、未发表手稿等10个部分为类别，每一个类别之下又以丰子恺出版的文集题名为条目，注明每个文集出版的时间、出版社及收录文章的篇目，其中"文学部分"共收录丰子恺生前出版和逝世以后由他人编辑出版的集子33种，涵盖了大陆、台湾、香港两岸三地的丰子恺散文出版情况。此外，陈星也于2001年9月由西泠印社出版了由他个人编著的《丰子恺年谱》。该《年谱》按年编写，每一年下又分"生平事迹"、"著译书目"、"社会评价"、"评论节录"四个部分编写，既有时间上的"纵向"阐述，又有同一时期社会上有关丰子恺评论的"横向"呈现，在一定程度上也能够反映丰子恺散文的写作与研究情况。

此外，在版本研究方面，除了殷琦、陈星等人的研究成果，丰子恺研究会也组织出版了一些值得注意的研究成果。该会在1985丰子恺逝世十周年时，曾在会刊《杨柳》上开辟纪念专栏，由会员撰写纪念短文，内中不少即属于丰子恺生平的考证文字。1991年，《杨柳》又开辟专栏，专门刊登"关于丰子恺著作版本研究的文章"，内中属于散文部分的有殷琦的《关于一九五七年版的〈缘缘堂随笔〉》（载《杨柳》第8期，1985年7—9月）、丰一吟的《〈送考〉二十三年前后版本差别》（载《杨柳》第34期，1991年12月）、丰一吟的《关于〈缘缘堂续笔〉创作年代》（载《杨柳》第35期，1992年3月）等。

史料研究的第二个向度是对与丰子恺某些散文有关的人事争论的研究。

---

① 该《系年》以5号、小5号字排印，从全书的421页起开始排，直到518页终止，差不多有100页的篇幅，完全可以单独成书出版。此外，陈星在《丰子恺研究学术笔记》中说："殷琦对汇编工作投入甚多，以致双眼视力严重受损，在此书出版后不久终因此而退出丰子恺研究，甚可惜。殷琦所编虽不完备，但在丰子恺研究的起步阶段能为研究者提供出如此众多的文献资料，实难能可贵。"太白文艺出版社2007年版，第293页。

这方面的研究既包括争论的进程，同时也牵涉到具体作品的写作与对这些作品的理解。比如关于丰子恺与曹聚仁的"绝交"事件，即牵涉到丰子恺的《一饭之恩》《佛无灵》与曹聚仁的《一饭之仇》等文。① 在这样的研究中，对事件进程的描述即是具体写作背景的展开，对于理解相关创作的思想主旨，当有所助益。

四　关于《缘缘堂续笔》的研究

《缘缘堂续笔》33 篇写于 1971—1973 年间，由丰子恺本人编排定稿；原名《往事琐记》，后改名《续缘缘堂随笔》，最后定稿时又改为《缘缘堂续笔》。由于这些散文写于"文革"时期，并三易其名，因此作者去世以后，便是其子女，对于这部书稿确切的写作年代、其与《往事锁记》之间的关系等问题，也不是很清楚，故其以完整的面貌问世，已是在 1992 年 6 月《丰子恺文集》第 6 卷（文学卷二）出版之时；此前 1983 年 5 月丰一吟为浙江文艺出版社编《缘缘堂随笔集》时，曾收录该集文字 17 篇。② 学界对《缘缘堂续笔》的研究涉及到该集文字的写作背景、选材特色、民俗民风等；③但《缘缘堂续笔》所以能在丰子恺众多的散文中成为一大研究热点，除了它本身的艺术特色及写作过程中的传奇色彩，原因还在于 1990 年代学界对中国当代文学中"潜在写作"的发掘。正是由于对这一文学现象的关注，《缘缘堂续笔》被纳入到了中国当代文学史的写作视野之内，④同时并出现了一些相关的研究论文。类似的研究既是为了呈示当代文学创作上的丰富性，从而重新书写中国当代文学史的面貌；同时，通过对类似于丰子恺这样在创作上横贯 1920 年代—1970 年代的作家的潜在写

---

① 关于丰、曹绝交的研究论文有陈星的《谈谈曹聚仁与丰子恺的"绝交"》（载《杨柳》第 7 期，1985 年 5—6 月）、杨晓文的《丰子恺与曹聚仁之争考辨》（载《杭州师范学院学报》2006 年第 4 期）。此外，笔者的《丰子恺〈护生画集〉儒家艺术思想辨说》（载《浙江社会科学》2006 年第 5 期）一文则从丰子恺艺术思想解读的角度，援引了丰、曹"绝交"的事例。
② 关于《缘缘堂续笔》的"发掘"经过，参阅丰一吟《关于〈缘缘堂续笔〉创作年代》一文，载 1992 年 3 月《杨柳》第 35 期。
③ 这方面的研究值得关注的有陈星的《关于丰子恺的"缘缘堂续笔"》（《西湖》，1990 年第 10、11 合刊）、徐型的《论丰子恺"缘缘堂续笔"的写作旨趣》（收朱晓江主编《丰子恺论》，西泠印社，2000 年 2 月第 1 版）、叶瑜荪的《略谈"缘缘堂续笔"在丰子恺散文中的地位》（收 2005 年丰子恺研究国际学术会议论文集《论丰子恺》，香港天马出版有限公司 2005 年版）等。
④ 参见陈思和主编《中国当代文学史教程》，复旦大学出版社 1999 年版，第 175—177 页。

作的研究,研究者也希望借此而在一个层面上看到中国现、当代文学相贯通的一面。由此,这类研究除了揭示出《缘缘堂续笔》本身所具有的艺术价值,还提示了这个文本所具有的文学史的价值。① 正是这样,在丰子恺散文的研究工作中,对《缘缘堂续笔》的研究具有最为开阔的研究视野。

五 丰子恺散文研究中的其它问题

除了以上四个方面的研究,在已有的研究成果中,论者还就丰子恺儿童题材的散文、丰子恺散文与传统文化之间的关系、丰子恺与中日作家——如周作人、朱自清、夏目漱石等——之间的关系等问题,作了相当的研究。② 笔者本人近年来则就丰子恺散文与中国的现代性之间的关系作了初步的探讨。③

关于丰子恺散文研究中的现代性问题,早在1930年代就已有评论家注意到。苏雪林在《俞平伯和他几个朋友的散文》④一文中即写道:

丰氏乃叶绍钧之友,与俞朱大约也相识。其作风虽不能强说与俞平

---

① 发表于《当代作家评论》2000年第3期"无名论坛"上的黄发有的《月黑灯弥皎 风狂草自香——当代视野中的丰子恺》一文,是类似研究中的优秀之作。该文从中国当代文学的视野出发,将丰子恺定位为"一位被重新发现的'失踪者'",并认为丰氏的"失踪"不同于"沈从文的沉默守真,更不同于路翎的'一生二世'。他的'失踪'不是销声匿迹,而是指其真实情性在时代重压下的蹑足潜踪。"由此,作者隐约提示我们,丰子恺建国以后的散文写作,主要地,不能从那些公开发表的"声音"出发去加以讨论,而要注意到那些"忙里偷闲的'自得其乐'"式的地下写作。黄文在行文中贯通了丰子恺1920、30、70年代的创作,凸显了《缘缘堂续笔》中丰子恺本人的文化立场。

② 此类研究中值得注意的有日本学者西槙伟的《门前的彷徨——试论丰子恺〈法味〉(1926)与夏目漱石〈初秋的一日〉(1912)、〈门〉(1910)》(收《永恒的风景——第二届弘一大师研究国际学术会议论文集》,中国文化艺术出版社,2008年1月第1版)、余连祥《历史语境中的周作人与丰子恺》(《鲁迅研究月刊》,2004年第4期)、陈星《丰子恺与夏目漱石》(《艺谭》1985年第2期)、丰华瞻《丰子恺与日本文学》(《文汇月刊》1984年第9期)等。

③ 在这一论题上,笔者除了有《病车:丰子恺的机械观及其现代性反思》(《浙江广播电视专科学校学报》,2004年第4期)、《暂时脱离尘世——丰子恺的"闲情"散文及其文化内蕴》(《浙江学刊》2007年第4期)、《"失乡":丰子恺的都市散文及其现代性反思》(《杭州师范学院学报》2008年第1期)等文发表外,像《对主体性失落的警惕:丰子恺的艺术观与科学观》(《杭州师范学院学报》,2001年第3期)、《有意味的遗忘:对科学思维的拒斥——丰子恺"中国美术优胜论"解析》(《华东师范大学学报》,2002年第5期)等讨论丰氏艺术思想的文字,也涉及到这一主题。

④ 苏雪林:《俞平伯和他几个朋友的散文》,原载1935年1月《青年界》7卷1期;现据丰华瞻、殷琦编《丰子恺研究资料》(宁夏人民出版社1988年版,261—262页)引用。

伯一路,但趣味则相似。所谓趣味即周作人之"隐逸风"及俞平伯"明末名士的情调",我们又不妨合此二者以日本夏目漱石的东方人"有余裕""非迫切人生""低徊趣味"来解释。

……

他教人"对于世间的麦浪,不要想起是面包的原料;对于盘中的桔子,不要想起是解渴的水果;对于路上的乞丐,不要想起是讨钱的穷人;对于目前的风景,不要想起是某镇某村的郊野。"这就将网剪断了,其人便能"常常开心而赞美"了。这类思想在现代批评家看来也许要加以什么"反革命""落伍"等等攻击,但弓弦张而不弛便不免逆断,人类心灵永远充满战斗思想也不免苦闷难堪。在这十分紧张的工业时代和革命潮流汹涌的现代中国,搏斗之余,享乐暂时的余裕生活,也是情理所许的事,不过沉溺其中不肯出来成为古代真的避世者风度,却是要不得的罢了!

苏雪林的评论透露出两个方面的意思:一方面她已经注意到丰子恺(也包括了周作人、俞平伯甚至夏目漱石等作家在内)的闲情散文在"十分紧张的工业时代"的文化意义,即"弓弦张而不弛便不免逆断,人类心灵永远充满战斗思想也不免苦闷难堪",看到的是艺术的趣味对于现实人生的慰藉作用;另一方面,尽管如此,在1930年代的特殊语境下,苏终于也不敢(或者也可以说是不愿)太从"趣味"在"工业时代"的意义出发,为周作人、丰子恺们的创作争取别一种文化上的解释,反而在行文的最后仍以谨慎的语调对这一文化态度潜在的危险作了预言式的批评,认为真要"沉溺其中不肯出来成为古代真的避世者风度,却是要不得的"。这样的观点和鲁迅评论小品文的态度虽有其不一致的地方,但在最为根本的着眼点上,其实却有相当的一致性。正是这种"要不得"的思想观念主导了评论界对于这一部分散文创作的批评——人们在充分肯定以鲁迅为代表的文学的现实战斗精神的同时,认为崇尚审美的闲情散文对于人们的精神有麻醉作用;由此形成的主流评价是:承认闲情散文在艺术上的成就,同时亦着重批评其在社会功能上的消极一面。这样的评价体系与言说思路,在1930年代有其相当的思想敏锐性,然而在21世纪的今天,在革命与救亡的社会背景已经被现代化发展,以及在这一发展过程中所暴露出来的现代性问题所取代之际,已经失去了它最主要的社会基础与思想锋芒,因而需重新作出评估。正是这样,从现代性视野出发考察丰子恺的散文写作,应该还有许多重要的学术工作可做。

作者:杭州师范大学学术期刊社编审、学报社科版执行主编

A General Review of Research Work on Feng Zikai's Essays

Zhu Xiaojiang

Since 1930s, research work has been carried out on Feng Zikai's essays for over 80 years, which can roughly be divided into two stages: criticism done before 1980 was largely impressionistic, the critics introducing and commenting on his essays also in essay form. However, these comments already touched on some core issues in the research on Feng's essays, such as the Buddhist ideology in his essays and its evaluation and the style of of his essays and reached a few classical conclusions. After 1980s, with the intensification of academic rigor, attention began to be paid to academic principles and norms in research papers. Besides continuing to pursue the issues brought up in the first stage, the second stage made outstanding achievements in the study of the editions of Feng's essays, the relationship between his essays and modernist reflections and comparisons between Feng Zikai and other Chinese and Japanese essayists.

丰子恺与台湾之因缘

黄仪冠

一、前言

  丰子恺的艺术面向广博,无论是散文、书画、篆刻,或者艺术论著,音乐演奏等等皆是其创作灵光展现,作品量丰沛且融通各种不同艺术形式媒材,跨界的创作开展丰美的艺术盛宴。台湾的莘莘学子从国文教材教科书里,认识到丰子恺这位艺术家,中学教材选其《渐》、《山中避雨》及《杨柳》等多篇散文,使得一般台湾读者皆知晓这位多才多艺的创作者,在一般的书店里也可找到丰子恺的作品。这位对于台湾读者并不陌生的作家,曾到过台湾旅行,而且留下有关台湾的画作,本文即试图追索其旅台的踪迹,以及其画作如何反映台湾风情,以及国民政府刚接收台湾的初期,台湾民间的众生相。最后希望能从国文教材对于丰子恺的散文创作介绍及中学教师如何教导其作品,台湾研究者从何种角度分析丰子恺的作品,管窥丰子恺对于台湾的影响,及与台湾之因缘。

二、丰子恺来台

  1948 年丰子恺应台湾开明书店经理章锡琛的邀请,来到台湾旅行近两个月,下榻于台北中山北路的文化招待所,且在台北中山堂举行个人画展,应邀在广播电台作了一场以《中国艺术》为题的广播演讲,于 10 月 13 日晚间 8 点

15 分播出。台湾《雄师美术》期刊曾刊登其讲稿全文。[①] 据当时的报道:"丰子恺书画展与曾卧石书画展,同在台北中山堂光复厅楼上举行。丰子恺先生是当代名驰中外的书画家,曾卧石是新露头角的小神童,前者是一位须发苍白的老先生,后者乃是一个六岁的小孩子。一老一幼,平分秋色的各占了会场的一半,真所谓相映成趣了。"[②]此种巧合的安排,展开丰子恺与台湾之因缘,透过他对儿童的关照,以及教育的观察,对于两岸的学子及创作者都有相当的影响力。当时在台湾展出的画作有一百八十余件,各报刊杂志皆有篇幅加以报道,推介其画作中含蓄深刻的人情味,给予人生之沉思、遐想,以及童年天真的回忆,如同一首平静而写实的诗。在另一则报道述及"丰子恺赴台月余,饱览岛上名胜,上月假台北中山堂光复走廊公开举行画展后,稍事休息,料理行装,于十一月廿三日偕女公子一吟,乘鹭江轮船离台抵厦。"游览台湾风景名胜之后,丰子恺与其女前往厦门,凭吊弘一法师,且拟赴闽南搜求其遗墨。[③] 丰子恺来到厦门,参谒南普陀寺弘一法师的故居,见到当年法师所手植杨柳,顿时百感交集,书画一幅"今日我来师已去,摩娑杨柳立多时"之作,以记此事。[④]

　　丰子恺闽台之行后,台湾较有系统引介其作品,要到 1977 年《雄狮美术》月刊制作《丰子恺特辑》,向台湾新一代年轻读者介绍这位创作丰沛的艺术家,且针对其多幅画作进行解说,此是台湾较早以专刊方式介绍绘画作品。1988 年 2 月《雄狮美术》月刊 204 期又选辑台湾之作向读者介绍。杨牧先生于 1981 年编选《丰子恺文选》四册,最早完整推介丰子恺散文创作,由洪范书店出版,前三册以散文随笔为主,后一册则漫画素描为主,选编慎审,对其创作精华,近几含括,并附丰子恺著作年表,其完整而有系统之编选,以及其序言,引领台湾读者触探其优美的艺术创作及崇高的人格心灵。1987 年丰子恺的子女,丰一吟等编写《丰子恺传》由台北兰亭书店出版,相当翔实地记述丰子恺的一生。后续陈星教授所著多种丰子恺的生平及艺术研究的论著,陆续在台湾出版。1987 年文学禹将收集到的丰子恺漫画作品约 648 幅,再加上选文 20 篇,编选为《丰子恺漫画文选集》上下两册,从此各式的文选及画册渐渐

---

① 讲稿全文参见 1988 年 2 月《雄师美术》第 204 期,第 41 页。
② 东方既白:《丰子恺与曾卧石》,《申报》1948 年 11 月 12 日第 6 版。
③《申报》1948 年 11 月 24 日。
④ 参见文学禹编《丰子恺漫画文选集》下册,(台北)渤海堂文化出版 1987 年版,第 665 页。

在台湾出版，使一般读者更深且广地认识这位艺术家。

三、南国风情之画作

丰子恺在台湾之行，历来学者认为仅有一篇从海上遥望台湾的散文《海上奇遇记》，撰于1948年10月10日，在台北创作完成，发表于11月《论语》164期。其实尚有《台北双十节》《南国女郎》，今收录于缘缘堂佚文集。《海上奇遇记》描述从"太平号"船上窗洞看到台湾的港湾情景："天色已明，台湾岛的海岸清楚可见。参参差差的建筑物，隐隐约约的山林，装在圆形的窗洞内，好像一件壁上的装饰画。"[1]在台湾游历的两个月时间，丰子恺以其艺术家的视角，细腻观察台湾的风土民情，抒发其所思所想，绘作十多幅台湾的人间相。他从海上遥望台湾时，思及"我是初次到此，预想这海岸后面的市街、人物、山川、草木，不禁悠然神往了几分钟"[2]。当时丰子恺游历草山（阳明山）、日月潭、阿里山等台湾风景名胜，目前留下的简笔素描画上题有"台湾小景"、"台北所见"、"写寄国华兄存"或"子恺台湾之作，寄呈国华兄"等字样。根据《雄狮美术》月刊吴垙的报道，这批台湾相关画作从舒国华与舒士安父子收藏所得，吴垙透过友人复印，并与丰一吟女士联系，获得其1948年台湾之行，丰子恺与高山族原住民二公主照片，及10月13日在台湾广播电台的演讲稿，俱一并发表于《雄狮美术》月刊204期。[3] 这批台湾景色的画作，其压角闲章为"人间漫画"、"石门丰氏"，尺幅在30×50公分之间。这些画作保存1950年代台湾珍贵的风貌，为台湾街头巷尾留下既写真又写意的南国风情。

1. 台北街景及台湾小景

（1）马路牛车[4]（图一）

牛车走在现代化的马路上，牛车主人戴着一个台湾常见的斗笠，车上载着叠堆的货品，旁边直立着五株棕榈树（或椰子树），稍远的背景则是现代大楼建筑物，画面呈现着现代与传统并置，1940—1950年代的台北虽已有现代

---

[1]《丰子恺文集》第6卷，浙江文艺出版社、浙江教育出版社1992年版，第394页。
[2]《丰子恺文集》第6卷，浙江文艺出版社、浙江教育出版社1992年版，第395页。
[3] 参见1988年2月《雄师美术》第204期，第41页。
[4]《丰子恺漫画全集》第7卷，京华出版社2001年版，第666页。

化的交通运输设备(火车)及洋楼林立,但仍有大片的水稻田,平日庶民生活也常见牛车走在马路上,新旧并陈,快速的机械时代仍有缓慢的牛车与其主人步行在都会中,写实呈现当时台北仍遗留许多农村的生活方式,透过丰子恺的描绘,再现一幅有趣的都会街景。

(2) 高车——台湾小景写寄国华兄①(图二)

虽然台湾早已进入现代化的时期,各种交通运输工具如火车和汽车等便捷的南来北往,但马路上大多是三轮车、脚踏车、街头人力车夫仍处处可见,画面远处有小丘,左侧三株又直又高的棕榈树(在台湾的许多画作皆有此树影,一种南国风情),画面中央人力车夫正奋力拉着高壮的车子,巨大的轮子对比瘦弱的车夫,可以感受到他斗笠下的辛苦容颜,路上有三三两两的妇人与行人,画面左边正有一位戴斗笠的平民骑着脚踏车与人力车擦身而过。丰子恺笔下呈现乘客安适地坐在有遮阳棚的车内,似乎高人一等,坐车者与拉车者之间的距离似乎拉得更远,特别有一种既趣味却又反讽的意涵,这幅图也可与另一幅《两个父亲》(拉车与乘客)一并观之,可以透显丰子恺的人文关怀。

(3) 南国女郎②(图三)

此幅描绘台北街头的妇女,画面内的女性体态丰润,三位穿着现代洋装,梳着摩登发型,手提公文包,或许是职业妇女。当时脱离日本殖民的时间不久,台湾妇女大多着本土的台湾衫、袍,较讲究时髦者或在工作职场大多穿高跟鞋及洋装,穿旗袍较少,画面呈现繁华都会的摩登女郎,愉快自信地穿梭在现代回廊下,与另一对牵手母子交错而过。这位母亲背对画面,发饰包头髻,穿着台湾衫,整个形象是保守的妇女,这幅图像似也在呈现南国女郎的现代与传统面貌。

(4) 台北双十节③(图四)

丰子恺到台湾时正逢十月十日双十节,家家户户要悬挂旗帜,所以画面右方中式屋瓦上竖立旗帜,但中间一牌坊及稍远处的日式石灯,可以想见画面中的士绅、妇孺,扶老携幼,一行游人正要登高前往神社祭拜或参访,在丰

---

① 《丰子恺漫画全集》第7卷,京华出版社 2001 年版,第 664 页。
② 《丰子恺漫画全集》第7卷,京华出版社 2001 年版,第 665 页。
③ 文学禹编:《丰子恺漫画文选集》下册,(台北)渤海堂文化出版 1987 年版,第 710—717 页。

子恺笔下写实呈现台湾的光复初期,新旧政权交替时节,日式的生活习性仍遗留在一般台湾人民的作息中。

(5) 四时不谢之花①(图五)

画面有一妇人,体态丰盈,手持一枝花,另一手提竹篮,内有花卉,妇女身着洋服,戴项链及腰带,头发微微卷烫,打扮入时,两旁路边繁花盛开,夹道迎接着手拿花束的妇人,推测应是在台北街头,时值庆典,马路皆以花卉装饰,喜气洋洋。丰子恺来到台湾是初秋时节,未有秋冬萧瑟之景,反而处处花团锦簇,四季如春的宝岛,如四时不谢之花。

2. 名胜风景

(1) 最高犹有几枝青②(图六)

丰一吟女士曾于2010年重游台湾,并撰写文章回忆相隔六十一年的两次台湾之行,对于1948年的阿里山小火车,她仍印象深刻,"启程到台中,坐小火车上阿里山。那火车是头尾各有一个龙头的,走在'之'字形的铁路上,轮换着用前后两个龙头拉动车厢上山。"③画面所绘图正中央矗立着拔地而起的硕壮枝干,此乃名闻遐迩的阿里山大神木,前有蜿蜒交错铁道,行驶着在1918年通车的小火车,蒸汽火车白烟袅袅飘扬在青翠山峦之间,虽是疏淡几笔,已将阿里山的姿态跃然纸上,旁有题识"最高犹有几枝青—台湾阿里山巅三千年神木",赞叹大自然的奥妙,千年的神木,树端仍有绿意冒出,生命力如此地坚毅挺拔,历练风霜,也颇有"树犹如此,人何以堪"的感叹。

(2) 阿里山云海(图七)

根据丰一吟女士的记述,1948年的台湾之行,启程到台中之后,搭乘小火车到阿里山,云海之景令人难忘。她回忆道:"我们观赏了三千年神木,爸爸后来还画了一幅阿里山云海的画,题名'莫言千顷白云好,下有人间万斛愁',是一幅富有宗教意义的画。"④今日所寻找到的相关图绘,画面群峰环绕,云海烟波浩渺,图画左侧有两株棕榈树(或槟榔树)伸出云海之上,近景绘有两位穿长袍的士绅,其中一位戴礼帽杵拐杖,另有两位女孩一高一矮立于画面右侧,四人皆在观赏壮丽的云海,设色淡雅,气氛祥和。画上题识"莫言千顷白

---

① 《丰子恺漫画全集》第7卷,京华出版社2001年版,第663页。
② 《丰子恺漫画全集》第7卷,京华出版社2001年版,第671页。
③ 丰一吟:《相隔61年的两次台湾之行》,载《旺报》2011年2月16日。原文由上海《杂志》提供。
④ 丰一吟:《相隔61年的两次台湾之行》,载《旺报》2011年2月16日。原文由上海《杂志》提供。

云好,下有人间万斛愁"。丰子恺绘作阿里山观云海图,将千顷云海与人间万愁作比对,可知其心系民间疾苦以及对人世间的悲悯襟怀。

(3) 杵影歌声①(图八)

画面中央有原住民妇女五人,持木杵作捣米的动作,后方背景则散置几株槟榔树,此画面风景推测为日月潭,其原住民部落为邵族,日常农务是将米粟置于石臼中以木杵舂之,当地若有来宾拜访,妇女们也以杵捣米的动作,搭配原住民歌声,以接待欢迎来宾。

3. 台湾饮食物产

(1) 凤梨②(图九)

画面有两株凤梨树在围墙内,外面有一妇女与一女孩并立注目观赏之,小女孩彷佛兴奋地指着结实累累的大凤梨。画面透过人物视线注目凤梨,引导观画者的视线聚焦于树上硕大丰美的果实。凤梨是台湾的重要物产,在1950—1960年代的外销产品里,凤梨罐头是重要的外销商品,丰子恺来到台湾对于热带水果应是充满兴味的观察着,并化作其笔下的风土物产。

(2) 拥被吃西瓜③(图十)

另一幅述及台湾水果的是西瓜,在一盏灯下,一妇人正小茶几上用大刀切西瓜,旁有一男子包裹大棉被等着吃西瓜。这个画面空间似在描绘当时一般台湾家庭仍常见的榻榻米和室内,男女主人席地而坐,一边谈天家常一边吃水果,原本消暑圣品的西瓜,但在初秋时节,可能有几天较凉爽,在画面里男人拥被吃西瓜,此间的矛盾透显一种趣味性。

(3) 流动饮食店④(图十一)

画面一戴斗笠的小贩,拉着流动餐饮车,背景有三株棕榈树,这种餐饮车上有小屋顶,旁有各种料理的材料,两侧边则挂上几张小凳子,随时在路边一摆,马上可以简便料理各式小吃,让客人坐着享用,其餐车模样与今日日本的关东煮的流动小摊相去不远,也是台湾现今各式各样夜市小摊贩的先驱,丰子恺细腻的笔触留下流动摊贩的劳动身影。

以上这几幅台湾之作,充分表现出丰子恺的漫画特色,其简单朴纯的线

---

① 《丰子恺漫画全集》第7卷,京华出版社2001年版,第661页。
② 《丰子恺漫画全集》第7卷,京华出版社2001年版,第662页。
③ 《丰子恺漫画全集》第7卷,京华出版社2001年版,第667页。
④ 文学禹编:《丰子恺漫画文选集》(下),(台北)渤海堂文化出版1987年版,第710—718页。

条,却表现出趣味性、时事性与人文关怀,在朴拙的线条下表现特殊的文人兴味,与当时欧美画报上的讽刺漫画或时事漫画风格不同,展现的视角观点也有异。透过传统书画线条与西式漫画构图的结合,丰子恺将台湾南国风情描绘出来,他观察到台湾街头小贩、人力车夫等中下阶层的庶民生活,南国的物产水果,如凤梨、西瓜等。丰子恺亦观察到政治时局影响下对于台湾的影响,在台湾1948年左右刚脱离日本统治,台湾人仍保有日本生活习惯,如房间装设榻榻米,参拜神社,日常生活仍以日语通行等等。另外,台湾山光水色,浩淼云海,阿里山神木及日月潭,以及原住民高山族的美丽倩影皆一一在其笔下呈现。在丰子恺素朴的线条里,呈现台湾脱离殖民统治初期,其风土民情,以及人情物趣,既有现代感又展露文人抒情性,呈现一种淡雅的情趣,民生关怀,以及独具只眼的趣味性。

四、台湾中学国文教材选录

台湾中学国文教材,在1990年代教科书开放民间选本之后,有众多版本,多有选录丰子恺的散文作为选文教材,其作者简介说明:丰子恺是一位具有多方才华的新文学作家,散文惯从日常事物阐释人生哲理。教材选录的教学目标则是引导学生欣赏其散文风格清新隽永,质朴自然,并学习其写作的技巧,文字的营构。兹举例如下:

(1)《渐》(图十二)

《渐》为说理名作。台湾中学教科书选本,此篇在早期国立编译馆统一版本时期,即已收录。选文的策略在于引导学生观察时间的变化,深入文章的主题:由时间渐变的观点,揭发了"渐"对人的蒙蔽,掩盖了事物发展变化的痕迹,使人误认一切皆恒常不变,使人留恋人生,只追求眼前的利益,以致产生了许多凶险残忍的争斗。揭露了生命变化的本质,启示人们正视时间的推移,进而超越时间的限制,而成就超然无我的大人格与大人生。学生研习本文,既可对丰子恺的散文特色有所掌握,也可深刻体会如何在无时不变的时间洪流中,掌握方向,开展胸襟,提升智慧,丰富生命。

(2)《山中避雨》(图十三)

台湾教科书选取的散文多属抒情记事之文,丰子恺《山中避雨》一文记叙作者在西湖山中遇雨、避雨的经过及感触。教学上引导学生以闲适心情面对生活中的小插曲,生命里突来的急风骤雨,也可化为一首优美的乐音。教科书于文章结构上,剖析本文:首先写叙事者因遇雨而仓皇走避山村茶店;其次述及叙事者向茶博士商借胡琴,拉奏小曲,引发同行女孩、村中青年同声唱和的经过;最后抒发一己的体悟——"音乐的感染力"果真可以拉近人与人之间的距离,使彼此的相处更和谐。叙事平易,深富趣味。

(3)《杨柳》(图十四)

台湾教科书上的"题解"述及:本文选自丰子恺文集,丰子恺一生,由于长期受师友熏染,与佛学有极深的渊源,所以散文中每每带有浓厚的佛学色彩,引导读者体悟人生,发挥生命的根本意义。文学创作对他而言,正是一种对自我与众生的期许与勉励。作者认为世事莫不有其因缘,而将自己由佛学中获得的人生体悟,藉杨柳"时时眷顾根本"的特质,针贬世俗贪婪忘本的丑态,表现他对人世的关怀。透过题解可知本文主要引导学生体悟世事的因缘聚合,并且不忘根本,对于生命的根本意义加以探索。同时通过赞美杨柳"贱"而有用、高而能下的质量,体现了作者在处世待物上超越世俗名利欲念的人生观念。引导学生欣赏丰子恺行文婉转曲折,自然舒展之特质。其学习方向:

其一,认识丰子恺小品文的特质与风格

其二,学习随缘而不执着、自然而不强求的人生态度

其三,体会"高而能下"、"高而不忘本"的品德

教科书的编选着重于丰子恺小品文的风格,强化其人格素养于其文章中的展现,故在文学性的赏析与文字风格的分析之外,增强其文章内涵与哲思,促使学子能进一步体会随缘不执着,自然不强求,以及"高而不忘本"等追本溯源的人生思想与冲淡豁达的人生体悟。

(3) 儿女(图十五)

教科书透过同一主题,但不同作家的选文,引导学生观摩其写作技巧与风格。不同作家以相同的题目写作,是一个有趣的文学现象。朱自清与丰子恺都是现代文学名家,本课选录他们的同题散文儿女,除了可以认识作家不同的表现技巧与散文风格,也可以了解同题散文的写作特色,从而体认到作家个性与作品内容的关联性,体会散文"文如其人"的特点。这两篇都是以父亲的立场反省对儿女的态度,而且把父亲与儿女之间的骨肉之情写得极其感

人,以生活中的具体事件切入,在简洁精炼的描写中,洋溢着真情至性,表现细腻而委婉,藉此除可增进学生的鉴赏与写作能力,在潜移默化中,还可体会亲情的可贵,并对当前的亲子关系有所启发和导正。

(4) 梧桐树(图十六)

此版本收录丰子恺《梧桐树》一文,其课文前的说明：丰子恺为近代文学、艺术大师,其作品经常蕴含对生命的关怀,对世事的观悟,《梧桐树》是作者描绘景物、融会哲理的名篇,引导学生学习时,可就下列重点加以注意：

其一,观察作者描写梧桐树的写作技巧。

其二,体会"自然不能被占有"、"艺术也是不能被占有"的含意。

其三,认识丰子恺质朴平淡、淳厚隽永的散文风格。

从台湾教科书的相关选材编辑,早期国立编译馆时期,选择丰子恺的《渐》一文,着重其人生哲理式的阐发,到后期各家版本选取其散文着重于其平淡质朴,隽永敦厚的散文风格,以及随顺自然,随缘聚合的生命情怀,主题遍及生活哲理探求、亲情邻人的描绘、自然万物的启发,更加多元呈现丰子恺的散文样貌。

五、台湾研究成果概述

丰子恺的创作丰富,跨越各种艺文领域,既是中国知名的漫画家、散文家,也是美育家,对于音乐领域亦有涉猎,跨足音乐教育,举凡种种皆可见丰子恺创作之多元与跨领域。台湾近二十年来陆续有学者投入丰子恺的相关研究,在现代文学领域里,丰子恺算是研究的质与量都较为丰沛的作者,以下就台湾学术论文收藏于有关图书馆所检视出的相关研究成果,其学位论文大致可分为文学、艺术、哲思、翻译四个类别,以下主要针对散文、绘画研究、美学思想等作个概述：

1. 文学：散文、随笔研究,小品文研究

针对丰子恺散文研究占有的比例为最大量,研究者分别从纵观整体的丰子恺其人及其文学进行研究,如《丰子恺及其散文研究》《丰子恺及其散文的修辞研究》《丰子恺散文类型研究》《丰子恺随笔研究》等等,研究于丰子恺的生命历程,问学历程,与其散文创作之间的关系,尚有翻译的研究,如：《以文代画：丰子恺小品文之翻译与评论》①，以及从文字修辞、文章类型等方法切入的硕士论文。

台湾较早全面从文学性探索丰子恺散文艺术，应为石晓枫所撰《丰子恺散文研究》②，原为台湾师范大学硕士论文，后修订成书。其核心文本探讨丰子恺文学性散文，再加上所有艺术美学相关文章，总计有三百余篇，透过这大量文本的梳理，再连结丰子恺的生命历程，从师问学之经历，以探讨丰子恺的思想成因，进而阐释丰子恺散文的内涵，并且针对他创作历程作出分期，最后述及创作中的艺术表现，以及其散文的历史定位与现代意义。这是台湾较早针对丰子恺文学性及美学作全面关照的学位论文。孙中峰撰《丰子恺散文析论》③，其论析的文本以丰子恺1949年以前的散文创作为中心，共划分为二个时期，一是在20世纪20年代，另一时期是20世纪三四十年代，透过不同时代的分界，探索时代环境，时局变迁与丰子恺创作历程及艺术风格之关连。张俐雯所写《丰子恺及其散文研究》④，乃是其博士论文，研究内容着重研究丰子恺的生平与创作背景，他将其生平作十分细致的分期，共分为六期展现其论述：早慧奠基、创作展开、创作旺盛、抗战逃难、创作转换、晚年沉淀。最后他提出丰子恺的"鹤型人格特质"的观点，并兼论其随笔散文。另外，有从其他文类作分析，特别从丰子恺的随笔，小品文等作分析，如李慧芬《丰子恺随笔研究》⑤。论文亦从丰子恺生平切入，连结时代，生平经历与其艺术创作的历程，聚焦于其随笔作品作为分析对象，归结出其随笔散文呈现出风土民俗、人情物趣等小品文特色。再者，台湾亦有研究论文从丰子恺散文与教学之间关系论述，如施宜馨《丰子恺散文及教学研究》⑥。此论文先述及丰子恺的生平与散文创作，通过"作者论"、"思想论"、"主题论"、"艺术论"、"教学论"等章节，分析其散文创作里的哲理思想、主题意涵、艺术表现、教学艺术等等，对于其美学思想如何呈现，并实践于其散文作品，以此探析丰子恺在散文创作的特殊性与历史地位。

---

① 汤丽明：《以文代画：丰子恺小品文之翻译与评论》，（台北）辅仁大学翻译学研究所硕士论文，1993年。
② 石晓枫：《丰子恺散文研究》，（台北）台湾师范大学国文学系硕士论文，1995年。
③ 孙中兴：《丰子恺散文析论》，（台南）暨南大学中国语文学系硕士论文，1998年。
④ 张俐雯：《丰子恺及其散文研究》，（台中）东海大学中国文学系博士论文，2006年。
⑤ 李慧芬：《丰子恺随笔研究》，彰化师范大学国文学系硕士论文，2006年。
⑥ 施宜馨：《丰子恺散文及教学研究》，高雄师范大学国文教学硕士硕文，2004年。

2. 艺术：绘画研究，创作风格

近年来诸多学者关注丰子恺的漫画成就,台湾研究者也渐渐不再独尊其散文研究,慢慢关注其绘画与艺术风格的探讨,如学位论文《丰子恺绘画艺术之研究》《丰子恺〈护生画集〉体、相、用之探讨》《丰子恺文人抒情漫画研究——以1937年以前画作为例》等等。邱士珍《丰子恺绘画艺术之研究》论文先就其艺术创作之背景,绘画风格,以及其创作理念,并实践于其绘画教育之历程作分析,并纵观其画作就其创作风格作出分期界定,最后则综述其绘画艺术成就,以及对于中国美育的推进与开启。黄兰燕《丰子恺文人抒情漫画研究——以1937年以前画作为例》,相较于诸多论文从西方美术教育,或者日本漫画对于丰子恺的影响,这本论文则从传统中国文化的人文关怀,文人抒情性论述丰子恺的绘画艺术。对于其漫画特质既传统又现代,既富文人风又有时事讽喻性,最后归结出漫画创作的三点特质:"将文学性注入漫画图像"、"雅俗共赏的艺术成就"、"文人抒情美学"。透过此三种特质开展对于中国漫画特质的分析,以及对丰子恺漫画研究可能的突破与研究途径。

3. 美学哲思：佛学思想，童心体现，生命情境

台湾研究学位论文,对于丰子恺艺文创作中有关儿童的呈现,亦感到相当有兴味,并有几篇论文涉及其童心体现、儿童观、儿童世界等,如《丰子恺图文创作中的儿童世界研究》等等。王苑琪《丰子恺美学思想中"儿童观"之研究》,其研究核心文本归纳丰子恺以"儿童"为主题呈现的艺文创作,探究其中的美学思想,并且透过文化思想中儒、释、道对于丰子恺的影响,追溯其思想的形塑与成因,以此剖析出其"儿童观"的美学特质,进而综论丰子恺在中国美育上的实践与历史评价。其他如黄怡雯《丰子恺散文中的儿童主题研究》[①]其研究的核心文类为丰子恺散文,并将其散文中述及儿童内容截取出来,透过"童真的发现与赞颂"、"儿童观、儿童教育的理念与实践"与"童年忆往与根本的回归"三个特质归纳,再依时代分析其写作特质,梳理其作品中儿童主题的创作历程与思想内涵。

另外,丰子恺艺文创作中多有融入中国传统文化及宗教情怀,儒家、道家、佛家等宗教思想影响其文章中人生哲理的述叙,台湾佛教、道教的发展兴

---

① 黄怡雯:《丰子恺散文中的儿童主题研究》,(台中)中兴大学中国文学系硕士论文,2003年。

盛,再加上台湾茹素文化,环保思想的高涨,近年台湾研究者对于丰子恺艺术创作中与佛教思想、护生思想皆有关照及论析。如蓝连欐撰所著《丰子恺艺文创作与近代佛教转型之研究》,他从丰子恺的时代社会背景溯源,联系中国佛教近代以来受到社会风气,时局变化的影响,产生不同的发展与转型,以适应现当代的社会生活。在佛教转型及佛学哲思,对于丰子恺思想人格的塑型,还有对他的散文创作,漫画艺术的影响,总结出"人文化成与生命风貌","散文艺术与启迪人心","子恺漫画与护生护心"三方面,以此证析丰子恺艺文创作与时代密切结合之关联,以及其艺术成就。马志蓉《丰子恺散文中的护生思想》[1]透过大量梳理丰子恺散文,将其内涵具护生思想的相关篇章择取出来,分析其佛教思想,散文风格,并对其作品作定位,以综述其散文中护生思想的精神与现代意义。蔡琇莹所写《佛心与文心——丰子恺生命风貌之探究》[2]论文核心本文主要是丰子恺散文作品,透过文本分析以及文献探讨的方式深究丰子恺的生命风貌。论文架构以佛教四圣谛的思维模式,解析其作品中对生命苦难的探索、理解、领悟、及如何应对与消解之道,以达其生命本因缘聚合,与人生旷达之体悟探究丰子恺对生命之苦的思索、领悟、消解之道及人生体悟等生命风貌。

　　早期由于台湾编译馆的国语文教科书,收录丰子恺散文《渐》,故散文成为台湾认识这位创作者最初的印象,也使得丰子恺其人及散文研究占有最大宗,其论文结构往往先行概述丰子恺的生平,梳理其从师问学,及朋友交谊之概况,然后再诠析其散文之风格。综观文学性研究大体上皆从两个研究方向入手,分别从主题分类或者创作年代分期,并结合其生命历程,诠释其散文内涵与风格。台湾较早研究丰子恺的学位论文乃是石晓枫的硕士论文,其论文应总体勾勒丰子恺生平及散文之风貌,同时她亦关注白马湖作家群与丰子恺之间的交谊,以及诗画之间的美学特质。张俐雯的博士论文,是近年研究丰子恺散文较全面且深入的学位论文,她涵括台湾近十多年来对丰子恺研究成果的总梳理,虽然她强调以跨领域来研究丰子恺,但其论述仍以生命历程,文学风格,散文作品为其核心。另有从其散文类型,以及应用修辞学等研究方法,对于丰子恺散文进行文字上更精细的梳理与深化。晚近,台湾对丰子恺

---

[1] 马志蓉:《丰子恺散文中的护生思想》,(台北)华梵大学东方人文思想研究所硕士论文,2000年。
[2] 蔡琇莹:《佛心与文心——丰子恺生命风貌之探究》,高雄师范大学国文学系硕士论文,2002年。

的研究展现多元面向,举凡文学,绘画,教育,美学,佛教思想等等各方面皆有论述。综言之,台湾探讨丰子恺呈现多元面向诠释与解析,以跨领域的方式研究丰子恺的艺文创作,遍及其文学成就、绘画特质、美学思想,并综述其在中国美术教育的历史评价与地位。

六、结语

本文试图追索从1948年丰子恺来台之因缘,进而剖析他在台湾的活动,以及曾经创作的绘画作品,其反映台湾的何种风貌,以及与当时社会状况,历史脉络等等,作一番探索。另外,针对台湾中学国文学教科书,所举录丰子恺散文,探析呈现的作家身影,以及其散文风格的教学策略,最后则概述台湾研究学位论文,对于丰子恺相关的研究篇目作个说明,希冀能对于目前丰子恺的相关研究有所补遗。

【附图】

图一

图二

图三

图四

图五

图六

图七

图八

图九

图十

图十一

图十二

图十三

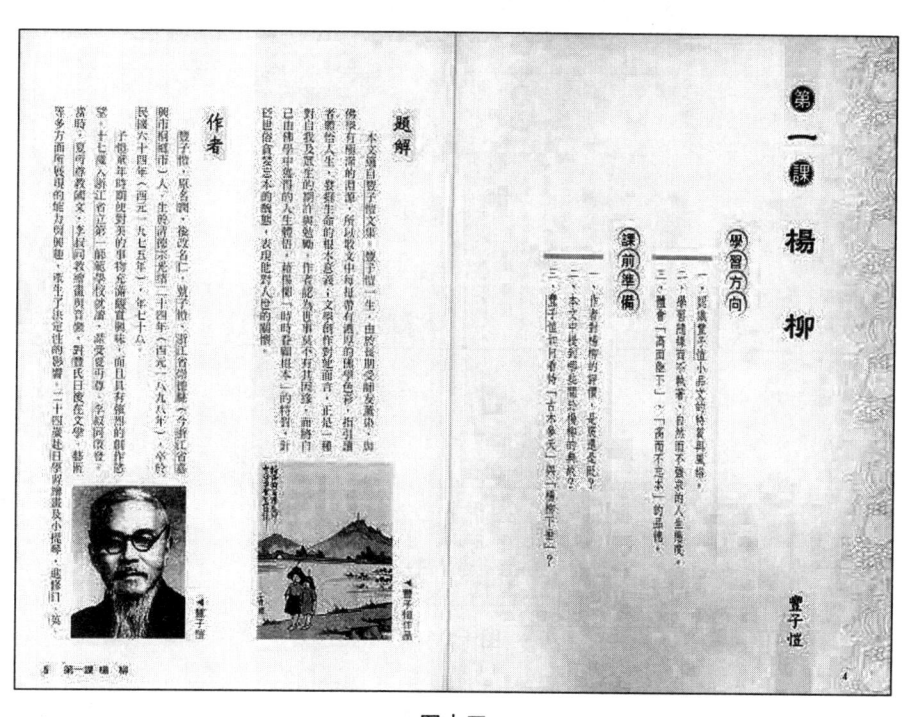

图十四

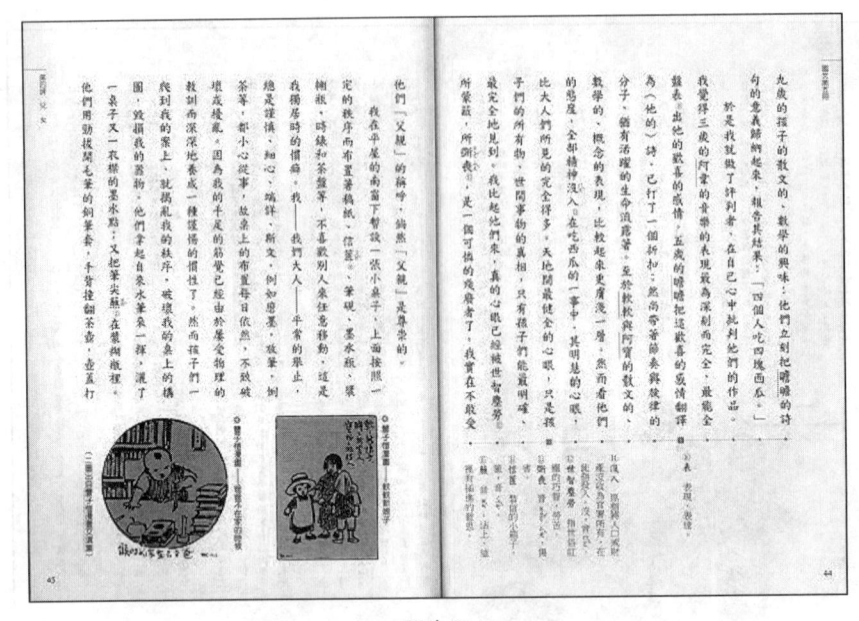

图十五

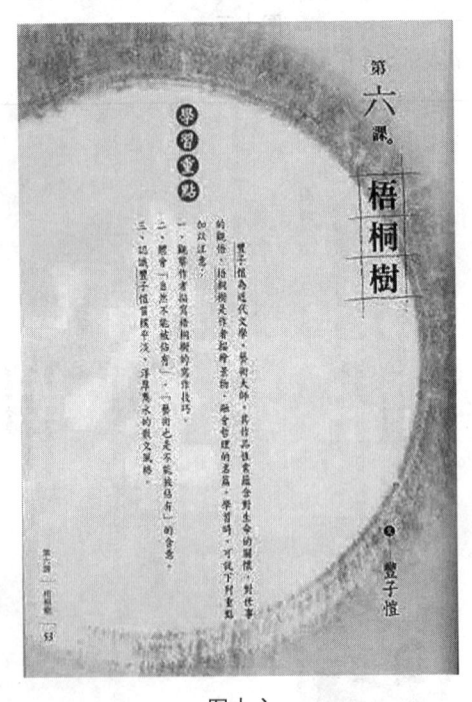

图十六

作者：台湾彰化师范大学国文学系副教授

Feng Zikai's Encounter with Taiwan

Huang Yiguan

Feng Zikai once traveled in Taiwan and produced paintings about it. This paper attempts to trace the trajectory of his travel and explore how his paintings mirror the Taiwan of that time and what life was like immediately after the Nationalist government's take-over. It ends with a glimpse into Feng's encounter with and influence in Taiwan obtained from an observation of how his essays are presented in textbooks of the Chinese language and how secondary school teachers approach his works.

丰子恺童话对古典文学的继承

吴元嘉

一、前言

丰子恺(1898年11月9日浙江省崇德县石门湾出生,卒于1975年9月15日),弘一大师高徒,除了广为人所熟知的绘画艺术,才华遍及音乐、书法、文学创作、理论、翻译等各个方面,著作丰富。

丰子恺创作童话,与他向来重视教育,肯定艺术之于人生有着无与伦比的意义与价值有关,《儿女》道出丰子恺童话写作的内在因缘:

> 近来我的心为四事占据了:天上的神明与星辰,人间的艺术与儿童。这小燕子似的一群儿女,是在人世间与我因缘最深的儿童,他们在我心中占有与神明、星辰、艺术同等的地位。[①]

丰子恺之女丰宛音为香港山边社编辑之《丰子恺故事集》序文中,也清楚提及父亲丰子恺乐于给孩子讲述故事的情状:

> 这本书里的故事,极大部分是我父亲在抗战时期讲给我们听的。那时我们才十多岁。侵略者的炮火逼使我们背井离乡,到处流浪,受尽了苦难。但父亲始终坚信最后的胜利一定属于我们。他素性乐观开朗,一路上仍然和战前家居时那样,经常给我们讲故事。很多故事是逃难途中

[①] 杨牧编:《丰子恺文选》,(台北)洪范书店1988年版,第155页。

在舟车旅社间讲的。到内地后,暂得定居,父亲虽然整天忙于文艺抗宣工作,但有空仍然经常给我们讲故事,还要我们听过后记下来,作为写作练习。①

因为重视儿童教育,以及之后参与了开明书店编辑的《新少年》和《中学生》两份儿童刊物,1948至1949两年丰子恺发表了大量的童话创作。

文化底蕴深厚的丰子恺,在他的童话中和谐地融入许多古典文学的精彩元素,如:饱含人生哲理的典故阐扬、宋明儒学明心见性、陶渊明世外桃源形象和结合《聊斋志异》"异史氏曰"与宋代说书人厘清事件、总结教训的说故事方式;古典文学芳菲足迹在丰子恺童话创作中处处可见,俯拾即得。本文以丰子恺文集、童话集为研究文本,分别由现实的超拔精神、话本叙述模式、桃花源题材的撷取运用和文化典故四个层面,阐释丰子恺童话对古典文学的继承。

二、人间之歌——根植于现实的超拔精神

生活是一切艺术的泉源,无论是以浪漫幻想或写实手法表现,童话仍以启迪孩童美善情思为主要目的。丰子恺的创作不同于其他浪漫想象的童话,他的故事建构于不圆满的现实世界,《毛厕救命》就从"大约是一九三九年的事,日本打中国打得正凶,天天用几十架飞机来轰炸重庆。他们想我们被炸得害怕,向他们无条件投降"②开始说起。《银窖》也在正式进入故事之前,这样交代故事的时空背景:

> 江南有个镇,抗战时是游击区。日本鬼与我们的游击队打进打出,打了四、五次,打得镇上的房屋全部变为焦土!③

《赌的故事》围绕公然赌博编纂故事,暗讽抗战胜利后社会不进反退的腐

---

① 林文宝:《丰子恺与儿童——代序》,见所编《丰子恺童话集》,(台北)洪范书店1995年,第144页。
② 丰子恺:《丰子恺儿童文学全集:小钞票历险记》,(台北)龙腾文化事业股份有限公司2012年版,第159页。
③ 丰子恺:《丰子恺儿童文学全集:小钞票历险记》,(台北)龙腾文化事业股份有限公司2012年版,第136页。

败异象：

> 胜利后的阴历新年，比抗战前的阴历新年过得更加隆重，好比是倒退了十年。记得抗战以前，阴历新年虽然没有尽废，但除了十分偏僻的地方以外，大都已经看轻，淡然处之。岂知胜利以后，反而看重起来：公然地休市、公然地拜年，有几处小地方，竟又公然地赌博。这显然是沦陷区遗留下来的腐败相，这便是战争的罪恶。[①]

《姚晏大医师》表面说一个骗子的故事，实际内容却牵扯了报馆讯息散播之公正确实、公众卫生预防和人类心理等诸多面向的问题思考。而写实故事里的主人翁几乎由现实人生里随处可见的市井小民扮演，人物虽是作者创造的虚构人物，但他们的行为反应却是人类所共有，反映了人生百态与理想追求。《博士见鬼》传递实事求是，理性科学的文明精神；《为了要光明》《三层楼》《猫叫一声》《毛厕救命》等故事则讲一切因缘聚合，因果辗转相生，现实人生若舍本逐末，终究徒劳无功。

故事内容背景真实，容易带领孩子理解人的社会，观察、思考现实人生与个体生命的复杂关联。秉性善良而敏感的丰子恺，深刻感受苦难时代广大民众的痛苦与挣扎，他根植于艰苦现实的童话创作，却依然怀抱乐观理想；《银窖》便在看似无望的战后焦土中，安排了一次又一次的惊喜，最后挖掘出匮乏年代人人欣羡的银窖宝藏：

> 江南有个镇，抗战时是游击区。日本鬼与我们的游击队打进打出，打了四、五次，打得镇上的房屋全部变为焦土！胜利后，居民无法还乡，都迁居到他处。这镇就变成一片荒土，只有拾荒的贫民，常常到瓦砾堆中去翻垦。有时垦出一把铜茶壶，有时垦出一把火钳，有时垦出一个秤锤。……有一次，一群贫民，在一处石墙脚的旁边，竟垦出一只银窖。[②]

[①] 丰子恺：《丰子恺儿童文学全集：博士见鬼》，(台北)龙腾文化事业股份有限公司2012年版，第108页。

[②] 丰子恺：《丰子恺儿童文学全集：小钞票历险记》，(台北)龙腾文化事业股份有限公司2012年版，第136页。

《小钞票历险记》里,丰子恺总在主角一次一次历劫归来后,发出这样的喟叹:

> 我借了这天窗的光,看看自己,浑身是泥迹、汗迹,外加鸡粪迹和伤痕,不禁叹息。一位伯伯冷笑着对我说:"你叹什么?我们身上有着更多的龌龊和伤痕呢!到这世间来,谁能避免龌龊和伤痕?"①
>
> 我和两姑母伏在贵林的胸前的背心里,身体渐渐凉些,大家互相慰问。但是姑母们挂念着四位伯伯,流下泪来。我说:"这回的灾难,他们原是无意的。贵林嫂一定会给伯伯们调养,而且以后决不会再叫他们住在那危险的地方。"②
>
> 我们兄弟二人伏在裤裆中,交口谩骂这癞头。裤裆不绝地荡动了一会,忽然停止了。癞头取我们出来时,我但见他脱下了半条裤子,蹲在毛厕上,热心地观察我们。这里臭气熏天!但比裤裆中总好些,我们已堪庆喜了。我捏紧了鼻子,眺望毛厕外面,看见了美丽的野景。……我们不敢奢望做鸟儿蝴蝶,但能做桑地里的一块泥土,也是万幸了!③
>
> 平生所闻的臭气,不少了:朱荣生鞋底上的鸡粪臭、他的脚臭、他枕头底下的焦黄小乌龟臭、糙胡子袋角里的焦黄小粒子臭、癞头的裤裆臭、毛厕臭、溺甏臭。但臭之难当,无过于方头胡子的齿粪了!这种臭带着腥气,好像夏天的死鱼的气味;又带着酸味,好像没有放石碳酸的陈腐的浆糊气。别人"腰缠万贯",我却腰缠了这种臭东西!但是说也奇怪,我的腰果然被接好了。在灶山上烘了一会,愈加牢了。④

虽然话语不免悲凉,但是语调里仍怀抱希望、互相安慰鼓励,相信困厄会被克服,生命终如莲花出污泥不染纤尘,苦难人世依然可以是个安居的地方。故

---

① 丰子恺:《丰子恺儿童文学全集:小钞票历险记》,(台北)龙腾文化事业股份有限公司2012年版,第26页。
② 丰子恺:《丰子恺儿童文学全集:小钞票历险记》,(台北)龙腾文化事业股份有限公司2012年版,第34页。
③ 丰子恺:《丰子恺儿童文学全集:小钞票历险记》,(台北)龙腾文化事业股份有限公司2012年版,第40页。
④ 丰子恺:《丰子恺儿童文学全集:小钞票历险记》,(台北)龙腾文化事业股份有限公司2012年版,第48页。

事的结局,小钞票经历劫难又回到了他自农民银行出来后的第一个家——富裕的洋装张先生家,"张先生对着我沉思了一会,又说:'不知他游了几多地方?经过了那些人的手?'就用图画钉把我钉在他书室中的墙上,他的图案的原稿的旁边。我的残躯总算得了休养之所。"[1]一般说来写实故事的主题常为传递道德价值,但道德价值不能成为大人讲述故事的单一教育或训示;环境再恶劣艰难,丰子恺的童话却也从来不会板起面孔说教,而是教导孩子以澄澈童心观察人生,构筑一个根植于残酷现实的理想国境。这一点与陶渊明处乱世仍坚守"结庐在人境"的精神信念一致。

丰子恺的童话世界里还穿插了许多神鬼不知、严峻考验人性的诱惑现实,如《猎熊》故事里描述为保护孩子而牺牲的大白熊:

> 那边溪水深,小熊们渡不过去。大熊想把这边的大石头搬几块过去,好让小熊们爬过去找小动物吃。你看,它已经搬了两块去。它正在搬第三块的时候,你的枪弹就打中了它的项颈。这是致命伤,它一定很痛苦,想要挣扎了。但它手里捧着一块大石头,如果挣扎,必须把大石头放手;如果放手,大石头一定掉在小熊身上,而把小熊压死!因此,它忍着痛苦,紧紧地抱住大石头,不使它掉下去。它宁愿自己忍痛而死,舍不得把它的两个儿子压死!我们后来再开两枪的时候,其实它已经死了。只因它的爱子之心太坚,所以死了还能紧抱石头。你看,它现在被我们推倒了,两手还是紧抱着石头呢!啊,父母爱子之心,比石还坚,比死还强!这是何等神秘而伟大的一件事!天啊!我们做了最残忍的事了!我们犯了很大的罪过了!请你们饶恕我们!……父子两人把猎枪折断,从此不再打猎了。[2]

从猎人与白熊的对立冲突中传递美好德行带给人生的光明、喜悦与希望,以审美心态享受人生,拥抱现实磨难。而当鱼与熊掌不可兼得时,他更能透视到事件背后的文化意义与民族特性,以更深沉的内涵感动人心,从而使

---

[1] 丰子恺:《丰子恺儿童文学全集:小钞票历险记》,(台北)龙腾文化事业股份有限公司2012年版,第60页。
[2] 丰子恺:《丰子恺儿童文学全集:小钞票历险记》,(台北)龙腾文化事业股份有限公司2012年版,第156—157页。

其作品兼具时代意义与永恒价值。

三、话本的叙述模式

　　故事的叙述方式往往与它的艺术呈现形式密切相关,丰子恺为孩童准备的说故事活动,是以"茶话会"①方式进行;艺术形式与宋人以奇闻轶事吸引听众,娱乐市民的说书活动近似,讲述故事很自然承袭了宋、元话本的叙述特征。

　　宋代说书人在正式开始讲说故事前,常以一段引言引导听众进入故事,丰子恺的故事里也经常出现宋话本这样的"入话"现象。②《猫叫一声》这样引导听众听故事:

　　　　这是什么时候发生于什么地方的事？笔者尚未考实。但知这是过去、现在或未来的世间所有的一件事实。笔者为欲使读者易于想象,在叙述中借用目前的风习,但这是假定的。③

《骗子》开卷处则是这样说的：

　　　　这回讲一个骗子的故事给小朋友们听。骗子是下流人。但我讲的骗子,表面上是上流人,实际上却是作骗子的。你们将来长大了,到社会里做人,说不定会碰上这样的坏人。大家留心,不要受他的骗。④

　　《一篑之功》开始先释义"为山九仞,功亏一篑",后才接以"我逃到大后

---

① 丰一吟于《父亲和我们同在》里记载周末晚上举行的说故事活动"茶话会",也称之为"和闲会"、"慈贤会"。参考林文宝《丰子恺与儿童——代序》,见《丰子恺童话集》,(台北)洪范书店1995年,第5页。
② 郑振铎：《中国文学研究明清二代的平话集》："他们在开头叙述正文之前往往有一段'入话'以为引起正文之用。'入话'之各类甚多。有的先之以'闲话'或'诗词话'之类,有的即以一诗或一词'入话',有的以与正文相同的故事引起,有的更与以正文相反的故事做为'入话'。"作家出版社1957年版,第361—362页。
③ 丰子恺：《丰子恺儿童文学全集：小钞票历险记》,(台北)龙腾文化事业股份有限公司2012年版,第66页。
④ 丰子恺：《丰子恺儿童文学全集：小钞票历险记》,(台北)龙腾文化事业股份有限公司2012年版,第125页。

方,曾经听见一件'一篑之功'的故事,现在讲给小朋友们听听"①。《大人国》是这样开头的:"我讲的大人国,和一般童话里所讲的不同。所谓大人,并不是身体比山还高,脚比船还大,把房子当凳子坐,而在烟囱上吸烟的那种大人,却是和我们一样的人。那么为什么他们的国叫做'大人国'呢?"②《斗火车龙头》则以"这是我小时候听人讲的故事。三十多年前的事,现在讲给小朋友们听"开头,③接着介绍火车龙头应该称为机关车,和中华民俗文化对龙有浓厚兴味,之后才开始"话说……",开展出全篇。

故事中段的入话现象,如《赤心国》里介绍军官初出洞口,发现别有洞天的桃花源时,丰子恺巧妙穿插了"峡里谁知有人事,世中遥望空云山"两句韵语,④这样的叙述方式与话本里"正是"、"但见"、"有诗为证"的套语模式相合,引诗句于适当时机,烘托故事里军官心里的无限感慨,尘世纷纭复杂,人在其中实微渺而浅陋啊。

在叙述视角方面,丰子恺大部分故事呈现宋话本较多采用全知视角的叙事方式:

　　小朋友听了我这故事,恐怕要心惊肉跳。但只要你聪明,也就不可怕了。往年我逃难到大后方……⑤

　　音乐先生的失踪,变成一个神秘的问题。没有人知道音乐先生的下落。只有我是知道的,现在就讲给小朋友们听……⑥

　　这个国在什么地方?我忘记了。但我曾经去玩过,觉得很特别,所以讲给诸位小朋友听。⑦

---

① 丰子恺:《丰子恺儿童文学全集:博士见鬼》,(台北)龙腾文化事业股份有限公司2012年版,第34页。
② 丰子恺:《丰子恺儿童文学全集:博士见鬼》,(台北)龙腾文化事业股份有限公司2012年版,第116页。
③ 丰子恺:《丰子恺儿童文学全集:小钞票历险记》,(台北)龙腾文化事业股份有限公司2012年版,第118页。
④ 丰子恺:《生死关头》,见《丰子恺儿童文学全集:博士见鬼》,(台北)龙腾文化事业股份有限公司2012年版,第56页。
⑤ 丰子恺:《丰子恺儿童文学全集:博士见鬼》,(台北)龙腾文化事业股份有限公司2012年版,第76页。
⑥ 丰子恺:《明心国》,见林文宝编《丰子恺童话》,(台北)洪范书店1995年版,第144页。
⑦ 丰子恺:《大人国》,见《丰子恺儿童文学全集:博士见鬼》,(台北)龙腾文化事业股份有限公司2012年版,第116页。

以第一人称全知视角,娓娓道出彷佛亲身见闻之一切。作为故事与听众间的媒介,说故事的人在这一视角下能比较轻松、顺利地把人物和事件交代清楚;他们既可以居高临下的讲述故事,对人物言行进行描述,又可以潜入人物内心,提示其细微隐秘的心理活动,出入自如,它可以不受任何限制,对一切人物的言行、心理、事件的发生、发展和结局全部掌控。对叙事有极大的支配和控制权,为叙事者提供了非常自由的空间。《银窖》一篇叙事者隐藏于话语之后控制叙述的进程,调动听众的情绪,并在必要时终止故事,同时又不断将听众思绪拉回现实,对所说的故事进行评介、解析:

> 王老板怎样积得这七千块钱的? 我知道的,现在讲给小朋友们听听。这真是很可怜的一个故事![1]

又说:

> 假如永远没有人去发掘这地窖,让这些银洋在地下埋了几千万年,变作泥土,那时王老板的心血才真是冤枉呢! 这样说来,王老板并不可怜。但是,他在生前,为了积钱,却是受了不少的苦。你听我说来……[2]

明显在听完一段故事之后,引导听众反思,深入体会,而所提悬念又是用以补充前所未及言说的故事细节,以增强情感渲染力。这种对情节进行中断或插入,即是话本里"闲话休提"、"话休絮烦"、"不在话下"、"且说"、"却说"等套话引起话头,收束情节或转移叙事方向,充分体现了叙事者主观能动的现象。

至于《新枚的故事》结尾一样仿照《史记》"太史公曰"、《聊斋志异》"异史氏曰",代听故事的人厘清、分析事件,总结教训:

> 故事讲完了。现在我们来回想想看:那流氓欺侮老弱,穷凶极恶,而

---

[1] 丰子恺:《丰子恺儿童文学全集:小钞票历险记》,(台北)龙腾文化事业股份有限公司2012年版,第137页。
[2] 丰子恺:《丰子恺儿童文学全集:小钞票历险记》,(台北)龙腾文化事业股份有限公司2012年版,第139页。

且野心勃勃,不自量力。他的败亡是自取的。这人可野而又可怜。那壮年人呢,吃了亏起来报复,终于算清冤债,还有赔偿,真是了不起的强者。实在可美又可佩。至于那老人呢,已经到了九死一生的时候,忽然转败为胜;外加如数收回他所失去的东西,真是意想不到的奇迹!我觉得可庆而又可笑。可庆的是他的运命好。假使流氓不打壮年人这一棒,老人孤立无援,结果必死无疑。流氓这一棒,不啻把老人从地狱里赶上了天堂,而自己钻进了地狱。这真是"天道有知"、"报应不爽",岂非老人的大庆?可笑的是在这不讲道义而只有强权的旷野中,强人居然会跪在老人的面前,好像是做梦而不是事实;如今真成事实,一向气高趾昂的人对着一向打躬作揖的人跪倒下来,岂不太难为情?使人看了要笑。老人交此好运,前途应该很有希望。可惜最近这老人正在患病,头晕眼花,麻木不仁,好像有病菌在他体内作祟。我们希望他赶快请医服药,好好地注意营养,使身体恢复健康。古语云:"老当益壮",老人只要自爱,未始不能比壮年人更强的。[1]

话棚里的说书人,除了娱乐也肩负着教育听众的现实意义,丰子恺创作童话"一篇故事,背后藏着一个教训"[2]的茯苓糕式说故事初衷与说书话本有着一致。

四、桃花源题材的撷取与运用

丰子恺创作童话非全然凭空想象,《幼儿故事》一文记载了他创作的部分历程:

"有一个小囡囡……"每逢我点着一枝香烟,坐在藤椅里歇息的时候,孩子们望见风色,就围绕在我的膝前,用这样的一句话来勾引我的讲

---

[1] 林文宝编:《丰子恺童话》,(台北)洪范书店1995年版,第54—55页。
[2] 丰子恺《吃糕的话》云:"茯苓是一种药,吃了可以使人身体健康而长寿……我作画作文,常拿茯苓糕做榜样……这册子里的十二篇故事,原是对小朋友们的笑话闲谈。但笑话闲谈,我也不欢喜光是笑笑而没有意义。所以其中有几篇,仍是茯苓糕式的:一篇故事,背后藏着一个教训。"见《丰子恺儿童文学全集》,(台北)龙腾文化事业股份有限公司2012年版,第11页。

故事。顾均正先生的《风先生和雨太太》、徐调孚先生的《木偶奇遇记》，这等已经讲了几遍；又由我随意改作、变化，乱造出许多同类的故事，以应付他们的日常的要求。现在差不多已把我所晓得的一切格式的故事讲完，连乱造都不容易造出了。①

可见其创作亦有所本，吸取前人经验，熟悉经典结构以作为自己编缀故事之基础。桃花源记便是丰子恺童话中最常袭用的格式，在此基底下变化衍生的故事有：《明心国》《赤心国》《大人国》《文明国》四篇，将传统儒士明心的哲思功夫转为寓言故事。兹以表格对照其异同。

	桃花源记	大人国、续大人国	赤心国	明心国	文明国
时代	晋宋易代动乱之际	×	抗战时期	抗战时期	抗战时期
入桃花源之人物及性格特质	渔夫	作者本人	军官	音乐老师	小朋友
	×	×	临危不惧、不屈不挠、灵敏头脑、刻苦耐劳、爱好和平	好奇大胆	×
桃花源入口及经过	溪→桃林→深山洞口	×	防空山洞	防空山洞	山洞
	为桃花林吸引，在林尽水源处发现洞口，好奇心驱使，舍船从洞口进入桃花源。	×	躲警报入防空洞→又因炸弹落洞口再往深处钻→迷途历劫寻生路	躲警报入防空洞→好奇心驱使迷路→几经困顿，寻得生路	躲警报入防空洞→洞深弯曲迷路→几经困顿，寻得生路

---

① 丰子恺：《丰子恺儿童文学全集：中学生小品》，(台北)龙腾文化事业股份有限公司2012年版，第122页。

(续表)

	桃花源记	大人国、续大人国	赤心国	明心国	文明国
桃花源情况	普通农村景象	与国内社会状态相同,但许多字意与现实世界相反。	五百个人,忠勤俭朴、互助合作,从不偷闲,永无争吵。	四五百个蓄长发、着棕榈衣的野人,物质生活极简但坦白率真,绝无欺骗诈伪。	与其他国土向来不曾交通的善山、真山。山中人同理共感。
象征物	盛开的桃花林	×	赤心 v.s. 钥匙、钞票、手枪	能随着感情、思想变色、显形的玻璃心	胸前挂一块反映心思的镜子
理想境界	男耕女织,日出而作,日入而息,各得其所。	与世人颠倒的认知概念	患难与共同理同感无病而终	想什么就完全朗现的玻璃心,丝毫不能瞒骗他人	同理同感
离开桃花源	渔人顾恋尘俗,自愿从来路回,虽于归途处处志之,然终"迷不复得路"。桃花源里的人提醒不要告知外人。	×	赤心国国王误触扳机,军官被自己的枪弹射伤。昏迷中被赤心国人送入大海,并将通向不好世界的洞口封起。	音乐教师热烈羡慕野人国的善良真率,但他不透明的心,无法取得野人谅解,因此被野人放逐,以独木舟送回。	文儿、明儿胸前挂镜显现房子,山长知道他们想回家,于是用降落伞,乘仁风归去。
篇旨	批判、对比黑暗的现实社会,也寄托作者之政治社会理想。	塑造和谐理想社会,讽喻世俗价值观念颠倒。	向往光明理想的社会,兼含对现状的批判。	同赤心国	强调人与人之间的同理共感。

由上表可知,丰子恺以陶渊明"桃花源"作为故事主干,营造了一个同于陶渊明建构在现世而非后世的世界;这个世界属于忘却心机的人所拥有,是能偶入的理想人间而非宗教仙乡宫阙;陶渊明直面现实,重视、肯定现世人间温情关怀的理想,在《桃花源记》里显露无遗,而丰子恺创造的理想世界亦复

如是;《续大人国》里故事结局,主人公才由"大人国"回到"中国",便在火车途中遭窃,但此时的主人公心念已经完全受大人国游历影响,他说:

> 那两根金条已经不见了。我记起了,我在火车中看申报时,觉得旁坐的人摸索摸索,金条一定是他拿去的。我高兴得很,我想:"到底中国!我们的乘客比他们的警察更好。他知道我被弄了,自动替我还赃,而且不告诉我,免得我报谢他。到底中国!①

道出如同身在大人国,长年潜移默化后才会说出的言语。主人公重返现实,心念未因时空转换,财物遭窃而生忧恼,反而因为善用大人国的思维模式,直面承担,净化了现实人世的种种污秽难堪。

但是,对于误入桃花源的主人公、进入桃花源的过程和最终离开桃花源的原因,丰子恺却有着不同于陶渊明的处理。陶渊明《桃花源记》里的缘溪捕鱼的武陵渔人,是在无意之中发现"芳草鲜美,落英缤纷"的桃花林,为美景所着迷,以致"复前行,欲穷其林",可知渔人虽然是在无意之中偶逢桃花源,但召唤他不断前行深入的,却是根源于渔人内心的欢跃期盼,因此一路由"溪"至"林",由"林"入"山",再由"山"转至"村",最后舍舟上岸进入桃花源,探寻历程丝毫不感痛苦,反而洋溢盼望、心生向往,而"山重水复疑无路",陆路、水路转换也饱含涤去俗尘、层层重生之意味。但是丰子恺笔下《赤心国》《明心国》里偶入桃花源的历程,却不是个愉悦幸福的过程:

> 在这一刹那间,他眼看见无数平民变成了血浆和肉块,这景象吓得他不知如何是好。本能指使他往里钻,其余的许多平民也都争着往里面挤。小孩的哭嚷声、妇人的惊叹声、嘈杂的脚步声,都混成一片,数千人挤成一团……忽然又是震天一声响,洞上面的岩石压了下来,把洞口封住了!一刹那间,哭声喊声和脚步声同时骤然中止。……只见跟在他后面的大队民众已尽数被岩石压死。②

---

① 林文宝编:《丰子恺童话》,(台北)洪范书店1995年版,第103—104页。
② 丰子恺:《丰子恺儿童文学全集:博士见鬼》,(台北)龙腾文化事业股份有限公司2012年版,第50—51页。

原来洞的曲折,犹如迷宫一般……他东撞西撞,撞了两三个钟头,电筒的电快用光了,还是摸不到来路!他发急了,大声喊"救命",也没有人应。最后他想:"无底"是不会的;我还是认定一个方向,拼命地走,只要前面有路,总会走得出头。①

主人公九死一生,一连串逃难求生,绝望中振奋意志,前行遇难再逃难,周而复始的轮回过程,操练的正是主人公坚韧求生的顽强意志;在险恶环境逼迫下,他是凭借此坚毅心志才得以进入桃花源。而来到桃花源后,《赤心国》《明心国》里出现的都是返璞归真的野人,《大人国》则着重描述与现实人间完全相反的价值观,以和小人相对的大人,凸显人所以伟大在于精神之超越局限,能爱人胜己、体贴对方,呈现令人向往的理想社会:

我们买东西,总希望多得东西,少出铜钱。他们却相反。……买主拿了米出去,嘴里还在叽哩咕噜,嫌他们的斗太大。店主点一点钞票,追上去说:"喂喂,这里是一万一千五百元,多了一千五,不相信你自己去点!"买主惊奇地接了钞票,点过一遍,果然多了一千五百元,只得收回,悻悻然地说:"是别人当作一万元给我的,我没有点过,不是有心欺骗你的啊!"这交易方才完成。②

陶渊明的桃花源虽然有恍如隔世之感,但所描述的人物是和渔人有共通文化、语言相通的同种人,桃花源里的一切是那样真实平凡,但对当时的百姓来说却又是那么地虚幻难以企及。陶渊明开启的桃花源乌托邦里,以桃花林为象征,歌颂生命的勃勃生机,丰子恺则更聚焦于生命之主体——心的阐释,《赤心国》《明心国》里都特别突显人之为人的象征——心。军官生活的社会是一个充满饥饿、偷盗和杀戮的世界,他们凭借钥匙、钞票和枪枝保护自己,而这些在赤心国的野人看来完全不可思议,赤心国里每个人胸前挂着的一颗鲜红可爱的心,而心形最大的人就是国王,能敏锐接收同理所有人的感受;当

---

① 丰子恺著、林文宝编:《丰子恺童话》,(台北)洪范书店1995年版,第144页。
② 丰子恺:《丰子恺儿童文学全集:博士见鬼》,(台北)龙腾文化事业股份有限公司2012年版,第117—118页。

一个人寒冷得瑟瑟发抖时,国内所有人都会觉得寒冷而纷纷寻找他,为他披衣取暖。一个人饥饿、心慌时,所有赤心国的人也都能感受到而给予帮助。丰子恺曾在散文中慨叹过,天下如一家,人们如家族,互相亲爱,互相帮助,共乐其生活,那时陌路就变成家庭,在丰子恺塑造的《赤心国》《明心国》里,丰子恺"天下一家"的理想得到实现。而这系列的作品里也在在提示:即便有幸穿梭于桃花源与现实之境,但主人公仍保有一块亟需透由自身修炼、转化的部分,像是《明心国》里让人看不透的心,《赤心国》里象征人类科技文明的可怕装饰品——手枪。《赤心国》里故事结局,丰子恺这样写道:

> 全船的人都知道了这军官的奇遇。有的人不信;有的人半信半疑;有的完全相信,并且说一定要亲自驾驶了帆船去寻找这赤心国。军官不管他们信与不信,他心里永远憧憬着赤心国里的和平幸福的生活。当这大轮船泊岸之后,他便回到家乡,把他因躲警报而得的奇遇讲给人们听,并且希望把我们的社会改成同赤心国的一样。人们听他讲到胸前那颗赤心,大家都笑他发痴。有的人说,他大约被炸弹吓坏了,所以讲这些疯话。但他不同人争辩,管自努力考虑改良的办法。他到现在还在努力考虑着。①

没有通过修炼提升,误入桃花源的人类,结局终被迫遣返,赤心国国王甚至下令封堵通向邪恶洞口,体现了丰子恺对乱世人心不古的批判谴责,借此表达自己对人类黄金时代的不可回溯的叹惋和无奈,而这种"永无还乡之望"的遗憾更加深了他对童心的憧憬和热望。

五、传统典故掺入故事

颠沛流离的战乱时期,丰子恺依然坚持为孩子讲述故事,故事里饱含教育意义,并巧妙掺入了许多中华文化典故,把优良的传统文化传承给下一代。《有情世界》中丰子恺从辛弃疾《西江月·遣兴》那棵多情扶人的松树说起:

---

① 丰子恺:《丰子恺儿童文学全集:博士见鬼》,(台北)龙腾文化事业股份有限公司2012年版,第74页。

> 昨夜松边醉倒,问松"我醉何如"?只疑松动要来扶,以手推松曰"去"![①]

之后整篇故事更是将古典诗文里反复出现,令人萌生感触,用以兴象寄意的皎洁月光、卷舒白云和松柏花草溪涧等,全部转身化为有情发言;大诗人李白《静夜思》里铺了一地似霜、似绢般的银白月光,和《古诗十九首》"白云蔽日"的情感也都被汲取或反用纳入故事中,此篇可谓以故事形式培养孩子阅读古典诗文敏锐兴感的基础。《骗子》讲一位不识风雅,却欲借名笔古画以附庸高尚的富翁遭骗记,故事里夹入明代八大山人,带出强劲笔力和气势雄浑的美术常识,传递鉴赏艺术当有法眼,以及艺术亦关乎修心非仅技艺之能事,否则表面看似上流人,实际却仍为不受人敬重的骗子。

《种兰不种艾》借白居易诗轻松引导孩子体会现实世界的两难处境。白居易原诗《问友》提问:

> 种兰不种艾,兰生艾亦生。根荄相交长,茎叶相附荣。香茎与臭叶,日夜俱长大。锄艾恐伤兰,溉兰恐滋艾。兰亦未能溉,艾亦未能除。沈吟意不决,问君合何如?[②]

而孩子童言童语的回答与父亲的响应,正是身而为人面对现实情境普遍出现的各式反应。其间利弊与犹疑难决,自其往复讨论中可以体会。

孩子解答	父亲回应
把艾草一根一根地拔去。	它们的根搞在一起,拔艾草的根,兰草的根会带起来!
通通拔起,另外种兰草。	连兰草也拔,很可惜,这办法不好。
叫艾草也变成香的。	它不肯变的!

细读故事,作为父亲的丰子恺以解释白居易这首诗打开话匣引导小朋友,之后又借女儿聪颖之口道出:"这首诗真好!他是比方世间的事。世间有

---

① 辛弃疾著、邓广铭笺注:《稼轩词编年笺注》,(台北)台湾中华书局1968年版,第486—487页。
② 白居易著、顾学颉点校:《白居易集》,中华书局1979年版,第17页。

许多事,同这一样难办。"故事既不讲述大道理,也不是严肃地赞扬幽兰之德,抑或是得出一个"两权相害取其轻"的古老教训,父亲丰子恺最终将故事趋向"现在要每人说出一件,同这事一样难办的事",朝同理、贴近人情的方向发展。丰子恺邀请孩子一同参与创造故事,长幼不一的孩子纷纷结合各自生命经验,分享、讨论他们对生活的关怀和期盼。年纪最小的六岁男孩关心的自然是"妈妈裹的肉粽子",他只想吃肉,不吃糯米;八岁女孩已经上学了,她"只要上唱歌、游戏和图画,不要上国语和算数",十一岁的大姊姊因此教训说"你不上国语、算数,将来不能毕业,老是一个小学生";十岁男孩"最欢喜电灯的光,但是要光不想要扰人的小昆虫,偏偏光来虫也跟着来";年纪稍长的大姊想到"当初为防强盗而养凶狗,没想到狗不会分辨强盗或客人,最后强盗的确没上门,但客人也进不了门,弄得大家好寂寞";十二岁大哥年纪最长,结合战乱逃难的现实经验,关怀层面更为深广,提出的是"盟军的飞机想炸死日本鬼,就连中国人也炸死。想不炸死中国人,就连日本鬼也不炸死"的进退两难处境。故事最终在妈妈揽小男孩入怀,摸摸他的头说"你要吃肉,不要吃糯米,明天我烧一大碗肉给你吃",这样洋溢慈爱欢乐的气氛中结束故事。

其他如语出《尚书·旅獒》:"为山九仞,功亏一篑",以《论语.子罕》:"子曰:'譬如为山,未成一篑,止,吾止也。譬如平地,虽覆一篑,进,吾往也。'"[1]为故事基底的《一篑之功》,形象丰润地阐释了丰子恺所欲传递的"毅力"哲理。

《夏天的一个下午》里所提六言诗,严格说来实非意象完整、传神的古典诗:

  公子章台走马,老僧方丈参禅。少妇闺阁刺绣,屠夫市井挥拳。妓女花街卖俏,乞儿古墓酣眠。[2]

但这样的游戏活动反倒类于古时用以增进词汇、灌输知识的事典类书,如《幼学琼林》《千字文》。故事透由六个不同人物(公子、老僧、少妇、屠夫、妓女、乞儿)、地点(章台、方丈、闺阁、市井、花街、古墓)和动作(走马、参禅、刺

---

[1]《十三经注疏论语》第9卷,台湾艺文印书馆1955年版,第80页。
[2] 丰子恺:《丰子恺儿童文学全集:博士见鬼》,(台北)龙腾文化事业股份有限公司2012年版,第81页。

绣、挥拳、卖俏、酣眠)的组合、搭配,产生饶富趣味,引人无限遐想、捧腹大笑的文句;在游戏中引领孩子认识汉字单音独体之独特性,徜徉于汉字词汇与组织达意之丰富变化。

《油钵》一篇即现代版《卖油翁》(欧阳修),但篇幅格局宏大许多,它不再是某人、某日、某一专长的训练,而反映了现实人生忧喜参半、生杀相随的真实状态,唯有专心一致,才能穿越耳、目所及纷纭世界,层层深入,从足以动心忍性的"无理以待"、"过分负荷",最终"增益其所不能",达到大丈夫治国、平天下之境地。而故事主旨"用志不分"直接上承《庄子·达生》《痀偻承蜩》寓言精神:

> 仲尼适楚,出于林中,见痀偻者承蜩,犹掇之也。仲尼曰:"子巧乎!有道邪?"曰:"我有道也。五六月累丸二而不坠,则失者锱铢;累三而不坠,则失者十一;累五而不坠,犹掇之也。吾处身也若厥株拘;吾执臂也,若槁木之枝;虽天地之大、万物之多,而唯蜩翼之知。吾不反不侧,不以万物易蜩之翼,何为而不得!"孔子顾谓弟子曰:"用志不分,乃凝于神,其痀偻丈人之谓乎!"[1]

传递老庄思想里无知、无欲方能虚静大明;教导孩子任何技巧的培养也都必须"心志专一、精神集中"地苦练才能有成,除了精确度提升,更能避免无谓耗损,增进效能。

五、结语

文化底蕴深厚的丰子恺,其童话继承了中华文化优良传统。写实的故事背景,有助于读者理解人之社会,反思置身此时空里自己之作为;环境即便艰难恶劣,丰子恺的童话也从不板起面孔说教,而是教导孩子以澄澈童心观察人生,构筑一个根植于残酷现实的理想国境,这一点与陶渊明处乱世仍坚守"结庐在人境"的精神一致。

---

[1] 钱穆:《庄子纂笺》,(台北)东大图书股份有限公司1989年版,第146页。

"茶话会"的艺术形式,与宋人娱乐市民,讲说奇闻轶事的说书活动相似,因此其故事形式自然承袭话本"入话"现象,在适当时机引诗烘托主人公情志,与话本里"正是"、"但见"、"有诗为证"的套语模式相合。其次,第一人称全知的叙事视角,方便隐藏于话语之后控制叙述进程,调动听众的情绪,娓娓道出彷佛亲身见闻之一切,使故事更为动听。仿照《史记》"太史公曰"、《聊斋志异》"异史氏曰",代听故事的人厘清、评价事件,总结事件教训的故事结尾,发挥了故事教育之意义。

以陶渊明"世外桃源"为基底变化的《明心国》《赤心国》《大人国》,将传统儒士明心的哲思功夫转为寓言故事。陶渊明直面现实,重视、肯定现世人间温情关怀的理想,在丰子恺身上亦如是。但是对于"出"、"入"乌托邦,陶渊明和丰子恺却体现了不同层面的人文关怀;陶渊明探寻桃花源的历程洋溢盼望、向往,其间陆路、水路的转换也饱含涤去俗尘、层层重生之意味。但是《赤心国》《明心国》里偶入桃花源的历程,却是主人公一连串"逃难、求生、绝望、振奋"的心路历程,而最终得入桃花源者全凭坚毅心志。陶渊明开启的桃源乌托邦,以桃花林象征、歌颂生命之勃勃生机,丰子恺则更聚焦于生命之主体——心的阐释。在追寻桃花源乌托邦,"出发——追寻——冲突——回归"的生命历程里,陶渊明最终展示了归向生命自由和精神超越的追求,而丰子恺的理想世界因为人人都保持了一颗赤子之心,成为人性的乐土。面对现实的污浊和堕落,怀有童心信仰的丰子恺从童心世界里汲取着力量和信心,虽然结局最终被迫为野人遣返,甚至赤心国国王下令封堵通向邪恶洞口,体现了丰子恺对乱世人心不古的谴责。

颠沛流离的战乱时期,丰子恺依然坚持为孩子讲述故事,故事里饱含教育意义,巧妙地掺入了许多中华文化典故,以弥补孩子们因时代动荡而耽误了正常学习。《有情世界》可谓以故事形式培养孩子阅读古典诗文敏锐兴感的基础。白居易《种兰不种艾》引导孩子体会现实世界的两难处境。《夏天的一个下午》在游戏中带领孩子认识汉字单音独体之艺术美。《油钵》传递老庄无知、无欲,虚静大明;教导孩子在学习任何技巧时,也都必须进行"心志专一、精神集中"地苦练才能有成,除了精确度提升,更能避免无谓耗损,增进效能。

作者:台湾吴凤科技大学助理教授

Inheritance from Classical Literature in Zikai Feng' Fairy Tales

Wu Yuanjia

Literary creations are products of writers' elaborate reflections with continuing accumulation, internalization and transformation. Zikai Feng, with a deep cultural grounding, fused classical literature into his fairy tales, and carried forward the traditional spirit of Chinese culture. As his stories were realistic, they made it easy for children to grasp the human society and the complex relations between individuals and real human life. Inheriting Tao Yuan-ming's vision of "building a hut besides a traveled road", Feng observed and enjoyed everything in reality with limpid childlike innocence.

Feng's passing in and out of Utopia is a series of difficult ordeals related to one's experience. His stories, based on and transformed from Tao Yuan-ming's Taoyuan Utopia, turned traditional scholars' introspection efforts into fables.

The method of "tea party" carried on the phenomenon of "ru-hua" and narration in a script for story-telling and in the end clarified, summarized, and evaluated the lessons of the events, thereby fulfilling the mission of instruction through delight. In addition, Feng was good at incorporating cultural allusions into his stories, which enabled children to develop a keen desire to read classical poems, understand the distinct beauty of Chinese characters, realize the dilemma in reality, feel compassion for human lives and assimilate the spirit of Taoist mental tranquility to avoid senseless loss.

朱实相辉玉椀红[①]
——丰子恺的韩偓诗意画

朱显因

丰子恺先生创作的韩偓诗意画，共有12幅，载于1984年10月台北新文丰出版公司出版的高文显编著的《韩偓》一书。

1933年10月，弘一大师于泉州西门外潘山路旁，发现"唐学士韩偓墓道"至为惊喜，因他极为崇敬韩偓之忠烈，史称为唐宋完人。遂嘱同行弟子高文显编著《韩偓评传》，他当时还只是一名正在厦门大学教育学院心理系读书的学生。

高文显1913年出生于福建南安，1928年与弘一大师结缘。据高文显记述，写作《韩偓》是从1935年12月17日起到1937年1月20日完成第一稿，耗时一年有余。书成后呈弘一大师，时大师移居厦门南普陀。不久《韩偓》一书，寄上海开明书店夏丏尊先生，大师为写序文，后因上海八一三事变爆发，开明总厂被毁，该书稿亦随之被焚，他又于1940年重整出第二稿。直到1984年10月由台北新丰出版公司出版。

韩偓(844—923)，陕西万年县(今樊川)人。乳名冬郎，字致光，号致尧，晚年又号玉山樵人。唐龙纪元年(889)韩偓始登进士第，天复元年(901)为翰林学士，一度出佐河中节度使幕府，回朝后拜左拾遗，迁左谏议大夫。后因忤触权臣朱全忠，唐昭宗天复三年(903)贬为濮州司马，于是弃官南下，这期间，

[①] 韩偓著、陈继龙注：《韩偓诗注》，学林出版社2001年版，第29页。取自韩偓诗词《恩赐樱桃，分寄朝士》的一句诗文。红红的樱桃盛于玉碗(同"椀")中，使原本洁白的玉碗也映红了，以喻丰子恺的漫画与韩偓的诗文相得益彰。

唐王朝曾两次诏命还朝复职,皆不应。后唐庄宗同光元年(923)卒于南安龙兴寺,终年80岁。

据宋初的崇文总目载,他著有诗集一卷及《金銮密记》一卷。而后,欧阳修作《唐书艺文志》时,又认加了《香奁集》一卷。

韩偓在朝廷,虽然是一个文臣,但是他的抱负非同一般朝臣可比。他那"孤忠奇节,抗忤权奸"的报国的壮志,深得弘一法师赞赏:"俾闻其风者,励节操,祛卑污,堪为世间完人。"[①]

一、韩偓诗的特点

韩偓生于唐之末季,幼年时代遭卢龙军乱;青年期,碰到南诏进攻成都之变;壮年时,又遇王仙芝、黄巢之叛乱。他在朝时,又遭遇宦官的专权和争拼之害。故他一生总处于动荡和不安中。

韩偓诗中,最有价值的是感时诗篇。从他的诗篇中再现了唐王朝由衰而亡的图景。他擅用近体尤其是七律的形式写时事;纪事与述怀相结合,用典工切,沉郁顿挫,善于将感怀和苍凉的意境寓于清丽芊绵的词章;悲而婉约,柔中带刚。

他的写景抒情诗构思新巧,笔触细腻。其最大的特色,在于从景物画面中融入身世之感,即景抒情,浑涵无迹。一些写景小诗如《醉著》《野塘》,以白描手法勾摹物象,构图明晰,设色疏淡,宛如一幅幅饱含诗意的水墨画卷。他的那些赋有锐敏感觉力的诗文,表现着时代的精神。七律《惜花》写得悲咽沉痛,被人视作暗寓亡国之恨之心声。至于反映农村乱败景象的"自沙县抵尤溪县,值泉州军过后,村落皆空,因有一绝",寓时事于写景之中,更有画笔与史笔相结合之妙。

二、丰子恺的韩偓诗意画

丰子恺(1898—1975)创作的12幅韩偓诗意画,分别选自韩偓人生的三个

---

① 高文显编著:《韩偓》,(台北)新文丰出版公司1984年版,第1页。

不同时期的诗作：初期是在被贬谪之前；中期是在贬谪之后，入闽之前；晚期在入闽后，特别是在泉州、南安定居之后。丰子恺先生擅长在诗人娓娓的倾诉中，感受他的喜怒哀乐，窥探到他的胸臆情怀。诗人的亡国之恨、家破之愁，感喟变故、了晤人生，以及他的颠沛流离、坎壈身世，徜徉山水、遁迹林泉……——成了丰子恺先生创作诗意画的主题。

《送别人归野渡空》《苑中青草伴黄昏》《草色长承垂地叶》三幅景物画。

（一）

《江南送别》

江南行止忽相逢，江馆棠梨叶正红。
一笑共嗟成往事，半酣相顾似衰翁。
关山月皎清风起，送别人归野渡空。
大抵多情应易老，不堪歧路数西东。

（二）

《曲江夜思》

鼓声将绝月斜痕，园外闲坊半掩门。
池里红莲凝白露，苑中青草伴黄昏。
林塘阒寂偏宜夜，烟火稀疏便似村。
大抵世间幽独景，最关诗思与离魂。

写作《江南送别》《曲江夜思》时，诗人虽则尚未被贬，但却预感到白天喧闹的鼓声即将歇息，一笑共嗟将成往事。丰子恺先生以空舟、空宇、月色茫茫、杂草丛生，表达"关山月皎清风起"、"大抵世间幽独景"的凄凄惨惨景观，以舒发诗人的离情别绪。

（三）

《宫柳》

莫道秋来芳意违，宫娃犹似妒娥眉。
幸当玉辇经过处，不怕金风浩荡时。
草色长承垂地叶，日华先勤映楼枝。
涧松亦有凌云分，争似移根太液池。

唐人诗中，往往借杨柳或类似的树木花卉为兴感之由，而慨叹人事无常。丰先生借杨柳作为垂地叶，以托物言志，委婉地表达了诗人被贬为濮州司马时的处境与政治上的抱负。

丰子恺的韩偓诗意画，重点放在韩偓贬谪之后；有《春水空连古岸平》《牧笛自由随草远，渔歌得意扣舷归》《水国春寒帆晚多》《废城沃土肥春草，野渡空船荡夕阳》《残春孤馆人愁坐》等五幅。

（四）

《重游曲江》

追寻前事立江汀，渔者应闻太息声。
避客野鸥如有感，损花微雪似无情。
疏林自觉长堤在，春水空连古岸平。
惆怅引人还到夜，鞭鞘风冷柳烟轻。

天复三年（903）初春，韩偓随驾自凤翔返回长安，重遊曲江，追寻前事立江汀，初入朝庭，深得昭宗信任，擢谏议大夫，与崔胤定策，诛刘季述，昭宗反正，赐号功臣，擢为翰林学士。韩偓仕途春风得意，常约诗人们在曲江饮酒作诗，流连光景。画面中的一位书生弧独的席地而坐，惆怅地面对荒郊野地，有抚今追昔之慨。人们从画中应闻诗人的愧亦有，悔亦有，感亦有，悟亦有的太息之声。

（五）
《汉江行次》

村寺虽深已暗知，幡竿残日迥依依。
沙头有庙青林合，驿步无人白鸟飞。
牧笛自由随草远，渔歌得意扣舷归。
竹园相接春波暖，痛忆家乡旧钓矶。

韩偓贬为濮州司马后，虽觉不受拘束，不受限制的自由，"牧笛自由随草远，渔歌得意扣舷归。"画面中一君坐船头一边观赏牧童吹笛，一边敲击船帮打拍子，河面上没有行舟的水波，貌似心平如镜，但内心却痛忆家乡的钓矶。

（六）
《雪中过重湖，信笔偶题》

道方时险拟如何，谪去甘心隐薜萝。
青草湖将天暗合，白头浪与雪相和。
旗亭腊酎逾年熟，水国春寒向晚多。
处困不忙仍不怨，醉来唯是欲傞傞。

天祐元年（904）初春。韩偓又遭贬为棣州司马，且随时有杀身之祸。诗人贬逐后的生活，是十分悲惨的。他因被时权所挤，终使一家骨肉分散，且中夜又常常警觉而号哭，一直到天明还是在悲泣着。正如他在致友人的信中真切描述的"偓今日衰迫情地，旦夕难胜。况又弧侄已下，兼与小男等，四处分散；中眷往往警叫，便达晓号咽。衰迈之年，不自堪忍"。

丰先生叹息古人云："登高望远，令人心悲。"勾勒一派"水国春寒帆晚多"的景象，登高怀古，不胜憧憬！此后，韩偓的朋友，以渔夫、樵夫、隐者、方外、道士、星相及问卜的居多。诗人的精神境界，已经略有归宿之处了。

（七）
《即目二首》

万古离怀憎物色,几生愁绪溺风光。
废城沃土肥春草,野渡空船荡夕阳。
倚道向人多脉脉,为情因酒易怅怅。
宦途弃掷须甘分,迴避红尘是所长。

诗文作于905年春。描写扬州遭侯景之乱衰微破败的景象。沃土尽为肥春草,野外的渡口,无人舟自横。"诸法从本来,常示寂灭相。春至百花开,黄莺啼柳上。"这几句《法华经》偈囊括了诗人的无常之叹的动机。韩偓虽遭沉重打击,却能超然于祸福之外。诗人此时的处世态度受佛教的影响,认为回避红尘、逃避世俗的世界,乃是最好的选择。

（八）
《避地寒食》

避地淹留已自悲,况逢寒食欲霑衣。
残春孤馆人愁坐,斜日空园花乱飞。
路远渐忧知己少,时危又与赏心违。
一名所系无穷事,争敢当年便息机。

天祐二年（905）,诗人承旨复召,不赴。是年（906）诗人在江西,但为躲避战乱或灾祸拟移居闽省。自贬濮州至此,残春孤馆人愁坐,实在是痛念着家国的灭亡。虽则他的志趣已另悟着"冥心归大道"的佛家境界,即能安静地过着隐士的生活;但却还是"终难状此心",

画面中除了一位愁眉紧锁的主人外,还借窗外的残春景色,叹惜人生之无常。花落花开,是丰子恺先生创作此类诗画的最常见的两种情怀。

这5幅画反映出诗人性格的两重性,一方面是倔强的,不肯屈从于权臣,敢在虎头上"捋虎鬚",但是同时却又是多情的,在贬放的途中,一花一草、一山一水,都足以引起他对旧君故国之思念。他被贬后的生活,是流亡的生活!他以写实的手腕,在诗歌之中留下伤感的痕迹。

《船头独立望长空,日艳波光逼人眼》《洗砚鱼儿触手来》《瘦竹迸生僧坐石》《有个高僧似图画,把经吟立水塘西》等四幅诗画真实反映了韩偓晚年的生活和思想情操。

(九)
《船头》

两岸绿芜齐似剪,掩映云山相向晚。
船头独立望长空,日艳波光逼人眼。

梁太祖开平四年(910),韩偓67岁,在南安桃林场。他认为这里是他晚年栖息的理想之地,便在葵山(又名黄旗山)山麓的报恩寺旁建房舍,以为定居,时称"韩寓"。在这里,韩偓下地耕种,上山砍柴,自号"玉山樵人",自称"已分病身抛印绶,不嫌门巷似渔樵",与方外朋友往来最多,向往"居士"的平淡而幽静的生活。

画面描写一个穿着长衫的孤臣,在旅途中,怅望着故国,忍着眼泪,忆起在帝都中的生活,及君王待他的隆厚。他虽有甜美的故乡,但不是可留恋及安身之所!从此他甘心栖隐林泉了;认为那才是他真正的,理想的生活。

(十)
《疏雨》

疏雨从东送疾雷,小庭凉气净莓苔。
卷帘燕子穿人去,洗砚鱼儿触手来。
但欲进贤求上赏,唯将拯溺作良媒。
戎衣一挂清天下,傅野非无济世才。

韩偓是年70岁,贬放凡十年,还欲

向上举荐贤才,拯救国民,清天下,济世才,让世人了解自己的志向。韩偓为官时,内预秘谋,外争国是,屡触逆臣之锋。死生患难,百折不渝。晚节亦管宁之流亚,实为唐末完人。

(十一)　　　　　　　　　　(十二)
《归紫阁下》　　　　　　　《曲江秋日》

一笈携归紫阁峰,马蹄闲慢水溶溶。　　斜烟缕缕鹭鸶栖,藕叶枯香折野泥。
黄昏后见山田火,胧聪时闻县郭钟。　　有个高僧似图画,把经吟立水塘西。
瘦竹迸生僧坐石,野藤缠杀鹤翘松。
钓矶自别经秋雨,长得莓苔更几重。

　　如果说前两幅画仅是领悟诗人的一种"冥心归大道"的佛家境界;那么后两幅画面则是直面诗人向往幽闲的僧人生活。画面中的僧人则暗喻韩偓晚年那种醉心于乌帽素餐的山寺生活,憧憬着方外人的志趣,有几分像大乘菩萨的行径。

　　丰子恺先生的十二幅诗画,生动地勾勒出诗臣韩偓的那种"格卑常恨足牵仍,欲学忘情尽不能"的士大夫的难移秉性。

三、创作韩偓诗意画的因缘

　　丰子恺先生认为谈自己的画,除了关于画的本身,也要谈谈作画的因缘。

唐末的诗坛,虽然不乏煦日好负暄,可常常是鸟嬉阶下,梅笑驿外,显得落寞了些。至于李商隐流亚的韩偓苑中,则苔自苍,草自青,月白窗纱,渺无人影了。如果不是弘一法师发起编著《韩偓》一书,丰子恺是不会关注韩偓的。所以可以说丰子恺创作韩偓诗意画的因缘乃是弘一法师授意的。诗意画创作时间应为1936至1937年间。

丰子恺创作12幅诗意画的诗文,分别选自于韩偓被贬谪之前、贬谪之后,入闽之前及入闽后的人生三个时期。笔者注意到这12幅诗画中仅有四幅(第5幅《牧笛自由随草远,渔歌得意扣舷归》、第6幅《水国春帆向晚多》、第8幅《残春孤馆人愁坐》及第12幅《有个高僧似图画,把经吟立水塘西》)的诗文在《韩偓》一书中见到。而另八首诗文是丰先生从其他几种韩偓诗集版本中选取的(见主题索引表)。所以可以认为丰子恺的画作应是在1937年夏天,即开明书店对《韩偓》第一稿排校之前完成的。至于高文显1937年末重整韩偓第二稿时,丰子恺已携全家(1937年11月21日起)在内地逃难之中,不可能再为该书补作插画了。

1935至1937年间,丰子恺居石门湾专事著译,间或也往返于沪杭等地。1935年12月26日,丰子恺写过一篇《无常之恸》[①],反映了他对佛教十六字偈"诸行无常,是生灭法。生灭灭已,寂灭为乐"的理解。大凡文艺者,尤其是诗人,对无常之恸的感情最强。韩偓作为中国古代的诗人,在诗文中也同样暗示生灭相的自然状态。诗人和画家见了这些小小的变化,便会想起自然的意图,宇宙的秘密,以及人生的根柢,因而兴起无常之恸之共感。1936年1月24日丰子恺在《实行的悲哀》一文中,主张"万事随缘",认为"世事之乐,不在于实行而在于希望,犹似风景之美不在其中而在其外"[②],宣扬为了避免"世间苦",对世事只宜像风景一样远看而不宜深入其中的消极态度。这也与韩偓晚年的生活态度相吻合。可见当时的丰子恺是具备了创作韩偓诗意画的思想基础的。

由于《韩偓》一书不是"诗画"作品(如《护生画集》),也不是"音乐"作品(如《清凉歌集》),而是一本完全由"文字"记载的历史人物评传。因此高文显在后记中仅记载了弘一法师"同时又托蔡丐因居士,寄给我韩翰林集评註;及黄寄慈刘质平二居士,录写新唐书中偓传及其他史实给我"[③],而疏漏了丰子

---

① 《丰子恺文集》第5卷,浙江文艺出版社 浙江教育出版社1992年版,第614—620页。
② 《丰子恺文集》第5卷,浙江文艺出版社 浙江教育出版社1992年版,第555页。
③ 高文显编著:《韩偓》,(台北)新文丰出版公司1984年版,第149页。

恺为《韩偓》一书的诗文作插画的情节。但他在出版《韩偓》时，却将丰子恺的韩偓诗文插画与弘一法师的真迹一起放在了全书的部首。这表明他遵循了该书的唯一发起人弘一法师对《韩偓》一书出版的全盘安排。

千年暌违，古今悬隔。《韩偓》一书的初版迄今已逾30年，两岸的学者仍孜孜不倦地纪念着这一本不该被冷落的著作。我们也应庆欣丰子恺先生的这些美妙的诗意画，使人们在千馀年后，与韩偓未能觌面而胜似觌面也！

后记

2014年8月，在《丰子恺全集》编辑工作会议上，笔者力荐将丰子恺为《韩偓》一书所作的12幅韩偓诗意画收入全集的漫画卷（插画）。根据本文的推断丰先生创作诗意画的时间为1936至1937年间。

丰子恺曾为诸多名家著译作配插画，且均以插图者见诸出版物。而《韩偓》一书则是未署名丰子恺为插图者的出版物。为此，提示读者和学者：在没有署名丰子恺为插图者的出版物中，也不排除存在丰子恺插画的可能。

主题索引表

《韩偓》：高文显编著，（台北）新文丰出版公司1984年初版。
《韩偓诗註》：（唐）韩偓著、陈继龙註，学林出版社2001年版。

主题	画序	丰子恺漫画题字	韩偓诗题	《韩偓》	《韩偓诗註》
韩偓被贬之前	1	送别人归野渡空	江南送别		265
	2	苑中青草伴黄昏	曲江夜思		256
	3	草色长承垂地叶	宫　柳		18
诗人被贬之后	4	春水空连古岸平	重游曲江		224
	5	牧笛自由随草远 渔歌得意扣舷归	汉江行次	139	215
	6	水国春寒向晚多	雪中过重湖　信笔偶题	26	42
	7	废城沃土肥春草 野渡空船荡夕阳	即目二首		63
	8	残春弧馆人愁坐	避地寒食	28	237

(续表)

主题	画序	丰子恺漫画题字	韩偓诗题	诗文出处页码	
				《韩偓》	《韩偓诗註》
韩偓度入晚年	9	船头独立望长空 日艳波光逼人眼	船 头		159
	10	洗砚鱼儿触手来	疏 雨		188
	11	瘦竹迸生僧坐石	归紫阁下		252
	12	有个高僧似图画 把经吟立水塘西	曲江秋日	128	307

作者：（上海）丰子恺研究会副会长

Feng Zikai's Paintings Inspired by Han Wo's Poems

Zhu Xianyin

Master Hongyi venerated Han Wo of Tang Dynasty so much that he thought him a perfect man. On his encouragement his disciple Gao Wenxian wrote *A Critical Biography of Han Wo* for which the master himself helped collect material and wrote three prefaces successively. It is now over 30 years since the publication of *Han Wo* and scholars on either side of the strait are still celebrating this work which shouldn't have lain in obscurity. This essay attempts to interpret the 12 illustrations Feng Zikai did for the book which inform about Han's life before and after his demotion and before and after his entry into Fujian Province and speculate about the reasons why Feng Zikai did the illustrations and the ideas underlying them. As a result of this study, these 12 unsigned illustrations have been collected in the comics part of *Complete Works of Feng Zikai* soon to be published.

"印象派"与"诗":论丰子恺的绘画思想

唐卫萍

一、子恺漫画的"味儿"

　　1925年,丰子恺的第一本漫画集《子恺漫画》出版。在序言中他介绍其漫画创作始于一次枯燥的"校务会议"。会议上同事们"垂头拱手"的"倦怠的姿态"在他的脑海中留下了深刻的印象。他拿起毛笔,将之描摹出来,从此一发不可收拾,记录下发生在他的日常生活之中引起他兴味的"琐事细故"。而这一时期他更为热衷的创作,便是将大量的古诗词断片"翻译"[①]成为绘画作品。丰子恺的文学家朋友们不约而同地表达了他们在这些作品中感受到的"诗意"。朱自清描述得最为形象:"我们都爱你的漫画有诗意,一幅一幅的漫画,就如一首首的小诗——带核儿的小诗。你将诗的世界东一鳞西一爪地揭露出来,我们这就像吃橄榄似的,老咂着那味儿。"[②]对这些漫画"味儿"的体验做出精确描绘的当属"子恺漫画"的命名者郑振铎。

　　1924年,丰子恺在《我们的七月》[③]上发表了一幅《人散后,一钩新月天如水》的漫画(见图一)。这幅画引起了时任《文学周报》主编的郑振铎的注意,或者说这幅画激起了他强烈的情感共鸣:

[①] "翻译"之说起于丰子恺的师友夏丏尊。他认为丰子恺以古诗词为创作题材的作品,是对古人观照结果的照搬,丰子恺只不过用将这个结果"翻译"出来,而对于日常生活的观察和咀嚼而提炼出来的作品才是真正意义上的"创作"。夏丏尊的"翻译"之说,能够概括丰子恺这类题材的一部分作品,而对于其中极富创造力的部分习焉不察。
[②] 朱自清:《〈子恺漫画〉序》,文学周报社1925年12月版,见吴浩然编《子恺漫画》(影印版),海豚出版社2013年版,第15页。
[③] 《我们的七月》这本杂志由俞平伯和朱自清主编。彼时朱自清与丰子恺同在白马湖,交往频繁。

"印象派"与"诗":论丰子恺的绘画思想 ◎

　　虽然是疏朗的几笔墨痕,画着一道卷上的芦帘,一个放在廊边的小桌,桌上是一把壶,几个杯,天上是一钩新月,我的情思却被他带到一个诗的境界,我的心上感到一种说不出的美感,这时所得的印象,较之我读那首《千秋岁》(谢无逸作,咏夏景)为尤深。实在的,子恺不惟复写那首诗的情调而已,直已把它化成一幅更足迷人的仙境图了。[①]

　　这幅作品的题诗化用了谢无逸的词《千秋岁》。郑振铎在赏鉴这幅作品时,重新品味了这首词:"楝花飘砌,簌簌清香细。梅花过,苹风起。情随湘水远,梦绕吴峰翠。琴书倦,鹧鸪唤起南窗睡。密意无人寄,幽恨凭谁洗?修竹畔,疏帘里。歌余尘拂扇,舞罢风掀袂。人散后,一钩淡月天如水。"这首词的词眼乃在于下阕"密意无人寄,幽恨凭谁洗"一句,其余诸般意象堆叠婉转,皆以此为指归。烘托"幽恨"的诸多意象乃是淡起淡收,有虚有实,意象之间的关系实际上是比较松散的。而本词的意象展现的高潮却在结尾"一钩淡月天如水",极具笼罩力,全词意象和情思都不能跳脱出这轮淡月的朗照之外。

　　丰子恺的这幅画与这首词在手法、结构处理上有异曲同工之妙,郑振铎所列举的"芦帘"、"小桌"、"壶"、"杯"等,意象密集汇聚,即如原词之梅雨、苹风、湘水、吴峰等,但画面的意象因其空间统一,节奏更为紧凑。画眼在题词"人散后,一钩新月天如水",将原词的"淡月"改为"新月",跳脱原词情境,但又在形式上与之保持着一种直接而又微妙的联系:题词让画本身仍然还保留着让读者或者观者进入原词的通道或者说开放性。像郑振铎这样的观看者就能够通过这个通道重新去体味《千秋岁》,画与词相互映照,绘画作品由此向这一类观看者释放出诗意的魅力。这幅画的美学价值,其实有一部分是由《千秋岁》实现的。郑振铎在这幅画里所感到的"说不出的美感"有着丰富的体验层次:诗与画交涉的部分呈现出来的复杂性,清晰和模糊共生共存,诗情向着画面流动。这种体验结构应该说在有诗词欣赏经验的文学家那里是非常典型的。

[①] 郑振铎:《〈子恺漫画〉序》,文学周报社1925年12月版,见吴浩然编《子恺漫画》(影印版),海豚出版社2013年版,第1页。

但郑振铎在将画中所体会到的诗意与谢无逸原词的意境相互琢磨时，体味到了这幅画带给他的、不能为词意所替代的，甚至超过原词意境的美感，他意识到这幅画对于词的处理并非被动的"翻译"："这时所得的印象，较之我读那首《千秋岁》（谢无逸作，咏夏景）为尤深。实在的，子恺不惟复写那首诗的情调而已，直已把它化成一幅更足迷人的仙境图了。"这个溢出诗意的部分应该说是一种新奇的体验。当丰子恺其他的文学家朋友还在为丰子恺绘画的诗意所陶醉时，郑振铎能精准地调动文学家的经验与画家的表现进行比照，感受到了绘画作为一种视觉语言的魅力。[1]

而再进一步，理解这幅"仙境图"的视觉叙事方式，郑振铎则心有余而力不足。语言文字在时间之流中展开，可以任意变换焦点和空间位置，绘画则始终是在空间之中处理叙事和情感的问题。如何将这种欢愉转化为空间表达的语言？换句话说，视觉以何种方式展开情感的叙述？

这幅画的场景构成有两组片段："人散后"交代了故事场景。"一钩新月天如水"则是对故事发生环境的描写。前者取自丰子恺与朋友聚会后的场景：客人刚刚散去，小桌上的茶壶茶杯还保留着聚会的余温。这个场景通过摊开还未及收拾的茶具暗示出来。[2] 后者则来自画家对于诗歌图像性的发现和挖掘。这一点对于理解这幅画至关重要。丰子恺早年曾经到西湖边写月夜的风景，但发现一个很难处理的问题，"月光底下的景色观察不真：天用什么颜料，水用什么颜料，山用什么颜料，都配不适当"[3]。他带着失望的画稿回到友人的住处，友人见了他带回来的月夜湖景，对着画便吟出了赵嘏的"月光如水水如天"。经过绘画基本的专业训练的丰子恺，敏锐地意识到诗人的观察解决了他的难题。诗人所说的月光、水、天乃是浑成一色。借助这一层理解，他获得了处理颜色层次的方法，第二天就获得了满意的画稿。丰子恺在讲绘画色彩的统调时就非常鲜明地意识到其对画面整体布局的作用。（某一种色彩分布于画面各处，成为色彩的主调而统御全画面，在绘画技法上称为

---

[1] 郑振铎可谓丰子恺的伯乐。"伯乐"可从两个层面理解：编辑之于作者，文学家之于画家。其一，他在看到此画之后便不断向丰子恺约画，冠以"子恺漫画"之名在《文学周报》发表，积累有日，更促成了丰子恺第一本漫画集《子恺漫画》的出版（1925年12月由文学周报社出版）。其二，他发现了作为画家的丰子恺。
[2] 这个聚会结束的场景是从丰子恺当时的生活中提炼出来的，在白马湖教书时期的丰子恺周围有一群志同道合的师友，夏丏尊、朱自清、匡互生、朱光潜等等，常常聚会谈天至夜半。
[3] 《丰子恺文集》第2卷，浙江文艺出版社、浙江教育出版社1990年版，第469页。

色彩的"统调")也正是通过这句诗,丰子恺将月光变成了极具表现力的视觉语言,以此来统摄全画的基调。在《人散后,一钩新月天如水》这幅作品中,月光通过茶杯、桌面、窗框、立柱的明暗对比、天空的亮度显现出来。将整幅画面统摄在月光之中,正如郑振铎所言,像一幅"仙境图"。

而作品的抒情是在作者塑造的情境中对于时间的把握而实现的。从其故事性来说,这幅画叙述的时间非常短暂,"人散后"是这幅画的场景出现的时间,而这场聚会带给未出场的人物怎样的情感体验?聚会结束的时间就显得非常重要。这也是全画非常微妙的部分。那就是"一钩新月"所暗示的时间。图画中的月亮乃是下弦月,夜半升起、黎明落下,暗示这个聚会显然宾主尽欢,持续了很长的时间。这幅画内在的时间就成为画家情感流露的踪迹和释放点。由此,这幅图画的故事性和抒情性就开始显现出来了。画家借助诗的外壳创造了一幅全新的作品,不仅如此,也大大地开拓了原诗的意境。在《千秋岁》当中,这句诗表达的是弥漫全词的惆怅,而在这幅画中,传达出的则是聚会后的喜悦。这个情感的转换是通过文字与图画的转换过程来完成的。图画虽然表达的是"旧诗",但其传达的情感体验却是全新的。

郑振铎对于这幅图的感受,实际上已经提示着诗歌与绘画所表现的"诗意"其实并不是完全重合的。文学家对于画家在视觉形式上的处理经验并不熟悉,故而敏锐如郑振铎者有感知而"说不出"。作品的这个"味儿"看得见,却又摸不着。丰子恺很清楚地意识到他和他的文学家朋友们在这一点上存在的"裂痕"。他在1926年《音乐与文学的握手》一文当中自述:"我近来的画,形式是白纸上的墨画,题材则多取平日所讽咏的古人的诗句词句。因而所作的画,不专重画面的形式的美,而宁求题材的诗趣,即内容的美……我的画虽然多偏重内容的意味,但也有专为画面的布局的美而作的。我的朋友,大多数欢喜带文学的风味的前者,而不欢喜纯粹绘画的后者。我自己似乎也如此,因为我欢喜教绘画与文学握手,正如我欢喜与我的朋友握手一样。以后我就自称我的画为'诗画'。"[①]对于文学家朋友们对其漫画文学性的偏好,丰子恺当然是赞同的,但他用了一个颇有意味的修辞"我自己似乎也如此",其实他非常清楚,有效的视觉语言才是其绘画叙事和情感表现力的基础。

---

① 《丰子恺文集》第3卷,浙江文艺出版社、浙江教育出版社1990年版,第52—53页。

仍以上文提出的"月光如水水如天"这一诗句为例。丰子恺借助诗人眼睛的观察找到了月夜光线处理的灵感。在《子恺漫画》画集中,他将这种表现形式运用到极致:

比如《无言独上西楼月如钩》(见图二),空间构图(主要是窗框和月亮的位置关系)基本上与《人散后,一钩新月天如水》相同,天空、人物、扶栏、楼台立柱都有明暗对比的变化。

《黄昏》这幅作品(见图三),天空和桌面用了整体的黑色,与桌面的物品如茶具、信笺等形成明暗对比,这实际上来自于人的眼睛对于光线的感知经验。月光的光线十分微弱,无法照亮天空,暗色是统调。而从理论上来说,处于暗色背景之中的物品,其本身的色彩会显现出来,如果赋予其足够的夸张强度,就会形成强烈的对比色。在《人散后,一钩新月天如水》当中,月光照亮了天空、桌面,茶具则显得十分暗淡。在《黄昏》这幅作品中的处理恰好相反。原因在于作者对于黄昏产生的光线与物品的关系有着十分清晰的认识。

再如《卧看牵牛织女星》(见图四)这幅作品,室内燃烧的蜡烛产生的光照亮了桌面和窗棂,对于处于室内的人来说,对室内烛光亮度的感知显然超过了室外的月光。因此,天空使用了暗色。

将以上这些作品排列在一起,"光"的明暗变化、时间变化的节奏与叙事抒情的微妙关系都显现出来了。

还有对画面局部的颜色进行统调处理的,如《手弄生绡白纨扇,扇手一时如玉》《指冷玉笙寒》这两幅作品(见图五、图六),人物的手指与玉笙、扇子在颜色上几乎融为一体。

丰子恺所说的专为绘画布局美而作的"纯粹的"绘画在《子恺漫画》集当中并不多见,但其中一幅《眉眼盈盈处》(见图七)颇有代表性。这幅作品题词出自王观的词《卜算子·送鲍浩然之浙东》上阕:"水是眼波横,山是眉峰聚。欲问行人去那边,眉眼盈盈处。"这幅画是对词的写实,两条眉毛的曲线构成了山峰,略加竖线装饰,水波以粗细不等的横线,眼波融入水波。线条的粗细、长短、疏密变化节奏既是作品的形式,也是其全部的内容。这幅作品在30年代末的时候产生了一个姊妹版《山如眉黛秀,水似眼波碧。为念战争苦,好景忽减色。》(见图8)确切地说,丰子恺在这幅画的基础上添加了故事,画面也变得充实,内容成为了重心,线条的力量在这幅作品中消失了。一般的观看者当然更易于接近的是充满故事性的作品。

丰子恺对于绘画形式语言的探索表明这些作品产生了独立于诗之外的价值,诗意也由此从画中诞生。这里的诗意所指产生于视觉的张力变化,与内容的诗意之间的联系已经非常微弱了,更不能为其所涵括。而这些取材于诗歌的作品,与诗之间始终保持着一种若即若离的关系。那么,如何来理解丰子恺的这些作品?这不仅是读画者,也是丰子恺本人一直在探索的问题。

二、"诗中有画,画中有诗":激活中国画传统

丰子恺是少有的不断梳理和总结自己的创作,并持续地进行理论思考的画家。在《子恺漫画》的序言当中,他评价自己的作品:"没有画的素养而单从'听听看看想想'而作的画,究竟成不成东西,我自己也不懂,只好静待大雅之教。"这并不是一般的谦辞。他在浙一师接受李叔同的指点,接受过基本的西洋绘画训练,获得了一些基本的认识。但到了东京,接触到大量的西洋绘画之后,他很快意识到自身"才力与境遇"的贫乏。无论是知识准备、技能训练还是金钱储备,对于成为一个专业的西洋画家所要具备的条件来说,相差太悬殊了。在十个月的留学时间内,他流连旧书摊、歌剧院、学习语言、上小提琴课,投入绘画的时间有限。"没有画的素养"也主要是针对这一点而言的。因此对于自己的画作,除了这些文学家朋友们之外,画坛到底会如何反应,他并没有把握。俞平伯在《子恺漫画》中看到了丰子恺这一创作路数的特出,在跋中向他指出:"以诗题作画料,自古有之;然而借西洋画的笔调写中国诗境的,以我所知尚未曾有。有之,自足下始。尝试的成功或否,您最好请教您的同行去,别来问我。我只告诉您,我爱这一派画——是真爱。"[①]事实上,丰子恺的画集销量很好,文学界的人士赞不绝口,来自画坛的回应是十分寂寥的。对于朋友们将他的画命名为"漫画",丰子恺虽然接受了,但并不急于正名。而他确实意识到,对于自己这一路创作的"合法性"尚处于摸索之中,并没有同行可请教,只能从自己对于绘画的认识和判断出发,探索传统,来理解其创

[①] 丰华瞻、殷琦编:《丰子恺研究资料》,宁夏人民出版社1988年版,第253页。

作的位置。

1926年10月,丰子恺在立达学园写就《中国画的特色——画中有诗》一文,初步探讨了诗画传统的问题。

这一命题最早的表述来自苏轼评价王维:"味摩诘之诗,诗中有画。观摩诘之画,画中有诗。"笔者考察苏轼在王维和吴道子之间做出选择的标准时,曾认为苏轼是将诗人的评价标准辐射和挪移到对王维绘画的评价之中,导致其对王维的评价高于画圣吴道子。这样的解读现在看来未免简单化。后世画家心折王维者甚众,但发展出一套对画史产生深远影响的观念体系者,也不过苏轼、董其昌二人。

丰子恺因其作画的经验,对苏轼关于王维诗画的评价进行了阐释和发挥。首先是"诗中有画",他翻检了手边的唐诗,发现王维描写自然风景的诗几乎处处都是画境。如我们耳熟能详的"人闲桂花落,夜静春山空""明月松间照,清泉石上流""竹喧归浣女,莲动下渔舟"等等。而"画中有诗"则是将胸中的"诗趣"投射于自然。故而画笔所描写,自然与人融为一体。丰子恺概括王维的作品:"他的画中没有堂堂的楼阁,只有田园的茅屋,又不是可以居人的茅屋,而是屋自己独立的存在,不必有窗,也不必有门,即有窗门,也必是锁闭着的。这等茅屋实在是与木石同类的一种自然。他的画中的点景人物,也当作一种自然,不当作有意识的人,不必有目,不必有鼻,或竟不必有颜貌。与别的自然物同样地描出。总之,他的画的世界就是他的诗的世界。"[①]丰子恺在观看了王维的《江山雪霁图》之后,情不自禁地就想起了他的诗"江流天地外,山色有无中"。这句诗里面有一个空间处理关系和颜色的层次的描述,这不禁让人回想起董其昌为这幅图做的题跋:"余评摩诘画,盖天然第一,其得胜解者,非积学所致也。想其解衣盘礴,心游神放,万籁森然有触,斯应此,殆技进于道,而天机自张者耶!巨言摩诘笔纵措思,参与造化,如山水平远,云峰石色,非绘者所及。"题跋中提到巨然的看法,此图所用平远的空间处理,山外置水;为云雾所遮掩的山峰和石头的颜色想落天外,非一般绘者所能梦见。丰子恺的引诗和巨然的评价显然谈论的是同一件事。诗和画异曲同工,传达出王维对于自然的空间和色彩的认识,各有其独立的审美价值。王维的作品显露出来的天机,正在此处:诗即是画,画即是诗。从王维的层面,这就

---

① 《丰子恺文集》第1卷,浙江文艺出版社、浙江教育出版社1990年版,第47页。

意味着,诗画的界限是消泯的,时间和空间甚至完全重合在一起。在时间之流中绵延的诗同时就完成了画的空间的构造,诗定格为画;而表现空间的绘画则可以获得诗的灵活性和抽象性。

丰子恺在王维这里发现了诗与画相通而又展现各自独特魅力的特性,在丰子恺看来,王维的人格、思想、情感都是高度统一的,诗为无声画,画为无声诗。诗画可以相互独立而完整地传情达意,二者几乎能够达到同样的表现能力和水平。从绘画的角度而言,他借助诗,将画的诗性特征与绘画语言本身的表现力结合在了一起。丰子恺将王维的这种"诗趣"境界归结为中国画特色的典型:"是诗与画的内面的结合,即画的设想,构图,形状,色彩的诗化。"除此之外,丰子恺认为画中的诗趣还有另外一种试验,那就是宋画院以诗题来考核画家的做法,他将之概括为:"是画与诗的表面的结合,即用画描写诗文所述的境地或事象……或者就在画上题诗句的款,使诗意与画义,书法与画法作成有机的结合。"宋画院的这一做法一直为传统的画史所鄙薄,丰子恺则将之立为画之一格,称为"绘画与文学的综合艺术":"画与诗互相依赖。即画因题句而忽然增趣,题句亦因画而更加活现,二者不可分离。"[1]由此,丰子恺关于"画中有诗"的所谓"诗趣"的历史清理就完成了。事实上,他在30年代的时候又在此基础上进一步发展了他的观点,将"诗"扩展为范围更加广阔的"文学",在其《绘画与文学》这本书当中,对"诗"的选择范围早就超越了王维而扩展到历代诗人的作品,对诗的绘画性也进行了更加精细的分类。但从早期的这篇文章我们已经能看到其释放出来的多重理论价值和意义。

首先,从"诗"的角度重新认识了中国画的传统。这一认识是通过讨论王维来完成的。王维在中国画史上是一个关键人物,苏轼对士人画观念体系的构建,董其昌对文人之画系谱的梳理都是通过这个源头的清理而确立起来的。[2] 对于王维的解读几乎意味着对其追随者做了一个总体的定位。丰子恺推进并强化了苏轼对王维"诗中有画""画中有诗"的评价,为解读王维的画史价值赋予了一个新的维度:以画家之眼发现了诗人之眼。

---

[1]《丰子恺文集》第1卷,浙江文艺出版社、浙江教育出版社1990年版,第39页。
[2] 苏轼对王维画史地位确立的讨论可参看笔者专著《身份建构的焦虑:北宋"士人画"观念的发展演变》第三章第二节"王维的感召力",关于董其昌对王维的讨论可参看笔者论文《董其昌"文人之画"观念辨析》。

其次,在诗画这一视域的观照之下,其创作获得了一个历史的位置:这个脉络当中,有士人画到文人画的传统,也有画院传统的恢复,而他的绘画实践可以看作是这一传统的发掘者、继承者、开拓者。由此可以说,他完成了其创作"合法性"的一个理论的论证。

而这篇文章完成的两个最为重要的功能是,丰子恺在传统中认识了自我,同时也在更新我们对于传统的认识。

丰子恺对于诗歌的发现让他走进了诗画这一并不为我们所充分认识的传统,然而这一回归并非易事。我们要进一步追问的问题是,他启动诗歌回归传统的利器到底是什么?

丰子恺早年受到的绘画训练来自李叔同。李叔同在日本东京美术学校西洋画科学习时,正是日本引入印象派并逐渐为画坛所接受的时期,他受到以黑田清辉为核心的外光派绘画影响很大。[①] 回国后在浙一师任教的李叔同沿袭了其在日本的学画方式,用木炭描写,要求学生进行严格的写生练习。丰子恺遵照李叔同要求的步骤,"写木炭基本练习数年"[②],还提及"写法兰西农夫头像至十小时,而吾师犹责为草率",画维纳斯头像,用了十七个小时乃告终[③]。这些技能练习让丰子恺意识到写生的重要性。而这个重要性主要体现在磨练"眼"和"手"上,即对"画形"、"画调子"、"色彩"这些绘画的基本元素和语言有一个准确的观察和把握,而习画者的基本的视觉素养就是由这些基本功奠定的。丰子恺认为,磨练眼光必须从"看"入手。他曾记录经过写生训练之后,"看"人的眼光所发生的变化:

[①] "外光派"由法国学画归来的黑田清辉引入。黑田清辉主持东京美术学校西洋画科时期,这里一度就是"亚洲最为贴近西洋现代美术中心巴黎的场所"(详见吉田千鹤子《上野的面影——李叔同在东京美术学校史料综论》,见曹布拉编《弘一大师艺术论》,西泠印社出版社2001年版,第92页)黑田清辉本人在法国受过学院派严格的绘画训练,但又吸收了印象派的一些表现方法,其周围聚集着一批留法归来的画家,他们"仿效巴黎美术学院的教育方法进行指导",以木炭写生(包括石膏像和人体)、裸体模特的色彩写生等等,也开设有解剖学和透视学的课程。刘晓路认为日本的所谓外光派远比印象主义的外光派要保守,"在严格的意义上充其量为印象派化的学院派"(见刘晓路著《日本美术史话》,人民美术出版社1998年版,第173页)这一判断实际上是从黑田清辉本人在法国接受的绘画训练而言,而这一特质也带入了日本的印象派绘画之中。与李叔同差不多同一时期在东京美术学校学西洋画的中国人,几乎都受到这一传统的训练和熏陶。李叔同的油画创作包括其毕业《自画像》展现出这一画风的鲜明特色,其用笔用色的大胆,在同期的同学之中是非常突出的。
[②]《丰子恺文集》第1卷,浙江文艺出版社、浙江教育出版社1990年版,第1页。
[③]《丰子恺文集》第1卷,浙江文艺出版社、浙江教育出版社1990年版,第6页。

"印象派"与"诗"：论丰子恺的绘画思想 ◎

> 我在学校里热心地描写石膏头像的木炭画，半年后归家，看见母亲觉得异样了。母亲对我说话时，我把母亲的脸孔当作石膏头像看，只管在那里研究他的形态和画法。我虽在母亲的怀里长大起来，但到这一天方才知道我的母亲的脸孔原来是这样构成的！她的两眼的上面描着整齐而有力的复线，她的鼻尖向下钩，她的下颚向前突出。我惊讶我母亲的相貌类似德国乐剧家华葛内尔（瓦格纳）（Wagner）的头像……①

在丰子恺的眼中，母亲变成了造型分明的石膏。他对母亲的描述犹如拿着一只无形的笔在做母亲的肖像写生。而他这只无形笔下的母亲竟是他从未发现过的形象！石膏练习实为人体模特写生的准备，而丰子恺已经能够将从石膏写生中获得的原则迁移到"模特"（他的母亲在此时就扮演的是模特的角色）身上，可见其"看"的水平又进了一步。

除此之外，他还将阅读所得的绘画理论知识用实际的观察来验证，以此来纠正眼睛的错觉，并由此获得绘画处理的细部原则。比如他在浙一师期间曾读过一本介绍人体各个部分描绘方法的书《Figure Drawing》，提到普通人的眼睛居于头部二分之一处，与一般认为眼睛居于头的上部的看法不同。于是丰子恺时时留意，看到人头便目测人眼的位置，屡试不爽。在验证的同时，也不断地获得新的观察：

> 我向对座的几个头像进行目测，忽然发现其中有一个老人相貌异常，眼睛生得很高。据我目测的结果，他的眼睛决不在于正中，至少眼睛下面的部分是头的全长的五分之三……但我仅凭目测，不敢确信老人是特例。我便错认这船为图画教室，向制服袋里抽出一支铅笔来，用指扣住笔杆，举起手来向那位老人的头部实行测量了……后来我又在人体画法的书上读到：老人因为头发减薄，下颚筋肉松懈，故眼的位置不在正中而稍偏上部。②

借助理论和实践观察的验证，丰子恺得出了既不同于一般教科书的概

---

① 《丰子恺文集》第 2 卷，浙江文艺出版社、浙江教育出版社 1990 年版，第 601—602 页。
② 《丰子恺文集》第 2 卷，浙江文艺出版社、浙江教育出版社 1990 年版，第 603 页。

括,也不同于一般人的眼睛所见的绘画经验:"普通中年人的眼位于头的正中,幼儿的眼,位在下部,老人的眼稍偏上部。"①这一条绘画的原则,实为丰子恺磨出的"眼力":提炼绘画素材的能力,也是一种捕捉事物典型特征的能力,而在具体的绘画创作中,就意味着创作能力。经过绘画训练的眼睛给丰子恺打开了一个新的观看世界的角度,母亲不复是原来所见的母亲的面容,而是变成了线条,造型,周围的世界也如同变成了一个大的图画教室。这是一个典型的陷入痴迷的写生状态的画家的形象。丰子恺由此领悟到,一个画家所获得纯粹的观察世界的眼光,来自于其自觉的切断与世界的意义上的联系。如此,眼睛才能见出一般人所不能见,绘画的世界,诸如造型、线条、调子所构成的世界才会真正开启,画家才真正开始使用这一套视觉的语言来重新组织、建造和表现其所见、所感和所思的世界。

丰子恺所受的绘画技法训练当然是来自西洋绘画的传统。而正是这一"眼力"的磨练,在一个看似偶然的机会,丰子恺在诗歌当中发现了绘画性。本文第一部分所探讨的丰子恺获得处理月夜光线图式就能看到这一点。

丰子恺果断地追随了诗画这一传统,并由此对大量的诗词进行了深入地探究。他将诗人的这种"眼力"在绘画中的应用称之为"文学的写生",并由此转化为一种在创作上可资训练的心得:"习描须先习看,练手须先练眼","习画应该读诗"。他的读诗显现出画家关注的焦点②,发现了文学中的远近法(也即绘画中的透视法):

1. 凡物距离愈远,其形愈小

   例诗:旷野看人小,长空看鸟齐。(岑参)

   　　　槛外低秦岭,窗中小渭川。(岑参)

2. 凡在视线之上的(即比观察者的眼睛高的)景物,距离愈远,其在画面的位置愈低。

   例诗:野旷天低树,江清月近人。(孟浩然)

   　　　山月临窗近,天河入户低。(沈佺期)

   　　　真珠卷帘玉楼空,天淡银河垂地。(范仲淹)

---

① 《丰子恺文集》第 2 卷,浙江文艺出版社、浙江教育出版社 1990 年版,第 604 页。
② 以下所引诗例及标题说明均为丰子恺本人对于诗歌中的远近法的归纳,见《丰子恺文集》第 2 卷,浙江文艺出版社、浙江教育出版社 1990 年版,第 456—468 页。

碧松梢外挂青天。（杜牧）

3. 凡在视线之下的（即比观者的眼睛低的）景物，距离愈远，其在画面的位置愈高。

例诗：黄河远上白云间。（王之涣）
　　　黄河之水天上来。（李白）
　　　回看天际下中流。（柳宗元）
　　　平沙莽莽黄入天。（岑参）

4. 兼看视线上下（天与地）两方，则见其相接。

例诗：接天莲叶无穷碧。（苏轼）
　　　百尺楼高水接天。（李商隐）
　　　水浸碧天何处断。（张升）
　　　晚云藏寺水粘天。（刘一止）
　　　无数青山水拍天。（苏轼）

以上所示只是丰子恺读诗示例之一部分。正如写生带给他全新的体验一样，他用透视法来解读古诗之时，不仅重新呈现了诗趣，更将之变成画家锤炼眼力的试验场。这些发现都成为其以诗画为题材的作品的构图源泉。如果说一般的欣赏者还在笼统而模糊地赞叹诗的"如画之美"，丰子恺则将之分解为精确的绘画语言。正是拥有了画家的眼力，丰子恺发现了诗人所描绘的视觉世界。有意思的是，丰子恺借助的是西洋绘画的手段，激活了中国画的文学传统。这一传统即熟悉又陌生，因为中国古典的诗歌几乎从未如此大规模地被置于这种视域被解读过，也未如此大规模地以视觉的形式呈现出来。受西画传统训练的丰子恺找到了一条回归传统的道路。

诗与画的相遇，对于丰子恺个人创作而言无疑具有巨大的意义，子恺漫画的"味儿"中所具有的文学性和视觉性由此也可以获得清晰的理解。然而对于回归传统的方式而言，由画到诗，再回到画只是反映出其回归的微观层面。20世纪20年代末到30年代上半期，画坛之中中西绘画的竞争正处于一个非常微妙的时间点上。而中西对照的维度或显或隐地都构成了当时画家们创作和思考的重要一环，丰子恺也不能例外。他对中国传统绘画、他自身作品的定位中始终存在一个对西方绘画认知的维度。不了解这个维度，几乎也就很难理解其激活传统背后更为深广的意义。

三、印象派：中国画优胜论

俞剑华写于1928年的《现代中国画坛的状况》一文描述了当时西洋画家中出现的一个现象：

> 说起来，几位西洋留学生在西洋学了很多年，自己天才又好，也肯用功，画的有七八分像西洋画，但是回到中国来，不到几年，费了很多事穿上的这件洋服，便要慢慢的脱下来换上长衫马褂了，不但画的西洋画变成中国化的，并且大画其中国画。所以一直到现在，留学生虽然有几位，但是改行的改行，不拿笔的不拿笔，而真正的西洋画，还是如凤毛麟角不可多得。①

俞剑华所论能反映出一定的时代趋向，徐悲鸿、刘海粟、林风眠这些活跃在画坛中心的画家都在探索西洋画与中国画的融合之路。而传统画派在北平衰落之后，海派日渐壮大，明清之际的八大山人、石涛这一类处于画坛边缘的画家则重新被发掘出来，也在部分留洋回来的画家当中产生了很大的影响。自美术革命以来，传统派绘画的地位从20年代末开始呈现逐渐上升的趋势。丰子恺在1926年发表了讨论中国画的论文之后，于1927年发表了《西洋画的看法》，1928年出版了《西洋美术史》，1929年译出了日本学者上田敏的《现代艺术十二讲》，1929年出版了《谷诃生活》（谷诃即现在通译的梵高），1930年又编译了《西洋画派十二讲》，这些密集介绍西方绘画及画家的著作涉及的时段上至原始时代，下限则到了达达派，同时也在国内画坛率先讨论了谷诃（梵高）这位后印象派的重要画家，关注的范围几乎与当时欧洲艺术发展的潮流直接接轨。② 丰子恺这一时期的阅读和写作对流行于欧洲和日本的现代画派有了深刻的认识，赋予其广阔的视野，以一种历史的眼光在美术发展的潮流中来观察中国美术的位置。因而在这些文章和著作当中，我们能够看

---

① 见周积寅编《俞剑华美术论文选》，山东美术出版社1986年版，第73页。
② 需要指出的是，丰子恺对于欧洲艺术发展动向的了解几乎都是通过日本研究者的著作而获得的。他这一时期的著作带有编译性质，但在改写的过程中，他加入了很多中西绘画对比的讨论。

到一条清晰的思考线索,那就是他几乎都是在中西对照的维度中展开对绘画的讨论。

在谈中国画的特色时,丰子恺认为中国画重视内容,而西洋画偏重视觉的画面,从纯粹绘画的角度来说,后者才是绘画的正格,但对于中西绘画不能以高低优劣来区分,只能以趣味相别。在谈论西洋画的看法时,指出西洋画重写实,中国画重传神,二者各有优劣。相较于当时画坛之中的派别之争,其观察甚为冷静,态度也更为开放。但在其讨论现代艺术的过程中,尤其是在梳理了印象派及之后的表现派等发展的脉络之后,丰子恺意识到这些新兴艺术派别的崛起与东洋绘画之间的共鸣:首先当然是莫奈等人发现了日本的歌川广重和葛饰北斋,他们通过微妙的色彩和光线变化塑造了一种平和的抒情画风,刺激了印象派对于光线和颜色的探索,因而带来了画坛的重要转向;其次是后期印象派发展了线条的表现力,而线条正是东洋绘画的特色。因此丰子恺认为,已经迈入现代的西洋绘画与还未进入现代的中国画之间发生了交集。中国画成为给予启发和灵感的老师,而西洋画变成了学生。从一定程度上来说,这是画史的事实,但在当时中国所处的政治、文化历史环境之下,这一点很容易激发起民族主义的情绪。

1930年1月,丰子恺的长文《中国美术在现代艺术上的胜利》在《东方杂志》发表。[①]而"胜利"一说的最为基本的根据就是西方现代艺术完全受到中国绘画的启发而产生的。但这一论证中有一个环节被丰子恺一笔带过,即印象派受到直接启发的是日本画,丰子恺对这个关系做了一个代换,其论证逻辑是:日本画完全出于中国画,近代西洋画受日本绘画的影响,因此这一流派完全受到中国画的影响。由此,中国画优于西洋绘画。实际上这里面还有一个如何认识日本绘画的独立性的问题。日本研究中国绘画的学者一直强调近代日本绘画才可以称之为东洋画的代表。[②](这一东洋实际上是代表了东亚文化圈)从两方的观点来看,有确立近代绘画宗主地位的意图蕴含其中。本文不拟展开讨论。众所周知,随着一战的结束,中国思想界兴起了一股重新评价中国传统的思潮。这一思潮开始反思早期盲目学习西方的狂热,甚至

---

① 后来这篇文章标题改为《中国美术的优胜》,收录在《绘画与文学》这本著作当中。
② 日本学者西槙伟注意到了丰子恺的这一做法,与日本的美术学者的基本立场恰好相反。见中村忠行、西槙伟《新艺术的发轫:日本学者论李叔同与丰子恺》,曹布拉译,西泠印社2000年版,第93—96页。

开始讨论东方文化如何来拯救西方文明的问题。传统派的抬头也是在这风气之下兴起的。这一反省的趋向在 20 世纪 20 年代后期的中国画坛也开始逐渐显现出来。毫无疑问,丰子恺的这篇文章放在《东方杂志》中国美术专号的第一篇发表,带有明显的宣言的意味。历史的眼光和民族自尊混杂在一起。因而这篇文章在论证中国绘画的优胜方面,理论的展开显得有些急躁,基本上是举例式的印证,平行的比较,反而不如其在微观层面的探讨来得精彩:他在同一年发表在《中学生》杂志上的《文学的写生》这篇文章,将印象派与中国文学(主要是诗)统合在了一起,比如他回味"月光如水水如天"这句诗:"月夜的水天及景物融成一色,远望楼阁或山,全体一篇模糊,若有若无。这种情景,使人联想印象派的绘画。"[1]然而也不得不说,在 30 年代的画坛,丰子恺这样一种还算完整的出入中西的理论阐释架构是难能可贵的。

丰子恺回归传统的道路应该说是成功的,通过"诗"这一通道,他重新阐释了中国的绘画传统,而通过"印象派",他又抓住了世界艺术发展的潮流。而他本人的绘画创作也在东西方绘画目光的交错中,获得了一席之地。

【附图】

图一 　　　　　　　　图二

---

[1]《丰子恺文集》第 2 卷,浙江文艺出版社、浙江教育出版社 1990 年版,第 485 页。

"印象派"与"诗"：论丰子恺的绘画思想 ◎

图三

图四

图五

图六

图七

图八

作者：杭州师范大学弘一大师·丰子恺研究中心助理研究员

"Impressionism" and "Poetry"—Feng Zikai's Ideas on Painting

Tang Weiping

Feng Zikai and his "Zikai's Comics" are singular entities in the world of painting in that his painting productions and theoretical criticism dismantled the frontiers between literature and painting. By interpreting classical poems through the lens of western painting he pioneered a path through which his comics could return to traditional Chinese painting. His reflections on this kind of painting are in turn embedded in a discussion of Chinese and western painting where thoughts on modern western painting represented by "Impressionism" opened a broad historical vision for such a return which displayed a vitality in both actual production and theoretical exploration.

副文本视角下的丰子恺
《西洋名画巡礼》探析

刘 晨

引言

"副文本"(法文 paratexte,英文 paratext)属"互文性"理论范畴。20 世纪 60 年代法国理论家克里斯蒂娃(Julia Kristeva,1941—)创立互文性文本理论[①]。副文本概念由法国文论家热奈特(Gérard Genette,1930—)于 20 世纪 70 年代提出,他认为存在五种类型的跨文本关系,即文本间性、副文本性、元文本性、承文本性、广义文本性。[②]

> 副文本如标题、副标题、互联性标题;前言、跋、告读者、前边的话等;插图;请予刊登类插页、磁带、护封以及其它许多附属标志,包括作者亲笔留下的还是他人留下的标志,它们为文本提供了一种(变化的)氛围,有时甚至提供了一种官方或半官方的评论……[③]

热奈特曾将此理论应用到对普鲁斯特《追忆逝水年华》、乔伊斯《尤利西斯》等经典作品的副文本解读。

[①] "互文性"最简单的定义是指"一文本与其他文本的相互关系",见殷企平《谈"互文性"》,载《外国文学研究》1994 年第 2 期。
[②] [法]热拉尔·热奈特:《热奈特论文选》,史忠义译,河南大学出版社 2009 年版,第 56—61 页。热奈特对跨文本性的定义为"所有使一文本与其他文本产生明显或潜在关系的因素"。
[③] [法]热拉尔·热奈特:《热奈特论文选》,史忠义译,河南大学出版社 2009 年版,第 58 页。

互文性理论传入中国后在文艺理论、文艺批评和文化研究领域产生广泛影响,而文本、副文本与文献学存在着天然的联系,现代文献学有关文献传播的文本阐释理论源自阐释学,互文性理论与之亦有相通之处。文献从交流过程看就是信息的传播和受众的阐释,传播与阐释是文献客体的功能实现的两个统一的方面。因为文献所具有的客观意义和本质,只可能是在特定时空下某次阅读的结果,文献的自主性和客观性是相对的,每次阅读都赋予它新的传播意义和价值,因此它只是相对于特定时空某种阅读角度以及阐释标准而存在,不同角度与规范会建构各异的意义价值。没有阐释的传播是毫无意义的徒劳之举。① 那么阐释什么?阐释的是文本。互文性具有极大的包容性和强大的阐释能力,已成为文学研究和文化研究经常使用的关键词之一。

针对诸如文学文本,文化现象,电影、绘画、音乐、建筑等非文学领域有大量的采用互文性视角分析的研究成果。具体就副文本研究而言,目前在中国近现代文学、外国文学、翻译研究等领域近年有一些相关研究,以中国近现代文学研究成果为多②。借鉴互文性、副文本理论等同样为丰子恺研究开辟了新的视角,可应用于文本分析并展现相当的史料价值,同时也是版本批评的重要资源。现以《西洋名画巡礼》为例,对其副文本进行简要探析。

《西洋名画巡礼》,开明书店(上海)1931年6月初版,丰子恺著,"少年美术读本"之一,收西洋名画24幅及讲话12篇。

《西洋名画巡礼》的版(文)本主要谱系图③如下:

初刊本("儿童艺术讲话") 《教育杂志》1930年第22卷
|
初版本(《西洋名画巡礼》"少年美术读本") 开明书店1931年6月版
|

---

① 周庆山:《文献传播学》,书目文献出版社1997年版,第85—86页。
② 其中部分相关研究如金宏宇《文本周边——中国现代文学副文本研究》,武汉大学出版社2014版;袁进、钱理群、吴福辉、陈子善主编《中国近代文学编年史——以文学广告为中心》、《中国现代文学编年史——以文学广告为中心》,北京大学出版社2013年版;彭林祥《新文学序跋研究》,武汉大学博士学位论文,2010年;陈子善《"副文本"视域下的张爱玲》,见《先典新识——名家人文与经典演讲录》第3辑,上海人民出版社2013年版,第148—163页。
③ "版(文)本谱系模式"参见金宏宇《新文学的版本批评》,武汉大学出版社2007年版,第51—54页。

副文本视角下的丰子恺《西洋名画巡礼》探析 ◎

再版本(《西洋名画巡礼》"少年美术读本") 开明书店 1931 年 11 月版
|
三版本(《西洋名画巡礼》"开明青年丛书") 开明书店 1935 年 3 月版
|
更名本(《西洋名画十二讲》) 中流出版社(香港)1977 年 12 月版
|
文集本(《西洋名画巡礼》)收入《丰子恺文集 2·艺术卷 二》浙江文艺出版社、浙江教育出版社 1990 年 9 月版

《西洋名画巡礼》从初刊本至初版本、再版本、文集本等,其各版本演变中存在不少副文本,可供研究。

二、《西洋名画巡礼》初刊本的导语和落款

《西洋名画巡礼》除序言外,共 12 讲。关于《西洋名画巡礼》的初刊本,丰子恺在"序言"中提及:"此等名画及讲话,曾连载在民国十九年的《教育杂志》的'儿童艺术讲话'栏中,现在结集出版。"[①]据《丰子恺文集》中《西洋名画巡礼》编者题注:"本书各讲曾分别发表于 1930 年 1 月—12 月《教育杂志》第 22 卷 1 号—12 号。"[②]

此两处记载与实际情况有所出入。1930 年《教育杂志》第 22 卷共 12 期,从 1 月第 1 号起卷首插图为两幅西洋名画并设"儿童艺术讲话"栏,刊载丰子恺有关西洋名画的撰述,但并未刊载 12 篇后结集出版。其中 9 月第 9 号卷首插图为《寺》(莫内 Monet 作,彩色)、《一杯麦酒》(马内 Manet 作,黑白),但目录中无"儿童艺术讲话"栏,正文亦无丰子恺撰述。故 1930 年第 22 卷《教育杂志》共刊载丰子恺撰述 11 篇。查 8 月《教育杂志》第 8 号有如下"本志启事":

本志启事

本志今年每号插印名画,系请丰子恺先生挑选复制,并请丰先生每

---

① 丰子恺《西洋名画巡礼·序》,(上海)开明书店 1931 年版,第 1 页。
② 《丰子恺文集》第 2 卷,浙江文艺出版社、浙江教育出版社 1990 年版,第 273 页。

259

期撰述与插画有关之文字一篇,登载于"儿童艺术讲话"栏。月来,丰先生因婴伤寒症,未能握管撰文,第九号该栏文字暂停,容后补刊。①

结集出版的《西洋名画巡礼》与初刊本相比,除增加"万人嘲骂的大画家"一讲以及各讲文字有所修改外,还删去初刊本中"讲话"的篇首导语和文末落款,添加图书"序言"。

每篇讲话的导语基本相同,第1号是:"请读者把卷首的两张西洋名画给小学生们欣赏,并教他们读这篇讲话。"后则有称"儿童"、"孩子们"等。

《教育杂志》1930年第22卷中丰子恺"儿童艺术讲话"有10篇题有落款:

刊期	篇名	文末落款
第1号(1月)	贫乏的大画家	一九二九年十一月三十日,写于松江女中学舍。
第2号(2月)	说谎的画与真实的画	一九二九年基督降诞节
第3号(3月)	一个铜板的画家官司	一九三〇年二月十七日于石湾
第4号(4月)	富贵的美术家	一九三〇年三月十六日下午于石湾
第5号(5月)	身边带镜子的画家	一九三〇年三月廿八日在石湾
第6号(6月)	发明油画的兄弟画家	
第7号(7月)	五年画成的笑颜	写于嘉兴杨柳湾之缘缘堂
第8号(8月)	文艺复兴三杰的争雄	一九三〇年八月二日写于嘉兴杨柳湾之缘缘堂
第10号(10月)	模糊的名画	一九三〇年九月下旬,病后,写于嘉兴杨柳湾之缘缘堂。
第11号(11月)	自己割了耳朵的画家	十九年十一月五日写于嘉兴杨柳湾之缘缘堂
第12号(12月)	新兴艺术鉴赏	一九三〇年十一月十日写于嘉兴之缘缘堂。

初刊本每篇导语表明讲话的读者对象是老师和家长们,请他们教"小学生们"、"儿童"、"孩子们"。这是因为《教育杂志》作为中国教育期刊史上历时最长的教育专业期刊,并不是如《学生杂志》《中学生》等以中小学生为读者对象的辅导型教育期刊,而是以"研究教育,改良学务为宗旨"的专业类教育期刊,面向教育工作者以及关注教育的学者、知识分子和官员。丰子恺的导语

---

① 载1930年8月《教育杂志》第22卷第8号,第130页。

是"精准"地针对读者群体,即以教师和家长为中介,传到真正的目标对象"小学生"、"儿童"处。到结集出版后的《西洋名画巡礼》的"序言"中,丰子恺称是"可供少年学生作为图画科的课外读物","少年学生"相比"儿童",读者对象更为扩展。

文末落款,相当于尾注或最简明的后记。"合观之,副文本是作品版本和文本的有机构成;分观之,副文本与正文本也形成重要的跨文本关系,是正文本的最显见最具在场感的互文本。"[1]此处的文末落款,确实可称"最显见最具在场感"的叙述文本:从上海"松江女中学舍"到嘉兴"杨柳湾缘缘堂";1929年11月30日从"贫乏的大画家米叶(米勒)"起笔,12月25日圣诞节在写"说谎的画与真实的画",1930年3月写作两篇讲话,8、9月间患病被迫停笔,病后续写"模糊的名画",11月上旬连续写作两篇讲话讲述谷诃(凡·高)等后期印象派并以"野兽派"马谛斯(马蒂斯)等新兴艺术鉴赏收尾。这一系列的"落款"勾勒出作者的一段创作历史和人生历程,副文本与正文本相比,更具史料价值。

"启事"中所称"容后补刊"未成事实。《西洋名画巡礼》结集出版是在1931年6月,而《教育杂志》从1931年1月第23卷第1号起开始连载丰子恺另一个关于音乐的系列"儿童艺术讲话",共十讲,后结集为《西洋音乐楔子》(开明书店1932年12月初版)。因此《西洋名画巡礼》中的"第九讲 万人嘲骂的大画家"仅"初刊"两幅名画,与之相关的"讲话"在初版本上才"出世","画"、"文"相隔9个月会合,也留下一段特别的史实。

三、《西洋名画巡礼》的广告与书评

作为副文本之一的广告能使读者产生"期待视阈",对读者接受文本起一种导向性作用,与正文本生成互文性。目前所见《西洋名画巡礼》的第一个广告载1931年7月14日《申报》第5版。这是开明书店艺术书籍的合集广告,其中重点推介的是《西洋名画巡礼》,其次是坂垣鹰穗著、萧石君译《美术的表现与背景》,而罗列的其他12种艺术书目中丰子恺所占为半数。意含采撷艺术花朵的广告题图标有"TK",正是丰子恺所作,此合集广告亦可能是丰子恺

---

[1] 金宏宇:《文本周边——中国现代文学副文本研究》,武汉大学出版社2014年版,第358页。

设计。

更值得一提的是《西洋名画巡礼》广告文本为叶圣陶所撰：

> 本书内载西洋名画二十四幅，及讲话十二篇。名画为四百年来的西洋大画家的代表作；以米叶为中心而选起，上溯至文艺复兴三杰，下降至今日的马谛斯。讲话则从此等名画的鉴赏法及其作者的事略说起，附带述及图画的学习法，绘画的理论，以及关于美术的知识。论旨浅近，可供少年学生们作为图画科的课外读物。

因广告文本设计为别致的菱形，故略去标点。

《叶圣陶集》第18卷"广告集"下有"开明青年丛书"的"《西洋名画巡礼》丰子恺著"，虽然标有"1934年9月1日刊出"，但广告语与此则《申报》广告仅几个字不同，且编者有言集中"广告大多数按刊出的日期编排，但是不能作准，因为很难查清头一次刊出是在哪年哪月"。[①] 因此，《西洋名画巡礼》初版广告文本即是叶圣陶所作，而丰子恺在《西洋名画巡礼》的"序言"中亦直接吸收采用。

叶圣陶1923年春起任上海商务印书馆国文部编辑，1930年末辞商务印书馆职，应章锡琛邀请任开明书店编辑，后任开明书店编辑主任，先后主编《中学生》《中学生文艺》等刊。[②]

丰子恺与叶圣陶自20世纪20年代初相识，一生合作不少、相交甚深。1924年叶圣陶、俞平伯合著《剑鞘》由丰子恺封面设计；1931年6月叶圣陶童

[①] 叶至善、叶至美、叶至诚编：《叶圣陶集》第18卷，江苏教育出版社1994年版，第291—292、349—350页。

[②] 商金林编：《叶圣陶年谱》，江苏教育出版社1986年版，第92、137—143页。

话集《古代英雄的石像》(开明书店版)由丰子恺插图并作《读后感》;1932 年 8 月叶圣陶童话集《稻草人》(开明书店版)由丰子恺封面设计;1933 年 6 月和 1934 年 6 月出版的《开明国语课本》,由丰子恺绘图誊写、叶圣陶写作或改编课文。《西洋名画巡礼》的广告亦是两人文事交际和友情的见证和记录。

副文本还可包括书评,属"公众外文本",是"他人留下"的"附属标志"之一,也为文本提供了丰实的生态环境和氛围。①

1936 年 10 月 1 日《申报》"读书俱乐部"刊载一篇《西洋名画巡礼》书评,作者士佼,写得颇有趣味:"如果把这本书比做一个炮仗,那么,书中名画的鉴赏可说是导火线,各画的作者传记和轶事是火药,而给与读者的对于美术的学习鉴赏理解等知识,就是那宏大而清晰的爆声了。"士佼即章士佼,是章锡珊次子。章锡珊与其兄章锡琛开办开明书店。章士佼是丰子恺的学生,同年写有《丰子恺先生——印象记和著译目录》②。他曾出版童话集《小泥人》(开明书店 1934 年版)并自绘插图,译有《火与焰》(白井俊明著,"开明少年丛书",开明书店 1946 年 9 月初版)等。叶圣陶日记中有记载:章士佼订婚时,丰子恺、唐锡光为媒人,叶圣陶携子到贺。③ 围绕《西洋名画巡礼》的正文本、副文本留下颇多"开明"印迹。

四、余绪:《西洋名画巡礼》的"互文性"引用

在丰子恺《少年美术故事》④的《喂食》一篇中有这样的情节:

> ……我正在笑得肚痛,但见华明摸出一册黄面的书来,书面上写着"《西洋名画巡礼》,丰子恺著"几个字。我认识这是华先生到我们教室里来讲美术故事时常带的书,可是没有读过。华明把这书摊在桌子上,翻出一节来读给弟弟和我听:
>
> "但这时候米叶穷得很。他自己在日记上这样写着……"

---

① 朱桃香:《副文本对阐释复杂文本的叙事诗学价值》,载《江西社会科学》2009 年第 4 期。
② 载《申报》1936 年 2 月 1 日"读书俱乐部"。
③ "西行日记 一九四五年十二月九日",叶至善、叶至美、叶至诚编《叶圣陶集》第 20 卷,江苏教育出版社 1994 年版,第 488 页。
④ 丰子恺:《少年美术故事》,(上海)开明书店 1937 年初版。

背后有一个大人的声音"格格格格"地笑起来,回头一看,原来是爸爸。华明脸孔红了。爸爸说:"你们读了《西洋名画巡礼》,鉴赏西洋名画,很好很好。"

《少年美术故事》中的"我"是四口之家中的"姐姐逢春",爸爸隐指"丰子恺"。此篇《喂食》是继前篇《初步》之后再次讲解鉴赏米叶(米勒)的画作,此处直接引用《西洋名画巡礼》500余字叙述米勒故事。

这种融入叙事并清晰"标识"自我引用的方法在丰子恺著述中并不多见,接着"爸爸"详细讲解这幅米勒《喂食》的内容意义和构图形式。这从文本意义上也是对《西洋名画巡礼》"第一讲 贫乏的大画家"的接续。

此处实际还是以"爸爸"(丰子恺)身份自评。对于《西洋名画巡礼》,丰子恺在《西洋音乐楔子》(1932)、《绘画概说》(1935)、《西洋建筑讲话》(1935)等都有提及,主要是叙说自己的西洋美术史著作或讲述为《教育杂志》撰写艺术专栏系列讲话的渊源。在《近代艺术纲要》(1934)中,丰子恺将《西洋名画巡礼》和《西洋画派十二讲》列为参考书。

丰子恺对于自己所著译的有关美术史、艺术论的著作,在《为中学生谈艺术科学习法》[①]一文中曾有推荐,而首推的即是《西洋名画巡礼》:

读者如欲我介绍一二,我可推荐我自己的译著:最宜为图画科课外读物的,是少年美术读本《西洋名画巡礼》(开明最近出版)。……其次,《西洋画派十二讲》(开明版)亦可为理解绘画之一助。……其次则《西洋美术史》《艺术概论》《现代艺术十二讲》(皆开明版),有余暇及兴味之人均可一读。

对于《西洋名画巡礼》,这些互文性"引用"和"联系"的文本既能表明丰子恺对《西洋名画巡礼》的喜爱,为读者阅读提供导向性要素,也对原始文本起着复读、强调、浓缩、转移和深化的作用。

作者:杭州师范大学弘一大师·丰子恺研究中心研究馆员

---

① 收入丰子恺《艺术丛话》,(上海)良友图书印刷公司1935年初版。

An Analysis of Feng Zikai's *A Survey of Western Paintings* from the Perspective of Paratext

Liu Chen

Published by the Kaiming Bookstore, Feng Zikai's *A Survey of Western Paintings* is a reader designed to acquaint the youths with the history of western painting. This paper attempts to analyze the introduction, signature, book ads and reviews of its first edition from the point of view of paratext. In addition to studying the history thereof, the author also hopes to provide a new perspective for the interpretation of texts.

浅析抗战时期丰子恺的漫画创作思想
——由"儿童战事画"谈起

吴浩然

作为一介儒生的丰子恺,面对社会沉浮,国家前途未卜,在大灾大难面前,始终保持着强烈的社会责任感和爱国热忱,向世人宣扬正义,唤起全世界爱好和平拥护人道的国民的响应,以感性的画笔和敏锐的艺术视角,述说着沉痛国耻下一个国民的思想。正如陈浮在《抗战中的丰子恺先生》一文中所写:"虽然不免老朽,不曾上前线杀敌,但已经是一位民族统一战线中可敬的战士。他勇敢、坚决、乐观,和一切的战斗者一样。"[①]

一、"宁做流浪者,不当亡国奴"

> 逃难也,逃到桂江西,独秀峰前谈艺术,七星岩下躲飞机,何日更东归?——丰子恺《望江南》

1937年7月7日,日本帝国主义发动了全面侵华战争,侵占平津以后,又野心勃勃地对上海发动了大规模进攻。国民党政府推行不抵抗政策,消极抗日,大片国土相继失守,凶猛的战火很快殃及上海周边的小镇。

石门毗邻上海,为浙北古镇之一。相传越国为了抵御吴国进攻,在此垒石为门,故称石门。小镇物产富饶,民风淳朴,因诞生了艺术大师丰子恺而扬

---

① 陈浮:《抗战中的丰子恺先生》,载《循环报》1938年9月28日。

名天下。丰子恺生于1898年11月9日,是我国著名的漫画家、文学家、美术和音乐教育家、翻译家。1933年春,他用稿费在故乡石门(今属桐乡市)建造了自己的寓所——缘缘堂,过着闲云野鹤般的著述生活。可好景不长,1937年11月6日下午,丰子恺正在缘缘堂二楼阅读蒋坚忍的《日本帝国主义侵略中国史》,准备画成《漫画日本侵华史》,帝国主义的飞机突然开始轰炸整个小镇,石门顿成残垣断壁,缘缘堂危在旦夕。面对日寇的步步紧逼,丰子恺决定"宁做流浪者,不当亡国奴",于是简单打点行装,带领全家仓促向西南方向逃难,由此开始了长达八年的流离生涯。

一家老幼十二人由石门出发,经桐庐、江西萍乡、湖南长沙、湖北汉口,后由于九江失守,又不得不再回到长沙。在长沙时,丰子恺接到了桂林师范专科学校校长唐现之的邀请信,遂促成了桂林之行。

丰子恺来到桂林师范,租住在泮塘岭40号的谢四嫂家。他把房东的牛棚改造成自己的书室,称为"牛棚书室"。书室环境虽说简陋,却是丰子恺宣传抗战,文艺创作的阵地,就连为谢四嫂家写的春联也是抗战内容,联曰:"天下兴亡匹夫有责,抗战必胜妇孺皆知。"桂林师范的办校宗旨是"以艺术兴学,以礼乐治校",学校尤其重视学生的艺术教育和抗战宣传。丰子恺在校担任壁报和抗战漫画的宣传指导,常带领学生上街下乡去宣传抗战,他画的抗战漫画被学校制版而印,作为抗战宣传资料各处张贴。《教师日记》中曾记载此事:"十一月二十八日(星期一)……学校会议决定,宣传除派学生分组走近乡外,复以石印印吾抗战画四幅,随队揭贴,又以转送他校。学生亦须自制抗战漫画,由我指导。"[①]

丰子恺的抗战漫画曾被当时的很多报刊杂志转载。1938年11月出刊的《华大桂声》第一卷第二期整版登载了丰子恺的诗画《嘉兴所见·梦江南》(图一)。诗曰:"空袭也,炸弹向谁投?怀里娇儿犹索乳,眼前慈母已无头。血乳相和流。"画面内容惨不忍睹,催人泪下,诗句悲壮凄凉,无不让人动容。无知的娇儿还在吃奶,母亲的头颅却被弹片削飞得不知去向。画家目睹这一惨象,悲愤之心泄于笔端。同样,在汉口时,他偶遇乡间大树,主干虽被砍去,但生机不绝。春风一吹,照旧生长得枝繁叶茂。丰子恺有感于此,画了一张漫画,并题诗曰:"大树被斩伐,生机并不绝。春来怒抽条,气象何蓬勃。"(图二)

---

① 丰子恺:《教师日记》,(重庆)万光书局1944年版。

如此勃勃的生命力,不正是中华民族不屈不挠的精神象征吗?

　　生机并不绝,丰子恺在妻子身上也看到了中华民族旺盛的生命力。来桂林时,妻子徐力民已有身孕,于是他便为这个新生儿取名为"新条",寄予了抗战必胜的希望。但女儿陈宝觉得"新条"不雅,便改作"新枚"。丰子恺认为:"大肚皮逃难,在流亡中生儿子,人皆以为不幸,我却引为欢庆。我以为这不过麻烦一点而已。当此神圣抗战的时代,倘使产母从这生气蓬勃的环境中受了胎教,生下来的孩子一定是个好国民,可为未来新中国的力强的基础分子……一定是这回的抗战中,黄帝子孙壮烈牺牲者太多;但天意不亡中国,故叫老妻也来怀孕,为复兴新中国增添国民。"①

　　怀着抗战必胜的信念和强烈的爱国主义热情,在国难深重的流离岁月里,丰子恺过着清贫的生活,却从不呻吟叫苦。"如今故国已成焦土,漂泊将及两年,在六千里外的荒山中重温当年仓皇辞家的旧梦,不禁心绪黯然,觉得无从下笔。然而环境虽变,我的赤子之心不失却;炮火虽烈,我的匹夫之志决不被夺,它们因了环境的压迫,受了炮火的洗礼,反而更加坚强了。杜衡芳蓬所生,无非吾土;青天白日之下,到处为乡。我又何必感慨呢?"②在桂林旅居的日子,他创作了大量的作品:再绘《漫画日本侵华史》,还没有来得及印刷,画稿又一次在逃难中丧失了;第三次重绘了《漫画阿Q正传》,终于在1939年由北京开明书店出版;创作了几百幅抗战漫画,撰写了十几篇讨伐日寇、积极抗战的战斗檄文;为弥补学校课外教材的不足,他还绘制了两本儿童读物:《兴华大力士》和《大同大姊姊》。

二、艺术的抗战

　　　　我们四百兆人,中华民,仁义礼智润心。我们四百兆人,相互亲,团结强于长城。以此图功,何功不成!民族可复兴。以此制敌,何敌不崩!哪怕小东邻!我们四百兆人,齐出阵,打倒小日本!我们四百兆人,睡狮醒,一怒而天下平。

　　　　　　　　　　——萧而化作曲,丰子恺作词《我们四百兆人》

---

① 丰子恺:《未来的国民——新枚》,载《宇宙风》1938年9月16日。
② 丰子恺:《辞缘缘堂》,收入所著《率真集》,万叶书店1946年版。

浅析抗战时期丰子恺的漫画创作思想 ◎

抗战期间,在文化界抗日民族统一战线旗帜的引导下,为争取民族独立和解放,很多画家纷纷用自己独特的画笔揭露日寇的暴行。随着这类题材的大量出现,形成了中国美术史上特殊的美术思潮,有学者称之为"战事画"。战事画,当时也被称为"抗战画",泛指与战争相关的绘画作品。主要内容分战迹图、劳军图、灾情图。战迹图主要是表现抗战前线的实况,有战士英勇杀敌的相关场面和事迹,及整个战局的形势。劳军图则是表现后方怎样支援前线,以慰问战士为主题。灾情图其实和战迹图类似,也是表现战争场面的,只是内容稍有分别,战迹图侧重于战场,灾情图则以难民、流亡为主要题材,是战争浩劫后的情景再现。学校被炸、家园被毁、灾民逃难等等都是灾情图所表达的内容,每张画都是血泪交织的控诉,触目惊心,画面直截了当,一针见血,具有很强的感染力和号召力。因此灾情图在这三种内容中所占比例最大。由于战争的特殊原因,战事画的内容和表达的主题也具有特殊的历史性和政治性。中国的"战事画"大致是以抗日战争为主题的绘画创作。在这个大忧患时代,很多画家都投入到战争的宣传中来,绘制宣传画、举办画展、出版抗战内容的书籍,成为抗战队伍中一股强有力的洪流。

1937年以前,丰子恺的漫画素以儿童情趣、人间世相、古诗新画为题材,画面宁静致远、包含人间情味。然自抗战军兴,日寇的暴行激起了画家的无限愤慨,丰子恺一路逃难,一路挥洒自己的画笔。虽然他没有投笔从戎,奔赴战地英勇杀敌,但他把逃难中的所见及所感,绘成漫画积极宣传抗战,亦不失为艺术的战斗篇章。

丰子恺反映战时题材的漫画,曾结集出版过《战时相》和《客窗漫画》单行本。《子恺漫画全集》之第六集《战时相》,1945年12月开明书店出版。所收录的64幅漫画全部都是战事画。描写的内容有热血奋战的勇士、血淋淋战场、流离失所的难民、后方的儿童等。丰子恺毕竟不同于其他漫画家,部分画作还是带有抒情意味和讽刺风格。如描写女兵的《国中女生尽如花》《他年麟阁上,先画美人图》等;描写日伪区的《摧残文化》等;描写战士立志杀敌报国的《自写岳王词在壁,从头整顿旧山河》《不许戎衣有泪痕》等;描写战争残酷的《战争与音乐》《留得人间姓名香》等;描写腐败政府的《傀儡》《丑剧》等,也有描写儿童生活场景的《捷报》《散沙团结可以御敌》等。

丰子恺的战事画少有残忍露骨直面战场的画面,而是含蓄隐忍,不动声色地以写实手法叙述一件事和一个人。部分作品充满了浪漫主义情调,让人看后笑中含泪。如《"今天天气好!"》(图三),画面上两个人相遇,天下着雨,都撑着伞,何谓天气好?如果没有此段生活经历,很难想象和理解。天气下雨,视线不好,敌机就不会出来轰炸,没有轰炸,生活暂得安宁;当然画题为"今天天气好!",也侧面写出了人们渴望和平的美好愿望。再如《战地的狗》(图四),作者并没有直接画出战争带给人们的痛苦,而是通过一只狗,衔着主人的腿回家,描写了狗主人的悲惨命运。这样的画面处理貌似轻松、简练,却能给读者内心以沉重的压抑感。既很好地表达了作者的意图,增加了画面的亲和力和可读性,也显示出作者驾驭笔墨和语言的深厚功底。

丰子恺的漫画集《客窗漫画》也是一本有关战事画的书,收画60幅。他在序言中写道:"抗战军兴,我的故乡尽成焦土,我赤手空拳地仓皇逃难,但只是逃难而已,自愧未能投笔亲赴战地为国效劳。所以抗战以来,我的画都是逃难中的所见及所感,即内地的光景,与住在后方的一国民(我)的感想而已。"[1]虽然照作者自己的话说,只是感想而已,但这恐怕是一个画家唯一可以做到的事情。丰子恺曾撰文主张"艺术必能建国",提出"因为一般浅见的人,向来误解'艺术',把它看作消闲物,奢侈品"[2]却不知"它的陶冶之功与教化之力的伟大"[3]的理论主张。在这本集子中,他画出了很多爱国者的心声,如《闲居非吾志,甘心赴国忧》《匈奴未灭,何以家为》《国仇未报老僧羞》等。这一类战事题材的漫画,仍是借助诗句的魅力,甚至直接用古人诗,表达当下事,充分展现出漫画的文学性。临阵杀敌是为抗战,绘画撰文作宣传也是抗战,实为艺术参战、画笔参战的斗争方式。同时也是他始终秉承"为人道而抗战,为正义而抗战,为和平而抗战"[4]精神的最有力的体现。

三、仁者无敌

东邻有小国,其地实寒微。幸傍大中华,犹得借光辉。初通霸国术,

---

[1] 丰子恺:《〈客窗漫画〉序》,(桂林)今日文艺社1942年版。
[2] 丰子恺:《艺术必能建国》,载《丰子恺文集》第4卷,浙江文艺出版社、浙江教育出版社1990年版。
[3] 丰子恺:《艺术必能建国》,载《丰子恺文集》第4卷,浙江文艺出版社、浙江教育出版社1990年版。
[4] 丰子恺:《谈抗战歌曲》,载《子恺近作散文集》,(成都)普益图书馆1941年版。

遂尔图杀翦。飞机兼炮火,杀人复掠地。思以非人道,胁我神明裔。岂知中华民,万众一心齐。群起卫社稷,抗战为正义。胜暴当以仁,不在兵甲利。仁者本无敌,哀哉小东夷。

——丰子恺《仁者无敌》

在丰子恺整个的创作历程中,《兴华大力士》和《大同大姊姊》并非是其主要著作,且流通极少,很多有关研究类著作中均未谈及,似乎惟恐触摸到那段让人悲恸欲绝、不堪回首的耻辱旧史,然它在抗战时期却有着极其特殊的意义。

《兴华大力士》和《大同大姊姊》书中均未印明出版时间,版权页注为(桂林)特种教育社发行,寄售处为:南京天星书店和重庆难童书店。丰子恺在卷首中标注了《例言》的写作时间"廿七年十月十六日子恺记于桂林"。丰子恺1939年4月5日离开桂林前往宜山,限于当时的通讯状况,作者可能也未必知道这两本小书已经出版。《兴华大力士》和《大同大姊姊》分别为初小三四年级和高小的国语课外读物。每书包含了三个故事。《兴华大力士》叙述了兴华力大如牛,勇敢机智地和敌人周旋,最终在救国军的配合下歼灭了全城鬼子。作者似乎有意把主人公兴华描绘成大力士,既是对自己新生儿新枚的希冀,也是对中国命运的美好展望。《大同大姊姊》通过名为大同的大姐姐为两个小朋友镇东和兴华讲不同的故事,阐明三个道理。而丰子恺为故事中的三个主人公取名也是别有用心,"大同"取热爱和平,世界大同之意;"镇东"寓意镇压东洋鬼子;"兴华"则希望复兴中华。

从战事画的角度研究,《兴华大力士》和《大同大姊姊》(图五)属于连环画,一文一画,每篇短文以真实故事为蓝本,没有故意夸大题材,而是以简单的故事情节、趣味的手法,真实地反映时事,以说理形式灌输给大众,辅以教育意义,为抗战服务。画面有战迹图和灾情图的内容,既是故事书,也是艺术教育书籍。作者在渲染战事残酷的同时,巧妙运用童真之风、宽容之理、教育之本、理想之情来滋养儿童,这也正是他对儿童的教育理念。他说:"我教艺术科,主张不求直接效果,而注重间接效果。不求学生能直接作有用之画,但求涵养其爱美之心。能用作画一般的心来处理生活,对付人世,则生活美化,人世和平。此为艺术的最大效用。"[①]《兴华大力士》和《大同大姊姊》的出版正是基于其创作观,由浅入深,施教于人。(图六)

(一) 童真与理想

《兴华大力士》中,丰子恺把兴华塑造成一个坚强、机智、力大无比的儿童形象。书封上,兴华一手拎着"建国",一手拎着"抗战",表现出坚定、勇猛的气势,反映出作者的抗战决心和对未来的中国前途的美好展望。兴华的确没有让人失望,他创造了一件件令人赞叹不已的"光荣事件":教室坍塌时,他撑住墙壁,让同学们得以全部逃生;打探军情时,他不畏艰险,乔装改扮,最终在救国军的配合下把鬼子全部歼灭。一位小学生,何以会有如此的胆识与智慧,这基于国破家亡所激发出的人们内在的抗战热情。儿童代表着民族的未来,他们身上所表现的优秀品质,是民族振兴的希望所在。作者利用兴华这个人物,为中国的儿童树立了榜样,同时教育世人,正义的战争必将得到最后的胜利。作者曾在逃难途中根据在友人家所见,创作了漫画《炮弹作花瓶,万世乐太平》。把一枚炸弹壳当作花瓶,插上两朵荷花,边上还点缀了两个镇山驱兽、避灾辟邪的吉祥物——阿福,以"荷"、"瓶"寓意和平,这是画家向往祥和生活的理想,同时也是全世界热爱和平人民的共同愿望。

(二) 宽容与教育

《大同大姊姊》中的三个故事都颇有情趣,既浅显易懂,又意味深长。《黄老伯伯养猴子》讲述了一只猴子分别抢了黄伯伯的饼干、念珠、鞋子、风兜、帽子,并抓伤黄伯伯的身体。作者以猴子的肆无忌惮,贪赃无厌类比日本侵略者的狼子野心,暴露出日本帝国主义的本性及残酷的侵略现实。在故事的最后,作者又附注了如下文字:"读了上面故事的小朋友,请注意下列的事:晋朝时代,日本请中国人去教太子读千字文;唐朝时代,日本派学生到中国来留学;明朝时代,日本强盗到中国沿海各省来抢劫;清朝时代,日本强占我们的琉球群岛……"很显然,作者是想更进一步阐明讲此故事的最

[①] 丰子恺:《教师日记》,(重庆)万光书局1944年版。

终目的和引申意义,希望通过这些故事及以上的文字,让祖国的未来一代,勿忘却这段耻辱的历史,并化作崛起的力量。

故事二《疯子、偷儿和强盗》,分别以市里出现了疯子、偷儿、强盗来引出要说明的道理,并进行了一场探讨,是什么原因导致他们的出现。有人怪罪于出现了刀,才会使疯子杀人;有人怪罪于化学药品,使偷儿能够顺利偷窃;有人认为是枪械不好,要不然强盗不会抢劫。最后通过说理、教育、引导等方式,让儿童大彻大悟。如果对儿童直接说教,灌输理论,没有故事的铺垫,其效果将大相径庭。

故事三《大同大姊姊》也引发了一场热议:日本人向我们投掷了炸弹,而我们却向东京、大阪、神户等地投了宣传单,众人非常不解和气愤。提出问题后,大同大姊姊再一步步释疑:第一,他们来轰炸我们的城市,杀害我们的老百姓,是犯国际公法的一种野蛮行为。我们不同他们一般样见识,我们堂堂中华大国,决不跟了他们犯法,决不学他们的野蛮。第二,侵略中国、轰炸中国人民的是日本的军阀,不是日本的人民,日本的人民也都是爱好和平的良民,他们被军阀欺骗和强迫,到我国来打仗,他们心里痛恨军阀,有说不出的苦痛——这是许多俘虏自己说出来的。所以我们倘去轰炸日本的人民,就变成了"吃了对门谢隔壁了";第三,你们不要看轻这些传单,这些虽然只是薄薄的几张纸,其力量实在比炸弹大得多呢!通过大同大姊姊这样的讲解,大家茅塞顿开,知晓了用怎样的宽容去赢得力量。这正如一次次容忍猴子的黄老伯伯一样,中国人要胸襟宽阔,我们不把屠刀指向无搏击之力的民众,而是将和平的种子撒向世界。

"胜暴当以仁,不在兵甲利",作者坚信仁者无敌,用一颗宽容之心,包容了自己所受的苦难,也宽容了日本侵略者所犯下的滔天大罪。他把自己的宽容和教育思想,融入在一个个短小精悍的故事中,让人们在故事中领略他的宽容之心,同时也受到教益。他以大同大姐姐之口,寄托了他的理想:"所以我说,这些传单虽是薄薄的几张纸,其力量实在比炸弹大得多。它们是炸弹的种子,播种在日本人民的心里。长大起来,变成无数炸弹,炸毁目标军阀的命根……于是人类永远和平幸福,世界大同实现了。"在《疯子、偷儿、强盗》中,他也写道:"全世界上,到底爱好和平的人是大多数,欢喜杀人的是最少数。我们只要齐心协力,为人道而抗战,为全人类的和平幸福而抗战,必定能够引起全世界爱好和平的人的同情和响应,必定能够歼灭世界上一切暴徒。这些暴徒在世界上,犹之疯子、偷儿、强盗在我们这市内,究竟是少数。他们只能暂时横行,不久就要被警察捉住,监禁起来,或者竟把他们杀掉。"

战时学校的教育和时代是脱了节的,尤其是艺术教育,还停留在画梅兰竹菊和唱靡靡之音的旧歌上,教的学的内容依旧陈腐,虽然有些学校也尽量设法配合战时之宣传,但由于战时艺术教材和人才的匮乏,教育根本无法与现实社会联系起来。大批的艺术家涌入桂林后,为桂林的艺术教育发挥了巨大作用。一些知名的画家指导学生绘制壁报、壁画、教育挂图和抗战将士的画像等;音乐家则搜集当地的山歌,依原调配制新词,教学生和群众唱抗战歌曲,创作和表演抗战新剧,逐渐形成了艺术教育的"统一战线"。文艺界也提出艺术的大众化、民族化,号召画家们真诚关注社会现实,深入大众。著名画家倪贻德曾提出具有进步思想的大众艺术观,他认为,今后艺术的趋势,应是为大众而制作了。我们不但要使大多数人能够欣赏,而且还要具有教育的使命。在内容方面讲,必须具有大多数人民所能接受的现实生活,在表现形式方面讲,是应当力求写实的精神。丰子恺也在《谈抗战艺术》一文中指出:"抗战艺术贵浅显易解。故浅显而最广被人理解,便是最良好的抗战艺术。"①"我们的抗战艺术,务求广受四万万民众的理解。欲广受理解,内容非仁爱不可,外形非浅显不可。"②他视"漫画是笔杆抗战的先锋",③因为漫画一望而知,一目了然,宣传方法最为奏效。

丰子恺的儿童战事画既具备了写实精神、文化教育的实用功能,同时也担负起艺术抗战的时代使命,是从纯艺术到大众艺术、功能性艺术的转变过程中的特殊作品,极具政治意义和历史文献价值。即便是在当今的和平时期,它仍是一针清醒剂,告诫人们:要稳定和平的成果,必须要有"居安思危"的忧患意识和振兴中华的社会责任感。这或许就是丰子恺战事画所承载的历史价值和教育意义。

---

① 丰子恺:《谈抗战艺术》,载《子恺近作散文集》,(成都)普益图书馆1941年版。
② 丰子恺:《谈抗战艺术》,载《子恺近作散文集》,(成都)普益图书馆1941年版。
③ 丰子恺:《漫画是笔杆抗战的先锋》,载《抗战漫画》1938年4月16日全国美术界动员特辑。

浅析抗战时期丰子恺的漫画创作思想 ◎

【附图】

图一　漫画《空袭也》

图二　漫画《大树被斩伐》

图三　漫画"今天天气好！"

图四　漫画《战地的狗》

◎ 第三届丰子恺研究国际学术会议论文集

图五(1) 《兴华大力士》封面　　图五(2) 《大同大姊姊》封面

图六(1) 《兴华大力士》选页

图六(2) 《大同大姊姊》选页

作者：职业漫画家

A Tentative Analysis of Feng Zikai's Ideas on Comics Production during the War of Resistance against Japan—Proceeding from His "War-time Paintings for Kids"

Wu Haoran

Feng Zikai's war-time paintings for kids reflected the time, carried out a cultural education and helped resist Japanese aggressors through art. They are special works born of the transformation from pure to popular art and possess a political and historical documentary value. Even in this age of peace, they serve as a reminder that to consolidate the gains of peace, we must not lose sight of the perpetual specter of peril and shoulder the responsibility of building a strong China. Therein lies the historical and instructive significance of Feng Zikai's war-time paintings.

丰子恺的艺术教育思想对幼儿绘画教育的启示

李甦

近一百多年来,儿童绘画由于其蕴含的童真童趣和创造力一直吸引着不同领域众多研究者的目光。教育家、心理学家、艺术家以及史学家们从不同角度对儿童绘画进行研究,不断探索儿童绘画教育的方法和途径。在我国的儿童艺术实践中,特别是绘画教育中,很多有识之士都对儿童绘画教育进行了大胆地尝试。不但涌现出了众多的儿童绘画教育培训机构,而且也出现了很多绘画教育的模式。但是,笔者的研究发现,对于要不要教儿童画画以及怎么教等一直都是令广大教师们困惑的问题。而笔者在研究儿童绘画心理发展特点的过程中,经常遇到如下的场景:

师:"你今天去动物园都看到了什么?给阿姨画一画,好吗?"
生:"我不会画。"
师:"那你在动物园看到了什么?最喜欢什么?"
生:"我看到了老虎、斑马,还有长颈鹿。最喜欢的是长颈鹿。"
师:"那就画长颈鹿吧。"
生:"我不会画。"
师:"试一试,行吗?"
生:"我不会,老师没教过……"

这样的情境不禁令我们思考更深层的问题。为什么孩子们一直在接受美术教育,而最终的结果是不会画或者老师没有教过的就不会画?这种美教育的结果是我们所预期的吗？那么,我们为什么要让孩子学习绘画？……

丰子恺先生在他的一生中,特别关注儿童、关注儿童的内心世界。在他有关艺术教育的著作中,有许多对儿童画及儿童绘画教育独到的精辟见解。虽然丰先生的观点早在上个世纪三四十年代就发表了,但对当前的艺术教育仍具有非常重要的借鉴意义,每次读都会引发深深的思考。本文将从丰先生有关儿童画及儿童绘画教育的思想观点入手,在厘清儿童绘画的本质的基础上,提出儿童绘画教育应该遵循的基本原则,以期对我国的儿童绘画教育实践提供启发。

一、儿童绘画的本质

好的绘画教育必须以对儿童绘画本质的认识为基础与起点。在本文中,儿童画指二三岁至七八岁儿童的图画。

(一) 儿童画是儿童内心活动的体现,是其表达思想和情感的重要工具。

丰先生1934年在《儿童画》一文中针对儿童的涂鸦活动指出:"……你倘仔细审视这种涂抹,便可知道这是儿童的绘画本能的发现,笔笔,皆从小小的美术心中流出,幅幅皆是小小的感兴所寄托……"[1]丰先生的观点强调了两个方面。首先,绘画是儿童自主自发的活动,是经由儿童内心而发的活动,而不是外部成人强迫的活动。第二,儿童绘画承载了儿童感情和兴趣,是他们表达思想和情感的重要工具。儿童画表达的是儿童的所思、所想、所感,而不是成人思想的输入或体现。儿童画中很重要的一个方面就要体现画者——"我"在这个艺术活动中的能动性、"我"的思想以及"我"的思维在这个过程中的展开。"我"是艺术活动中最重要的一个表现,也是最华丽的亮点。

儿童绘画过程本身就是儿童的精神活动。所以丰先生说"艺术能自然地减杀人的物质迷恋,提高人的精神生活"[2]。绘画是儿童经验的组织和构造,这种构造既包括对物理客体世界的构造,也包括对儿童自我的构造。绘画使

---

[1] 丰子恺:《儿童画》,1934年3月7日为江苏省教育厅《小学教师》作。
[2] 丰子恺:《艺术必能建国》,选自香港向学社出版的《缘缘堂集外遗文》1979年10月初版本。

儿童可以看到自己,也可以看到世界。对于这种符号系统的使用与释义构成了每一个儿童成长中的主要活动。

(二) 儿童画有其独特的表现形式和发展特点

与成人绘画相比,儿童画之所以独特,在于儿童画有其独特的表现形式。如透明画和夸张画法在儿童画中就非常常见。这些看似不准确的画法使得儿童画表现出独特的魅力,充满着童真童趣。丰先生认为,儿童画中看似错误的表现"是难免的,是必然的"[1],儿童这样表现有两个原因。一是"儿童观察物象时喜欢注意其'作用'"[2],二是"儿童观察物象时喜欢注意其'意义'"[3]。认为儿童绘画是对眼前事物的摹写,如果不能准确摹写就意味着儿童是无能的观点是不正确的。

此外,儿童画还随着儿童年龄的增长表现出不同的发展特点。大量有关对不同年龄儿童绘画作品的研究发现,儿童绘画的发展经历了涂鸦期、象征期、图式期和写实期等不同的时期[4],在每个时期儿童的图画都会表现出不同的特点,从而使我们看到了儿童画的变化。也正是由于存在这样的发展时期以及儿童在不同时期表现出的特点,我们才不能"粗暴地要求三四岁的幼儿画得同他(教师)自己一样"[5]。儿童绘画与成人绘画不同。如果把儿童绘画定位在画得"像"与"不像"上,实际是将成人艺术的标准泛化到儿童绘画中来,将儿童绘画完全等同于成人艺术。即使从艺术发展的历史来看,与摹写对象的高度一致——"写实就是好的"也不是评价成人艺术的唯一标准。它只是在一种文化系统中形成的习惯,一种既定的、评价成人绘画的标准体系。将社会文化中某种价值标准不加甄别地、主观地应用到心理学的研究中,将两个层面的问题混淆在一起,对儿童绘画的认识与评价就不免失之偏颇。

(三) 儿童绘画是图形表现与意义表达的有机融合

我们的一项实证研究发现,在绘画过程中,视觉图像与视觉图像所启动

---

[1] 丰子恺:《谈儿童画》,载《解放日报》1958年6月1日。
[2] 丰子恺:《谈儿童画》,载《解放日报》1958年6月1日。
[3] 丰子恺:《谈儿童画》,载《解放日报》1958年6月1日。
[4] 李甦、李文馥、王丽:《4—7岁儿童绘画摹写的语义编码特点》,载《心理学报》2003年第1期。
[5] 丰子恺:《谈儿童画》,载《解放日报》1958年6月1日。

的儿童的有关知识是紧密联系在一起的,它们是相互结合的两种加工过程。儿童头脑中的"意义"是影响儿童绘画的重要因素。儿童即使对于不熟悉的事物,也会按照自己的经验联想对事物进行改造和加工。儿童绘画不是简单的摹写过程,它始终伴有意义的加工[①]。这说明,深入认识儿童绘画,不能仅仅停留在对画面图形的分析上,还要重视儿童通过画面图形所要表达的意义。"一幅好的儿童画,图形的表现与小作者思想和意义的表达是相融合的……"[②]

综上所述,我们可以从静态和动态两个层面上来理解儿童绘画。从静态来看,儿童绘画是儿童利用线条、图形等传递信息和交流思想的工具。儿童绘画承载着意义,具有表达和交流的功能。从动态来看,儿童利用线条、图形传递信息和交流思想的过程就是儿童对信息的加工和处理过程。这个过程不仅包括儿童对当前信息的加工与处理,还包括对当前信息所唤起的儿童原有知识经验的加工处理。儿童绘画是儿童的认知活动。儿童绘画的独特性在于绘画中所蕴含的儿童的思想与活动。

二、儿童绘画教育应遵循的基本原则

(一) 幼儿绘画教育应以培养艺术素养为基础及宗旨

丰先生在《儿童画》一文中提到,对儿童的绘画活动要"培植美术心"与"涵养感兴"[③]。"培植美术心"意在保护孩子在对绘画活动的兴趣,鼓励孩子大胆参与绘画活动;而"涵养感兴"则强调在绘画活动中对于儿童艺术素养的培养与提升。幼儿绘画中培养艺术素养的目的就是让孩子形成对于绘画活动的一种积极体验和对自我的一种积极认识,从而对未来的发展奠定良好的基础。让孩子参加艺术活动的目的绝不能局限在艺术技能的学习上。

(二) 幼儿绘画教育应尊重幼儿在绘画活动中的主体地位

丰先生曾指出:"孩子们的壁画往往比学校里的美术科的图画成绩更富

[①] 李甦:《一条线,一只鸟——儿童画的意义表达》,载《父母必读》2003 年第 8 期。
[②] 李甦:《一条线,一只鸟——儿童画的意义表达》,载《父母必读》2003 年第 8 期。
[③] 丰子恺:《儿童画》,1934 年 3 月 7 日为江苏省教育厅《小学教师》作。见《丰子恺文集》第 2 卷,浙江文艺出版社、浙江教育出版社,第 592 页。

于艺术的价值。因为这是出于自动的,不勉强,不做作,始终伴着热烈的兴趣而描出。"[1]这一思想明确指出了儿童在绘画活动中的地位——儿童是绘画的主人,也只有是儿童自愿自主的活动,才能真正体现出孩子自己对于世界的观察、认识和理解,也最终能将孩子自己的思想和情感表达出来。幼儿的绘画教育中要创造出"我要画"的氛围,而不是时时向孩子发出"要我画"的信号。如果孩子长期接受"要我画"的信号,他们不仅会丧失参加绘画活动兴趣,而且他们的小脑袋也会慢慢丧失思考的习惯和能力。

(三)幼儿绘画教育应充分了解和尊重幼儿的心理发展特点

我们一旦将绘画活动放到人类儿童发展的时间轴上,将绘画与儿童的成长结合起来,绘画就绝不是纯粹的艺术活动。因为儿童在绘画活动中表现与他们自身的心理发展有着密切的关系。他们对于图形、线条和颜色等理解和使用都离不开他们对于这些美术要素的感知和认识。儿童的心理发展与他们的绘画活动在儿童的发展过程中是交织在一起的。因此,在幼儿绘画教育中必须要以孩子的心理发展特点为基础,才能更好地指导和帮助孩子。

三、为在绘画活动中提升儿童的自主表现搭建支架

在绘画活动中尊重儿童的主体地位,并不是要否定成人在绘画教育中的作用。丰先生也指出"大人们的适当的指导与培养"对于艺术教育的重要性。从儿童发展的角度看,儿童的发展一方面依赖于自己主动和外界的相互作用,另一方面也需要经过成人的中介作用来学习。因为成人会有意识地对儿童学习的经验和环境起到解释、强调、理解和拓展的作用。在幼儿的绘画活动中也是如此,我们一方面要鼓励和保护儿童的自主表现,另一方面也要为他们的表现搭建支架。此外,还需把握幼儿绘画活动所需要的核心能力与要素进行培养,为儿童自主表现奠定基础。将儿童绘画活动过程中需要的能力作为培养的核心内容,孩子的绘画作品就会丰富而富有创意。那种不要过

---

[1] 丰子恺:《儿童画》,见《丰子恺文集》第2卷,浙江文艺出版社、浙江教育出版社,第592页。

程,只要作品的培养方法最终扼杀的是孩子充满向往与激情的精神世界。

作者:中国科学院心理研究所副研究员

Revelations of Feng Zikai's Ideas of Art Education for the Teaching of Painting to Children

Li Su

Throughout his life, Feng Zikai paid special attention to children, their inner world in particular. His writings on children's paintings and their art education contained many insightful remarks. Although published in the 1930s and 40s, these remarks are still significant to contemporary art education and each rereading brings forth provocative ideas. Proceeding from Master Feng's ideas on children's paintings and their art education and trying to define the nature of children's paintings, this essay attempts to spell out the basic principles to be adhered to in children's art education so as to be of assistance to the practice of children's art education in our country.

浅析丰子恺的漫画理论

杨增莉

黄茅在他的《漫画艺术讲话》中说:"一个完全的漫画家,同样要有预言家的本领。"①丰子恺先生就是这样的"一个完全的漫画家",他十分注重对漫画理论的研究,而他漫画理论中所提到的很多问题都具有前瞻性,主要表现在实践创作与理论研究相配合、漫画创作要具有民族的精神特质、漫画的艺术性本体三个方面。

一、发展中的漫画理论

丰子恺先生是一位特别注重漫画创作与理论研究相结合的艺术家,其漫画理论的形成是在其漫画创作过程中不断丰富和完善起来的,随着其漫画创作水平的不断提高,他对于漫画理论的研究也在不断深入,这可以从他不同时期探讨漫画的文章中看出来,从最初的只是零星地对于漫画问题的看法,到探讨漫画理论的集大成之作《漫画的描法》的诞生,丰子恺先生的思想在不断变化。陈星教授将丰子恺的漫画理论研究概括成了四个方面,即漫画的定义、漫画的历史、漫画的创作、漫画的欣赏。② 从丰子恺关于漫画的文章中可以看到他对这四个问题的研究有一个不断渐进的过程,尤其是关于漫画定义的形成。

关于什么是漫画这个问题,丰子恺在不同时期的文章中都有所提及,而

---

① 黄茅:《漫画艺术讲话》,(上海)商务印书馆1947年版,第8页。
② 陈星:《丰子恺漫画研究》,西泠印社出版社2004年版,第116—126页。

他关于漫画的定义却只有一个:"漫画是注重意义而用简笔的一种绘画。"①在这个定义最终完善之前,他的思想是在不断变化的。丰子恺先生在1934年出版的《绘画与文学》谈到了在日本所看到的竹久梦二的画集,里面的画都是寥寥数笔的速写:"这寥寥数笔的一副小画,不仅以造形的美感动我的眼,又以诗的意味感动我的心。"②在这里作者并没有直接说这些画就是漫画而是说这种"小画",从时间上来看,《子恺漫画》到这篇文章发表已经有好几年了,但作者对于漫画是什么的概念仍然是模糊的,在这里他只称这种画题有深意的画为"文学的绘画"。虽然《子恺漫画》的发表让大家知道了"什么是漫画",但"漫画是什么"这个问题在当时丰子恺先生也无法作答,不过可以肯定的是,这"寥寥数笔"与"兼重题材的意义"成为他创作漫画的核心。

随着丰子恺先生艺术观念的变化,他对漫画是什么这个问题给出了初步的答案:"'漫画'式样很多,定义不一。简单的,小形的,单色的,讽刺的,抒情的,描写的,滑稽的,都是漫画的属性。有一于此,即可称为漫画。有人说,现在漫画初兴,所以有此混乱现象;将来发达起来,一定要规定'漫画'的范围和定义,不致永远如此泛乱。但我以为不规定亦无不可,本来是'漫'的'画',规定了也许反不自然。只要不为无聊的笔墨游戏,而含有一点'人生'的意味,都有存在的价值,都可以称为'漫画'的。"③20世纪30年代是中国现代漫画发展的黄金时代,面对漫画创作实践的不断发展,一些漫画家也开始有意识地对漫画理论进行探讨,丰子恺先生虽然看到了漫画的"漫",但却没有将漫画的内容与形式进行清晰的梳理:"简单的,小形的,单色的"这是漫画所呈现出来的形式;"讽刺的,抒情的,描写的,滑稽的"等属性则是漫画的内容。他提到了在《绘画与文学》中所提到的画,但是在这里他并没有说"这种小画",而是当作借助文字为画题的漫画,并且说漫画是一种绘画与文学的综合艺术。丰子恺先生在这个时候还无意于为漫画下定义,但他在不同阶段对这个问题的探讨却在不断丰富着漫画定义的内涵。

《漫画》一文中丰子恺先生开始从内容和形式上对绘画进行分类,而漫画在他看来是注重意义而用简笔者,并且开始给漫画下定义:"故漫画的定义,

---

① 《丰子恺文集》第4卷,浙江教育出版社、浙江文艺出版社1990年版,第262页。
② 《丰子恺文集》第4卷,浙江教育出版社、浙江文艺出版社1990年版,第487页。
③ 《丰子恺文集》第3卷,浙江教育出版社、浙江文艺出版社1990年版,第358页。

可以加详地说：'漫画是注重意义而有象征、讽刺、记述之用的，用略笔而夸张地描写的一种绘画。'故漫画是含有多量的文学性质的一种绘画。漫画是介于绘画与文学之间的一种艺术。"①在这个定义中，丰子恺先生将漫画的一些表现手法也概括在内，但是运用这些手法抑或是带有文学性质的绘画都是为了表达一种意义，因而，在他关于漫画理论的总结之作《漫画的描法》中直接将漫画的定义概括为："漫画是注重意义而用简笔的一种绘画。"②从他被那些只有"寥寥数笔，含有深意"的感动，到最后的"注重意义而用简笔"，丰子恺先生在不断实践的基础上丰富了自己的理论深度，为我们阐释了"漫画是什么"，虽然他在文章中多次提到"漫画"一词来源于日本，在中国，"漫画"一词也并不是由其首先提出来的，但从他理论研究的过程中可以看到，漫画的定义是由他丰富和发展起来的。

关于其他三个方面的研究则没有"漫画是什么"这个问题那么复杂，关于漫画历史的研究，丰子恺先生在《漫画》一文和《漫画艺术欣赏》中都有所提及，《漫画》一文中所论述的漫画的发展包括中国古代的漫画、西洋的漫画和日本的漫画，寥寥数笔概括出了西洋漫画与日本漫画的不同：欧洲以"漫画强于弹丸"为谚③，美国人亦有言："漫画以笑语叱咤世间。"④而日本竹久梦二的"不仅以讽刺为能事，而又以画抒情，故他的作品有类于诗"⑤趣味尤为隽永，中国的古代的即兴画中有漫画的因子，并且指出了中国漫画之实始于清末的陈师曾，尽管这种说法并不确切。在《漫画艺术欣赏》中对漫画历史的研究更为深入，用更多的笔墨讲述了日本漫画历史发展的来龙去脉，而对于西洋漫画的论述则显得略为单薄，与《漫画》中的表述相比并无更多的见解和看法，由于漫画在中国成长的时间并不长，因此，丰子恺先生关于漫画历史的论述中对于中国漫画的发展并无太多的笔墨，但丰子恺先生看到了中国漫画在发展过程中大多模仿了西洋的画风，而少有保住中国趣味者。

关于漫画创作的问题，丰子恺先生在《漫画艺术欣赏》《漫画》以及《漫画

---

① 《丰子恺文集》第4卷，浙江教育出版社、浙江文艺出版社1990年版，第203页。
② 《丰子恺文集》第3卷，浙江教育出版社、浙江文艺出版社1990年版，第358页。
③ 《丰子恺文集》第4卷，浙江教育出版社、浙江文艺出版社1990年版，第204页。
④ 《丰子恺文集》第4卷，浙江教育出版社、浙江文艺出版社1990年版，第204页。
⑤ 《丰子恺文集》第4卷，浙江教育出版社、浙江文艺出版社1990年版，第205页。

的描法》中都有所论述。在《漫画艺术欣赏》中,他对于这个问题论述比较简单,认为漫画学习应该有两方面的练习:一是技术方面的,与普通学画同;二是思想的修炼,也即见闻、经验、眼光、悟性等人生全体的修养,这些修养并不是一朝一夕的能事,要读万卷书,行万里路。《漫画》一文中,丰子恺先生的思想发生了变化,他认为学习漫画须具备三种修养,即写生画法、简笔画法与取材用意法。在这一阶段,由于丰子恺先生对于漫画的内涵有了更深入的理解,因而他对漫画的创作修养也提出了更高的要求,在技术修炼方面想要做成漫画必须学会简笔画法,这样才能抓住事物的特点,易于动人。取材用意法告诉大家,漫画的创作应当从社会生活、从人生阅历中来取得漫画的题材,这样的说法与漫画创作更加接近。在《漫画的描法》中可以看到,漫画理论对于漫画创作的实践所起到的指导作用:"漫画是注重意义的一种简笔画。"故制作漫画,必须先立意,后用笔。在这里,与之前论述有所不同的是,丰子恺先生把立意放到了第一位而把用笔放到了其次,从这种转变中可以看到,丰子恺先生对漫画的立意是十分重视的,并且他还强调了二者之间的关系,如果没有见解、没有好的立意,那也只能是一个普通的画工,而如果技术不精也只能是一个普通论者。二者之间缺少一项都不能称其为漫画家。他还详细讲述了漫画创作的四阶段:[1]

$$\text{漫画创作四阶段} \begin{cases} \text{立意} \begin{cases} \text{拈题——要表示什么意思} \\ \text{选材——用什么物象表出} \end{cases} \\ \text{用笔} \begin{cases} \text{构图——怎样布置物象} \\ \text{着墨——怎样表现物象} \end{cases} \end{cases}$$

关于漫画的欣赏问题,丰子恺先生系统的论述不是很多,在其《漫画艺术欣赏》一文中有详细的介绍。他对漫画的欣赏也没有脱离开自己对于漫画的定义,认为漫画一定是要有意义的,一种是有画题的漫画,在具象的形象无法表达时可以借助文字的力量使漫画的表现力更强,表达一定的意义。而另一种是不用画题的漫画,给人一种隐隐的暗示,这就留给了读者更多的想象空间。总之,在漫画的欣赏方面,"言简而意繁"是丰子恺先生的标准,并且他还指出了漫画的欣赏要有各方面的修养,否则对一些画题无法理解也就无法欣赏。

---

[1]《丰子恺文集》第4卷,浙江教育出版社、浙江文艺出版社1990年版,第290页。

二、漫画的民族性问题

丰子恺先生作为中国社会转型期的一个典型人物,不仅具有旧时代人物所不具有的现代气息,并且也具有新时代的人物所不具有的传统修养。"和外国画比较,丰先生漫画的特点很突出,有民族传统。尽管他受过日本的影响,但他的画里基本东西还是中国传统。"①发扬中国绘画"诗中有画,画中有诗"的传统是一些研究者从丰子恺先生的漫画作品中总结出来的漫画风格,也即丰子恺先生作品中的民族性。其实,丰子恺先生在漫画理论研究的过程中已经意识到了漫画民族性的问题。

他在《漫画》一文中指出:"有漫画这名词以来,不过十余年。此十余年中非常发达。报纸杂志几非漫画不可。努力制作的人很多,最近的抗战漫画,尤为生气蓬勃。然画法多数是模仿西洋的,又含义大都是浅近的。少有中国风的深刻作品。"②在这里,丰子恺先生已经注意到了漫画民族性的问题,当大多数漫画家都在争先模仿西方的漫画时,他已经清醒地认识到应该创作具有中国风的深刻作品,正因为他意识到了这个问题,所以在创作中才十分注重对中国传统的画风的继承:"古人云:'诗人言简而意繁。'我觉得这句话可以拿来准绳我所欢喜的漫画。我以为漫画好比文学中的绝句,字数少而精,含义深而长。"③他特别注重画中那些可以打动人心的诗意。在另一著作《漫画的描法》中他亦提到这个问题:"我国的漫画大多受西洋的影响,故多模仿西洋画风,少有保住中国画趣味者。日本明治以来的漫画,虽然也受西洋画的影响,但处处流露日本腔调,一望而知为日本人的作品。有许多中国留日的美术学生,讥笑他们'模仿的不像,一股日本气'!这是日本人的长处,又是日本人的短处,盖若得当,则不作生吞活剥的模仿,而能在文化艺术中保住其国民性与民族精神,便是长处。若不得其当,则国民个性倔强,气量狭小,眼光短浅,必不能成大事,便是短处。"④丰子恺先生并不反对漫画创作者对西洋画

---

① 毕克官、毕宛婴:《走进丰子恺》,西泠印社出版社 2011 年版,第 47 页。
② 《丰子恺文集》第 4 卷,浙江教育出版社、浙江文艺出版社 1990 年版,第 203 页。
③ 《丰子恺文集》第 3 卷,浙江教育出版社、浙江文艺出版社 1990 年版,第 358 页。
④ 《丰子恺文集》第 4 卷,浙江教育出版社、浙江文艺出版社 1990 年版,第 272—273 页。

风或者是日本画风的模仿,但是,他所强调的是应该在模仿中不失掉民族的国民性与民族精神。

丰子恺先生在其漫画创作中十分注意漫画民族性的继承,虽然他的漫画在创作初期受到了日本漫画的影响,尤其是日本漫画家竹久梦二的影响,但是他并没有照搬日本的漫画,而是吸收了中国古代绘画的美学思想,追求漫画的意境美与诗意、诗趣,旨在营造一种"在意不在象,在韵不在巧"的艺术境界。这一点在陈星教授所著的《丰子恺漫画研究》中有详细的论述,因此,不再赘述。丰子恺先生善用中国古代文学中的诗词与其漫画相配合,独创了一种"诗中有画,画中有诗"的漫画形式。他在《人间相》序言中也说:"若诗画通似,则窃比吾画于诗可也。"[1]朱自清先生说:"我们都爱你的漫画有诗意,一幅幅的漫画,就犹如一首首的小诗——带核儿的小诗。你将诗的世界东一鳞西一爪地揭露出来,我们这就像吃橄榄似的,老觉着那味儿。"[2]俞平伯先生写道:"您是学西洋画的,然而画格旁通于诗。所谓'漫画',在中国实是一创格:既有中国画风的萧疏淡远,又不失西洋画法的活泼酣恣。虽是一时兴到之笔,而其妙正在随意挥洒。譬如青天行白云,卷舒自如,不求工巧,而工巧殆无以过之。"[3]从这些学者的评价中也可以看到丰子恺先生对于中国传统精神的坚持与实践,他是一位带有浓厚民族性的漫画艺术家。

三、漫画的艺术性问题

在研究丰子恺先生的漫画理论时,有一个很重要的问题,那就是他对于漫画艺术性的提倡。中国现代漫画是在一个特殊的背景下出现的,漫画曾被当作政治斗争的工具,在当时的状况下大多数人都在学习西洋漫画的讽刺之能事,因而很多人并不承认丰子恺先生的漫画。左翼作家柔石就曾在文章《丰子恺君底飘然底态度》中对丰子恺的艺术观念进行批评,认为他的作品远离社会没有什么意义。但是,丰子恺先生却并没有随波逐流,而是在当时特

---

[1] 《丰子恺文集》第3卷,浙江教育出版社、浙江文艺出版社1990年版,第115页。
[2] 朱自清:《〈子恺漫画〉代序》,见《子恺漫画》,(上海)文学周报社出版,开明书店印行,1927年版,第14页。
[3] 俞平伯:《〈子恺漫画〉跋》,见《子恺漫画》,(上海)文学周报社出版,开明书店印行,1927年版。

殊的时代中看清了漫画的本色应该是艺术的,而不应该为斗争的工具:"吾画既非装饰,又非赞美,更不可为娱乐;而皆人间之不调和相,不欢喜相,与不可爱相,独何欤?"①

丰子恺先生在《谈日本漫画》一文中已经意识到了漫画艺术性的问题,他认为西洋漫画以讽刺嘲骂见长,在争斗的时代以漫画为攻击的工具,不及日本漫画那样富有趣味。当时,各国杂志报刊上的漫画也都不得不采取冷嘲热讽的态度,被利用成为一种凶险的武器。"然而这是漫画的暂时的变态,决不是漫画的本色,犹之现今是暂时的非常的时代,决不是人世的常态。漫画的本色如何?这非常复杂,总而言之,与人心的'趣味'相一致。"②他认为,是时代导致了当时漫画的状态,而这种状态并不是漫画应该有的状态,在这里丰子恺先生还没有意识到漫画应该有的本色就是他的"艺术性",只说与人心的"趣味"相一致。"人心中有讽刺的趣味,漫画中也有讽刺,人心中有幽默的趣味,漫画中也有幽默,人心中有滑稽的趣味,漫画中也有滑稽,人心中有游戏的趣味,漫画中也有游戏。"③而这种不为任何目的与利益的描写不正是漫画的艺术性所在吗?

丰子恺先生在《漫画的描法》一文中对当时的宣传漫画进行了批评,驳斥了美国辛克莱的"凡艺术都是宣传"这一论述,并且以中国古代艺术脱离实用的羁绊而独立为一种陶冶性灵的纯艺术为例子,说明艺术决不全是宣传,同时,也表达了其漫画不重宣传的观念,只是在特殊的、以争斗为平常的时代,漫画的宣传之势才被放大。他说:"这是循流忘源,逐末忘本。盖争斗是人类生活的一种变态,不是常态。人类的理想与企图,总是和平幸福。可知争斗是人类生活的变态,即宣传漫画是漫画的变态。我们不妨为正义人道而作宣传漫画,但必须知道这不是漫画的本体。漫画的本体,应该是艺术的。"④他认为感想漫画是最艺术的一种漫画,因为"这种漫画只是记录一种感想,暗示一种真理,而并无其他作用。因此,这中画表面是平淡,浅率的人看了毫无兴味,深于感情的人始能欣赏"⑤。虽然丰子恺先生在《漫画是笔杆抗战的先锋》

---

① 《丰子恺文集》第3卷,浙江教育出版社、浙江文艺出版社1990年版,第115页。
② 《丰子恺文集》第3卷,浙江教育出版社、浙江文艺出版社1990年版,第405页。
③ 《丰子恺文集》第3卷,浙江教育出版社、浙江文艺出版社1990年版,第405页.
④ 《丰子恺文集》第4卷,浙江教育出版社、浙江文艺出版社1990年版,第285页。
⑤ 《丰子恺文集》第4卷,浙江教育出版社、浙江文艺出版社1990年版,第277页。

一文中肯定了在战争时代漫画的宣传作用,但是他的漫画创作并没有以宣传为漫画的本体,始终坚持着漫画创作的艺术本体,在时代的洪流中因艺术而孤独。

综上所述,丰子恺先生的漫画理论是在其漫画创作的过程中不断发展与形成的,在当时特殊的社会背景下,丰子恺先生的漫画理论具有独特性和前瞻性。从当前漫画创作的情况来看,其漫画理论中所提到的民族性与艺术性为漫画的"中国化"提供了丰富的理论资源。

作者:上海师范大学文学院2015级文艺学专业博士研究生

A Tentative Analysis of Feng Zikai's Theory on Comic Strips

Yang Zengli

Feng Zikai was the only artist in China's modern history of comic strips who not only produced comics himself but also engaged in theoretical study of this field, the former activity pushing forward the latter and the maturity of the latter in turn promoting the achievement of a distinctive style of the former. Feng's theories on comics was not only a summary of the practice of China's modern comic strips hitherto, but the nationalness and artisticness of comics proposed therein are of a realistic significance to the development of Chinese comics.

"漫"谈丰子恺漫画

夏 琦

一

迄今可查丰子恺最早的漫画可以追溯到1922年,那时他任教于白马湖春晖中学,他在春晖中学校刊上发表了两幅漫画,即《经子渊先生的演讲》《女来宾——宁波女子师范》。1925年,丰子恺的画被郑振铎看中,逐期刊登在《文学周报》,被编者定为"子恺漫画"。"从此,丰子恺的画就以《子恺漫画》风行于各种报刊上。'漫画'这一称法也在中国叫开了,从而统一了漫画的名称。"[1]

丰子恺认为"漫画二字,的确是在我的画上开始用起的"[2],但"别人都说:在中国,漫画是由我创始的。我自己不承认这句话"[3]。丰子恺回忆道,"我小时候,《太平洋画报》(1912年,丰子恺那时14岁不到——引者按)上发表陈师曾的小幅简笔画《落日放船好》,《读树老人家》等,寥寥数笔,余趣无穷,给我很深的印象。我认为这算是中国漫画的始源。"[4]

窃以为,此话可以两说。一方面,陈星经过考证发现"事实上丰子恺在这

---

[1] 毕克官、黄远林:《中国漫画史》,文化艺术出版社1986年版,第72页。
[2] 丰子恺:《漫画创作二十年》,见《丰子恺文集》第4卷,浙江文艺出版社、浙江教育出版社1990年版,第387页。
[3] 丰子恺:《漫画的由来》,见《丰子恺文集》第4卷,浙江文艺出版社、浙江教育出版社1990年版,第264页。
[4] 丰子恺:《漫画创作二十年》,见《丰子恺文集》第4卷,浙江文艺出版社、浙江教育出版社1990年版,第387页。

段文字中所说的两个问题均不符合事实"①。"就目前的考证结果,在中国,'漫画'一词用于绘画(即如今所说的漫画),是在1904年。"②另一方面,毕克官则从丰子恺认为陈师曾的画可算"师曾漫画"的逻辑进一步推论,认为"只要我们把握住漫画的艺术特点,从实际出发,而不是从有无'漫画'名称出发,就可以发现,在我国古代是可以找到不少具有自己民族特色的漫画作品的"③。毕克官将"讽刺与幽默"④作为把握漫画的最突出的艺术特点,以更宽广的文化视角来考察漫画的源起,将中国漫画一直追溯到了汉代,认为山东武梁祠的石刻画像《夏桀》即为一幅漫画。白杰明也发现"1921年丰子恺留学日本时期,漫画(manga)一词就是卡通或讽刺画的意思"。⑤ 丰子恺在当时日本流行的北泽乐天的漫画之外,发现了北斋和竹久梦二的画,并为之感动。白杰明引用丰子恺的话来说明丰子恺的为何钟爱竹久梦二的画,"可惜现在时异世迁,人的兴味集中在讽刺夺面包的漫画上,对于此中富有诗趣的画少有人注意"。⑥

实际上,丰子恺对自己的画被称为"漫画"不是没有疑虑的,"其实,我的画究竟是不是'漫画'还是一个问题"⑦。丰子恺由此开始思考"漫画"的本质以及自己画作的特点等相关问题,在丰子恺自己看来:

> 漫,随意也。凡随意写出的画,都不仿称为漫画,如果此言行得,我的画自可称为漫画。因为我作漫画,感觉同写随笔一样,不过或用线条,或用文字,表现工具不同而已。⑧

但是,丰子恺还说:

---

① 陈星:《丰子恺评传》,山东画报出版社2011年版,第121页。
② 陈星:《丰子恺评传》,山东画报出版社2011年版,第122页。
③ 毕克官、黄远林:《中国漫画史》,文化艺术出版社1986年版,第1页。
④ 毕克官、黄远林:《中国漫画史》,文化艺术出版社1986年版,第1页。
⑤ 白杰明:《漫画之"蜕变"》,陈军译,载《杭州师范学院学报》(社会科学版)1998年第5期。
⑥ 白杰明:《漫画之"蜕变"》,陈军译,载《杭州师范学院学报》(社会科学版)1998年第5期。
⑦ 丰子恺:《漫画创作二十年》,见《丰子恺文集》第4卷,浙江文艺出版社、浙江教育出版社1990年版,第387页。
⑧ 丰子恺:《漫画创作二十年》,见《丰子恺文集》第4卷,浙江文艺出版社、浙江教育出版社1990年版,第387页。

> 随笔的"随"和漫画的"漫"这两个字下的真轻松。看了这两个字似乎觉得作这种文章和画这种绘画全不费力,可以"随便"写出,可以"漫然"下笔。其实决不可能。①
>
> 我的作画不是作画,而仍是作文,不过不用言语而用形象罢了。既然作画等于作文,那么漫画就等于随笔。随笔不能随便写出,漫画当然也不能漫然下笔了。②

由此可知,丰子恺对于"漫"是有着丰富的感悟和理解的。

二

就"漫画"这一概念本身来说,尽管丰子恺漫画未必能算作中国漫画的起始,但从文化传播的角度,他的确也被推为中国"漫画之父"③,并为"漫画"这一概念注入了新的意义,拓宽了漫画的创作空间,使得漫画这一艺术形式得以一种较为"统一的形象"而广为人知。④

研究"漫画"一词的传播过程也颇有意味。陈星认为,"无论是丰子恺本人,还是漫画研究者皆认为'漫画'一词系从日本引入。"⑤吴浩然比较简洁的总结道,"'漫画'一词起源于中国古代,后作为一种鸟名传入日本,在日本形成一种画种后,又被引入中国。"⑥白杰明在描述"漫画"这个词的发展变化过程时,提到在宋代洪迈(1123—1202)的《容斋随笔》中,"漫画"指:

> 一种类似于野鸭的鸟类,它奔走水上,不闲腐草泥沙,喽喽然必尽索乃已,无一息少休。⑦

---

① 丰子恺:《漫画随笔》,见《丰子恺文集》第6卷,浙江文艺出版社、浙江教育出版社1992年版,第561页。
② 丰子恺:《漫画随笔》,见《丰子恺文集》第6卷,浙江文艺出版社、浙江教育出版社1992年版,第564页。
③ 龙瑜宬:《丰子恺与"漫画"概念》,载《清华大学学报》(哲学社会科学版)2012年第3期。
④ 龙瑜宬:《丰子恺与"漫画"概念》,载《清华大学学报》(哲学社会科学版)2012年第3期。
⑤ 陈星:《丰子恺评传》,山东画报出版社2011年版,第122页。毕克官和丰子恺都有过相关论述。
⑥ 吴浩然:《小中能见大,弦外有余音》,见所著《我在缘缘堂初集》,海豚出版社2014年版,第83页。
⑦ 白杰明:《漫画之"蜕变"》,陈军译,载《杭州师范学院学报》(社会科学版)1998年第5期。

白杰明认为,"漫画,在中国古代还具有随意画或急就画的含义"①,并引用了在《冬心先生杂画题记》中的题文:

> 予家曲江之滨,五月间,时果以萧然山下湘湖杨梅为第一。入市数钱则连筥得之。干浆沁齿,饱啖不厌,视洞庭枇杷不堪恣人嚼也。时已至矣,辄思乡味,漫画折枝数颗,何异乎望梅止渴也。②

在笔者看来,此"漫"在字面意义上可作为"随意画或急就画",但细思起来,"漫"则包含着玄妙的生命精神,这让笔者觉得颇有意味,就又找了几段与此有些"意味相投"的金农的文字,并列于下:

> 乍凉时候,荷花开了,不晴不雨,吹不动扇底微风,渚宫水殿,记得那人同坐,纤手剥莲蓬。昔年在岩东草堂,见元人画此,余想其意,漫作此册。③
> 想见幽人寄意深,闲来松下自张琴;尘中莫漫论心曲,还向空山冀赏音。昔耶僧庐口占句。④
> 三十六陂凉,水珮风裳。银色云中,一丈长。好似玉杯,玲珑镂得,玉也生香。对月有人偷写世界,白泱泱。爱画闲鸥野鹭,不爱画鸳鸯、与荷花,漫漫商量。⑤
> 元人王渊《小墨小山丛桂图》,余旧藏冬心斋。以赠芗林先生,先生是年举于乡,今为宰辅矣。此画尚在箧中,不轻与人见也。客舍坐雨,追传其笔,漫作小幅。月中田地,香影婆娑,殊可想也。⑥

---

① 白杰明:《漫画之"蜕变"》,陈军译,载《杭州师范学院学报》(社会科学版)1998年第5期。
② 金农:《冬心先生杂画题记》,张郁明点校,见《扬州八怪文集》第3册,江苏美术出版社1996年版,第193页。
③ 金农:《冬心先生杂画题记补遗》,张郁明点校,见《扬州八怪文集》第3册,江苏美术出版社1996年版,第208页。
④ 金农:《冬心先生杂画题记》,张郁明点校,见《扬州八怪文集》第3册,江苏美术出版社1996年版,第197页。
⑤ 金农:《冬心先生杂画题记》,张郁明点校,见《扬州八怪文集》第3册,江苏美术出版社1996年版,第199页。
⑥ 金农:《冬心先生杂画题记》,张郁明点校,见《扬州八怪文集》第3册,江苏美术出版社1996年版,第199页。

回汀取渚暖生烟,风柳风蒲绿涨天,我是钓师人识否,白鸥前导在春船。"此余二十年前汛萧家湖之作,今追忆昔游风景,漫画小幅,并录前诗。①

由以上几处,让笔者感受到"漫"这个字在中国古代的文人画家,比如金农那里,是遨游万物、满载生命感悟的精神状态,倘若仅当"简笔画或急就画"而带过,似乎少了许多味道。丰子恺在《艺术漫谈》的序言中写道:

有生即有情,有情即有艺术。故艺术非专科,乃人人所本能;艺术无专家,人人皆生知也。晚近世变多端,人事烦琐,逐末者忘本,循流者忘源,人各竭其力于生活之一隅,而丧失其人生之长情,于是世间始立"艺术"为专科,而称专长此道者为"艺术家"。盖"艺术"与"艺术家"兴,而艺术始衰矣!出"艺术"之深宫,辞"艺术家"之尊位,对稚子而教之习艺,执途人而与之论美,谈言微中,亦足以启发其生知之本领,而归复其人生之长情。是则事事皆可成艺术,而人人皆得为艺术家。人间书屋索书稿,集年来应各报志征文所作之漫谈十八篇付之,并为此序以题卷首。时廿五[1936]年双十节后三日丰子恺于杭州田家园别寓。②

这"漫谈十八篇"或许补了丰子恺自称"漫画就是急就画、随笔画"的味。

三

丰子恺1915年开始随李叔同学习西洋画,主要是基本练习,但在这期间,他感受到了西洋画的深邃高远,并立志学习;1918年5月,李叔同剃度入山,丰子恺"自度于所造未深"③(该文发表于1920年4月《美育》杂志第1期——引者按),这为丰子恺日后留学埋下了伏笔。

当时中国正处在西学输入的时代,西方写实主义的绘画方式有别于那

---

① 金农:《冬心先生杂画题记》,张郁明点校,见《扬州八怪文集》第3册,江苏美术出版社1996年版,第187、188页。
② 丰子恺:《〈艺术漫谈〉序》,见《丰子恺文集》第3卷,浙江文艺出版社、浙江教育出版社1990年版,第293页。
③ 丰子恺:《画家之生命》,见《丰子恺文集》第1卷,浙江文艺出版社、浙江教育出版社1990年版,第1页。

时广受诟病的、颓败的中国画学。徐悲鸿说："中国画学之颓败,至今日已极矣。"[1]写实主义被作为中国画之改良办法被提出,1918年1月15日,《新青年》6卷1号刊登了陈独秀与吕澂关于"美术革命"的通讯。陈独秀即认为：

  因为要改良中国画,断不能不采用洋画的写实精神。这是什么理由呢？譬如文学家必用写实主义,才能够采古人的技术,发挥自己的天才,做自己的文章,不是抄古人的文章。画家也必须用写实主义,才能够发挥自己的天才,画自己的画,不落古人的窠臼。[2]

当时国内已刮起写实主义之风,写实主义的兴起一方面是作为新方法改良"模糊"的中国画；另一方面,是在新文化运动之"科学"的大旗下,写实主义被看作是"科学的"。"西洋画则是作为'进步'、'科学'的代名词进入到人们的思想视野之内的。"[3]但对于写实主义的输入,吕澂则看到的更多：

  我国今日文艺之待改革……而美术之衰弊,则更有甚焉者。姑就绘画一端言之：自昔习画者,非文士即画工,雅俗过当,恒人莫由知所谓美焉。近年西画东输,学校肄业；美育之说,渐渐流传,乃俗士鹜利,无微不至,徒徒西画之皮毛,一变而为艳俗,以迎合庸众好色之心。驯至今日,言绘画者,几莫不以此类不合理之绘画为能。……充其极必使恒人之美情,悉失其正养,而变其思想为卑鄙龌龊而后已。乃之社会,竟无人洞见其非,反容其立学校,刊杂志,以似是而非之教授,一知半解之言论,贻害青年。(此等画工,本不知美术为何物。其于美术教育之说,更无论矣……浅学武断,为害何限。)一若美育之事,即在斯焉。呜呼！我国美术之弊,盖莫甚于今日,诚不可不极加革命也。[4]

---

[1] 徐悲鸿：《中国画改良论》,见素颐编《民国美术思潮论集》,上海书画出版社2014年版,第30页。
[2] 陈独秀：《美术革命——答吕澂》,见素颐编《民国美术思潮论集》,上海书画出版社2014年版,第24页。
[3] 朱晓江：《传统的回归：从西洋美术转向"漫画"——1922年前后丰子恺艺术思想的转折及其思想背景》,载《美术研究》2006年第3期。
[4] 吕澂：《美术革命》,见素颐编《民国美术思潮论集》,上海书画出版社2014年版,第22、23页。

吕澂的这段话是从"美术革命"的方面对当时美术界情况的一种较客观、较全面的一种概括,对于了解当时美术界思潮具有重要价值;同时可以作为旁证来关照丰子恺的经历,以追溯丰子恺在当时的时代环境中的所思所想。此文发表于1918年1月,当时丰子恺随李叔同学画三年,1919年丰子恺毕业后不久即在上海专科师范学校教授西洋画,由于经验不足,那时,丰子恺并未充分或深刻意识到上述所言,他在教授绘画时认为:

> 我犹记得,这时候我因为自己只有一点对于石膏模型写生的兴味,故竭力主张"忠实写生"的画法,以为绘画以忠实模写自然为第一要义。又向学生说,谓中国画的不忠于写实,为其最大缺点;自然中含有无穷的美,唯能忠实于自然模写者,方能发见其美。[1]

丰子恺所言的"忠实写生"即是形、调子、色彩等西洋画元素。丰子恺将"忠实写生"作为一种发现自然之美的方法,破除中国画之"模糊"的方法。这种"片面"的观点也促使丰子恺希望出国深造的愿望愈加强烈。在丰子恺日后的教学过程中,他逐渐接触到了更多留学归国的画家、西洋画册和西洋画界的消息等等,他意识到了"自己的教法陈腐而有破绽了"[2],因而最终决定去日本留学。按他的话说,"我想窥见西洋画的全貌,我也想到东西洋去留学,做了美术家而归国"[3]。丰子恺作为一名教师和热爱绘画的人而言,他始终保持着对于绘画的思考,并且将这种思考延伸至社会批判和国民性改良的方面。从20年代中后期他关于艺术理论、教育和美育的文章都紧紧围绕着这几个出发点。

上述说明了两点,丰子恺是怀抱着两个目标去留学的,一是为改良美术教育乃至美术,更好的实行美育;二是希望提升自己的绘画水平,往美术家的道路发展。从丰子恺在日本的留学经历和日后的讨论艺术思想的文章,还有

---

[1] 丰子恺:《我的苦学经验》,见《丰子恺文集》第5卷,浙江文艺出版社、浙江教育出版社1990年版,第78页。

[2] 丰子恺:《我的苦学经验》,见《丰子恺文集》第5卷,浙江文艺出版社、浙江教育出版社1990年版,第79页。

[3] 丰子恺:《我的苦学经验》,见《丰子恺文集》第5卷,浙江文艺出版社、浙江教育出版社1990年版,第79页。

绘画创作都反映了这点。

纵观丰子恺日后为美术改革以及美育事业所作的贡献,若要加以总结,则以吕澂就美术革命所主张之"四事"可以概括:

> 我国美术之弊,盖莫甚于今日,诚不可不极加革命也。革命之道何由始? 曰:阐明美术之范围与实质,使恒人晓然美术所以为美术者何在,其一事也。阐明有唐以来绘画雕塑建筑之源流理法(自唐世佛教大盛而后,我国雕塑与建筑之改革,亦颇可观,惜无人研究之耳),使恒人知我国固有之美术如何,此又一事也。阐明欧美美术之变迁,与夫现在各新派之真相,使恒人知美术界大势之所趋向,此又一事也。即以美术真谛之学说,印证东西新旧各种美术,得其真正之是非,而使有志美术者,各能求其归宿而发明光大之,此又一事也。使此数事尽明,则社会知美术正途所在,视听一新,嗜好渐变;而后陋俗之徒不足辟,美育之效不难期。[1]

四

丰子恺从日本归国后,他的美学和美育思想逐步成熟,并且形成体系。尽管丰子恺并未像大哲学家那样,系统的、雄辩的提出自己的哲学体系,但是在丰子恺颇多著作和文章中,都贯穿着他的美学和美育思想,他的思想体系高度集中于他的漫画创作中。

丰子恺在其第一本漫画《子恺漫画》的序言《〈子恺漫画〉题卷首》的结尾写道:"对于这等画的赏识者奖励者及保护者的我的先生夏丏尊,友人郑振铎,朱佩弦,俞平伯,刘薰宇,方光焘,丁衍镛诸君,谨表私心感谢之意。"[2]一方面,这七人均为丰子恺这部画作作序、跋文,在他们的文章中,已经基本上将丰子恺漫画的味道说了个大概;另一方面,这八人在相互交游的过程中,都以彼此的人格与学养互相滋润;丰子恺也应从他们身上学到了许多。笔者将所

---

[1] 吕澂:《美术革命》,见素颐编《民国美术思潮论集》,上海书画出版社2014年版,第23页。
[2] 丰子恺:《〈子恺漫画〉题卷首》,见《丰子恺文集》第1卷,浙江文艺出版社、浙江教育出版社1990年版,第30页。

见到了几篇文章挑选了部分列于此。

先看朱自清对于《子恺漫画》的感言：

> 我想起初看到一本漫画，也是日本人画的。里面有一副，题目似乎是《□□子爵の泪》（上两字已忘记），画着一个微侧的半身像：他严肃的脸上戴着眼镜，有三五颗双钩的泪珠儿，滴滴搭搭历历落落地从眼睛里掉下来。我同时感到伟大的压迫和轻松的愉悦，一个奇怪的矛盾！
>
> ……
>
> 我们都爱你的漫画有诗意；一幅幅的漫画，就如一首首的小诗——带核儿的小诗。你将诗的世界东一鳞西一爪地揭露出来，我们就像吃橄榄似的，老觉着那味儿。《花生米不满足》使我们回到疲惫的儿时，《黄昏》使我们沉入悠然的静默。你到上海后的画，却又不同。你那和平愉悦的诗意，不免要换上了胡椒末；在你的小小的画幅里，便有了人生的鞭痕。我看了《病车》，叹气比笑更多，正和那天看梦二的画时一样。但是，老兄，真有你的，上海到底不太委屈你，瞧你那《买粽子》的劲儿！你的画里也有我不爱的：如那幅《楼上黄昏，马上黄昏》，楼上与马上的实在隔得太近了。你画过《忆》里的小孩子，他也不赞成。
>
> 今晚起了大风。北方的风可不比南方的风，使我心里扰乱；我不再写下去了。[①]（曾载于1926年11月23日《雨丝》）

一方面，朱自清尝到丰子恺的漫画满是"空口白嚼"的各种美妙滋味，但另一方面他"似乎"觉得丰子恺的漫画与事实不符，（画中境遇与大的社会情势不符）。"楼上与马上的实在隔的太近了。你画过《忆》里的小孩子，他也不赞成。"风一吹，朱自清便烦乱了。这烦乱或许是北方的惨案，或许是南方的风波。

就风波而言，权且认为就是在文化上的论争，"中与西、新与旧"之论战，甚或更具体的说，对于丰子恺而言，就是对于美术改良诸问题。丰子恺对这一问题的认识并不是一蹴而就的，也经过了一个螺旋式上升、辩证发展的过程。在去日本留学以前，丰子恺高度认同西洋画的写实，在日本留学期间，他

[①] 朱自清：《〈子恺漫画〉代序》，见《朱自清序跋书评集》，三联书店1983年版，第54、55、56页。

看到了更多的西洋画,在对西洋画的认识进一步加深的同时,他也在思考国画与西洋画,乃至中国文化与西方文化的区别,同时也在思考自己的创作方向,直至丰子恺发现了竹久梦二的漫画,这令丰子恺茅塞顿开。俞平伯说:

> 您是学西洋画的,然而画格旁通于诗,所谓"漫画",在中国实是一创格;既有中国画风的萧疏淡远,又不失西洋画法的活泼酣姿,虽是一时兴到之笔,而其妙正在随意挥洒。譬如青天行白云,卷舒自如,不求工巧,而工巧殆无以过之。看它只是疏朗朗的几笔似乎很粗率,然物类的神态悉落彀中。
>
> ……
>
> 以诗题作画料,自古有之;然而借西洋画的笔调写中国诗境的,以我所知尚未曾有。有之,自足下始。尝试的成功与否,您最好请教您的同行去,别来问我,我只告诉您,我爱这一派画。——是真爱。
>
> ……
>
> 一片片落英都含蓄着人间的情味,那便是我看了《子恺漫画》所感。——"看"画是杀风景的,当说"读"画才对,况您的画本就是您的诗。①(收《丰子恺漫画》,文学周报社1925年12月版)

俞平伯喜欢丰子恺漫画的"中西合璧"的表现方式,喜欢丰子恺漫画的诗意与人间情味。

这人间情味一方面是丰子恺改革"中国画"所做的尝试,一方面这是丰子恺本人的诗性文心在画中的自然呈现。丰子恺热爱生活、讴歌人生,因而他的画作就与现实世界与人生紧密相连。

五

夏丏尊写于《子恺漫画》的序文,则令笔者感受到了"赏识者奖励者及保护者的我的先生夏丏尊"。夏丏尊的《子恺漫画》序篇幅较长,大体在叙述与

---

① 俞平伯:《〈子恺漫画〉跋》,见丰华瞻、殷琦编《丰子恺研究资料》,宁夏人民出版社1988年版,第252、253页。

弘一大师相处时,所见的弘一大师的德言懿行,夏丏尊欲借此来描述丰子恺漫画所带给他的感受,与此同时也是借此勉励丰子恺。夏丏尊的序文较长,请容许笔者列一开头,列一结尾于此:

> 新近因了某种因缘,和方外友弘一和尚(在家时姓李,字叔同)聚居了好几日。和尚未出家时,曾是国内艺术界的先辈,披剃以后专心念佛,见人也但劝念佛,不消说,艺术上的话是不谈起了的。可是我在这几日的观察中,却深深地受到艺术的刺激。
>
> ……
>
> 正怅然间,子恺来要我序他的漫画集。记得子恺的画这类画,实由于我的怂恿。在这三年中,子恺着实画了不少,集中所收的不过数十分之一。其中含有两种性质,一是写古诗词名句的,一是写日常生活的断片的。古诗词名句原是古人关照的结果,子恺不过再来用画表出一次,至于写日常生活断片的部分,全是子恺自己关照的表现。前者是翻译,后者是创作了。画的好歹且不说,子恺年少于我,对于生活有这样的咀嚼玩味的能力,和我相较,不能不羡子恺是幸福者!
>
> 子恺为和尚未出家时画弟子,我序子恺画集,恰因当前所感,并述及了和尚的近事,这是什么不可思议的缘啊! 南无阿弥陀佛

丰子恺是弘一大师、夏丏尊的学生,丰子恺向他们学习,受他们感化;除了言传还有身教,除了知识和技能的学习,更重要的是人格和风骨的养成。弘一大师对丰子恺的感化颇深,他教丰子恺音乐和绘画,更重要的是让丰子恺懂得了"士先器识而后文艺"的文艺观。从某个角度来说,弘一大师就是丰子恺人生追求的最高目标,丰子恺在回忆自己与弘一大师的文章中写道:

> 我以为人的生活,可以分作三层:一是物质生活,二是精神生活,三是灵魂生活。物质生活就是衣食。精神生活就是学术文艺。灵魂生活

[①] 夏丏尊:《〈子恺漫画〉序》,见《夏丏尊文集·平屋之辑》,浙江人民出版社1983年版,第48、50、51页。

就是宗教。……艺术的最高点与宗教相接近。二层楼的扶梯的最后顶点就是三层楼,所以弘一法师由艺术升华到宗教,是必然的事。①

丰子恺的艺术追求就是不断的向第三层楼迈进的过程。夏丏尊列举了许许多多弘一大师生活中的"断片",这些"断片"不过是日常生活中平凡琐碎事,但是在弘一大师的一言一行之间,却蕴含了大慈大悲的情怀而充满了感化力,丰子恺也是受了这感化的。丰子恺认为那些表面"平淡"的漫画,反而富于最深的情感,应该是最艺术的漫画:

它们(感想漫画——笔者按)只是记录一种感想,暗示一种真理,而并无其他作用。因此,这种画表面都平淡,浅率的人看了毫无兴味,深于情感的人始能欣赏。所以说这是最艺术的一种漫画。②

丰子恺在《平凡》中写道:

平凡非浅薄,乃深入而浅出,凡人之心必有所同然。故取其同然者为内容,而作艺术的表现,则可使万人共感,因其客观性既广而感动力又大也,至于表现之形式,则但求能传情达意,不以长大复杂富丽为工。故曰平凡的伟大。③

丰子恺的"平凡的伟大"让他的艺术、漫画富有人情味而更加的接近平民百姓。他热爱生活,善于观察生活中的一点一滴,也乐于描写生活中那些闪烁着伟大光辉或笼罩着无奈、苦闷、无常之气氛的刹那。丰子恺善于从这些生活中发现情趣,以对抗诸如苦闷之烦恼。

人生而就有感情,文艺就是感情的艺术,丰子恺也发现感情的基调的是

---

① 丰子恺:《我与弘一法师》,见《丰子恺文集》第6卷,浙江文艺出版社、浙江教育出版社1992年版,第399、401页。
② 丰子恺:《漫画的种类》,见《丰子恺文集》第4卷,浙江文艺出版社、浙江教育出版社1990年版,第277页。
③ 丰子恺:《平凡》,见《丰子恺文集》第4卷,浙江文艺出版社、浙江教育出版社1990年版,第47页。

苦闷①,是无奈(夏丏尊语),是无常(马一浮语),便因而需要保持一颗童心,保留一颗慈悲和同情的心,需要以趣味去对抗人生的苦闷;在战争的年代,由于杀戮无数,人心难免受到伤害,因而需要护生、护心,而这些都是艺术的责任,这就是希望人们具有对生活咀嚼玩味的能力,希望艺术家们能将艺术生活化,希望大众能将生活艺术化。笔者想,这也是缘何夏丏尊在《子恺漫画》的序中,不谈漫画,而一直谈论弘一大师日常生活了。

另外,值得注意的是,夏丏尊认为自己相较丰子恺,对生活欠缺咀嚼之能力,这或许可以说是夏丏尊的谦虚之言,但笔者认为,就有这样一类人,他们过于耿直,抬头睁眼只看见远方的美好理想,低头闭眼只感到现实的无奈彷徨,而对这沿途的风景却只能忧心忡忡的打量或无暇眷顾,夏丏尊或许就是这样一个人(夏丏尊就认为自己做老师实是"无奈"之举,他很难感受到作为教师的乐趣,而是以"堂堂正正的奋斗"对抗做教师的"无奈"②),曹聚仁或许也是这样一个人。杨晓文对丰子恺与曹聚仁就"争论抗争期间应不应该作护生画,而引发两人绝交"的问题有过深入的研究,在《丰子恺与曹聚仁之争》的结尾,他这样精辟的总结:

> 曹聚仁仍在坚持自己的重眼前实际的时代观和文艺观。而恰恰就在同一时期,丰子恺也坚持自己展望未来的时代观与文艺观……
> 丰子恺与曹聚仁之争,有情感层面上的不和,有做人态度方面的不一致,而更重要的是缘于时代观和文艺观的不同。③

在丰子恺与曹聚仁的论战中,有一篇文章值得注意,即是1939年丰子恺作的《艺术必能建国》,我们做为后来者看,丰子恺似乎正预测到了未来所要发生的事。这番预测的根据何在,笔者认为或许是这样:首先,丰子恺穷究世界的真理,认为

> 依哲学的论究,是"最高的真理,是在晓得事物的自身,便是事物现

---

① 余连祥:《绝缘·苦闷·情趣——丰子恺美学思想的特征》,载《文学评论》2006年第4期。
② 夏丏尊:《无奈》,见《夏丏尊文集·平屋之辑》,浙江人民出版社1983年版,第44、45页。
③ 杨晓文:《丰子恺与曹聚仁之争》,见《论丰子恺:2005年丰子恺国际学术会议论文集》,天马出版有限公司2005年版,第21页。

在映于吾人心头的状态,现在给于吾人心中的力和意义"——这便是艺术,便是画。①

艺术中蕴含着宇宙的真理,或许丰子恺从艺术中感受到"艺术必能建国",这是他从艺术中领悟到的。再次,丰子恺作为一个艺术家对建国的使命,始终从艺术的角度出发,他的主张是:

> 我们现在抗战建国,最重要的事是精诚团结。四万万五千万人大家重精神生活而轻物质生活,大家能克制私欲而保持天理,大家好礼,换言之,大家有艺术,则抗战必胜,建国必成。所以我敢说:"艺术必能建国。"但这艺术绝不是曹聚仁之辈所见的艺术,必须是辜鸿铭先生所见的艺术。②(辜鸿铭先生所见的艺术即"礼之用,和为贵",此"礼"即艺术——引者按。)

这是丰子恺对于艺术何以促进抗战胜利的思考,艺术的建国,就是"礼之用,和为贵"。

而所谓"一日克己复礼,天下归仁焉",就是说人人都爱好和平美好的艺术,人人都是仁人志士,则天下和平。

最后,笔者想举一个不十分恰当的比喻,曹聚仁的艺术或许是"讽刺漫画",而丰子恺的艺术是"古诗新画",丰子恺在其最后一本漫画集的序言中写道:

> 予少壮时喜为讽刺漫画,写目睹之现状,揭人间之丑相;然亦作古诗新画,以今日之形相,写古诗之情景。今老矣!回思少作,深悔讽刺之徒增口业而窃喜古诗之美妙天真,可以陶情适性,排遣世虑也。然旧作都已经散失,因追忆画题,从新绘制,得七十余帧。虽甚草率,而笔力反胜于昔。因名之曰《敝帚自珍》,交爱我者藏之。今生画缘尽于

---

① 丰子恺:《艺术教育原理》,见《丰子恺文集》第2卷,浙江文艺出版社、浙江教育出版社1990年版,第14页。
② 丰子恺:《艺术必能建国》,见《丰子恺文集》第4卷,浙江文艺出版社、浙江教育出版社1990年版,第33页。

此矣!①

《敝帚自珍》最后一幅漫画《天涯静处无征战,兵气销为日月光》表达了丰子恺美好的理想。画面中的一家三口,仿佛超越了时空万物,在一个"安静"之处,享受着最平凡的人伦之乐。这或许也是丰子恺晚年心境和处境的集中表现。

六

面对战争与艺术之关系,丰子恺这样认为:

> 可知斗争是人类生活的变态,即宣传漫画是漫画的变态。我们不妨为正义人道而作宣传漫画,但必须知道这不是漫画的本体。漫画的本体,应该是艺术的。②

> 抗战期间,军事第一,胜利第一。艺术教育恐要排在一直后面了。但抗战以后还要建国,建国的基础还是教育。③

丰子恺厌恶战争,热爱和平,和平需要以芬芳悱恻之怀、光明磊落之心去拥抱生活。而人之此美好心灵、胸怀的养成就要靠美育、靠教育。丰子恺认为:

> 普通教育是养成健全人格的教育,不是培植专门人才的教育。这是十分合理的教育宗旨,全无异议的。因此,普通教育中的各科,都以精神修养为主目的,而以技法传授为副目的。换言之,都注重间接的效果,而不注重直接的效果。④

---

① 丰子恺:《〈敝帚自珍〉序言》,见《丰子恺文集》第4卷,浙江文艺出版社、浙江教育出版社1990年版,第583页。
② 丰子恺:《漫画的种类》,见《丰子恺文集》第4卷,浙江文艺出版社、浙江教育出版社1990年版,第285页。
③ 丰子恺:《卅年来艺术教育之回顾》,见《丰子恺文集》第4卷,浙江文艺出版社、浙江教育出版社1990年版,第60页。
④ 丰子恺:《卅年来艺术教育之回顾》,见《丰子恺文集》第4卷,浙江文艺出版社、浙江教育出版社1990年版,第56,57页。

"漫"谈丰子恺漫画

因而,具体到对美术教育而言:

> 图画科之主旨,原是要使学生赏识自然与艺术之美,应用其美以改善生活方式,感化其美而陶冶高尚的精神(主目的);并不是求学生都能描画(副目的)而已。①

某种程度来说,丰子恺的漫画就是艺术化的教育,朱自清在为《子恺漫画》作的跋文的结尾,即提到了这个:

> "东洋与西洋"便是现在的中国,真宽大的中国!"教育"怎样呢?
> 方光焘君真像"明日的讲义"是刘心如君。他是从从容容的;第一集里的"编辑者"瞧那神儿!但是,"明日的讲义"可就苦了他也!我和他俩又好久不见了,看了画更惦记着了。
> 想起写第一集的"代序",现在已是一年零九天,真快那!②(原载1927年《文学周报》4卷3期)

这讲义到底是什么内容呢?难以穷举,主要应当有以下几个方面:

在工具理性和实用主义高涨的时代,丰子恺主张以"艺术的心"调解"机心"。何谓"机心",《庄子》讲,"有机械者必有机事,有机事者必有机心。机心存于胸中,则纯白不备;纯白不备,则神生不定;神生不定者,道之所不载也。"丰子恺希望发扬"艺术之心"得以使人获得身心的平衡:

> 仅乎技术不是艺术,即必须在技术上再加一种他物,然后成为艺术。着他物便是"艺术的心"。有技术而没有"艺术的心",不能成为艺术,有"艺术的心"而没有技术,亦不能成为艺术。但两者比较起来,在"人生"的意义上,后者远胜于前者了。因为有"艺术的心"而没有技术的人,虽然未尝描画吟诗,但其人必有芬芳悱恻之怀,光明磊落之心,而为可敬可

---

① 丰子恺:《卅年来艺术教育之回顾》,见《丰子恺文集》第4卷,浙江文艺出版社、浙江教育出版社1990年版,第57页。
② 朱自清:《〈子恺画集〉跋》,见丰华瞻、殷琦编《丰子恺研究资料》,宁夏人民出版社1988年版,第255页。

爱之人。若反之,有技术而没有艺术的心,则不啻一架无情的机械了。于是可知"艺术的心"的可贵。①

以"情"与"美"调解单调的"知"和"意",以趣味调解实用主义之冷漠以及苦闷之情感:

> 诸君要学艺术,必须懂得用"情"。不要老是把心的"知"和"意"两方面向着世间。要常把"情"的一方面转出来向着世间。这样,艺术才能和你发生关系,而你的生活必定增加一种趣味。②
>
> 人类自从发现了"美"的一种东西以来,就对于事物要求适于"实用",同时又必要有"趣味"了。……在人们的心理上,"趣味"也必成了一种不可或缺的要求。③

面对生活的无常之变,丰子恺认为最高的艺术就是"无"艺术,所谓"无声之诗无一字,无形之画无一笔";丰子恺受广洽法师之邀,为佛教养正院书联"须知诸相皆非相,能使无情尽有情"。上联说的是宗教,下联说的是艺术;这是丰子恺对于无常之生活的最有温度,也最精炼的概括了。

作者:杭州师范大学弘一大师·丰子恺研究中心 2014 级硕士研究生

On Feng Zikai's Comic Strips

Xia Qi

Although Feng Zikai's comics may not be considered the beginning of

---

① 丰子恺:《新艺术》,见《丰子恺文集》第 2 卷,浙江文艺出版社、浙江教育出版社 1990 年版,第 575、576 页。
② 丰子恺:《艺术的学习法》,见《丰子恺文集》第 4 卷,浙江文艺出版社、浙江教育出版社 1990 年版,第 72 页。
③ 丰子恺:《工艺实用品与美感》,见《丰子恺文集》第 1 卷,浙江文艺出版社、浙江教育出版社 1990 年版,第 53 页。

Chinese comics in the strict sense of the term, he is nonetheless worthy of the appellation of "father of comics", having infused a new meaning into this concept and broadened the space for comic production so that comic strips as an art genre have become established as a "unified image"

从中国画的视角看丰子恺漫画的诗情画意

张 萌

中国画从汉代起源之日起,到后来的日益发展,逐渐形成它独特的艺术传统,它是一门融诗文、书法、绘画、印章为一体的综合艺术。书画同源,相得益彰。丰子恺的漫画在作画材料上,选用笔墨和水彩作画,题材也涵盖了人物、山水、花鸟,具有中国写意画的意境,但与传统的中国画相比,又具有随意漫写的特点,我们称丰子恺的画为漫画。

关于"漫画"定义概念的争议,丰子恺在《我的漫画》一篇中曾这样自述:"其实,我的画究竟是不是'漫画',还是一个问题。因为这二字在中国向来没有。日本人始用汉字'漫画'二字。日本人所谓漫画,定义如何,也没有解说。但据我知道,日本的'漫画'乃兼指中国的急就画、即兴画,及西洋的卡通画的。但中国的急就、即兴之作,比西洋的卡通趣味大异。前者富有笔情墨趣,后者注重讽刺滑稽。前者只有寥寥数笔,后者常有用钢笔细描的。所以在东洋,'漫画'二字的定义很难下。但这也无用考据。总之,漫画二字,望文生义:漫,随意也。凡随意写出的画,都不妨成为漫画,因为我做漫画,感觉同写随笔一样。不过或用线条,或用文字,表现工具不同而已。"[①]丰子恺将漫画理解为随意写出的画,这似乎与日本"漫画"的定义不同。无论在绘画的材料用笔与表意方面都有巨大差异。但现在看来,漫画都具有发散的想象思维,这也正是"漫"字所表达的含义。日本的漫画在于想象的夸张,来表达画的意趣,丰子恺的漫画在意趣的表达上,是一种闲适的精神游离,趣味在于豁达的

---

① 丰子恺:《我的漫画》,见《丰子恺漫画全集》第1卷,京华出版社2001年版,第29页。

心胸而不在于夸张讽刺，如此的不同，在"漫"的意义上赋予了丰富的理解。似乎乍看起来此"漫"非彼"漫"，实则作画的思绪与表达如出一辙。丰子恺作为中国第一位漫画家，将漫画的活泼趣味用笔墨展示在众人眼前，无论是黑白图画还是彩色绘画都极具生动的美感。

丰子恺的漫画不仅受中国画形式上的影响，还包含着中国画精神上的影响。丰子恺的画是与诗联系在一起的。诗中有画，画中有诗。中国画的写意手法与诗的意境相得益彰，极具艺术感染力。丰子恺被誉为"现代中国最艺术的艺术家"，丰子恺主张"艺术的人生化"、"人生的艺术化"。从作品到人生，情趣丰满，充满诗意与人生况味。许多人都对丰子恺的漫画有很高的评价："我们都爱你的漫画有诗意；一幅幅的漫画就犹如一首首的小诗——带着核儿的小诗。你将诗的世界东一鳞西一爪地揭露出来，我们这就像吃橄榄似的，老觉着那味儿。"[1]

有人说丰子恺的漫画是中西结合的。"他中学时代即已师从李叔同，1921年游学日本，接受了不错的西方艺术训练。同时，通过苦学日语和英语，丰子恺对西方文化，尤其是艺术史和艺术理论也进行过系统的研究。在半个多世纪的艺术生涯中，他把相当大一部分精力投入到西方艺术的译述和传播之中，而且成果颇丰。可以说，他是一位十分热爱西学的学者，西方文化对他的影响，也远比人们一般认识到的要深刻。"[2]丰子恺的漫画受日本绘画的影响，特别是竹久梦二对他的影响更是深远。尽管如此，他的画也是浸透着中国画的元素，且体现在诗、书、画、印各个方面。丰子恺的漫画水墨用笔，常常描绘孩童场景、诗词意境、民间生活、自然风物、文人心绪。他的画分为四个时期，描写古诗句时代，描写儿童相时代，描写社会相时代和描写自然相时代。中国绘画讲求"意切深远"，丰子恺漫画表现的诗情画意，有时是通过诗词歌赋的句子直接表现，有时则是简单的画作中蕴含着诗意。丰子恺的画主要是表"意"，这"意"背后生发出的深远的况味就待观赏者体会了，对此有所观察和体会者，自然有有着嚼不完的味道。

丰子恺对于儿童相的描写，大多以自己的孩子为素材，细致入微的体会着孩子的天真童心，通过他的画作反映出来。从他的文章到散文，他是真心

---

[1] 丰华瞻、殷琦编：《丰子恺研究资料》，宁夏人民出版社1988年版，第250页。
[2] 龙瑜宬：《丰子恺与"漫画"概念》，载《清华大学学报》（哲学社会科学版）2012年第3期。

热爱孩子的。他惊喜于孩子所具有的无限创造力,欢喜于孩子毫无掩饰的真性情,珍惜于同孩子在一起的珍贵时光。对于社会相的描写,或歌颂社会的美德,或讽刺不良的习气作风或对于古诗句与自然相的描写,富有对世间美好的热爱与诗情。

通过丰子恺的画作所表达的内容,我们便可窥探他内心的憧憬。丰子恺像一个站在高处审视这个世界的人,"丰子恺深受佛教影响,他以佛在当下,佛在现实的宗教的态度,对现实予以人道主义关怀"[①]。他怀着一颗对世间的大爱之心,包容这个世界。这是一个优秀的画家为自己所设立的视角,沉醉于现实又站在现实之外。在这个视角下描绘的画作给人审美体验的同时也充满无限意味。从他的作品可以看出他所憧憬的状态是像孩子般的身心开放,是真实的没有虚伪,是复杂的世界里人能怀着一颗赤子童心,诗意的栖居,发挥人类最美好的品质和无限的创造力。这也是他对"艺术的人生"或"人生的艺术"的渴望。

于最细微处见生活。丰子恺看到的儿童的世界是令他无限憧憬的。一般大人所烦躁的儿童举动在他眼里充满趣味。儿童无意识的嬉戏,偶然的创造了令人惊喜的事情,就像是创造了一件艺术品一样令他激动。孩子的哭声也是充满了真性情,在他看来,孩子因为失去或者破坏的事物大哭,这正是孩子可爱之处,因为他们天然的内心对完美的期待、对于心爱的事物的无限珍惜,对于这世界的变化猜测和质疑,这是弥足珍贵的品质。小小的画面,简单的几笔,丰子恺就是用这种简单随意的漫写给我展示出一幅幅可爱的画面,画中有故事有感情便看起来活泼生动起来,意蕴自然生发出来。此时无声胜有声,观者早已被画面的意趣勾去了想象,或回到自己的孩童时代,或想到自己的稚子,也或许仅仅被这温润的画笔戳到了自己内心的柔软处荡起一片涟漪。丰子恺在《给我的孩子们》中说:"我的孩子们,我憧憬于你们的生活,每天不止一次!我想委屈的说出来,使你们自己晓得。可是到你们懂得我的话的意思的时候,你们将不复是我憧憬的人了,这是何等可悲哀的事啊!"[②]丰子恺的话总是表达着他诗意的情怀。从散文到漫画作品,总是给人一种如诗般美好的意境。如描绘丰子恺儿女的作品《瞻瞻底车脚踏车》《阿宝赤膊》《穿了

---

① 黄思源:《丰子恺文学创作与绘画》,湖南师范大学博士学位论文,2014年。
② 丰子恺:《给我的孩子们》,见《丰子恺漫画全集》第1卷,京华出版社2001年版,第261页。

爸爸的衣服》等作品都细腻的表现着孩子最细微的感情,孩童的这种无意识的情感表现,充满创造力的天真童趣,对世界的感知模仿,丰子恺恰恰抓住这些瞬间来表现了这种珍贵,富有童真童趣又表达着丰子恺对于生活的美感鉴赏。

丰子恺的作品《豁然开朗》描绘的是两个小人踏着阶梯就快要走过树洞,眼前出现青山绿树碧波荡漾的景象,看到这幅画不禁让人想起《桃花源》来,每个人的心中都有一片桃花源,一片宁静与纯净的地方,这是人的内心对于美好的向往。然而它又会使人想到陆游的"山重水复疑无路,柳暗花明又一村"的诗句来,当人遇到逆境走投无路的时候,遵循自己的内心选择,不也是找到了另一片光明?如此这般对于诗句表达的作品在《丰子恺文集》第6卷中不胜枚举。诗画结合,更好地表现了画的内容,诗句补画面之不足,画面阐释诗句不能表达的意境,诗画结合,无限韵味。

丰子恺漫画的诗意还表现在绘画的手法上。面部留白曾受到一些人的质疑,这种"看不到脸"的画若加了眉眼反而是多此一举、画蛇添足了。首先,对于绘画中的留白,一般见于天空、湖泊、山水,而丰子恺的留白手法用于人物的面部。其次,丰子恺的漫画即是他的随性漫写,具有一定的随意性,他的画风追求简略,省去了一些次要元素,重在表达主题。第三,丰子恺的漫画吸收了中国画的写意风格,主在表达意趣而不在内容。面部留白并不影响画作内容的表达。有人对丰子恺的面部留白提出质疑时,他对此并不在意。

丰子恺能够取得如此高的成就,不仅在于他的作品传达的诗情画意的美感,更在于他对于作画所投入的功力。朱光潜在《丰子恺的人品与画品》一文中说:"书法在中国本有同源之说,子恺在书法上曾下过很久的功夫。他近来告诉我,他在习章草,每遇在画方面长进停滞时,他便写字,写了一些时候,再丢开来作画,发现画就有长进。"这种描述可以见出中国书画的关联所在,也可以见出丰子恺的个人倾向。

中国画讲究书画同源。题款又叫落款、款题、题画、题字、款识等。"画的题款,包含'题'与'款'两方面的内容,在画上题写诗文,叫做'题'。题画的文字,从体裁分有题画赞、题画诗(词)、题画记、题画跋、画题等。在画上记写年月、签署姓名、别号和钤盖印章等,称为'款'。"[①]丰子恺的漫画也是沿用中国

[①] 沈树华编著:《中国画题款艺术》,学林出版社2009年版,引言。

画的范例,书画结合,但他又不是那么拘泥于中国画严格的形式。我们也常看到有的画作上的题款还写着籍贯、年龄、作画时间地点等内容。丰子恺的画上常常没有这么多的内容,多题写画作名称、诗句,或加上名字,一方面是与他画作的篇幅有关,丰子恺常绘小幅漫画,画面应与题款呼应,题款内容不宜过多,繁杂的内容宜省略;另一方面,根据丰子恺的绘画风格,多是简描淡写,画面营造一副简静舒适之感,题款也因此不宜复杂,对画面内容进行补充,增加画面意蕴为佳。画上题款,书法与绘画技艺相通,具有笔法和谐,画风统一的美感。题款同样可以平衡画面,对画面起到一个稳定的作用,或可以弥补画面构图的不足。题款的内容没有限制,诗词歌赋、评语提跋、杂记随感皆可,也没有有韵无韵的要求。丰子恺漫画的题款内容通常比较简略,恰与他简略的画作相匹配。

诗文、书法和绘画完美结合在一起,称为"三绝"。画上题诗,"妙款一字抵千花"。中国画上题写的诗文与书法,有助于补充和深化绘画的内容和意境,同时也丰富了画面的艺术表现形式,帮助作者表达感情、抒发个性、增强绘画艺术感染力。一幅优秀的中国画,总是将"诗"、"书"、"画"、"印"完美地结合在一起,成为不可分割的统一体。题画诗或文的内容是极为丰富的。所谓"功夫在诗外",这种画外功,有时对画的品位有着重要的作用。诗句不仅与绘画有关,还可补充画意之不足。好的诗文,对于丰富画面,深化作者的情感,增加画面的表现力具有重要的意义。诗文的优劣可以说是作者文化修养的具体展现,是中国画的重要组成部分。丰子恺的绘画功力毋庸置疑,但对于丰子恺的书法研究较少,从审美角度看,丰子恺漫画与书法相得益彰,单看丰子恺的书法,也有独到的妙处。"丰子恺的书法多以碑笔如书,参章草和'二王'侧锋取险势,结字瘦劲峻峭,出锋尖锐,笔力刚健,俊逸洒脱而又富幽默、诙谐和烂漫的童稚,弥散着一种人间温情。"[1]丰子恺的书法与他的博雅、包容的心境和人生态度是分不开的。一般说来,工笔宜用篆书、隶书和楷书,写意宜选择草篆、草隶和行书。无论是工笔还是写意,一般情况下,均以浓墨题款。文字的排列,以与画面协调为宜。题款的字体可用篆书、楷书、隶书、草书、行书等,但题款字体要与画相和谐。工笔画宜楷书、篆书,字体略小些;写意画宜用行书、草书,字体可大些。对于丰子恺绘画的题款,字体风格略有

---

[1] 李建森:《功性双栖 理趣并重——由丰子恺书法说开去》,载《小说评论》2006年第1期。

变换,时而方正,时而笔法如柳。至于字体的大小与位置,也是根据画面内容而定,也常有字体大小不一,故作歪整的表现,对于画面的构图也是全篇利用或用框架限制,这也正是他的画不拘泥限制的风格,仔细欣赏,别有趣味。

根据丰子恺的人生际遇,他在时代的无常变化中,淡泊以对,永持童真,永远保持着一个平民的赤子情怀。从一幅幅充满温情的作品中传递着他对人生的至爱,传达着淡定,简静的美感,性情决定画风,丰子恺温和大气的性情,大爱包容的气格加上他对于艺术的追求,下功夫勤于学习苦练,才有了丰子恺展示给我们的诗情画意的优秀作品。我们对于丰子恺画作的表现手法、审美价值、艺术理论的深化拓展等方面的研究,逐步丰富我们对丰子恺大师的认识,这也是我们以后继续努力的研究方向。

作者:杭州师范大学弘一大师·丰子恺研究中心2014级硕士研究生

Feng Zikai's Poetic Comics Viewed from the Perspective of Chinese Painting

Zhang Meng

The unique painting style of Feng Zikai's comics, the richness of their content and the artistic beauty expressed through a humanist concern have always been a topic of diligent scholarship among Chinese and foreign researchers. Poetry, calligraphy, painting and engraving, four skills that traditional Chinese painting aspired to, are all manifested in his paintings. A simple style, a poetic vision and a seamless matching between the paintings and his signatures suggest not only the charm of Chinese painting but also the playfulness of comics.

丰子恺漫画三题
——童心·诗意与生命关怀

徐 佳

丰子恺曾说:"我作漫画,感觉同写随笔一样,不过或用线条,或用文字,表现工具不同而已。"①作为文章,恰如其分的表达总是好过光鲜夺目的词句,绘画亦然。所以丰子恺的漫画像诗句一样,用很少的线条,便能勾勒出深刻的趣味。丰子恺的漫画将艺术与道德联系在一起,他在《艺术必能建国》一文中谈及,国家危亡之期,艺术就是能拯救国家的良药,艺术就是道德,而太平时期的艺术,亦有非常伟大的"陶冶之功与教化之力"。②他强调:"道德与艺术异途同归。""艺术的行为,是由于感情的,是情愿做的。故艺术能使人自然地克制人欲,保存天理。"③虽然丰子恺认为艺术具有"以德化人"的功效,但是他并不认同刻意地为了人生而艺术,他认为艺术应该是活的,艺术的功能是自然而然发生的。

丰子恺的漫画非中非西,被称为"子恺漫画"。丰子恺漫画中无处不在的对人的关怀,来源于他自身的道德和艺术的修养,这种人文主义的关怀不是功利性的,而是好的艺术自身发挥出的功能。艺术上的人文关怀不只限于重视人的生命,肯定人的价值,它还在精神上给人以滋养,在心灵上给人以安慰。丰子恺的漫画就是这样的艺术,他曾经将自己头二十多年的漫画生涯分

---

① 丰子恺:《漫画创作二十年》,见《丰子恺文集》第4卷,浙江文艺出版社、浙江教育出版社1990年版,第388页。
② 丰子恺:《艺术必能建国》,见《丰子恺文集》第4卷,浙江文艺出版社、浙江教育出版社1990年版,第30页。
③ 丰子恺:《艺术必能建国》,见《丰子恺文集》第4卷,浙江文艺出版社、浙江教育出版社1990年版,第32页。

为四个时期,分别是描写古诗句时代,描写儿童相时代,描写社会相时代,描写自然相时代。并且他自己也曾说这样的划分不是绝对,其中常会有所交错。四相之中描写古诗句的漫画其实也是对于百姓生活的描绘,因此将这一类漫画与社会相的漫画放在一起讨论也未尝不可。所以大体上可将其漫画分为三类:童心、诗意与生命关怀。丰子恺描绘儿童的生活,表达了他对童心的赞美,童心即是人类的初心,我们不妨先看看丰子恺眼中人类纯真的本源,同时体会他的漫画作品所带来的人性关怀。

一、关注儿童生活,对童心的赞美

儿童的生活乐趣是丰子恺漫画最重要的主题之一,他认为世间的真相已经被繁琐的生活所蒙蔽,只有单纯的儿童才能看见烟雾背后的事实,因为他们的心灵是纯洁的,因此眼睛也是明亮的。成人通过孩子的眼睛看世界,或许也能看到那些早已失去的生活有多美好。丰子恺就是这样设身处地地体验儿童的生活,将自己变成一个孩子然后去观察其他的孩子。

在丰子恺的眼中,大人们追求的生活太过功利化,孩子们看似幼稚的行为反而是发乎他们的真情实感。他的漫画作品《瞻瞻底车(一)黄包车》和《瞻瞻底车(二)脚踏车》描绘了小孩发挥与生俱来的想象力,第一幅画中,孩子手拉婴儿车像拉黄包车一样,脸上洋溢着幸福的笑意,第二幅画中,孩子将两把蒲扇放在脚底当作脚踏车的轮子。儿童的娱乐中总是伴着许多成人都没有的智慧,丰子恺本着对童心的呵护与赞美,时常能够捕捉到这些小而生动的细节。漫画《建筑的起源》《阿宝两只脚,凳子四只脚》《取苹果》《放风筝》《大字与中字》等等,充分表现出丰子恺对儿童生活的敏锐观察力,他赞美儿童独有的智慧。在丰子恺眼中,这些看似寻常的生活细节都是出于真心,都是不夹带功利性的生活艺术。

明代末期的思想家李贽曾经写过一篇文章《童心说》,他提出童心就是真心,他说:"夫童心者,绝假纯真,最初一念之本心也。若失却童心,便失却真心;失却真心,便失却真人。人而非真,全不复有初矣。"[1]丰子恺所呵护的童

---

[1] 李贽:《童心说》,见《美学百科全书》,社会科学文献出版社1990年版,第454页。

图一 《建筑的起源》　　图二 《大字与中字》

心就是这样一种真心,它是人最纯真的念想,没有了这种念想,人的双目就会被遮蔽,说出的话也是虚伪做作。丰子恺在《漫画创作二十年》一文中明确表示自己是"儿童崇拜者",他说:"我向来憧憬于儿童生活。尤其是那时,我初尝世味,看见了所谓'社会'里的虚伪矜态之状,觉得成人大都已失本性,只有儿童天真烂漫,人格完整,这才是真正的'人'。于是变成了儿童崇拜者,在随笔中漫画中,处处赞扬儿童。现在回想当时的意识,这正是从反面诅咒成人社会的恶劣。"[1]丰子恺对于成人社会失去童心的见解,和李贽的"童心说"在逻辑基础上不谋而合,更加有意义的是,这样深刻的道理呈现在富有感染力的漫画作品中,使人们更加容易接受,甚至有可能使人产生惭愧之心、自省之心。

丰子恺对儿童生活的关注是方方面面的。在他的画笔下,既表现儿童世界中独特的乐趣,赞美他们的智慧,也描绘他们与父母兄妹的关系。其中洋溢着对儿童的崇拜和赞美,也在潜移默化中宣扬了儿童的美德,具有深刻的教育意义。

他的漫画《教育》二则讽刺用一个模子来塑造儿童并将儿童禁锢在枷锁之中的学校和家庭教育,可以看出丰子恺认同的教育是因材施教、合理有度的。他既反对长辈对孩子过分溺爱,也不赞同对孩子的过分苛求,这在漫画《似爱之虐》四则和《似虐之爱》四则中分别有所体现。他不仅从大人的角度

---

[1] 丰子恺:《漫画创作二十年》,见《丰子恺文集》第4卷,浙江文艺出版社、浙江教育出版社1990年版,第389页。

去抒发自己对于儿童教育的观点,而且从儿童的角度去刻画来感染人心,相较而言,后者才是丰子恺漫画的魅力所在,这一类漫画或刻画孩子们对学习的兴趣与专注力,或描绘孩子们欢乐的劳动,或表现孩子们对周围事物的好奇心。漫画《注意力集中》《爸爸不在的时候》《快乐的劳动者》《创作与鉴赏》《画册》《艺术的劳动》四则等等就属此类。

丰子恺的漫画有着西方漫画的构图和创作技巧,但是题材内容不像西方传统漫画那样偏向于讽刺和滑稽,他的漫画包含着更为广阔的意涵。另一方面,其漫画简洁明快的线条和色彩又和中国画的风格一脉相承。丰子恺认为自己的画不是中国画,也不是西洋画,因为他的漫画有西洋画的理法,也有传统国画的表现风格,所以只能自成一派。正如丰子恺所说,他的漫画兼具中国画的笔法意趣和西方漫画所要达到的现实意义,只是获得这意义的方式,并没有那么尖刻强硬,这是丰子恺漫画中的独特魅力。

二、以诗词入画,对普通百姓生活的关心

丰子恺从小读古诗词,读到好的句子脑中便会产生幻象,这样的经验就算我们并非学画之人也可能会有过,只是不能将这幻象活灵活现地表现在纸上。丰子恺一开始也不能够做到,每每画出来的,都和脑中所想有所出入。但是他没有停止过捕捉这些诗句带来的幻象,日复一日,终于能让它们跃然纸上。丰子恺这一类的漫画,也主要是以人物为主体,有的直接描绘出诗词中所述之情景,有的则赋予其完全不同的内容,大多都是描写寻常百姓的生活,而且主要刻画一些"闲事"。这些"闲事"呈现出的画面虽不那么壮观开阔,却细腻入微、扣人心弦。丰子恺曾说:"我以为漫画好比文学中的绝句,字数少而精,含义深而长。"[1]于是他总是用寥寥数笔来勾画意趣绵长的场景,因为他关注的是其中的意味是否已经达到。

当中国的摄影术还在朦胧地发芽之时,纪实摄影还没有被广泛地认识与运用的年代,传统的绘画还在着重于描绘千百年不变的山水花鸟等自然题材,丰子恺用漫画的形式表现出对普通百姓当下生活的关注,是非常难能可

---

[1] 丰子恺:《艺术漫谈》,岳麓书社2010年版,第69页。

贵的。他运用诗意的文字,描绘的却是身着现代服装的人物。这是对古代诗词佳句的赞美,更是对现实中普通人物的赞美。

丰子恺的漫画《儿童散学归来早,忙趁东风放纸鸢》《今朝风自来西北,东面珠帘可上钩》《主人醉倒不相劝,客反持杯劝主人》《肯与邻翁相对饮,隔篱呼取更添杯》《低头弄针线,不管春深浅》等,描绘的都是寻常人家的生活琐事,但是其中都透露着乐世逍遥的恬淡之情,从中可见画家本人的为人处世的观念,其中不乏淡泊名利、与人为善的道德取向。

丰子恺也经常将古诗句的意思进行新的解释,"翻译"成与原意不同的绘画语言。例如辛弃疾描写对知己的渴望的词句"我见青山都妩媚,料青山,见我应如是",丰子恺的画中描绘的则是一名身材姣好的年轻女子站在河边望向对岸的青山,女子的心情未必像辛弃疾写这首词时一样不得意,更像是偶然信步到此处,便被如黛的青山、似玉的碧水所吸引而驻足。比起描摹一个年代久远的惆怅词人,丰子恺更愿意刻画现实中一个平凡的女子,因为漫画就是现实的生活,不能与肖像画或历史画等同。

又如柳永描写相爱之人离别之情的名句"杨柳岸,晓风残月",在丰子恺的画笔下,则是两个晨起的农民在杨柳树旁的田地里辛勤地劳作的场景。住在繁华的都市,便作都市之盛景;客居乡村,就写农事之乐趣;回到故乡,就作邻里之好。总之,丰子恺总善于观察周遭的世界,时刻关心身边的人和事,看到什么动人之处就画下来。他认为这些平凡的生活像儿童的世界一样幸福,一样值得讴歌。丰子恺认为平凡人的生命也是有价值的生命,所以他乐于让他们成为他画中的主角。

又如李白抒发自己豪情壮志的诗句"欲上青天揽明月",丰子恺在这幅画中描绘的却是一个还在母亲怀中哭嚷的小孩,巴着窗户不放,想要摘取夜空中的明月。试想在平常的生活中,除了像李白这样的诗人会有这样的想象力,也只有孩子才会有这样的幻想,甚至可以说是妄想。从另一个角度去想,李白无处抒发的豪情壮志,正如丰子恺画中的孩子一样,心中有话却无处言说!

虽然丰子恺更注重表现漫画所传达的内容,但是他在这些以诗词入画的漫画作品中,也不乏描摹山水树石的佳作。例如《客从远方来》《海水摇空绿》《江流有声,断岸千尺》《长亭树老阅人多》《唯有君家老松树,春风来似未曾来》《人散后,一钩新月天如水》等等。不过这些画作中也都有人物出

图三 《杨柳岸,晓风残月》　　图四 《欲上青天揽明月》

现,漫画毕竟也不能等同于风景画,无论是揭露、讽刺还是教育,都要围绕人来展开。

透过这些描绘现实生活的漫画,不难看到,丰子恺对于每一个个体生命所具有的美好经历都由衷地赞美,那些被铭记的人并不是历史唯一的主角,每一个生命都成就了多彩的社会。

三、揭露社会丑相,对生命的关怀

丰子恺曾经反省自己一味地描绘生活中美好的一面,而不忍揭露那些残酷、黑暗、不道德的生活层面,于是后来,他也创作了一些揭露社会上的悲惨苦痛和残酷罪恶的漫画作品,有的怜悯弱者的不幸人生,有的讽刺社会上的丑态,有的则谴责不道德的行为与残酷的战争。

丰子恺的漫画《他们的SOFA(沙发)》,是两个穷人,将架在篮子上的扁担当凳子坐。漫画《劳人无限意,诉于老树知》,画的是日落之时,一个劳作后的人,趴在树上,仿佛是要向树倾诉自己的辛酸劳苦。漫画《脚夫》,是一个撑着拐杖的独腿男人,肩上挑着看起来沉甸甸的四袋物品。类似这样刻画穷人与弱者的悲惨遭遇的作品还有《汗》《屋漏偏遭连夜雨》《贫家女》《公井,女工们的诉苦处》《嗟来食》《嗷嗷待哺》《先吃藤条》《小车》等等。对于弱者的同情是人性的使然,这种同情心不该被艺术家束之高阁,而漫画最主要的功能就是揭露甚至影响当下的社会现实,所以漫画家更应该有为弱者发声的使命感和抨击不人道行为的责任感。

在漫画《街头》中,衣着简陋的人在街头扫地,衣着光鲜的人却在一旁随手丢香蕉皮。在《车厢一角》中,丰子恺描绘火车上同坐的两人中,靠窗的那人脱了一只鞋,将赤着那只脚踩在凳子上,几乎占据了另一个人所有的座位,这样的不道德行为在火车上的确时有发生,可怕的是,有类似行为的人往往不自知错在何处,在他们受教育的经历中,或许不曾被教导,某些看似无关紧要的行为,其实给他人带来了严重的不便。这幅画警示我们要提高自己的素质,己所不欲,勿施于人!也能给当权者和教育者一声警钟,需要提高国民的道德素质。在《博士晒书》中,丰子恺画了一个戴眼镜的中年男子坐在藤椅上晒太阳,一边用手摸着自己敞开的大肚子。丰子恺讽刺那些自认为读过很多书却道德修养败坏的人,这是在他的漫画中较少见到的嘲讽。丰子恺在《街头惨状之一 顽童偷盲丐的钱》《肉的香气》《欺侮弱小》《此人徒有衣冠,只能威吓鸟雀》等大量漫画作品中,极力地揭露世相的丑恶。

丰子恺曾经生活在战争年代,经历过残酷的战争带来的颠沛流离、家国动荡,因此也描绘过许多战争时期的景象。他曾作过《漫画日本侵华史》,可惜没等印刷,画稿就在逃难中遗失了。其他关于抗战题材的画作可以在他的作品集《战时相》和《客窗漫画》中看到。在这些至今还能看到的画作中,很多画作都没有直面描绘残忍血腥的战场的画面,更多是含蓄隐忍地表达出愤怒,以及颇有抒情意味地表达战争胜利后的喜悦。他的《救火》,描绘一个人拿着蒲扇对着燃烧的地球仪扇火,揭示战争的可怕。《炮弹作花瓶,人世无战争》画的是炮筒中种着荷花,表达对和平的渴望。《战争与音乐》是一个士兵将枪杆和背包丢在一边,坐在地上拉起了二胡,像是一首悲歌,令人感叹战争的无情。《迷路的幼儿》中,士兵问孩童家在哪里,孩子回答说在妈妈那里,这一幅和《抗战儿子十年归,老父恭迎问是谁》有互相呼应之妙,前者是战争让母子流散失联,年幼的儿子忘记了母亲的住处,后者是战争让父子分别十年,年迈的父亲不认得儿子的相貌。《奏凯归来解战袍》和《万里征人罢战归》等画作则表现出战争胜利带给人们的喜悦。战争是对生命的威胁,丰子恺怀着不忍之心,无意刻画太多残酷的场面,但是他对战争的愤怒和对和平的渴望没有因此而减弱。即使是在和平年代,他也不遗余力地呵护着每一个微小的生命。

那是在 1929 年,时逢丰子恺的恩师弘一法师 50 岁寿诞,那时他已从弘一法师皈依佛门,法名婴行。他们合作了护生画初集,共计 50 幅,丰子恺作画,弘一法师写诗。到了法师 60 岁时,丰子恺又作了护生画续集,共计 60 幅,并寄给法师书写诗句。弘一法师回信给丰子恺说:"朽人七十岁时,请仁者作护生画第三集,共七十幅;八十岁时,作第四集,共八十幅;九十岁时,作第五集,共九十幅;百岁时,作第六集,共百幅。护生画功德于此圆满。"[1]丰子恺回信说:"世寿所许,定当遵嘱。"[2]丰子恺比弘一法师小 18 岁,也就是说弘一法师百岁之时,丰子恺也有 82 岁了。谁料没等到七十寿诞,弘一法师便圆寂了。但丰子恺还是坚守承诺直到逝世,虽然他也没有等到 82 岁,但是却提前绘好了第六集的护生画,圆满了这个美好的承诺。

《护生画集》虽名为"护生",实则是"护心"。丰子恺在《护生画集》序言中说:"去除残忍心,长养慈悲心,然后拿此心来待人处世。——这是护生的主要目的。"[3]丰子恺直言,"护生"的目的不是杜绝食用动植物,而是要对它们心生爱护,常怀一颗慈悲之心。每一个生命都是有价值的,丰子恺创作《护生画集》,虽然描绘的都是动植物面临的死亡威胁,但是实际上是在警惕人类要杜绝残忍之心,要尊重生命。

丰子恺在《护生画集》中描绘了许多自然生物的"亲情"、"友情"、"邻里之情",谴责残忍的杀害,颂扬慈悲的善举,他用敏锐的艺术嗅觉,发掘了许多平常很容易被我们忽视了的生动画面。动物之间的相处就和人与人之间的相处一样,也有悲欢离合,也有生老病死。《众生》《乞命》《酷刑》《诱杀》等作品,可以引起人内心的自省与反思;《放生池》《人道主义者》《幸福的同情》等作品,可以触动人的善心,进而引发善举;而《唯有旧巢燕,主人贫亦归》《冬日的同乐》《小猫亲人》《鹡鸰相亲》等,颂扬感恩之心以及和睦相处的关系;《生机》《欣欣向荣》《松间的音乐队》等漫画,则是对自然生机的赞美,对生命的歌颂。

---

[1] 丰子恺:《护生画集》,上海译文出版社 2012 年版,序言三。
[2] 丰子恺:《护生画集》,上海译文出版社 2012 年版,序言三。
[3] 丰子恺:《护生画集》,上海译文出版社 2012 年版,序言三。

图五 《鹬蚌相亲》　　　　　　图六 《生机》

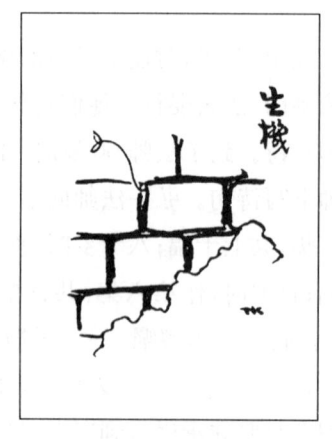

四、结语

  丰子恺出于对儿童的呵护与赞美,刻画童真的世界,让成人的眼光从繁尘中抽离出来,看见孩子们的乐趣,同时也启发了家长和学校对儿童的教育。更深一层的意义,他不愿看到成人被世间纷扰所蒙蔽,变得虚伪、贪婪,希望人们勿忘初心,脚踏实地建设自己的人生。丰子恺对市井小民和乡间村民都表现出羡慕和关心,他诗意地歌颂他们的生活,在他眼中,平凡生活中的琐事也有很多幸福和美好。他鼓励每一个普通百姓,珍惜自己的生活,肯定自己的价值,快乐地享受自己的人生。丰子恺利用自己的画笔,谴责社会上的丑恶和不道德,表达对战争的愤恨,宣扬慈悲之心,表达对生命的殷切关怀。无论是在艺术教育上还是在和谐社会的构建上,丰子恺的漫画都能在今天的社会发挥作用。他用画笔抒发的人性关怀,可为熠熠之光,照亮前进的道路;亦可为嫋嫋之风,吹拂人的心灵。

  作者:杭州师范大学弘一大师·丰子恺研究中心2014级硕士研究生

Three Themes in Feng Zikai's Comic Strips
—Childlike Innocence, Poetical Flavor and Concern for Life

Xu Jia

Feng Zikai's comics possess an extraordinary charm in the history of Chinese art. Nobody has given a more succinct appraisal of them than Yu Pingbo who described them as flowers that exude a profound human touch. With minimal strokes, his comics show a joy of life which underscores the painter's feelings for the world around him, his celebration of childlike innocence, his concern for the common people , his respect for life and his preoccupation with the human interior, all bespeaking a strong humanist bent. All these characteristics in his comics are of significance to the development of art education and establishment of a harmonious society.

复归与再现
——丰子恺风景漫画价值形成探析

陈 越

引言

抗日战争的爆发，使得丰子恺一家不得不远离家乡，逃亡于中国的内陆。对于丰子恺的艺术生涯而言，这次的经历又是独特的、激发灵感的。在1942年，居住于重庆的丰子恺举办了以其路途所见山水为主题的漫画作品展览，使山水风景成为了一个有别于其他作品的特殊题材。丰子恺在这次画展中所作的《画展自序》，解释了为何选择山水自然作为漫画的主题。大致的意思是从江浙一带逃亡至桂林内陆，觉此河山俊美，便将注意力放置于山水自然之间[①]。中国自魏晋以来山水风景就开始引起观赏者的重视，并试图去将其表达，到了宋代更是有成熟的山水画的出现，相较于西方的风景画，山水自然对于中国人而言更是意义非凡，是古人文人寄情畅游之所。丰子恺的风景主题漫画便传承了中国传统文人意趣，但用漫画的手法来表现显得更为直白。传统、时代与艺术家思想的互相碰撞，才使得这样一种新式的山水——风景漫画的产生。我在下文将试图通过传统对于丰子恺的影响，以及丰子恺对于风景绘画的新认识两方面去探索其风景漫画独特价值的形成。

[①] 丰子恺：《画展自序》，见《丰子恺文集》第4卷，浙江文艺出版社、浙江教育出版社1990年版，第413页。

一

丰子恺从小成长于传统读书世家。到了其父亲这一代，也是整日以读书考试为重，并成为了当地的举人。家庭如此，丰子恺年幼时所接受的教育学习也是可想而知。虽其父在其九岁时便去世，但父子两代人，同样作为传统的中国文人，他们有着共同的文化起源和曾经一脉相承的成长经历[1]。丰子恺所受到父亲的传统根基，是伴随着其一生的。

丰子恺一生中并没有正式地学习过中国绘画艺术，但似乎命中注定了这个充满中国趣味的人是和中国的传统艺术分不开的。在其《学画回忆》中，丰子恺讲述了在年少时即被老师学生授予"画家"绰号的经历，便是因为小时候对中国画的描摹展现出了天赋，更有称其"课余时间常摹古人笔意，写人物花鸟之图以为游戏。同塾年长诸生竞欲乞得其作品而珍藏之"的说法。[2] 按丰子恺自己的话来说，虽此事有所夸张，但大致如实。不过儿时的大幅作品都有其会画画的大姐帮忙，丰子恺本人只是觉得有趣而"描摹"罢了。

儿时绘画的故事中倒有个小细节，即年幼的丰子恺在其父亲晒书时发现一本人物画谱。"翻一翻，看见里面花样很多，便偷偷地取出了……大约十二三岁的时候，我已经把这本人物谱统统印全。"[3]丰子恺在回忆此事的文章中虽未有明说，但其年少时所描摹的恰恰就是在清代十分流行的《芥子园画谱》。此画谱如同现代的绘画教材一般，里面所记录的是不同种类的树木、山石、人物、楼阁等的具体画法，供习画者临习使用，是综合了古代历朝大家而汇集成的一套"归纳性"丛书。在丰子恺长大一些后其对此套画谱十分鄙视，觉得当中的程式化限制了中国绘画艺术的发展，并觉得正是因为这种书的盛行，"怪不得中国的画运要衰微了"[4]。而丰子恺又如何知道年长后与此书还有许多的缘分。我在下文中会提到此书对于丰子恺风景漫画有着不可忽视的影响。

---

[1] 陈野：《缘缘堂主——丰子恺传》，浙江人民出版社2003年版，第14页。
[2] 丰子恺：《学画回忆》，见《丰子恺文集》第1卷，浙江文艺出版社、浙江教育出版社1990年版，第412页。
[3] 丰子恺：《学画回忆》，见《丰子恺文集》第1卷，浙江文艺出版社、浙江教育出版社1990年版，第413页。
[4] 丰子恺：《我的书：芥子园画谱》，见《丰子恺文集》第5卷，浙江文艺出版社、浙江教育出版社1992年版，第472页。

等丰子恺稍大一些，主要接受的是西洋绘画。一开始是在其十九岁之时在学校由李叔同先生教授西洋图画课，当时所用的三脚架、石膏像，以及用木炭条写生的教学方法使得这位原本就具有绘画天赋的青年人"觉得很有兴味"，后竟一发不可收拾，"抛弃一切学科，而埋头于西洋画"[①]。可见其对于绘画艺术之兴趣，从小到大并不间断，似乎也是预示着以后会有着与常人不同的艺术命运。后果然画艺大有进步，在得到李叔同老师的认可后，丰子恺于1921年去日本学习更为先进的西洋画，然而在日本期间，丰子恺觉得油画或许并不是唯一的出路，甚至开始感觉疲倦。其曾有写道："回顾自己的贫乏的才力与境遇，渐渐感到画家的难做，不觉心灰意冷懒起来。"[②]现在回顾那个时代的大体现象，如丰子恺这般的例子并不占少数。一方面是国内辛亥革命、新文化运动的一次次高涨推进，艺术上也开始大量吸收西洋艺术的技巧与理论，出国学艺成为了一种时代性的潮流。这点上看，丰子恺在当时选择西洋画这条道路上不仅仅是在于西洋画的先进性，同时也是受到了时代潮流的影响。另一方面，是在于留日学生归国后大多又开始从事传统的艺术技艺，究其原因是油画对于日本而言，本身便是一个新兴的艺术形态，其在日本的表现上也多是印象派的表现手法，这么一来，留日学生的油画内涵并不如留学欧洲的那些学生，而在日本的留学生，又或多或少接触了日本的传统艺术，这给予了留学生一定的反思，反思中国的传统艺术是否可以有新的发展。丰子恺在这就是个典型的例子。其在日本看到了当时画家竹久梦二的简笔画作品，忽然发现原来生活情感还可以用这样的表现方式来表达出来。丰子恺在谈到竹久梦二的作品时评论道："（其作品）熔化东西洋画法于一炉，其构图是西洋的，画趣是东洋的，其形体是西洋的，其笔法是东洋的。"[③]竹久梦二的作品就如同导火线，使得丰子恺自身原有的传统根基被发掘出来，儿时曾经略有接触的中国传统艺术，似乎也有了新的出路与价值。握了数年油画笔的丰子恺，又重新开始审视东方情调的毛笔了，之后其出现的简笔画中，一大特色便是运用毛笔作画。传统的意识一直存在于丰子恺的身心中。

[①] 丰子恺：《旧话》，见《丰子恺文集》第5卷，浙江文艺出版社、浙江教育出版社1992年版，第184页。
[②] 丰子恺：《子恺漫画题卷首》，见《子恺书话》，海豚出版社2013年版，第1页。
[③] 丰子恺：《谈日本的漫画》，见《丰子恺文集》第3卷，浙江文艺出版社、浙江教育出版社1990年版，第417页。

二

年轻时候的丰子恺更提倡西洋画。其在回忆儿时作画后写道："假如我早得学木炭写生画,早得受美术论著的指导,我的学画不会走这条崎岖的小径。"①其将儿时临印画谱视作是崎岖小径,而将学木炭写生视为正统的学艺之法,可见并不认可中国艺术的学习之道。并还感慨到是"可笑的回忆,可耻的回忆"。然而我们看到别的材料中,丰子恺似乎对中国传统绘画并不抵触。与丰子恺同校的沈本千,因学的是中国画,所以想参加"桐阴画会"这个西洋画组织时曾请教过丰子恺,丰子恺当时说:"(中西绘画)画理是不相违背的.曾学国画,再画西画,也有帮助,如能融会贯通,更是画艺的一种进步。"后沈本千在展览中的作品也被丰子恺认为是"得力于你的国画基础。"②是否当时所说,只是对于校友的一种礼貌性表达呢?我认为并不是,丰子恺所说中西能融汇贯通,是学习西洋艺术后的一种感受,所说的画理不相违背,也符合艺术事实。下文我还会讲到,丰子恺运用西方理论于风景写生上的例子。

再看丰子恺对于《芥子园画谱》的批评,细心的即可发现其虽推崇西洋艺术之法,但并不是代指中国传统的艺术有多么的不足。他在《我的书:芥子园画谱》一文中谈及鄙视此本画谱的原因有二:一是认为此书是画匠的东西;二是觉得学画须学自然,而不能纯粹的临摹。③ 丰子恺所说的"画匠所画的东西",是指形态单一,充满匠气的艺术表现,是自宋代文人画出现以来一直被文人画家所不齿的艺术风格,按照丰子恺的艺术修养,这完全正常合理。而其第二点"学画须学自然",也是中国传统绘画艺术的画理之一。早在唐代就有张璪提出"外师造化,中得心源"的艺术理论,到南宋荆浩在其《笔法记》中更进一步,讲究"求真",不仅要知物之形,也需要知物之性,不观察自然,又如何做到得知事物对象的"性状"呢。直到明末的董其昌,虽自己提倡摹古师古,但也知道作画者需"读万卷书,行万里路"的这个道理。但从清初开始,绘

---

① 丰子恺:《学画回忆》,见《丰子恺文集》第 5 卷,浙江文艺出版社、浙江教育出版社 1992 年版,第 419 页。
② 沈本千:《湖畔同窗学画时》,见《丰子恺研究资料》,银川宁夏人民出版社,第 145、146 页。
③ 丰子恺:《我的书:芥子园画谱》,见《丰子恺文集》第 5 卷,浙江文艺出版社、浙江教育出版社 1992 年版,第 472,473 页。

画却进入了只重仿摹,不重写生的"泥古"境地。丰子恺站在一个新时代学者的角度上,坚定自己"学自然"的作画态度,不仅仅是对于清代大体画风的一个批判,其实也是在深知中国传统艺术该如何发展后,所选择的最明智的做法。

在《我的书:芥子园画谱》一文中写到其有一日看兰花,发现用画谱中的画法来表现最能出效果:"并不肖似实际的兰花,却能力强地表现出兰花的所有特点。这有些近似于漫画手法。"并开始"对中国画渐渐地怀着好感"了[①]。中国艺术就"妙在似与不似之间",中国古人在把握事物对象之时多用一种"概念式"的记忆,而不是局部的细节。要是用西洋画的方法来画这棵兰花,就要考虑到空间、明暗、质感等等因素了,细节把握到位却限制住了大体的感觉与趣味。丰子恺自己就是善于发现生活中趣味的人,用中国艺术的方式来表现事物也符合丰子恺的审美。那次以后,他又买了《芥子园画谱》的另外几卷,并从石头入手来学习中国画。古人在学习作画之时,也是多用树石作为入手的元素,虽是小小的树石,其中如何转折,如何分面,却是大有讲究。丰子恺的这一学习大大改变了其对于中国绘画的认识,"可见世间是非真难说的。未曾身入其境,不知此中甘苦,信口批评.有时不免冤枉。以前我之鄙视《芥子园》也是其一例"[②]。这样的观念转变,加之对于《芥子园》的细读,对他的艺术画面是有很大的影响。我们看后来其所画风景漫画中的石、树,都有中国传统山水画的影子(见图一与图二,图三与图四)。古人在表现对象质感时候往往会使用"皴法",即用毛笔的特性,通过不同方式的运笔来做出不同的笔触。丰子恺在其风景漫画中也同样使用了笔皴,由下面的两幅作品中可以看到,此时所作的绘画,已经与之前的"简笔画"有差别了,丰子恺自己也道"我的画纸渐渐放大起来,我的用笔渐渐繁多起来"[③],其中原因,一方面是山水风景相较与人物,范围更广大,细节更难一一表达,所以笔触繁多才可体现山水体态。另一方面则是在表现手法上受到了传统艺术的影响。这也难怪

---

① 丰子恺:《我的书:芥子园画谱》,见《丰子恺文集》第 5 卷,浙江文艺出版社、浙江教育出版社 1992 年版,第 473 页。
② 丰子恺:《我的书:芥子园画谱》,见《丰子恺文集》第 5 卷,浙江文艺出版社、浙江教育出版社 1992 年版,,第 476 页。
③ 丰子恺:《画展自序》,见《丰子恺文集》第 4 卷,浙江文艺出版社、浙江教育出版社 1990 年版,第 413 页。

被"好事的朋友"说是"像石涛,像云林"了。

图一　丰子恺《吃茶图》

图二　《芥子园画谱》山石画法

图三　丰子恺《山水》

图四　《芥子园画谱》松树画法

三

虽在技法上有着古人的笔意,但丰子恺的风景漫画"生气"更加,原因就在于其对于画面布局与趣味的把控。丰子恺对于画面留白的处理有着自己的讲究:"寥寥数笔以外的白地,决不是等闲的废纸,在画的布局上常有着巧妙的效用。这叫做'空'。空,然后有'生气'。"① 中国古代山水绘画也有留白,但与丰子恺漫画在表达意义上有所不同,传统绘画笔墨结合,注重墨色的变化,甚至有"墨分五色"之说,这么一来留白自然较少。其中的留白往往是一种"形"的表现,如天空、湖水,亦或是白雪等,虽也具有透气的作用,却不如漫画中的留白来的"鲜活"。如丰子恺如此般简笔加大面积留白,除了绘画史上少数不随主流的如梁楷等简笔画家外,是无人用此法表现山水风景的。

另外一点在于丰子恺善于提炼绘画中的趣味。中国古代文人所作山水往往是用以自娱,自己欣赏,再者就是如同宗炳提出的那样"以形媚道"。说到底是一种自我的娱乐或是追求,加之以诗词印章,便成了文人之间赏玩的物件。文人画之间更为讲究的是绘画的笔意,与体现画家性情,或者是是否有表现出山色美好的景色。丰子恺所作的风景漫画就全然不同,首先在于其虽绘画画面中是景色为主体,但肯定会配上些许人物,或作点缀,或作主题。有人物的出现画面自然就离观众更近,再配上诗句文字,留给观者的是无穷的遐想。古代作品中虽也有用人来增加生气趣味的案例,但在人物表现、主题表达上都不如丰子恺的风景漫画这样注重人物带来的作用。夏丏尊曾在给丰子恺的信中有将中国画分成三大类,其中第三类"是有背景之人物,人物与背景功力相等……君与漫画已有素养,作风稍变(改外国画风),即可成样之作品"②。后丰子恺对于此信中所谈及的"人物背景功力相等"之画,认为"夏先生所说的第三种画,我以为在将来必然要出现。而且已有小规模的先驱者"③。从此见丰子恺经过夏老师的提醒,明确看到了人物在风景画中的重要性,实际便是人物与背景并重的表达方式,人为景提趣,景通人传情。如此图《江边人家》(见图五),一座小茅屋,房前有母亲带着儿童,屋旁松树三棵,一副安宁幸福的景象。再看右上方的题诗:"家住夕阳江上邨,一弯流水远柴门。种来松树高于屋,借于春禽养子孙。"诗中并没有直接提到画中的家庭,但是最后两句写种树给飞鸟养子孙的画面不禁让人联系到了画中的那对母子,这位母亲不也一样在哺育后代吗? 诗句与画中的人产生了关系,而老少同堂又是那么接近生活,带有明显的中国传统家族式色彩。画面如此一表

---

① 丰子恺:《绘事后素》,见《丰子恺文集》第 3 卷,浙江文艺出版社、浙江教育出版社 1990 年版,第 302 页。
② 丰子恺著,丰陈宝、丰一吟编:《丰子恺散文全编》下编,浙江文艺出版社 1992 年版,第 86 页。
③ 丰子恺著,丰陈宝、丰一吟编:《丰子恺散文全编》下编,浙江文艺出版社 1992 年版,第 87 页。

现，整个画面也就有了"生气"。丰子恺的画不仅仅体现出作画者自身的天真烂漫，还将这种率真倾倒出来，给予观众一种舒适趣味十足的审美体验。比较之下，传统的山水绘画很少拥有这样的功能，我们再看图六，是一幅元代倪瓒的作品。在构图上与图五很类似，也是同样的茅草屋与零零落落几棵树，唯独没有人物。倪瓒的绘画给予观众的就是一种高冷清远的高逸感了，也同样有着丰富的意境，但却不是有"生气"的，倪瓒的画让我们看到的是艺术家本人，而丰子恺的风景漫画则是一种人间共有的温暖。对于画面的不同表现与构造，产生了丰子恺风景漫画"生气"这一特有的价值。

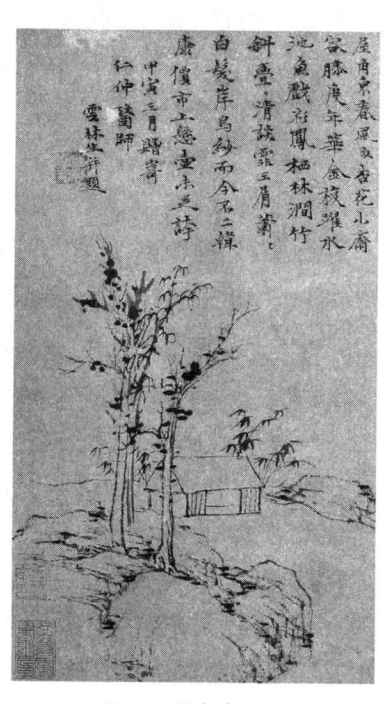

图五　江边人家　　　　　　图六　屋角春风图

四

丰子恺的风景漫画除了用留白人物使得画面更具"生气"以外，山水自然的表现也不死板程式化，这是因为丰子恺作画方法上注重"师法自然"与西方艺术理论的并用。前文中在讲到丰子恺以临摹《芥子园画谱》而鄙视之时，已经表明了丰子恺对于绘画艺术的态度,即"重写生"。写生不仅仅是西洋画教学所提倡的,在中国画的学习中其实也亦然。清代初期的王时敏、王鉴、王翚、王原祁,依照明末董其昌的绘画道路临古仿古并走入极端,忽视了董其昌曾说过的"以天地为师"。后整个清代视"四王"为正统,将整合模仿历代画家作品称为能事,一味学习传统却毫无创新,将中国画坛带入死胡同之中。在早于丰子恺之时,便有陈独秀喊出了"若想把中国画改良,首先要革王画的命"①。其含义便是从"泥古"下手,修正画坛的仿古不化之风。所不同的是,陈独秀所提倡的是西洋画之写实方法,却没有给予中国画一条改进的道路。丰子恺对于传统绘画的改良有着自己的观点:"我们既是生在现代,而度着实生活的人,那么,我们的绘画表现,一定要同我们的时代与生活相关。"②如何将绘画与自己的生活联系起来呢?便是将艺术源于当下的生活时代。外面是个什么样子,自然又是怎么美的,只有依靠写生,走出去观察自然也才能得到真实的感受。丰子恺深知中西绘画的不同,比如对于透视而言:"(中国画)不能受透视法的拘束。所以中国画中有时透视法会弄错。但这弄错并无大碍。我们不可用西洋画的法则来批评中国画。"③如果只是一味地强调写实则会失去了中国画原有的本质。写生,才是创造发现新方法而不再拘泥于古的办法,在绘画历史上是具有转折性意义的。所以在丰子恺的重庆风景漫画展上,有人说其所画像石涛、倪瓒时,丰子恺强调其"根本没有研究或临摹过古人的画。我的山水画,还是以目前的现实——黔桂一带山水——为师"④。并称绘此风景漫画的方法是一点点暗中摸索出来的。这点完全可信,我们从丰子恺的散文绘画中,也不难看出其是一个生活中细心的人,是善于用心去发现生活中的美与乐趣的。如果这样一个可爱的人,让其不出门在家闭门造车作画,才是最为难他的事吧(见图七、图八)。

在提倡"师法自然"而改变传统山水风景画的同时,将西理中用,使得丰子恺在风景写生上又有了新的理论与方向。在写生时候应该保持怎么样的

---

① 陈独秀:《美术革命——答吕澂》,载素颐编《民国美术思潮论集》,上海书画出版社2014年版,第24页。
② 丰一吟:《子恺漫画》,见所著《我的父亲丰子恺》,人民文学出版社2013年版,第122页。
③ 丰子恺:《中国画与西洋画》,见《丰子恺文集》第4卷,浙江文艺出版社、浙江教育出版社1990年版,第209页。
④ 丰子恺:《画展自序》,见《丰子恺文集》第4卷,浙江文艺出版社、浙江教育出版社1990年版,第413页。

图七　丰子恺《黄山蒲团松》　　　　图八　黄山蒲团松实景

态度,丰子恺说:"例如在故乡的田野中眺望景色。心中不能打断其村为我的故乡,其田为我的产业等关系的观念、理智活动而感觉障蔽,对之只感利害得失而不易发见其美景。"①有了利害而就会被利害所屏蔽而不能发现美,这个观点与西方哲学家康德的"美是无利害无功利的"相类似。在中国传统的山水绘画中并没有直接提出过这样的利害关系,但作画者本身应该具有如此的素质才能描绘美。比如元代的倪瓒还将自己的田地卖掉只住于小舟之上整日游湖作画,更是不关心身家利害。美本身也是功利所不能衡量取代的东西,将康德之美学与写生相结合,对于传统绘画者而言是一种更新式也是更实用易懂的理论方法。另外丰子恺也教授给其学生将一个空间中的风景用平面化来表达的方法,此法中忽略各个景物的空间关系,使之共处于一个平面之上,这样一来,画面就有了画意,并称之为"艺术的观照"②。这种理论绘画方法也类似于西方具有"现代艺术之父"之称的塞尚所提出的绘画方法。塞尚所用方法,便是在他的画中,无论是近景还是远景的物象,在清晰度上都被拉到同一个平面上来。③这与郭熙所提出来的山水画"三远"有根本上的不

---

① 丰子恺:《为中学生谈艺术科学习法》,见《丰子恺文集》第4卷,浙江文艺出版社、浙江教育出版社1990年版,第40页。
② 丰子恺:《为中学生谈艺术科学习法》,见《丰子恺文集》第4卷,浙江文艺出版社、浙江教育出版社1990年版,第40、41页。
③ 席涛编著:《设计素描》,中国电力出版社2014年第2版,第29页。

同,漫画中的远山远景便无虚实之说,也不需要营造空间感,给予观众的是更为直观的山水实景。

如此直观、自然的表现,加上传统的山水形态意识,是对于风景山水在传统上的复归与再现,由此丰子恺的风景漫画的独特性也就被表现了出来,是中国山水绘画史上风格独特的一笔。

作者:杭州师范大学弘一大师·丰子恺研究中心 2015 级硕士研究生

Return and Representation—An Analysis of the Formation of Value of Feng Zikai's Comics of Scenery

Chen Yue

Compared with his other works, Feng Zikai's comics of scenery are of a bigger size, employ more strokes of the brush and suggest a closer affinity with tradition, all of which give these works a special value which stem, on the one hand, from his re-discovery of the beauty of traditional Chinese art after his study in Japan and his absorption of of the techniques of Mustard Seed Garden Manual and on the other hand, from his meditations on the traditional landscape paintings. Landscape has always been a theme in Chinese painting since Song Dynasty but in Ming and Qing Dynasties, it stubbornly stuck to old rules. Feng Zikai's comics of scenery took nature as model and employed techniques of sketch and added human characters, thus expanding the horizons of landscape painting and eventually culminating in comics of scenery with special value.

Sweet Home

[日]大桥茂　大桥志华

一、序言

丰子恺学生时代强烈地爱着一首名叫 *Home*, *Sweet Home*（《甜蜜的家》）的外国曲子。[①] 他曾在月明之夜借故离开自修室，偷偷走到操场尽头的一角，对着明月引吭高歌。后来游学日本时，又在东京的住处用小提琴学奏它的变奏曲。据说有一晚发誓须练满五十遍方可睡觉，结果因妨碍邻居安睡受到了房东的警告。[②]

几个月来，我们抱着极大的好奇心查找了有关书籍和资料，还找来了加入变奏部分的这首曲子的小提琴谱试着演奏，寻找丰老当年学奏时的感觉。在这一过程中，我们仿佛亲眼目睹了丰老七十七年的风雨人生。

今天，借第三届丰子恺研究国际学术会议的平台，和各位分享我们的研究结果，围绕丰老一生中对"家"的憧憬和追求的往事点滴，进一步领略丰老在诸多领域里的出众才华和对音乐事业的卓越贡献，感受丰老无论是在和平年代还是战乱或动乱的年代，长期教书育人，不懈创作，无私奉献的高尚情怀。

二、*Home*, *Sweet Home*

Home, *Sweet Home* 是英格兰作曲家亨利·毕肖普（Henry Rowley

[①] 曲谱见附图一。
[②] 丰子恺：《SWEET HOME》，见孙冰编选《丰子恺艺术随笔》，上海文艺出版社1999年版，第50页。

Bishop,1786—1855)在1823年创作的歌剧《米兰的少女库拉利》中的插曲,词作者是美国剧作家、诗人约翰·培恩(John Howard Payne,1791—1852)。歌曲表达了浪迹天涯的游子对亲人、对家乡的怀念和眷恋,歌词中有一句"没有比家更好的地方"①给人留下了深刻的印象。近两个世纪过去,歌剧和词曲作者都已被人们淡忘了,但这首歌却经久不衰,深受全世界人们的喜爱。在日本,这首曲子的日文版《埴生の宿》(《泥土房》)在多部电影和电视剧,如《二十四只眼睛》(1954)、《缅甸的竖琴》(1956/1985)、《假面骑士V3》(1973)等中作过插曲,还在2006年入选了《日本歌曲百首》。

我们可以通过互联网欣赏美国著名演员、花腔女高音演唱家狄安娜·德宾(Deanna Durbin,1921—2013)、澳大利亚歌剧女高音演唱家琼·萨瑟兰(Joan Alston Sutherland,1926—2010)演唱的原汁原味的 *Home, Sweet Home*。② 后来这首歌曲被翻译成了中文,至今仍在中国广为流传,我们见到过的版本有好几个,歌名有的叫《甜蜜的家》,有的叫《可爱的家》。有的中文翻译忠实原诗,有三段,带有副歌(详见附图二);有的比较意译,简短,被人称作"简易版"(详见附图三)。我们可以通过互联网聆听中文版《可爱的家》。③

八十多年前,丰老在他的随笔《SWEET HOME》④中,这样写道:

> 我爱这小曲,为了当时的心情和这曲的旋律与歌词有些儿共鸣共感。
> ……
> 我,一个头二十岁的少年,为什么爱唱这般哀愁的音乐呢?因为我初离慈母的家,投身远地的寄宿学校,不惯于萍水生活的冷酷,恋慕家庭生活的温暖,变成了乡愁病者。我心中常想"我不高兴读书了,我要找妈妈去",但是说不出口,积闷在胸中,而借这小曲来发泄。
> ……
> 我的家是在一个小乡镇上,只是一间低小浅陋的老屋,可谓humble

---

① 原歌词是"There's no place like home"。
② You-Tube,2015年12月26日,https://www.youtube.com/watch?v=eB7PVkf-37g。
优酷,2015年12月27日,http://v.youku.com/v_show/id_XMzg5MDM5NTc2.html。
③ 优酷,2015年12月27日,http://v.youku.com/v_show/id_XNDMwNDc3NDky.html?from=y1.2-1-86.4.8-1.1-1-2-7-0。
④ 丰子恺:《SWEET HOME》,见孙冰编选《丰子恺艺术随笔》,上海文艺出版社1999年版,第51页。

〔简陋〕之至。我的学校,在于繁华的城市中,是一所高大进深的洋房。我的身体被关在这所洋房中,然而我的梦魂萦绕于那间老屋里。

以上原是我少年时代的话,是约二十年前的往事了,现在我早已离开少年时代,经过青年时代,而深入中年时代,境遇和心情都与往昔大异了。每逢听到或唱到这歌曲的时候,我仍旧感到一种 sweet〔甘美〕,但这不复是 home〔家〕的 sweet,只是一种回忆的甘味,因为 home 的 sweet 毕竟不是人类的真的幸福的滋味! 这是由世间 bitter〔苦〕所映成的。世间越是 bitter,家庭越被显衬得 sweet,而《Home, Sweet Home》的歌曲越是脍炙人口。到了世间没有人爱唱这歌曲的时候,人类方能尝到真的幸福的滋味。

三、《埴生の宿》

在日本,早在 1889 年东京音乐学校出版的《中等唱歌集》中就收入了词作家里见义(1824—1886)重新填词的 *Home, Sweet Home*,歌名叫《埴生の宿》(《泥土房》)(详见附图四)。泥土房就是在泥地上直接铺上草席当床睡的简陋房子。日文版有如下的两段歌词:

埴生の宿も　わが宿
玉のよそい　うらやまじ
のどかなりや　春のそら
花はあるじ　鳥は友
おお　わが宿よ
たのしとも　たのもしや

書読む窓も　わが窓
瑠璃の床も　うらやまじ
きよらなりや　秋の夜半
月はあるじ　虫は友
おお　わが窓よ
たのしとも　たのもしや

里见义的日文版歌词不是英文原版的直译,但歌曲整体的风味和英文版如出一辙,意思十分贴切。歌词大意是这样的:

简陋的泥土房 那是我的家

我不稀罕那 华丽的装饰

春晨的晴空清爽宜人

芳草葱郁 鸟语花香

啊甜蜜的家

令人回味 令人神往

寒窗苦读的窗那是我的窗

我不攀比那 琉璃的地板

秋夜的苍穹幽雅静谧

风清月朗 蝉鸣虫唱

啊我家的窗

令人回味 令人神往

可以通过互联网欣赏日本声乐组合"FORESTA"的女声合唱《埴生の宿》。[①] 二战时期,随着太平洋战争的爆发,西方音乐在日本被视为"敌国音乐"遭受排斥,许多西方歌曲的唱片都被砸毁了。但《埴生の宿》歌词十分日本化,已和日本的国民生活融为一体,因而得以幸免。前面提到过,这首曲子曾作为插曲出现在日本的多部电影和电视剧中。日本著名电影导演市川崑(1915—2008)执导的《缅甸的竖琴》中有如下一段佳话:

  1945年7月,东南亚的战事接近尾声。日军一个排的士兵从缅甸撤往泰国的途中,上等兵水岛在音乐学院出身的排长指挥下,用自学来的缅甸传统乐器竖琴(缅语叫"saunggauk")鼓舞部队士气,抚慰士兵的忧伤情绪。一晚,正在一个村落宿营的日军被数以千计的英印军包围了。为了麻痹对方,日军一边唱着《埴生の宿》一边作着战斗准备。就在日军

---

① You-Tube,2015年12月27日,https://www.youtube.com/watch?v=lbkaobl5H5M。

即将发起冲锋的刹那,英印军阵地上传来了 Home, Sweet Home 的歌声,回应了日军。音乐化干戈为玉帛,化解了一触即发的武力冲突,让日军和接受他们投降的英印军士兵达成了心灵上的沟通……

通过互联网,我们可以看到电影《缅甸的竖琴》(1985 年版)中这一催人泪下的感人场面。①

四、丰子恺一生中的"家"

我们从有关文献和资料中发现,丰子恺一生中有过三个安稳温馨的家,分别是"丰同裕染坊"、"缘缘堂"和"日月楼"。我们可以把这三个家看作是丰老一生中的三个大里程碑,在第二个大里程碑"缘缘堂"之前和之后,又有许多中小的里程碑。在此期间,丰老有过许多家,有的是相对稳定的,有的是非常短暂的,有的是"游击式"的,有的是战乱中极其仓促的。但即便是在这样的环境里,也无不留下丰老教书育人做学问的足迹,无不创造出宝贵的流传后世的精神财富。

(一)"丰同裕染坊"至"缘缘堂"(1898—1933)

1898 年,丰子恺出生于浙江省崇德县石门湾(今桐乡市石门镇)的一个书香世家,祖上是开染坊的。关于这个"家",丰老的幼女丰一吟在《我的父亲丰

右四戴墨镜者为丰子恺(约 1936 年)

---

① You-Tube,2015 年 12 月 26 日,https://www.youtube.com/watch?v=iC7r4tHyo8g。

子恺》一书中是这样描述的:"这是一所三开间三进的古老楼房。染坊店为第一进,客厅为第二进,灶间为第三进。三开间的中央一间,楼上就是本书主人公丰子恺的诞生之地。"①由于是同辈中唯一的男孩,丰子恺自幼受到父母的宠爱,姐姐的呵护,周围的人如众星拱月般地围着他转。由此可见,"丰同裕染坊"这个家是一个硬件软件二者兼优的温馨之家。

丰子恺从小就有绘画的天赋。私塾先生发现了他的绘画才能,让他画了一幅足有自己身体一般大的孔子像,挂在墙上让学生上学和离校时鞠躬行礼。1914年秋,丰子恺考入浙江省立第一师范学校。丰子恺聪明好学,成绩屡屡名列前茅,但求学期间总是想家。他早年作的画中有一幅叫"GOODBYE MY SWEET HOME",画了个身穿长衫头戴鸭舌帽的少年,右手提着个箱子,左手腕垂挂着把弯柄雨伞,身旁有副行李担子,身后不远处站着目送亲人出远门的家人。画中人的模特不正是少年子恺本人吗?!恋家之情跃然画中!

GOODBYE MY SWEET HOME

在浙一师,自二、三年级起,丰子恺跟随恩师李叔同(1880—1942)学习音乐和美术。他对写生画法很感兴趣,甚至渐渐疏远了主课。有一次他为某事去见李先生,告退时先生又把他叫了回来,郑重地说:"你的画进步很快,我在所教的学生当中,从来没见过这样快速的进步!"这句话在时年十七的丰子恺身上,产生了无法想象的效应。几十年后,丰子恺在回忆这段往事时说:"李先生的这几句话确定了我的一生……我便打定主意,专心学画,把一生奉献给艺术,永不变志。"②

(二)"十二年住十三处"(1921—1933)

丰子恺游学日本十个月,用尽盘缠,于1921年冬回国。据丰一吟老师回忆,从日本回国后,丰子恺为了维持越来越庞大的家庭成员的生活,到处教美

---

① 陈星:《丰子恺评传》,山东画报出版社2011年版,第3页。
② 吴禾:《佛心与文心·丰子恺》,山东画报出版社1998年版,第19页。

术教音乐,有时住宿舍,有时租房子住,至1933年的十二年间,住过的地方达十三处之多。①

1."小杨柳屋"

1922年,丰子恺到浙江上虞白马湖畔的春晖中学教授图画和音乐,住在自建的"小杨柳屋"里。丰子恺一生,喜欢给寓所起名字,首例就是这"小杨柳屋",屋名源于院中的小杨柳树。1924年创作的"人散后,一钩新月天如水"表达的就是"小杨柳屋"友人相聚后的心境。新月升空,友人尽散,清幽的夜色,清雅的房舍,清静的心境如泠泠的古琴声在画幅间流淌。丰子恺成为漫画家,就是从这里开始的。

在这十二年里,丰子恺的第一本译作《苦闷的象征》(1925)、第一本音乐理论书《音乐的常识》(1925)、第一本漫画集《子恺漫画》(1926)、第一本美术理论书《西洋美术史》(1928)、第一本散文集《缘缘堂随笔》(1931)相继问世。具有代表性的作品还有《子恺画集》(1927)、《护生画集》(1929)、《西洋画派十二讲》(1930)等。

特别值得一提的是丰老的《缘缘堂随笔》隽永疏朗,自然率真,字里行间无不折射出江南水乡独具的自然风貌和民族乡情,揭示了某些人生的哲理。这本书由日

人散后,一钩新月天如水

本著名汉学家吉川幸次郎(1904—1980)翻译成日语,创元社1940年出版,受到了日本文学巨匠谷崎润一郎(1886—1965)的绝赞。谷崎说丰子恺的随笔"是艺术家的著作……任何琐屑轻微的事物,一到他的笔端,就有一种风韵。"

在此期间,除了春晖中学,丰老还在上海专科师范学校、中国公学、上海立达中学等留下了他教书育人的足迹。

2."缘缘堂"至"日月楼"(1933—1954)

"缘缘堂"始建于1933年春,丰子恺亲自设计,在故乡桐乡县石门湾梅纱

---

① 丰一吟:《爸爸丰子恺》,中国青年出版社2014年版,第18页。

弄自家老屋后面建造了一幢三开间的高楼。这幢采用中国式结构、全体正直、高大轩敞、三开间两层的建筑物，具有江南民居的深沉朴素之美。丰子恺能建如此一所宅院，靠的是多年的辛勤笔耕所得，用他自己的话说："这缘缘堂是我那枝大红色派克钢笔写出来的！"

"缘缘堂"的屋名早在1927年就请弘一大师（即出了家的李叔同）取好了，后来请马一浮先生（1883—1967，中国国学家、书法家、篆刻家、近代新儒家学派代表人物之一，有"一代儒宗"之称）重新题写了匾额。丰子恺将"缘缘堂"视为至宝，曾经说过："倘秦始皇要拿阿房宫来同我交换，石季伦愿把金谷园来和我对调，我绝不同意。"实际上丰子恺这种看待温馨的家的价值观，早在引吭高歌 Home, Sweet Home 的学生时代就已逐渐形成，此时的丰子恺则用了这段饱含中国文化底蕴的词句，重现了那句歌词"There's no place like home"。在建房过程中，工匠为了占足地皮，竟把房子造成了南边宽北边窄。砖墙都已砌好并已粉上了白色，窗框也已做好，就差配玻璃涂漆了。但丰子恺得知后，坚决要求拆掉重来。他说："我不能传一幢歪房子给子孙！"于是额外花钱雇人把房子的框架抬正，推倒砖墙重来，大动干戈。这在乡里一时被传为美谈。由此可见，丰老很早以前就对甜蜜温馨的寓所，即笔者用来作为本文主线的"家"是非常向往，非常执着的。

1937年春，丰子恺在缘缘堂作画

至"缘缘堂"1938年毁于战火，丰子恺乡居了六年，这六年是丰子恺创作的丰收期。他在雅洁幽静的艺术品般的"缘缘堂"里创作、生活。后来索性辞去教职，利用堂内万卷藏书专心著作，写下了大量的散文小品和文艺论著，绘出了众多的漫画。乡居期间,丰子恺并没有因为闲居乡间而疏远或中断与上海文化界的交往,他充分利用上海出版、发表的便利条件,为喜爱他的读者奉献出了大量的精神财富。

丰老在这六年里创作的具有代表性的作品有散文集《子恺小品集》(1933)、《随笔二十篇》(1934)、论文集《绘画与文学》(1934)、散文集《车厢社会》(1935)、论文集《艺术丛话》(1935)、散文集《丰子恺创作选》(1936)、《艺术漫谈》(1936)、《缘缘堂再笔》(1937)、《少年美术故事》(1937)。

"缘缘堂"不仅是丰子恺的现实家园,更是他的精神家园。他不仅多次撰文描述缘缘堂,还将自己的文章一再以缘缘堂的名义结集出版,如《缘缘堂随笔》《缘缘堂再笔》,及后来的《缘缘堂新笔》《缘缘堂续笔》。

3."星汉楼"、"沙坪小屋"、"湖畔小屋"

抗战期间,丰子恺不得不离乡背井,辗转江西、湖南、广西、贵州、四川等地,先后受聘于桂林师范学校和西迁的浙江大学。于是,他又有过许多临时寓所,其中他命名过的有黔北遵义的"星汉楼",重庆远郊的"沙坪小屋"。抗战胜利后又多次迁居,住过杭州的"湖畔小屋"。定居上海后又有过几次"游击式"的搬迁,在合家迁居陕西南路的长乐村93号前,住过西宝兴路的汉兴里、南昌路的邻园村、福州路671弄(此处为四年半,相对较长)。

在战乱和频繁搬迁的非常时期,丰老仍坚持创作。这段时期具有代表性的作品有《漫画阿Q正传》(1939)、《子恺近作散文集》(1941)、论文集《艺术修养基础》(1941)、诗配画《画中有诗》(1943)、论文集《艺术与人生》(1944)、子恺漫画全集之一之六《古诗新画》《儿童相》《学生相》《民间相》《都市相》《战时相》(1945)、散文集《率真集》(1946)、童话《小钞票历险记》(1947)和译作《猎人笔记》(1953)。

4."日月楼"(1954—1975)

位于上海卢湾区(现黄浦区)陕西南路的长乐村93号,是一幢西班牙式的房子,二楼有个凸出的太阳间,东南、正南、西南和上方都有窗,日月明亮。1954年9月,丰子恺合家搬入这座新寓所,取名"日月楼"。名字取定后,他又顺口诵出一句下联:"日月楼中日月长",下联征上联,后采用了马一浮先生的"星河界里星河转"作为上联,这即是一直挂在"日月楼"中,陪伴丰老晚年一切写作活动的名联:

星河界里星河转

日月楼中日月长①

"日月楼"期间,丰子恺曾任上海美协副主席、主席,上海对外文化协会副会长,后来又受聘为上海中国画院院长。这一时期,他画出了《护生画集》第四至第六集,出版了三本漫画选,编写了《雪舟的生涯与艺术》《李叔同歌曲集》等六本美术及音乐书籍,翻译了日本文学巨著《源氏物语》和俄文《我的同时代人的故事》等十三部颇具影响的国外名著。②

长乐村陕西南路弄口

笔者幼年起至大学毕业,一直住在离"日月楼"不远处的同在陕西南路上的一幢老式洋房里,小学同班同学四十余名中近一半住在长乐村,丰老的左邻右舍就有三四个。丰老在"文革"期间被列为上海市十大重点批斗对象之一。大字报,逼供信,抄家,关"牛棚",紧缩住房,下乡劳动,写不尽的检讨交代,隔离,批斗,挂牌,游街,克扣工资,备受种种精神上的侮辱和肉体上的摧残。直至1970年初,才因病住院治疗一个多月,此后便居家养病,但对他的"审查"并未结束。就是在这样险恶环境下,丰老冒着生命危险,搞"地下工作"般地写下了他的最后一部散文集《缘缘堂续笔》。③《缘缘堂续笔》的命运和之前完成的《缘缘堂新笔》一样,直到"文化大革命"结束后才和广大读者见面。

五、丰子恺与"怀娥铃"

在丰子恺纪念馆内,陈列着一把小提琴。这把日本"铃木六号"是1948年

---

① 陈星:《丰子恺评传》,山东画报出版社2011年版,第351页。
② 吴浩然:《我的缘缘堂(初集)》,海豚出版社2014年版,第162页。
③ 徐型:《论丰子恺的缘缘堂续笔》,《佳木斯师专学报》1997年第4期。

丰老游台湾时在台湾地摊见到的,因与当年游学日本习琴时所用的牌子相同,引发了怀旧之心,遂买下自娱。后来次子元草入音乐出版社工作,丰老即以此琴相赠。再后来,元草将这把琴捐赠给了丰子恺纪念馆。

丰子恺早年游学日本十个月期间,惜时如金,如饥似渴地学习。在东京,他努力接触各种艺术,绘画、音乐、文学,无所不涉。他把自己的日程安排得满满的,前五个月上午学习西洋绘画,下午进修日文;后五个月下午学小提琴,晚上学习英文。为了学习音乐,他从有限的盘缠中拿出四五十元,买了一把小提琴,再花几元钱买了一张音乐研究会的入学证,开始学琴。为了学好小提琴,他每天下午都要练习四五个小时,指尖拉得皮开肉绽。就是依靠这种坚韧不拔的毅力,他拉完了三本《霍曼》[①]。早年师从李叔同学习音乐,又加上这些刻苦的音乐实践,他为日后编撰音乐书籍和做音乐普及工作,打下了扎实的基础。

丰子恺一生中的音乐著作有《音乐的常识》(1925)、《音乐入门》(1926)、《音乐初步》(1929)等十三部,音乐译著有《孩子们的音乐》(1922)、《生活与音乐》(1929)、《管乐器及打击乐器演奏法》(1951)等十八部,音乐选编有《洋琴弹奏法》(1929)、《怀娥铃演奏法》(1931,与裘梦痕合编)、《怀娥铃名曲选》(1932)等十二本,有关音乐方面的

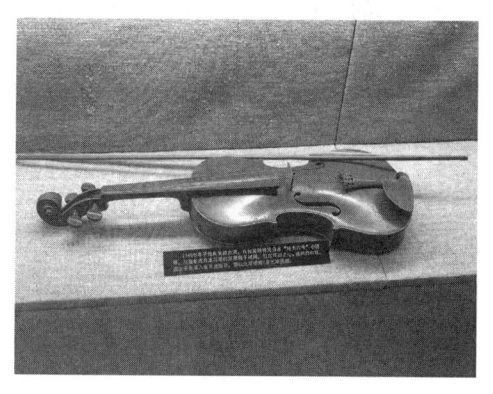

丰子恺纪念馆内陈列的小提琴"铃木六号"

文章包括《美育》第七期刊载的《艺术教育的原理》(1922)、《春晖》第十四期刊载的《唱歌的音域测验》(1923)、《嫁给小提琴的少女》(1949)等在内共七十二篇。此外他还为《高射炮》等四首歌曲填过词,为春晖中学校歌《游子吟》、复旦大学校歌《日月光华 旦复旦兮》等五首校歌谱过曲。[②] 丰老在音乐方面所涉及的领域之广,著作论文数量之多,对音乐普及的贡献之卓越,都令今天的我们惊叹不已。

笔者对上述音乐出版物中的《怀娥铃名曲选》尤其感兴趣。我们从互联网上找来了这本称得上"老古董"的书的照片(详见附图五)和有关信息。书

[①] 霍曼(Christian Helnrich Hohmann,1811 - 1861,德国人)编写的小提琴基础教程。
[②] 张晓瑾:《论丰子恺的音乐教育思想》,华中师范大学硕士学位论文,2008 年,第 65—71 页。

名中的"怀娥铃"就是小提琴。今天我们使用的很多西洋乐器早先并不这么叫,用的都是音译而来的名词,譬如钢琴(piano)被叫作"皮亚诺"或"皮亚农"、"批阿那"什么的,长笛(flute)被叫作"富吕德"。小提琴(violin)当时被人叫作"梵哑铃"、"维奥林"什么的,可丰老选用的"怀娥铃",不但和英语的"violin"在发音上和谐,而且三个字分别清楚地显示了这件乐器的三大要素:尺码(小得可搂在怀里)、形状(婀娜娇美)和音色(音如响铃)。堪称名译! 与此相比,其它译名就相形见拙了。据说"怀娥铃"这一音译是丰老的首创。

被世人誉为"乐器皇后"的小提琴起源于16世纪的欧洲,但开始在中国流传只有一百多年。中国最早的小提琴方面的出版物是萧友梅(1884—1940,音乐教育家及作曲家,有中国近代音乐教育之父之称)编写的《小提琴教科书》(1927)。继之有丰老的《怀娥铃演奏法》(1931)、《怀娥铃名曲选》(1932)。这些早期的小提琴书谱出版物为小提琴艺术在中国的传播和发展做出了先驱性的拓荒工作。

我们将丰老的《怀娥铃名曲选》(图五)和手头上的两本小提琴谱的曲目作了一下比对。一本是日本全音乐谱出版社出版的《FAVOURITE CLASSICS FOR VIOLIN》(图六),另一本是人民音乐出版社出版的《中外抒情小提琴名曲选》(图七)。经过比对,我们发现《怀娥铃名曲选》所选的作品都是小提琴曲中的精华,堪称"不朽的名作"。同时也从中看到了大半个世纪来小提琴艺术在中国的发展,使我们更加崇敬早年为音乐事业作出贡献的先驱者。

六、小提琴曲 Home, Sweet Home

我们见到的带变奏部分的小提琴谱 Home, Sweet Home,[1]由以下五个部分组成(曲谱详见附图八)。令人惊讶的是,将这五个部分连起来演奏,它的旋律、节奏和丰老的一生竟然是那样地相似。我们通过互联网多次欣赏这首曲子,[2]每次脑海中都会浮现出丰老的艺术人生,每次都令我们遐想联翩。我们设想将这首曲子诠释如下:

前奏:气势磅礴。1898年11月9日,浙江桐乡石门镇"丰同裕染坊"后面

---

[1] 篠崎弘嗣:《篠崎バイオリン教本3》,1987年改订版,第32页。
[2] You-Tube,2016年1月24日,https://www.youtube.com/watch? v=77f0kBX54Zc。

的"惇德堂"二楼,一个男婴呱呱坠地了。他就是日后蜚声文坛,在中国现代文化史上享有盛誉的艺术家丰子恺。

主题:平稳优雅。从1933至1937年,丰老坐在"缘缘堂"窗前的书桌旁,静心创作,迎来了他创作的丰收期。

变奏:32分音符的快速节奏,将人带到了战乱的年代。丰老辗转东西南北,被迫多次搬家。即使如此,丰老也从未中断过他的创作和对"家"的向往和追求。

再现主题:乐曲再度平稳优雅。1954年,丰老住进了上海长乐村的"日月楼",在温馨的家中潜心工作,和幼女丰一吟一起翻译日本古典巨作《源氏物语》,继续《护生画集》的创作,和家人共享天伦之乐。

终曲:再次出现的连续32分音符的快速进行,将人带到了史无前例的动乱年代。铺天盖地的大字报,抄家,逼供信,批斗会,关"牛棚",受煎熬,"日月楼"住进了不速之客。但身处逆境的丰老仍未放弃他的创作。1975年清明,丰子恺重游石门,再一次专程凭吊缘缘堂遗址。此后,他的健康每况愈下,9月15日,他匆匆作别了这个无常的世界。令人遗憾的是,丰老未能看到他的译稿《源氏物语》及《护生画集》第六集和读者见面。

七、后记

1985年9月,丰子恺诞辰八十八年之际,"缘缘堂"由桐乡市人民政府和丰子恺方外莫逆之交即新加坡佛教协会主席广洽法师的创议和捐资按原貌重建,并正式对外开放。在丰同裕染坊旧址上,又兴建了丰子恺漫画馆,馆外的围墙内侧,镌刻着丰子恺的漫画。看这些漫画,能让人感到融融温情充满世界。

笔者自幼爱看丰老的漫画,随着年龄和学识的增长,了解到丰老还是一位著名的散文家、教育家和翻译家。2012年5月,笔者在参加第二届丰子恺研究国际学术会议期间,有幸参观了新建的"缘缘堂",从感性上加深了对这位在多方面卓有成就的艺术大师的认识和了解。出于对大师的崇敬之心,这次我们以"家"为主线写下了这篇文章。由于水平和资料查阅的局限,不到之处在所难免,望各位与会者不吝赐教。

◎ 第三届丰子恺研究国际学术会议论文集

今日"缘缘堂"(摄于2012年5月,前排右4和后排右3为笔者)

【附图】

图一

Sweet Home

◎ 第三届丰子恺研究国际学术会议论文集

图三

图四

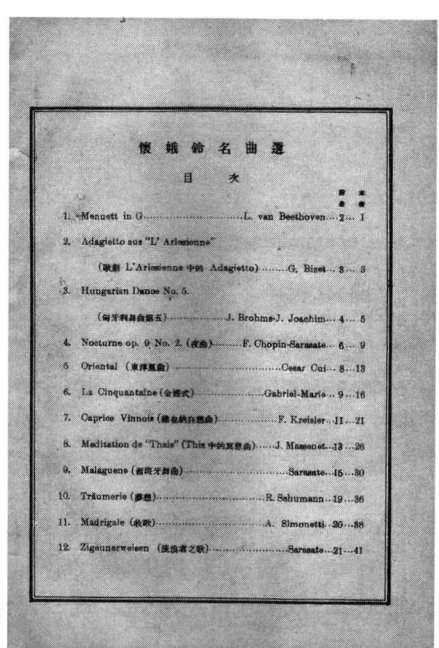

图五　《怀娥铃名曲选》

图六　《FAVOVRITE CLASSICS FOR VIOLIN》目录

图七　《中外抒情小提琴名曲选》

图八

作者：日本三菱电机美泰斯株式会社退休职员

东京大东文化大学退休教师

Sweet Home

[Japan] Ohashi Shigeru, Ohashi Shika

When he was a student, Feng Zikai deeply loved a foreign song named *Home, Sweet Home*, so much so that on a moonlit night he would find an excuse to leave the study room, stealthily go over to the other end of the playground and sing the song loud to the moon. This essay weaves together reminiscences about Master Feng's yearnings for "home" in order to outline his multiple talents and his great contributions to the cause of music and emulate his lifelong commitment to education of the young, ceaseless literary and musical creation and selfless contribution.

丰子恺致汪馥泉书信年代考

叶瑜荪

《丰子恺文集》文学卷"书信"编收有致汪馥泉信函三通。[①] 因丰先生写信时也经常有只署月、日而不署年代的习惯,这三通书信也均未署明写信年代。在收入《文集》时,编者经过考证补上了年代。

书信中所涉及的人、事及行踪等信息,连同写信的时间,都是编写传记和年谱的重要依据之一。笔者在确定上述三信的年代时,有二通作出了与《文集》编者不同的结论。现将考证依据,逐一条陈如下,以就教于诸位专家。

一

馥泉兄:

　　前日承枉驾,适外出,失迎为歉。今由方光焘兄转达尊意,知兄已许我译述《现代人生活与音乐》,又嘱再编《音乐读本》,本可如命,惟后者系章雪村兄所指定,彼因向开明购《音乐入门》者常要求比"入门"更深一步之音乐书,故特嘱编译《音乐四十讲》,以日本之音乐读本为蓝本,因此之故,未能如命。他日待《现代人生活与音乐》译竟后,如有所命,当再效劳可也。惟有所请者,弟拟于下月起动手译《现代人生活与音乐》,预计两个月脱稿。然近来不任教课,生活无着,可否尊处预借我此两月之生活费约二百元(于十一月初及十二月初分送),倘有妨大江书铺版税办法之

[①] 丰陈宝、丰一吟编:《丰子恺文集》第7卷,浙江文艺出版社、浙江教育出版社1992年版,第167—169页。

规约,则弟愿将此版权让与大江,版权费另定。未知可否?此事本不该向兄提出,惟因弟过去所亏欠之债达千余元,目下已非设计归还不可。又要还债,又要顾生活,经济上实甚窘迫。(历年常向开明透支,幸蒙章君补助。)故不得已而提及之耳。大江新立基业之际,弟无所帮助,而先开口要生活费,实不情之甚!幸属相知,当蒙原宥。可否尚祈赐教。即请

秋安

弟子恺顿首
[约1929年]十月十七日[上海]

此信原收在孔另境所编《现代作家书简》中,信尾只署"十月十七日",并无年代。① 收入《文集》时编者加上了"[约1929年]"和写信地点"[上海]"。但经笔者考证,认定此信应是写于1928年,主要依据有二点。

一、信中有"然近来不任教课,生活无着"等语。丰子恺自1924年底辞去春晖教职,与匡互生等人回到上海筹办立达中学(后改立达学园),一直以教书、撰稿、画图、编辑为生。失业不教书的情况有否发生过?查"年谱"1929年编:"秋,受松江女子中学之聘,兼任该校图画及艺术论两课。"②可知1929年10月丰先生在松江女子中学有课可教。

再看"年谱"1928年编:"夏,立达学园西洋画科经费难筹,决定停办。由丰氏备函介绍教师陶元庆、黄涵秋及学生数十人去杭州,加入西湖艺术专科学校。艺专校长林风眠全部接纳,并邀丰氏共事。丰氏婉谢未去。"③可见立达学园西洋画科停办后,1928年秋丰子恺的教职一度失业。他在致汪馥泉信中说"近来不任教课"才符合事实。

二、信的尾段有:"大江新立基业之际,弟无所帮助,而先开口要生活费,实不情之甚!"等语。

这里只要弄清大江书铺创办时间,就可确定此信年代。

汪馥泉(1900—1959),字浚,浙江杭州人。留学日本,后在南洋教书办报。1928年8月回到上海,与陈望道合办大江书铺。④ 大江书铺开张后,即制

---

① 孔另境编:《现代作家书简》,花城出版社1982年版,第205—206页。
② 陈星:《丰子恺年谱》,西泠印社2001年版,第42页。
③ 陈星:《丰子恺年谱长编》,中国社会科学出版社2014年版,第151页。
④ 孔另境编:《现代作家书简》,花城出版社1982年版,第112—116页。

订出版计划,开始约稿,故有向丰子恺约稿翻译音乐书籍事。这时距大江书铺开创还不足二个月,说"新立基业之际"便合乎情理。

二

泉兄:

《音乐解说》(门马直卫著)一书,昨已购得,体裁固比田边尚雄之《音乐概论》稳妥(田边之"概论"似觉散漫),叙述亦简洁。遵命改译此书可也。(田边之"概论"体裁不佳,字数又太多,约十万余言,拟不译矣。)唯书名似欠妥当。愚意可改《西洋音乐的听法》(据其序文第一句),或《西洋音乐的知识》。译毕后再拟定可也。此书弟拟在阴历年假开始译之。大约阳历三月中可以交稿(分量比前书得多二分之一)。此复,即颂

大安

        弟 丰子恺顿首

[己巳]十二月初二日[1930年1月1日,上海]

此信原载1945年3月15日《文艺春秋丛刊》之三《春雷》,信尾署"十二月初二日"[①]。收入《文集》时编者加了"[己巳]"和"[1930年1月1日,上海]"等字样。"十二月初二日"是可以确定为农历的日期,但编者把它定为1930年,才推算成农历"己巳年"和公历"1月1日"。笔者却认为此信应该写于1929年1月12日,农历是戊辰年。主要依据是:

一、此信内容与前信相关联。前信应允译述一本音乐著作,便开始协商选择合适的可译蓝本,结果找到并选定了门马直卫的《音乐解说》。如果此信写于1930年1月1日,寻找翻译蓝本用了1年零2个多月,这显然不太可能。笔者将此信写作时间定为1929年1月12日,就是说选定和寻找翻译蓝本花了2个多月,这比较合乎情理。

二、根据殷琦所编《丰子恺著译书目》,丰子恺所译《音乐的听法》,原著[日]门马直卫,1930年5月1日大江书铺出版。[②] 1月1日刚拿到翻译蓝本,

---

[①] 丰陈宝、丰一吟编:《丰子恺文集》第7卷,浙江文艺出版社、浙江教育出版社1992年版,第168页。
[②] 丰华瞻、殷琦编:《丰子恺研究资料》,宁夏人民出版社1988年版,第544页。

5月1日就已出版发行,在当时显然是做不到的。

再据殷琦《丰子恺著译系年》,《音乐的听法》一书的序言写于1929年7月13日。[①] 如果是1930年元旦拿到翻译蓝本,怎么可能提早5个月在1929年7月13日先写序言呢?

因此,可以肯定此信是1929年初写寄。

2016年元月5日于桐乡容园

作者:桐乡丰子恺研究会会长

An Investigation into the Dates of Feng Zikai's letters for Wang Fuquan

Ye Yusun

Feng Zikai had the habit of leaving his letters undated, which caused two of the three letters selected in *An Anthology of Feng Zikai's Works* to be mistakenly dated. Worse still, chronological errors occurred in *A Chronicle of Feng Zikai* which had drawn heavily on these two letters. In light of the content of the letters, historical facts and the chapter "Dates of Works and Translations", this paper arrived at dates that place the historical facts in the correct order.

---

① 丰华瞻、殷琦编:《丰子恺研究资料》,宁夏人民出版社1988年版,第442页。

丰子恺和黄涵秋的友谊

子 仪

丰子恺和口琴家黄涵秋是早年就认识的朋友,后来也曾做过同事。在很多岁月里,他们两家维持着很深的友谊。

黄涵秋(1895—1964),江苏崇明人(今属上海市),名鸿诏,字涵秋,以字行。黄涵秋早年毕业于苏州工业学校,曾留校任图案教员,后赴日留学,1926年毕业于日本东京高等师范学校。

丰子恺于 1921 年春赴日留学。在东京的日子,他的时间排得满满的,他自己说:"我年青时在东京,上午学画,下午学琴,晚上学外文,正是'三脚猫'。"[1]"三脚猫"当然是自谦,丰子恺在东京虽只呆了十个月的时间,他的学习非常刻苦。

正是在东京的日子里,丰子恺认识了黄涵秋,自此成为亲密的朋友。

丰子恺和黄涵秋共同的特点都爱喝酒,丰子恺说黄涵秋这人富有闲情逸致,在《吃酒》一文之初,说到他们在日本江之岛喝酒时的情形。

江之岛在日本东京西南约六十公里处,气候温和,风光明媚,有不少名胜古迹,日本的文人对江之岛情有独钟,如川端康成等曾在这儿居住过,苏曼殊在《断鸿零雁记》中对这一带的地理风物有着详细的描写。

那天风和日丽,他们是乘小火车去的。

在江之岛临海的一面,有一片平地,芳草如茵,柳荫如盖,中间设着许多矮榻,榻上铺着红毡毯,丰子恺和黄涵秋两人踞坐一榻,他们要的是"两瓶正

---

[1] 丰子恺:《作画好比写文章》,见《丰子恺文集》第 6 卷,浙江文艺出版社、浙江教育出版社 1992 年版,第 497 页

宗,两个壶烧"。对此,丰子恺有着详尽的描写:"正宗是日本的黄酒,色香味都不亚于绍兴酒。壶烧是这里的名菜,日本名叫 tsuboyaki,是一种大螺蛳,名叫荣螺(sazae),约有拳头来大,壳上生许多刺,把刺修整一下,可以摆平,象三足鼎一样。把这大螺蛳烧杀,取出肉来切碎,再放进去,加入酱油等调味品,煮熟,就用这壳作为器皿,请客人吃。这器皿象一把壶,所以名为壶烧。"①

游学日本的丰子恺与黄涵秋,因为酒而拉近了距离。

有一天,丰子恺在东京的旧书摊无意中看到竹久梦二的漫画集《梦二画集·春之卷》,他出神了。画册上那些寥寥数笔的小画,感动了丰子恺,他买了这册旧书回到寓所认真看了起来,从此他喜欢上了竹久梦二的漫画,以后每次到旧书摊总会留意梦二的其他画册。但是,他的留学梦已经不长了,因为费用有限,到日本才十个月他就回国了,不过他托黄涵秋继续帮他寻找梦二的其他画册《夏之卷》《秋之卷》和《冬之卷》。后来黄涵秋果然替他购齐这几种画册,另外还帮他买来了梦二的其他画集《京人形》《梦二画手本》等,从东京寄到丰子恺寓居的上海家中。丰子恺说:"我接到时的欢喜与感谢,到现在还有余情。"②这欢喜,有竹久梦二的漫画赋予的,也有黄涵秋的友情带来的。

回国后的丰子恺先在上海以教书谋生,接着往浙江上虞白马湖春晖中学任教,这时,"子恺漫画"在刊物正式发表了。1924 年冬,丰子恺离开白马湖到上海创办立达中学,次年,立达中学改名立达学园。1926 年夏,黄涵秋东京高师毕业回到上海,暂住在丰子恺江湾安乐里的家中。

有一天早上,丰子恺与黄涵秋吃着牛乳,坐在藤椅上翻阅李叔同(弘一法师)的照片,隔壁一个学生上楼来对他们说,门外有两个和尚找丰先生,其中一个好像就是照片上的弘一法师。

丰子恺下楼一看,正是弘一法师和他的师兄,他们要在上海等江西来信,然后赴庐山参加金光明会道场。

这天,丰子恺在家里招待了他的老师弘一法师,然后拿出刚才的一叠照片来。弘一法师一张张地翻开照片,并给大家说明。有人问他天津家里的

---

① 丰子恺:《吃酒》,见《丰子恺文集》第 6 卷,浙江文艺出版社、浙江教育出版社 1992 年版,第 709 页。
② 丰子恺:《绘画与文学》,见所著《绘画与文学》,岳麓书社 2012 年版,第 32 页。

事,黄涵秋则拿来许多画来,与弘一法师论画,弘一法师有时首肯,有时表示意见。他们谈兴很浓,这让丰子恺意外着,他写道:

> 寂静的盛夏的午后,房间里充满着从窗外草地上反射进来的金黄的光,浸着围坐笑谈的四人——两和尚,W和我,我恍惚间疑是梦境。[①]

谈着谈着,说起弘一法师曾经住过的城南草堂和现在一处讲经念佛的地方名超尘精舍。城南草堂里留下了弘一法师在俗时读书奉母的幸福时光,超尘精舍也在那一带,这次弘一法师到上海之后就去了那边,原来超尘精舍正设在城南草堂中!第二天,他们几个又去参观城南草堂,到城隍庙素菜馆吃饭,下午还到世界佛教居士林访问一位居士。

丰子恺在《法味》一文,记下了弘一法师来上海的这些故事。文末,丰子恺说,一回到家,立刻叫人去打酒。我想象着,他和黄涵秋的吃酒又要开场了。

以后,黄涵秋也成了立达学园的教员,推测与丰子恺的推荐有关吧。

丰子恺在《吃酒》一文中写到他与黄涵秋在在上海城隍庙喝酒,就是他们在立达学园任教的时期。丰子恺写得很有情趣:

> 吃酒的对手还是老黄,地点却在上海城隍庙里。这里有一家素菜馆,叫做春风松月楼,百年老店,名闻遐迩。我和老黄都在上海当教师,每逢闲暇,便相约去吃素酒。我们的吃法很经济:两斤酒,两碗"过浇面",一碗冬菇,一碗十景。所谓过浇,就是浇头不浇在面上,而另盛在碗里,作为酒菜。等到酒吃好了,才要面底子来当饭吃。人们叫别了,常喊作"过桥面"。这里的冬菇非常肥鲜,十景也非常入味。浇头的分量不少,下酒之后,还有剩余,可以浇在面上。我们常常去吃,后来那堂倌熟悉了,看见我们进去,就叫"过桥客人来了,请坐请坐!"[②]

可以想象,两个老朋友亲密而随意。

[①] 丰子恺:《法味》,见《丰子恺文集》第5卷,浙江文艺出版社、浙江教育出版社,第28页。按,引文中的W指黄涵秋。
[②] 丰子恺:《吃酒》,见《丰子恺文集》第6卷,浙江文艺出版社、浙江教育出版社1992年版,第710页。

1926年暑假①,在日本东京高师读书的钱歌川回国省亲,"在上海遇到高师毕业的同学黄涵秋,他那时在新创办的上海立达学园任教,便介绍我给立达学园创办人之一的丰子恺相识,并邀我在学园便饭,同席除丰子恺外,还有朱光潜等人。席间,大家谈到章锡琛脱离商务印书馆,正计划另创开明书店,子恺邀我入股,所以我就成了开明书店天字第一号的股东。"

因为黄涵秋的关系,丰子恺与钱歌川也成了朋友。

1927年10月,鲁迅到上海定居。那时,陶元庆也在立达学园任教,他常去看望鲁迅。这年11月27日,丰子恺、黄涵秋和陶元庆三人一起到景云里鲁迅家里拜访鲁迅。这一天,鲁迅在日记中记载:"黄涵秋、丰子恺、陶璇卿来。"②

丰子恺与鲁迅,在内山书店经内山完造介绍就初识,这回造访,谈起《苦闷的象征》中译本重复出版的事时,丰子恺抱歉地对鲁迅说:"早知道你在译,我就不会译了。"鲁迅也客气地说:"早知道你在译,我也不会译了。其实,这有什么关系,在日本,一册书有五六种译本也不算多呢。"两人互相谦虚的这番对话,后来在文艺界传为美谈。③

不久,丰子恺、黄涵秋和陶元庆负责筹备立达学园美术院西画系第二届绘画展览会,得到鲁迅的大力支持。画展于12月28日起在福生路(今罗浮路)正式展出,鲁迅于画展开幕前一天去参观了,1927年12月17日,他的日记有如下记录:"午后钦文来,并同三弟及广平往俭德储蓄会观立达学园绘画展览会。"④

1928年间,口琴从国外传来不久。黄涵秋是口琴家,这时,他翻译了川口章吾著的《口琴吹奏法》,他想到请丰子恺作序。起初丰子恺对这种新式乐器并不了解,仅仅把它当作新玩具而已,但经过老友黄涵秋等人的介绍和吹奏,尤其在校阅了《口琴吹奏法》后,丰子恺产生了浓厚的兴趣。他花了两块钱买了一只口琴,一边校阅,一边练习,觉得入门真比别的乐器都容易,效果也很不差,为了普告天下的音乐爱好者,他为这本译作撰写了近万字的长序,题为

---

① 钱歌川在《追忆丰子恺》一文中说是1923年暑假,似记忆有误,因黄涵秋是1926年夏高师毕业,开明书店是1926年8月成立,故应为1926年暑假。
② 《鲁迅全集(编年版)》第5卷,人民文学出版社2014年版,第449页。
③ 盛兴军编:《丰子恺年谱》,青岛出版社2005年版,第173—174页。
④ 《鲁迅全集(编年版)》第5卷,人民文学出版社2014年版,第451页。

《一般人的音乐》。他在序言中盛赞口琴的功效,并归结长处有四点:价格低廉,易于置备;携带及使用的便利;口琴用简谱易于阅读,比正谱易学易懂;吹奏时容易成腔谐调。这篇文章发表在1928年第1期《一般》杂志上。黄涵秋译的《口琴吹奏法》1929年由开明书店正式出版,《口琴吹奏法》出版之后,一度风靡,影响很大,这与丰子恺的作序也有一定的关系。

丰子恺有感于西洋画界画风的复杂,他选了西方现代各流派的插画二十四幅,又为各派作说明文字,连载在1928年的《一般》杂志上,后来经丰子恺文字修改,又加了十八幅插图,定名为《西洋画派十二讲》,于1930年3月由开明书店出版。在1929年暮春写的该书的卷首语上,有这样的话:"关于插图的搜集和制版,得友人黄涵秋和钱君匋二君的助力甚多。又蒙开明书店允为制三色版十余幅,共附插图四十余幅,印行本书。私心感谢,一并至谢!"[1]好朋友之间的亲密合作,给出丰子恺带来了艺术成果。

1928年暑期开始,立达学园因经费困难,停办西洋画科,丰子恺不再任课。丰子恺写信给杭州西湖艺术专科学校校长林凤眠,介绍教师陶元庆、黄涵秋及西画系的学生数十人加入西湖艺专学校,林凤眠不仅全部接纳,还力邀丰子恺同去,但丰子恺婉拒。

虽然不在同一城市,丰子恺与黄涵秋继续保持着联系,1929年岁末,他们合作完成《告初学美术的青年》一文,发表在1930年3月《中学生》第三期上,署名黄涵秋、丰子恺。

1930年农历正月间,丰子恺遭母丧。这年春天,全家迁往嘉兴,住杨柳湾金明寺弄四号。这时黄涵秋也移居到了嘉兴。丰陈宝曾回忆儿时情景,写了一些故事:

> 当时嘉兴的南门比较冷静,金明寺弄地点尤为偏僻,因此少有来客。但有一位常客,那就是当时也住在嘉兴的、父亲的好友口琴家黄涵秋。他也是子女众多的,总是全家一起来玩一整天。两家的子女十来人,有时共同学习,有时一起游戏,可有劲啦!父母亲也常常带我们去黄先生家玩。他们家濒临南湖,记得里面一面房里地上有一扇门,开门便是石阶,通向南湖,可在湖里洗衣洗菜。周末两家还常相约同游南湖,在烟雨

---

[1] 丰子恺:《〈西洋画派十二讲〉卷首语》,见所著《西洋画派十二讲》,湖南文艺出版社2002年版。

楼喝茶,欣赏湖上美景。①

宁静的嘉兴岁月,秀丽的南湖风光,使得丰子恺和黄涵秋的关系更加亲密了。

据叶瑜荪先生告知笔者,大约在缘缘堂建成后1935年前后,黄涵秋来石门作客,丰子恺陪其游览福严寺留下了一帧照片,"照片在寺前松林甬道上拍摄,照片中黄拉着5—6岁小女孩丰一吟。由此分析照片是丰先生所摄。"②

以后的日子,丰子恺和黄涵秋在一起的记录不多,抗战中,丰子恺颠簸于各地,1942年,丰子恺应陈之佛之邀到重庆任国立艺术专科学校教员兼教务主任,于是有了在重庆的"沙坪小屋",差不多这个时候,丰子恺以黄涵秋为原型,画了一幅漫画《畅适》。坐在藤椅中的这位老兄,两只脚都未着地,一只脚高高跷起搁在另一只脚上,这是黄涵秋到丰子恺家时经常看到的坐姿。接下去,"沙坪小屋"里便是好朋友之间的闲聊了。

抗战胜利之后,还可见到一帧丰子恺与黄涵秋、陈之佛在杭州的合影。他们的关系更密切了。

新中国成立后,黄涵秋历任无锡、丹阳、镇江、南京等地大专、中学教职,1964年病逝于南京。

作者:原名浦雅琴,浙江省嘉善县地税局稽查局干部

The Friendship between Feng Zikai and Huang Hanqiu

Zi Yi

During his study in Japan, Feng Zikai was acquainted with Huang Hanqiu and they got along fine. After returning home, they both taught in Lida School. In December 1927, Feng Zikai, Huang Hanqiu and Tao

---

① 丰陈宝:《丰子恺在嘉兴》,见钟桂松、叶瑜荪编《写意丰子恺》,浙江文艺出版社1998年版,第258—259页。
② 2016年6月1日叶瑜荪回复笔者邮件,未刊稿。

Yuanqing were in charge of preparing the second painting exhibition of the Department of Western Painting of Lida School Academy of Arts . The following year, Huang Hanqiu, a harmonica player, translated "*How to Play the Harmonica* " wriitten by Kawaguchi Akigo for which Feng Zikai wrote a long preface of over ten thousand words entitled "Music for Common People" and published in the first issue of the "*Common Reader*" in 1928. Huang Hanqiu's "*How to Play the Harmonica* " was published in 1929 by Kaiming Bookstore to wide acclaim. In 1930, Feng Zikai's family moved to Jiaxing, soon to be followed by Huang Hanqiu, where their friendship continued.

【特邀发言】

丰子恺漫画中的"兼容并包"

[法]王佑安

丰子恺的漫画作品笔触简单,但传达着深刻的情感。艺术家们大多将自己的作品披上神秘的色彩,好让观众们煞费苦心地去寻找走进作品的通道。但丰子恺的作品却流露着画家简单朴实的情怀以及对精神世界的追求。

丰子恺的作品之所以浅显易懂,是因为兼容并包的特征:身边的人物(家人、文人朋友以及其他日常生活中所接触的人),影响他的外国艺术家(主要是竹久梦二)以及恩师李叔同等。丰子恺深受恩师李叔同人文情怀、艺术手法以及精神感悟的影响。

丰子恺以漫画作为其表现艺术的手法,而漫画本身亦具有这种"兼容并包"的特征:漫画不正是文字与图画之间的见面与对话吗?因此,漫画是写作这种表现手法兼容到绘画这种表现手法,继而创造出来的一种新的表现手法,而且是20世纪世界文化艺术发展中一种标志性的表现手法。

虽然早在几百年前,欧洲与亚洲已经出现了一些文字与绘画结合的艺术手法,但直到19世纪末报刊的发展才真正推动了漫画这种手法在画家与大众之间的发展。这种创作发展是国际性的,对各国的艺术家与杂志都产生了深刻的影响。

日本报刊就是以英国报刊的模式作为参考的。英国漫画家查尔斯·维尔戈曼(Charles Wirgman)、法国漫画家乔尔吉·斐迪南·毕弋(Georges Ferdinand Bigot)与澳大利亚漫画家弗兰克·亚瑟·南基韦尔(Frank Arthur

Nankivell)在日本创办了一些刊物。1905 年,北泽(Kitazawa)在美国的《泼克》(Puck)杂志与法国《笑声》(Le Rire)杂志的启发下创办了《东京泼克》(Tokyo Puck)杂志。北泽以漫画一词命名其画作,其在 1902 年出版的绘画作品被视为第一幅漫画作品。

随着浮世绘在欧洲艺术界的传播,欧洲新艺术运动受到了 19 世纪日本主义的影响,而竹久梦二又深受这种新艺术风格的启发。此外,竹久梦二也在一些文人画作以及草书作品中获得了灵感。

1921 年秋,丰子恺在日本所买的书中看到了竹久梦二的作品后,便深受这位画家的画风影响。事实上,在恩师李叔同的影响下,丰子恺已经走向外国文化,而且他生性敏感、谦虚。在此以后,丰子恺不再模仿任何一个外国画家,而是将其影响融合到中国文化之中。1921 年底,丰子恺回到中国并受到了陈师曾(1876—1923)、曾衍东(1750— ?)等画家的简单绘画风格以及宋词配画形式的启发。1951 年,丰子恺又注意到了德国画家埃·卜劳恩(E. O. Plauen,1903—1944)以及挪威画家奥纳夫·古尔布兰生(Olaf Gulbransson,1873—1958)的作品,并欣然参与了他们的作品在中国的出版。

因为"兼容并包"的思想,丰子恺才以漫画的形式将古诗与当下生活之间,现代表现手法与传统艺术之间,画家孤独的创作世界与报刊广泛传播的大众之间,西方文化影响与个人佛教信仰之间建立起了联系。

嬉戏时的快乐,创造性,对生死的理解,悲伤,欲望,内心的波动,友谊,宁静与闲适……丰子恺的作品之所以能够流露出这些普世情感,是因为他完全向外界敞开心扉,让自己的情感自然流露,以简洁的绘画风格来表达趣味。画家和观众之间建立起了一种直接的真诚关系,坦诚相对,正如佛教禅宗六祖慧能大师(638—713)在《坛经》中所传达的"以心传心"。

丰子恺对他人敞开心扉,对外物感同身受,因此其作品不讲究形式,而在于传达精神,不刻意追求技巧,看似平淡无奇却与禅宗精神不谋而合,以深刻的思想来感化观众。这是不同于那些刻意玩弄技巧并试图通过艺术来表现自身个性的艺术家们的。在他人面前,丰子恺脱去了艺术家的外衣。在周围人、路人以及孩子们面前,丰子恺也只是芸芸众生中的一员。

不同于大多数漫画家,丰子恺没有力求创造具有鲜明个性的人物,例如三毛或米老鼠等。他画笔下的人物轮廓简单、相似。有时,他们没有眼睛,甚至没有面部,就像是在参佛悟道之路上自我的缩影。

丰子恺的艺术情怀不禁让人联想到了菩萨的理想：以慈悲为怀，放弃成佛，普度众生的。因此，丰子恺的作品更像是一种生活的艺术。

作者：上海法语培训中心教师

图书在版编目(CIP)数据

第三届丰子恺研究国际学术会议论文集/杭州师范大学弘一大师·丰子恺研究中心编.—上海:上海三联书店,2017.4
ISBN 978-7-5426-5821-0

Ⅰ.①第… Ⅱ.①杭… Ⅲ.①丰子恺(1898—1975)-人物研究-国际学术会议-文集 Ⅳ.①K825.72-53

中国版本图书馆CIP数据核字(2017)第033748号

第三届丰子恺研究国际学术会议论文集

编　者/杭州师范大学弘一大师·丰子恺研究中心编

责任编辑/冯　征
装帧设计/徐　徐
监　制/李　敏
责任校对/张大伟

出版发行/上海三联书店
　　　　(201199)中国上海市都市路4855号2座10楼
邮购电话/021-22895557
印　刷/上海肖华印务有限公司

版　次/2017年4月第1版
印　次/2017年4月第1次印刷
开　本/710×1000　1/16
字　数/400千字
印　张/23.5
书　号/ISBN 978-7-5426-5821-0/K·412
定　价/88.00元

敬启读者,如发现本书有印装质量问题,请与印刷厂联系 021-66012351